第十七届中韩刑法学术研讨会论文集

中韩刑法正当化事由比较研究

主　编　赵秉志
副主编　徐　岱　周振杰

群众出版社
中国人民公安大学出版社
·北京·

序 言

2019年8月20日至21日，由中国刑法学研究会和韩国比较刑事法学会共同主办，吉林大学法学院与北京师范大学刑事法律科学研究院（北师大刑科院）共同承办的"第十七届中韩刑法学术研讨会"在吉林省长春市成功召开。本届研讨会的主题为"中韩正当化事由比较研究"。中方代表团由我本人（中国刑法学研究会会长、北京师范大学刑事法律科学研究院教授赵秉志）担任团长，代表团成员包括来自北京师范大学刑事法律科学研究院、中国人民大学法学院、上海社会科学院法学研究所、西南政法大学、华东师范大学、东南大学法学院、中南财经政法大学、吉林大学法学院的学者；韩方代表团由韩国比较刑事法学会会长、东国大学法学（本科）院卞钟弼教授担任团长，成员包括来自韩国国立警察大学、朝鲜大学、庆南大学、全南大学海洋警察学科、全北大学、京畿大学、亚洲大学、釜山大学以及韩国大检察厅的专家学者。吉林大学法学院郑军男教授和武汉大学法学院李颖峰博士全程担任研讨会的中韩双语翻译。

本届研讨会得到了吉林大学法学院的鼎力支持。研讨会开幕式由吉林大学法学院副院长、中国刑法学研究会常务理事徐岱教授主持。时任吉林大学法学院院长（现任吉林大学副校长）蔡立东教授莅临研讨会，在开幕致辞中向中韩双方与会代表表示热烈欢迎与衷心感谢，并介绍了吉林大学的概况和吉林大学法学院的历史沿革与学科特色，以及在双一流学科建设中，吉林大学法学院重视基础理论教育，转化地缘特征凸显比较法研究的优势。卞钟弼教授在致辞中指出，依托中韩刑法学术研讨会这一交流平台，对研究中韩两国刑法学理论和司法实践问题影响深远，启发与会代表对本国问题的发掘与思考，为相关问题研究提供动力，实现刑法学术研究的共同进益。

"中韩刑法学术研讨会"始终坚持关注兼具现实性与时代性的议题。本届研讨会将"中韩正当化事由比较研究"作为研讨议题。对中方而言，是因为近年出现的一系列正当防卫相关案件，引发中国刑法学界的广泛讨论和社会关注；对韩方而言，正当防卫也是韩国近年来的刑法理论与实践热点问题。本届研讨会在"中韩正当化事由比较研究"议题下，分设"正当防卫的司法适用""正当化事由与正当化依据""违法阻却事由的宪法基础""正当防卫与紧急避险基本问题""被害人承诺的刑法评价""安乐死的刑法评价与司法认定""违法阻却事由与事实错误""自救行为的刑法评价""新时期正当化事由的理论辨析"九个专题，我本人和全南大学海洋警察学科李基秀教授、东南大学法学院欧阳本祺教授、东国大学法学（本科）院下钟弼教授、上海社会科学院法学研究所魏昌东教授、全北大学法学专门大学院赵起莹教授、吉林大学法学院徐岱教授等对各专题分别进行了对应性发言。在各专题自由讨论阶段，中韩双方学者结合本专题具体议题展开细致深入的探讨，形成良好的学术交流与互动氛围。

"中韩刑法学术研讨会"是中韩两国刑法学界共同创建的学术交流合作平台，自创立之初，就得到了中国法学会的大力支持，中韩两国刑法学术界和实务界多年来一直关注和踊跃参加。国际学术交流贵在坚持，自2003年以来，"中韩刑法学术研讨会"每年在中韩两国交替举办，迄今已经成功举办了十七届。在中韩双方的共同努力下，"中韩刑法学术研讨会"已经发展成为中韩两国刑法学界稳定的学术交流平台，为推动中韩两国的刑法学术发展以及两国刑法专家学者之间的学术交流合作作出了卓越的贡献。我们要努力维护和完善这个学术平台，加强中韩刑法学交流合作的学术事业发展，吸收更多的青年刑法学者加入这个学术平台，通过中韩刑法学界的交流合作，提升学术，发展友谊，促进法治。

按照惯例，在第十七届"中韩刑法学术研讨会"之后，请与会专家学者对提交的会议论文再做必要的修改订正，然后由会议主办和承办单位负责将此次会议论文结集出版。本论文集由我担任主编，由吉林大学法学院徐岱教授和北京师范大学刑事法律科学研究院周振杰教授担任副主编。我们衷心感谢提交论文的中韩两国专家学者，以及对本书出版给予鼎力支持的出版社领导和付出辛勤劳动的责任编辑。

是为序。

中国刑法学研究会会长
北京师范大学刑科院教授
赵秉志　谨识
2020年2月

目　录

第一专题　正当防卫的司法适用

中国正当防卫制度司法适用问题要论　…………………　[中] 赵秉志　彭新林（3）
韩国司法实务上打斗中的正当防卫　………………………………　[韩] 李基秀（13）

第二专题　正当化事由与正当化依据

论法确证原则的合理性及其功能　……………………………　[中] 欧阳本祺（23）
社会伦理与正当化事由
　　——关于正当化事由的系统性理解及其运用　………………　[韩] 卞钟弼（38）

第三专题　违法阻却事由的宪法基础

违法阻却事由的宪法意涵与应然发展面向　…………………　[中] 魏昌东（57）
宪法权利与违法性阻却　………………………………………　[韩] 赵起莹（64）

第四专题　正当防卫与紧急避险基本问题

正当防卫类型化研究
　　——兼论正当性根据及限度判定　………………　[中] 徐　岱　韩卓瑞（75）
正当防卫的理论基础　……………………………………………　[韩] 李东熹（88）
紧急避险与刑事责任　…………………………………………　[韩] 李镇国（102）

第五专题　被害人承诺的刑法评价

医疗行为的正当化根据与紧急治疗、专断治疗的刑法评价　……　[中] 钱叶六（113）
关于刑法上的受害者的承诺的争议　……………………………　[韩] 黄泰正（127）
被害人因受骗而同意的法律效果　………………………………　[中] 付立庆（138）

第六专题　安乐死的刑法评价与司法认定

现行刑法下安乐死的司法处理路径研究 ·················· [中] 周振杰（157）
论"安乐死"的刑事法评价及课题 ······················· [韩] 金恩正（169）

第七专题　违法阻却事由与事实错误

事实错误与罪责阻却司法困境的问题与出路
　　——以中国近年三个相关重大争议案件为例 ·········· [中] 石经海　王　桢（185）
关于违法性阻却事由前提事实的错误 ····················· [韩] 河泰认（194）

第八专题　自救行为的刑法评价

自助行为的刑法评价 ···················· [中] 陈劲阳　刘人铭（205）
自救行为的刑法评价
　　——韩国刑法第23条对自救行为的解释论与立法论 ············ [韩] 许　璜（214）
论自救行为的刑法评价
　　——韩国刑法第23条自救行为的解释与立法论 ············ [韩] 金钟九（227）

第九专题　新时期正当化事由的理论辨析

正当化事由（违法性阻却事由）的其他问题
　　——关于学界的几种误解 ························· [韩] 文採圭（235）

附录一　第十七届中韩刑法学术研讨会议程 ························· （245）
附录二　第十七届中韩刑法学术研讨会综述 ··············· [中] 韩卓瑞（249）

第一专题

正当防卫的司法适用

第一专题

工业原料的工艺选用

中国正当防卫制度司法适用问题要论[①]

[中] 赵秉志[*] 彭新林[**]

一、前言

中国刑法中的正当防卫，是指为了使国家、公共利益、本人或者他人的人身、财产和其他权利免受正在进行的不法侵害，而对不法侵害者实施的制止其不法侵害且未明显超过必要限度的行为，是排除犯罪性的典型和主要事由之一。为了制止犯罪分子的不法侵害，保护公民的合法权利，中国1979年刑法第17条对正当防卫不负刑事责任和防卫过当减免处罚作出了明确规定："为了使公共利益、本人或者他人的人身和其他权利免受正在进行的不法侵害，而采取的正当防卫行为，不负刑事责任。"（第1款）"正当防卫超过必要限度造成不应有的危害的，应当负刑事责任；但是应当酌情减轻或者免除处罚。"（第2款）这一规定创立了新中国刑法中的正当防卫制度，对遏制犯罪、鼓励公民同不法侵害作斗争起了重大作用。但1979年刑法实施一段时间后，在司法实践中发现正当防卫制度运用存在的一个主要问题，就是难以掌握正当防卫与防卫过当的界限。这一问题的出现，在很大程度上影响了公民采取正当防卫措施制止不法侵害的行为，甚至出现了公民对不法侵害出于害怕掌握不好界限的心理而不敢防卫的情况。[②] 针对这一问题，中国立法机关在1997年修订刑法时，对1979年刑法第17条规定的正当防卫制度作了三点重要修正，包括将原规定的"超过必要限度"修改为"明显超过必要限度"，将防卫过当之"不应有的危害"修改为"重大损害"，并增设特殊防卫制度。修改后的1997年刑法第20条将正当防卫重新表述为："为了使国家、公共利益、本人或者他人的人身、财产和其他权利免受正在进行的不法侵害，而采取的制止不法侵害的行为，对不法侵害人造成损害的，属于正当防卫，不负刑事责任。"（第1款）"正当防卫明显超过必要限度造成重大损害的，应当负刑事责任，但是应当减轻或者免除处罚。"（第2款）"对正在进行行凶、杀人、抢劫、强奸、绑架以及其他严重危及人身安全的暴力犯罪，采取防卫行为，造成不法侵害人伤亡的，不属于防卫过当，不负刑事责任。"（第3款）上述修法的立法旨趣，除了力求划清正当防卫与防卫过当的界限之外，还重在强化公民正当防卫权利，鼓励公民积极同违法犯罪作斗争。

作为法律赋予公民同违法犯罪行为作斗争的一项重要权利制度，中国刑法中的正当防

[①] 本文参考和吸收了赵秉志教授主持的最高人民法院2017年度特别委托课题《国内正当防卫典型案例研究》（研究报告）的部分观点，在此谨致谢忱。

[*] 北京师范大学刑事法律科学研究院教授、法学博士、博士生导师，中国刑法学研究会会长。

[**] 北京师范大学刑事法律科学研究院副教授、法学博士、博士生导师，中国刑法学研究会副秘书长。

[②] 朗胜主编：《中华人民共和国刑法释义》（第6版），法律出版社2015年版，第21页。

卫制度对于遏制犯罪、维护社会治安秩序和培养良好的社会道德风尚具有重要作用。在当下中国的司法实践中，正当防卫案件属于争议较多的案件类型。晚近几年来，中国司法实践中先后涌现出山东聊城于某故意伤害案、江苏昆山于海某正当防卫案、河北涞源反杀案、福建晋安赵某正当防卫案等代表性热点案件，这些案件围绕行为人的行为是否属于正当防卫、防卫过当或者特殊防卫等问题，产生了较大的争议。无可否认，在处理涉正当防卫因素的案件时，中国一些地方的司法机关对正当防卫的标准掌握过严，一味苛求防卫人，将本来应当认定为正当防卫的案件作为防卫过当甚至一般犯罪处理，错误地追究了防卫人的刑事责任；而本来应当作为防卫过当或者一般犯罪处理的案件，因未正确把握正当防卫的成立条件而错误地认定为正当防卫，未依法追究行为人的刑事责任，放纵了犯罪。凡此种种，实际上是混淆了罪与非罪、罪轻与罪重的界限，不仅给正当防卫制度的司法适用带来困惑和难题，而且在很大程度上影响了公民采取正当防卫措施制止不法侵害的正当理念和行为，甚至导致出现人们面对不法侵害时，出于害怕掌握不好正当防卫界限的心理而不敢防卫的情况。有鉴于此，对正当防卫制度司法适用中争议较大、界限掌握模糊的正当防卫的性质、防卫过当、特殊防卫等重点问题进行研究，就具有重要的理论价值和现实意义。

二、关于防卫性质的认定问题

按照中国现行刑法的相关规定及其理论，公民享有正当防卫权，但并不意味着公民可以任意实施防卫行为。只有合法的防卫行为，才属于正当防卫，行为人才不应负刑事责任。其中，防卫意图、防卫对象和防卫时间是判断防卫人的行为是否具有防卫性质的关键，也是中国司法实践中认定正当防卫的难点所在。

（一）关于防卫意图的认定

中国正当防卫理论认为，防卫意图是防卫人主观方面认识因素与意志因素的统一。只有行为人具有明确的防卫意图，才能从根本上确定防卫措施的正当性。

1. 关于防卫认识的把握

中国刑法中的防卫认识，应当是指对不法侵害的存在、不法侵害正在进行、具体的不法侵害人、不法侵害的非法性与紧迫性及其危险程度、采取防卫措施的可行性及其可能的损害结果等有相应的认识。[①] 防卫认识可以是明确具体的认识，也可以是概括性的认识。在认定是否存在防卫认识的问题上，应结合具体案件，根据不法侵害人及其侵害行为，以防卫人所处的主客观环境为基础，进行具体的判断，而不应一概要求具有准确的"认识因素"。原则上应对防卫人作相对更有利的判断，从而实现鼓励公民依法大胆实施防卫行为的立法初衷。

2. 关于防卫目的的把握

中国刑法中的防卫目的，应当是指通过采取防卫措施制止不法侵害，以保护合法利益的意图和主观愿望。防卫人在形成防卫目的时，应当具备相应的刑事责任能力，即具备相应的辨认能力和控制能力。易言之，即在面对正在进行的不法侵害时，防卫人在防卫认识的前提下，对即将实施的防卫行为具有相应的认识和了解，并在自我意志的控制下，实施

[①] 王政勋：《正当行为论》，法律出版社2000年版，第162页。

与当时情况相符合的防卫措施，有效地遏制不法侵害，并最终保护合法权益。从实践中的情况看，一般应要求防卫人具有完全的刑事责任能力，但也不应完全排除限制刑事责任能力的情形，限制刑事责任能力人主观上也可以形成防卫目的。例如，在十年前轰动一时的湖北省巴东县"邓玉某防卫案"中，经司法精神病医学鉴定，防卫人邓玉某为心境障碍，属限制刑事责任能力人。在此基础上，法院认为，邓玉某在遭受他人无理纠缠、拉扯推搡、言行侮辱等不法侵害的情况下，实施的反击行为具有防卫性质。①

（二）关于防卫对象的认定

中国刑法中的正当防卫对象，只能限于不法侵害人。关于不法侵害人的认定，有以下几个问题值得探讨：

1. 对共同不法侵害人是否可以防卫

按照中国刑法学中正当防卫理论的通行观点，一般来说，正当防卫的对象必须是具体实施不法侵害行为的本人，原则上不能对不特定的多数人实施防卫。如果属于多数人实施不法侵害的情形，可以根据实际情况确定具体的不法侵害人，特殊情况下也可以对共同的危害者实施防卫。其中，虽然双方多人发生打斗，但并不具有互殴性质的情形下，只要一方存在正在进行的不法侵害，另一方对非直接加害人亦可以实施正当防卫。例如，在"牟某某故意伤害案"中，法院认为，在共同实施不法侵害时，所有不法侵害者是一个整体，难以区分先后、轻重，防卫对象不能局限于直接实施不法侵害者，其他共同实施不法侵害的行为人，尤其是共同实行人，都可以作为防卫的具体对象。②

2. 防卫对象错误的情况下可否实施防卫

中国刑法正当防卫制度中的防卫对象错误，是指行为人在对不法侵害实行正当防卫的过程中，由于行为人主观上的认识错误或客观上的行为误差，而对没有实施不法侵害的第三者造成损害的情况。中国司法实践一般认为，防卫对象出现错误的，不属于正当防卫。例如，在"穆某甲故意伤害案"中，穆某甲因琐事与朱某、崔某在其家门口发生厮打，穆某甲的母亲单某得知穆某甲被打后，为阻拦朱某离开便拉住朱某的胳膊，崔某拉住单某的胳膊将其甩开，单某后退几步倒在地上。穆某甲见状，误以为其母单某被崔某殴打，便用拳头击打崔某的鼻部，致使崔某双侧鼻骨骨折（轻伤）。法院认为，穆某甲因认识错误而继续实施不法侵害，致崔某受轻伤，不是正当防卫。③

3. 对无刑事责任能力人或者限制刑事责任能力人可否防卫的认定

按照中国刑法中正当防卫制度的观点，对精神病人、未达刑事责任年龄的未成年人等无刑事责任能力或限制刑事责任能力的人，如果他们实施不法侵害，原则上都可以对其实施正当防卫，但在防卫时间、防卫限度上有更高的要求，即只有在用其他方法不能避免无刑事责任能力人或者限制刑事责任能力人的不法侵害的情况下，才可以对其进行反击。例如，在"何某某伤害案"中，2003年，何某某的儿子何某其突然发疯，将邻居5岁的小男孩砍死。事后，经当地政府及县公安局协调，对何某其进行了强制治疗。2006年，何某其旧病复发，挥刀砍向其妻儿兄弟。情急之下，何某某举起铁锤砸向何某其并致其死

---

① 参见湖北省巴东县人民法院［2009］巴刑初字第82号刑事判决书。
② 参见广西壮族自治区玉林市中级人民法院［2010］玉中刑一初字第27号刑事判决书。
③ 参见山东省东明县人民法院［2015］东刑二初字第91号刑事判决书。

亡。法院认为，何某某的防卫行为虽然针对的是限制刑事责任能力人，但属迫不得已，属于正当防卫，不负法律责任。[1]

（三）关于防卫时间的认定

关于防卫时间的认定，主要涉及对不法侵害是否正在进行（包括对不法侵害开始与结束的认定）的判断。

1. 关于不法侵害已经开始的认定

不法侵害正在进行，是正当防卫的时间条件。"正在进行"的始端是不法侵害行为已经开始。从逻辑上看，判断不法侵害的开始是确定正当防卫开始时间的关键。在中国司法实践中，判断不法侵害是否已经开始，主要看施害人是否着手实施不法侵害实行行为，即是否着手实施刑法分则中具体犯罪构成客观方面的行为。由此，着手与否是判断的要点。从中国关于犯罪行为阶段的理论看，着手是犯罪实行行为的起点，[2] 也是不法侵害行为由预备性质转为实际危害或紧迫危险状态的重要节点。在实践中，不能过于苛求防卫人，应根据主客观因素全面分析，具体判断施害人是否已经着手直接实施侵害行为。[3] 毕竟，不法侵害不是臆想之物，这涉及与事先防卫的区分问题。

此外，在不法侵害已经开始的认定问题上，还有一个相关问题值得探讨，即如何准确把握不法侵害已经开始且处在持续侵害的过程之中。所谓不法侵害已经开始且处在持续侵害的过程之中，表明离侵害行为的结束或危险状态的结束仍有明显的时空距离，进而涉及与事后防卫的区分问题。在实践中，不法侵害的行为方式千变万化，从开始到结束，往往有一个较长的时空范围，而不是瞬间开始便立即结束或短暂持续便结束。从案发的特点看，具有持续性特征的不法侵害是较为常见的情形，这直接牵涉是否可以将防卫时机进行必要的时空延伸，而不限于某个特定的时空界点。一般认为，持续性的不法侵害，决定了防卫时间的同步持续性。

2. 关于不法侵害已经结束的认定

如果不法侵害已经结束，则没有防卫的必要性。因而，如何判断不法侵害已经结束，同样是司法实践中的重点。从中国相关司法实践看，不法侵害人被制服或因主客观因素而丧失继续侵害能力的，是不法侵害结束的主要情形。首先，不法侵害人实施不法侵害时，被被害人或第三人当即将其制服的，客观上属于因不法侵害人意志以外的因素而被迫停止的情形，此时具体的危害或危险状态往往被消除，也就不存在防卫时机。其次，不法侵害人因自身或外部因素致使客观上无法继续实施不法侵害的，意味着不法侵害已经结束，防卫时间原则上也不存在。例如，在"顾某某故意伤害案"中，法院认为，双方因争执而大打出手，当其中一方使用凶器实施不法侵害时，另一方在相互搏斗中已制服使用凶器一方的，相当于持有凶器一方的不法侵害已经结束，此时正当防卫的时机已不存在，不是正当防卫。[4]

此外，不法侵害行为结束但其危险状态仍在延续的，是否属于不法侵害已经结束，值

---

[1] 吴海涵：《正当防卫对象条件研究——从对无责任能力者能否进行正当防卫的视角》，载《中共郑州市委党校学报》2013年第1期。
[2] 赵秉志：《论犯罪实行行为着手的含义》，载《东方法学》2008年第1期。
[3] 高铭暄、马克昌主编：《刑法学》（第7版），北京大学出版社、高等教育出版社2016年版，第133页。
[4] 参见河北省唐山市中级人民法院［2016］冀02刑终1号刑事附带民事判决书。

得探讨。在实践中，应当看到的是，不法侵害行为与不法侵害状态的结束并非绝对同步出现。相反，即使不法侵害行为结束了，不法侵害状态仍可能继续存在。显然，从防卫时间的作用看，不法侵害行为所造成的危险状态如果持续存在，则防卫时机也应存在。继而，认定危险状态的持续性又是另一个难题，应根据个案的具体情况，实质地判断"正在进行的不法侵害"这一成立条件。

三、关于防卫过当的判断问题

根据中国1997年修订的现行刑法第20条的规定，防卫过当是指防卫明显超过必要限度造成重大损害，应当负刑事责任的行为。防卫过当与正当防卫都是具有防卫性的行为，就防卫过当而言，只是因为防卫不符合正当防卫的限度条件，或者说防卫明显超过必要限度造成了重大损害，才使防卫由适当变成过当，由合法变成非法。因而从总体上说，防卫过当是一种非法侵害行为。因此，区分和认定防卫过当与正当防卫的关键，在于对防卫限度条件的把握。

（一）何为"必要限度"

中国刑法所设定的正当防卫的限度条件，是防卫不能明显超过必要限度而且不能对不法侵害人造成重大损害。这一条件表明，正当防卫并非报复性的惩罚手段，而要受到必要限度的合理制约。如果明显超过必要限度且对不法侵害人造成重大损害的，则属于防卫过当。多年来，中国刑法相关理论与实务中关于正当防卫"必要限度"的理解，曾有"基本相适应说""必要说""折中说"三种主要观点。"基本相适应说"认为，防卫行为的性质、手段、强度和后果，要与不法侵害行为的性质、手段和后果基本相适应，才能成立正当防卫。① "必要说"认为，防卫人所采取的行为和所造成的损害，只要是制止不法侵害所必需的，不论造成的损害之轻重，都成立正当防卫。② "折中说"则认为，对防卫行为的必要限度，应从两个方面考察：一是看防卫行为是否为制止不法侵害所必需；二是要求防卫行为与不法侵害行为在手段、强度等方面，不存在过于悬殊的差异。③ "折中说"吸收了"基本相适应说"与"必要说"的合理之处，是当下中国刑法学界认定正当防卫与防卫过当的通说。例如，在"刘名某案"中，刘名某因琐事与刘福某发生争执，刘福某打电话叫来其兄弟和侄子共4人，围殴刘名某，刘名某在不敌对方的情况下，用胶椅打伤了其中一人。法院认为，刘名某面对刘福某等多人的不法侵害，在不得已的情况下，为了使自己的人身免受正在进行的不法侵害，对加害人用胶椅进行反抗，虽然造成加害人之一轻伤，但应认定为正当防卫。④ 由上可见，在这一案件中，法院认可了刘名某进行防卫的必要性，并且认为刘名某的防卫行为与刘福某等人的不法侵害在手段、强度等方面，不存在过于悬殊的差异，因而认定为正当防卫。

（二）何为"明显超过必要限度"

中国1997年全面修订刑法时，将防卫过当的标准由原先的"超过必要限度造成不应有的损害"修改为"明显超过必要限度造成重大损害"。此一立法修改的目的非常明显，

---

① 郑德豹：《也论正当防卫与防卫过当的界限》，载《法学研究》1981年第6期。
② 陈兴良：《正当防卫论》，中国人民大学出版社1987年版，第118页。
③ 高铭暄、马克昌主编：《刑法学》（第6版），北京大学出版社、高等教育出版社2014年版，第134页。
④ 参见广东省湛江市中级人民法院［2016］粤08刑终3号刑事判决书。

意在放宽正当防卫的成立标准。① 因而从中国现行刑法修正的原意来看，对于防卫过当限度条件的掌握不宜过于严格。

在中国司法实务具体案件的判断中，通行的主张是，行为人在确实具有防卫必要性的基础上实施防卫行为的，如果防卫行为本身的强度与不法侵害强度基本相当，甚至小于不法侵害的强度，哪怕造成重大损害结果，也不能认为是"明显超过必要限度"。需要注意的是，即使防卫行为本身的强度超出不法侵害的强度，但从行为时的一般人标准来判断，该防卫行为系制止不法侵害所必需的，此时仍不能认为防卫行为系"明显超过必要限度"。

从中国司法实践情况看，防卫行为明显超过必要限度的，主要有以下几种情形：（1）因防卫人攻击部位不适当而认定为"明显超过必要限度"。例如，在"曾卓某故意伤害案"中，法院认为，曾卓某在保护自己避免被打伤的情况下持刀防卫，捅刺两被害人时不能控制捅刺部位与力量，致两被害人胸部被刺中，因伤及心脏及肺部而死亡，其行为已属过当。②（2）因防卫工具不适当而认定为"明显超过必要限度"。例如，在"孙明某故意伤害案"中，法院认为，不法侵害人系徒手实施不法侵害，在这种情况下，防卫者持刀将其刺伤致死，其正当防卫行为超过必要的限度，造成不应有的危害后果，属于防卫过当。③（3）因防卫方人数或体能优于侵害方而认定为"明显超过必要限度"。例如，在"李某故意伤害案"中，法院认为，李某等多人针对两名不法侵害人中的一人进行集中攻击，造成该人受重伤，属防卫过当。我们赞成这样的司法主张，即判断防卫行为是否明显超过必要限度造成重大损害，不仅应综合双方的全部力量对比进行考量，还应将防卫人与个别侵害人的行为及状态进行比较。④（4）因在不存在防卫紧迫性情形下实施防卫行为而认定为"明显超出必要限度"。例如，在"史成某故意伤害致死案"中，史成某对赵建某的不法侵害进行防卫，在赵建某的不法侵害行为已得到有效控制的情况下，史成某仍连续挥拳击打赵建某头面部，导致赵建某颅脑损伤死亡，史成某的防卫行为即属明显超过必要限度。⑤

（三）何为"造成重大损害"

中国现行刑法并没有明确规定对侵害者造成怎样的损害才算是重大损害。与1979年刑法相比，1997年刑法将"不应有的危害"修改表述为"重大损害"，意图使司法实务中对防卫过当标准的把握可以更加清晰。虽然中国刑法学界对"重大损害"的含义有着不同的理解，但重大损害通常意味着防卫行为所造成的损害与不法侵害可能造成的侵害相比过分悬殊、明显失衡。一般认为，所谓的"重大损害"，仅限于重伤或死亡，不包括造成被害人轻伤或财产方面的损失。这样来界定"重大损害"的范围，也为司法实务界所认同。例如，最高人民法院刑事审判部门编写的《刑事审判参考》第297号案例（赵泉某故意伤害案）的裁判说理部分就强调：因被告人赵泉某的防卫行为仅致不法侵害人轻伤，未明显超出必要限度造成重大损害，因而不负刑事责任。⑥

---

① 沈德咏、戴长林：《完善刑事立法强化公民的正当防卫权》，载《中国法学》1996年第5期。
② 参见广东省高级人民法院［2014］粤高法刑四终字第275号刑事判决书。
③ 参见"孙明亮故意伤害案"，载《中华人民共和国最高人民法院公报》1985年第2期。
④ 王婧：《针对众多侵害人防卫过当的刑罚考量》，载《人民司法》2016年第32期。
⑤ 参见山西省高级人民法院［2015］晋刑二终字第23号刑事判决书。
⑥ 最高人民法院刑事审判第一庭、第二庭编：《刑事审判参考》（第38集），法律出版社2004年版，第104页。

（四）"明显超出必要限度"与"造成重大损害"的关系

按照中国刑法的规定，防卫过当的成立条件，是防卫行为明显超过必要限度造成重大损害。那么，"明显超过必要限度"与"造成重大损害"之间是什么关系？目前，中国刑法学界对此问题主要有三种观点：一是"并列说"。这种观点认为，明显超过必要限度与造成重大损害是并列的，只有两者兼备才能认定为防卫过当。① 二是"交叉说"。这种观点认为，明显超过必要限度可以造成重大损害后果或一般损害后果；而造成重大损害后果，可能是明显超过必要限度，亦可能是没有明显超过必要限度。② 三是"等同说"。这种观点认为，凡是明显超过必要限度的，必然造成重大损害；凡是造成重大损害的，都是明显超过必要限度。③

我们认为，"并列说"的观点较为合理，这也是中国司法实务中普遍认可的观点。易言之，只有防卫行为明显超过必要限度，同时造成重大损害结果，方可认定为防卫过当。防卫过当不仅包括行为的状态，还包括行为造成的结果。如果行为人的防卫行为造成重大损害，然而实际上并未"明显超过必要限度"，此时就不能认定为防卫过当，如中国现行刑法第20条第3款规定的特殊防卫权。如果行为人的防卫行为虽然"明显超过必要限度"，但是实际上并未造成重大损失，此时也不能认定构成防卫过当。例如，行为人在遭受他人徒手殴打的过程中，为防卫目的而拔枪射向对方，但并未射中不法侵害人的，此时就不宜认定为防卫过当。

四、关于特殊防卫的适用问题

中国现行刑法第20条第3款规定："对正在进行行凶、杀人、抢劫、强奸、绑架以及其他严重危及人身安全的暴力犯罪，采取防卫行为，造成不法侵害人伤亡的，不属于防卫过当，不负刑事责任。"这一规定确立了中国正当防卫制度中的特殊防卫权，这是一个比较特殊而且具有中国特色的正当防卫特别制度。正确适用这一特殊防卫条款的关键，在于廓清特殊防卫的适用对象——"正在进行行凶、杀人、抢劫、强奸、绑架以及其他严重危及人身安全的暴力犯罪"的含义。

（一）关于"暴力犯罪"的理解和适用

对于一般防卫权来说，防卫行为既可以针对暴力手段的不法侵害实施，也可以针对非暴力手段的不法侵害实施。但是，特殊防卫的实施只能针对暴力手段的不法侵害，对于非暴力手段的不法侵害不能进行特殊防卫。从中国现行刑法的有关规定来看，不仅法条所明确列举的"行凶、杀人、抢劫、强奸、绑架"等是典型的暴力犯罪，而且其所使用的概括性表述"其他暴力犯罪"，也清楚地表明特殊防卫只能针对暴力犯罪实施。对于非暴力的犯罪行为，只能进行普通防卫而不能实施特殊防卫。此外，尽管以暴力手段实施的犯罪范围十分广泛，但并非所有的暴力犯罪都是特殊防卫适用的对象，暴力犯罪还要受犯罪程度的限制。中国现行刑法第20条第3款所指的暴力犯罪，可以从以下几个方面来确定：一是从具体罪名上确定暴力犯罪的程度。有些犯罪，只要看其罪名，即可判断是否达到了

---

① 王政勋：《正当行为论》，法律出版社2000年版，第187页。
② 郭泽强、胡陆生：《再论正当防卫的限度条件》，载《法学》2002年第10期。
③ 陈兴良：《正当防卫论》（第2版），中国人民大学出版社2006年版，第175页。

严重危及人身安全的程度。例如，暴力危及飞行安全罪就应允许进行特殊防卫。二是根据具体案件中是否具有"严重危及人身安全的威胁"来确定暴力犯罪的程度。有些犯罪，其暴力程度可能会因为行为方式的不同而有较大差异，轻的可能致人轻微伤或者轻伤，重的则可能致人重伤或者死亡。对于这类犯罪，应根据具体案件中犯罪分子所实际使用的暴力是否具有严重危及人身安全的程度来认定，对于行为强度足以致人重伤或者死亡的，则应当认为属于严重的暴力犯罪，可以实施特殊防卫。而对于仅仅可能造成轻微伤或者轻伤结果的，则不能实施特殊防卫。三是从法定刑幅度判断。在刑法分则中，虽然有些犯罪如侮辱罪可以通过暴力手段实施，但是这些暴力犯罪都属于较轻的暴力犯罪，从其较轻的法定刑上即可作出判断，对此类犯罪就不能实施特殊防卫；对于可以进行防卫的，也只能适用普通防卫的规定。

（二）关于"危及人身安全"的理解和适用

特殊防卫必须在发生了危及人身安全的暴力犯罪侵害的时候才能实施，对于危及国家利益、公共利益或者财产权利的暴力犯罪侵害，只要这种侵害没有危及人身安全，则不允许进行特殊防卫。这是特殊防卫权不同于一般防卫权的一个重要特征。那么，什么是"危及人身安全"的暴力犯罪呢？从中国现行刑法第20条第3款所列举的犯罪来看，主要是指侵犯人的生命权、健康权、自由权、性权利和身心健康等权利的犯罪。侵犯除此之外的其他权利的犯罪，不能纳入侵犯人身安全犯罪的范畴，也就不能成为特殊防卫所适用的前提条件。例如，在山东于某故意伤害案中，杜志某等人的违法讨债、非法拘禁、严重侮辱等不法侵害行为，虽然侵犯了于某母子的人身自由、人格尊严等合法权益，但并不具备危及于某母子人身安全的性质，因此于某案并不存在特殊防卫的前提。① 当然，"危及"的形式不仅限于暴力犯罪造成了实际的严重损害，对于尚未造成实际损害但是具有造成实际损害可能性的暴力犯罪，同样存在实施特殊防卫的可能性。因为法律并未规定，也不会规定特殊防卫的行为人必须身受重伤、已被抢劫、强奸既遂等才可以进行防卫。特殊防卫的目的恰恰是使杀人、抢劫、强奸、绑架等严重暴力犯罪不能得逞，因此，即使防卫人根本没有受到实际伤害，也不应影响特殊防卫的成立。

（三）关于危及人身安全暴力犯罪之"严重性"的理解和适用

特殊防卫只能适用于严重危及人身安全的暴力犯罪。"严重性"是修饰暴力犯罪强度性质的，也是反击行为的条件限制。这是中国现行刑法对特殊防卫适用的前提条件在量上的规定。因而，如果虽属危及人身安全的暴力犯罪侵害，但侵害行为程度较轻的或者未达到严重程度的，只能进行普通防卫，不能实施特殊防卫。对于一般的暴力行为不能够认定为特殊防卫中的行凶，而只有对人身安全的危及达到严重的程度，才可能对其进行特殊防卫。不法侵害对于人身安全的威胁具有严重性，而暴力犯罪是否具有"严重性"，可以从暴力犯罪的法定刑、暴力的手段（武器）、双方力量的强弱对比等方面来综合判断，一般认为达到可致使他人重伤或者死亡程度的暴力犯罪，才能认定是"严重"危及人身安全的暴力犯罪。正是因为暴力犯罪达到了可致使他人重伤或者死亡的程度，因此在面对这些严重的暴力犯罪时，难以要求防卫人在处于紧张、恐慌的状态下还能理智、客观地判断其防卫行为是否过当。在实践中，许多被认定为防卫过当的案件都是由于暴力犯罪的程度尚

---

① 赵秉志、彭新林：《于欢故意伤害案的法理问题思考》，载《法律适用》2018年第14期。

未达到严重程度,故并未适用特殊防卫条款。总而言之,对危及人身安全暴力犯罪"严重性"的理解和适用,必须坚持实事求是、具体情况具体分析的原则,绝不能搞形而上学的"一刀切"。

(四)关于"行凶、杀人、抢劫、强奸、绑架"的理解和适用

中国现行刑法第20条第3款对特殊防卫的适用对象作了部分列举,即"行凶、杀人、抢劫、强奸、绑架"等严重危及人身安全的暴力犯罪。应当怎样理解和把握法律的这一规定?

第一,"杀人、抢劫、强奸、绑架"的含义相对比较明确,是一种罪名与手段相结合的立法形式,并非特指具体的某种罪名。"杀人、抢劫、强奸、绑架"应当包括具有同类性质或者相同手段的多种罪名。例如,对于中国现行刑法第269条规定的准抢劫犯罪,就应当允许实施特殊防卫。此外,"杀人、抢劫、强奸、绑架"也可以是以这四种手段实施的其他罪名的犯罪。例如,绑架犯罪不仅包括中国现行刑法第239条规定的绑架罪,而且还包括以绑架手段实施的触犯其他罪名的犯罪,如以出卖为目的,使用暴力、胁迫或者麻醉方法绑架妇女、儿童的行为,虽应当认定为拐卖妇女、儿童罪,但从犯罪手段上看,这是以绑架的手段实施的犯罪,应允许实施特殊防卫。

第二,"行凶"不是一个独立的犯罪罪名,一般是指故意实施的危及他人生命、健康的暴力犯罪行为。从特殊防卫的宗旨出发,"行凶"必须是程度严重的危及人身安全的暴力犯罪,即应理解为与杀人、抢劫、强奸、绑架等暴力犯罪大致相当的杀伤或其他严重危及人身安全的暴力犯罪行为,尤其是使用凶器对被害人进行暴力袭击,严重危及人身安全的行凶。否则,不能进行特殊防卫。例如,在"黄某故意伤害案"中,武某在黄某所经营的冷饮吧内,向黄某提出欲找女服务员陪酒的无理要求被拒绝后,又到其他房间寻衅滋事,被他人劝走后。武某回家携带凶器再次返回冷饮吧,并先后两次对黄某实施砍击。[①]在此过程中,黄某在推开武某的同时用刀捅伤武某腹部,致其重伤。该案中,武某实施的就是严重危及人身安全的"行凶",黄某的行为应认定为特殊防卫。

五、结论

正当防卫作为中国刑法规定的一项极其重要的法律制度,在中国刑法理论上具有独特的地位,也是中国司法实践中令人关注的焦点。本文结合涉正当防卫因素的若干典型案例,对中国刑法之正当防卫司法适用中的重要争议问题进行探讨,深入剖析司法实践中正当防卫制度适用方面的特点和规律,并提出可能改进和完善的方向:一方面,旨在为司法人员正确理解和适用中国刑法中正当防卫的规定提供可行的指引,促进司法实践中正当防卫案件法律适用和裁判尺度的统一,从而更好地提高案件办理质量、提升司法公信力和维护法律的权威;另一方面,也希冀引导公民在法律允许的范围和限度内正确行使正当防卫权,使该制度所具有的遏制犯罪、保护合法权益和维护社会治安秩序的功能得到更加充分有效的发挥。通过上面的分析和研究,我们依据中国刑法规范,得出关于正当防卫之司法适用的以下几点结论性认识:

第一,尽管公民享有正当防卫权,但并不意味着公民可以任意实施防卫行为。不具有

---

① 参见黑龙江省牡丹江市中级人民法院[2016]黑10刑终59号刑事附带民事裁定书。

防卫性质的反击行为，不属于正当防卫。其中，关于防卫性质的认定，主要涉及对防卫意图、防卫对象、防卫时间等要素的分析和认定。防卫意图的正当性是区分正当防卫与非正当防卫的重要标志。在司法实践中，应当根据实际情况，遵循主客观相统一原则进行综合判断。正当防卫是对正在进行的不法侵害的制止，判断不法侵害的着手是确定正当防卫开始时间的关键。一般而言，应以不法侵害的危险是否排除作为判断不法侵害是否结束的客观标准。不法侵害已经结束的，所实施的反击行为是事后的报复行为；对处在预备阶段或犯意表示阶段的不法侵害，采取"先下手为强"的做法也不是正当防卫，而是事前防卫。

　　第二，防卫过当是一种非法侵害行为，防卫过当认定的关键在于对防卫限度条件的正确把握。在认定何为"必要限度"的问题上，原则上以制止不法侵害所必需为标准，同时要求防卫行为与不法侵害行为在手段、强度等方面不存在过于悬殊的差异。关于"明显超过必要限度"，常见的情形包括：防卫行为人攻击部位不适当、防卫工具不适当、因防卫方人数或体能优于侵害方、不存在防卫紧迫性的情形下实施防卫行为等。"重大损害"意味着防卫行为所造成的损害与不法侵害可能造成的侵害相比明显失衡，一般仅限于重伤或死亡，不包括造成被害人轻伤或财产方面的损失。防卫措施明显超过必要限度与防卫结果造成重大损害必须同时具备，才能认定为防卫过当。

　　第三，特殊防卫条款适用的关键，在于准确把握特殊防卫的适用对象。"行凶"本身不是独立的罪名，应理解为与杀人、抢劫、强奸、绑架等暴力犯罪紧密相关的杀伤或其他危及人身安全的行为。关于"严重危及人身安全的暴力犯罪"的司法适用，应从两个方面入手：一是不法侵害应当为行凶、杀人、抢劫、强奸、绑架等严重危及人身安全的暴力犯罪，并非仅指故意杀人罪、抢劫罪、强奸罪、绑架罪等某种具体犯罪。二是不法侵害对于人身安全的威胁具有严重性。"严重性"是暴力犯罪的程度要求，也是反击的条件限制，一般要达到重伤害以上程度。当然，"危及"的形式不仅限于暴力犯罪造成了实际的严重损害，对于尚未造成实际损害但是具有造成实际损害可能性的暴力犯罪，同样存在实施特殊防卫的空间。

韩国司法实务上打斗中的正当防卫

[韩] 李基秀*

一、序言

正当防卫是在国家无法保护个人法益的紧急情况下，允许个人自行保护自己法益的最强烈的自我保护手段，否定因防卫行为导致的侵害对方法益的行为具有违法性，是违法阻却事由。这是基于"法无须向非法让步"的思维，在"不正对正"的关系中被认可的紧迫行为。因此，在符合正当防卫成立条件的情况下，积极给予认可，与对个人权利的保护密切相关。

但是，有评价称，在韩国，法院对正当防卫的认可条件极为苛刻。尤其是关于打斗，法院一直维持着原则上不认可正当防卫的态度。但是，2010年在美国发生的一起学生打斗的案件，加害者造成韩国籍学生死亡，对此，美国警方对加害者认可了正当防卫，未予起诉，而韩国警方却不认可加害者的正当防卫，以暴力致死罪起诉加害者。对于该案件的处理，让平时对认定正当防卫非常苛刻的韩国司法实务受到了批判。另外，发生在2014年的一起屋主对侵入家中的小偷施暴，导致其脑死亡的案件中，韩国司法实务因同样不承认加害者的正当防卫而引发舆论的强烈批判，学界也对正当防卫的成立给予了关注，这成为提出必须扩展正当防卫成立范围主张的契机。

学界批评称，在正当防卫的基本原则——"自我保护原则"和"维护法律秩序原则"中，韩国的法律体系与西方不同，偏重于维护法律秩序的原则，对个人权利的保护不尽如人意。相反的，美国和德国等西方国家则侧重于"自我保护原则"，广泛地认可正当防卫，不过最近对此加以限制的声音高涨。归根结底，关于正当防卫的两大原则——"自我保护原则"和"维护法律秩序原则"，不管偏向任何一方，都会产生疏忽个人权利保护或滥用正当防卫导致法律秩序混乱的副作用，因此，需要适当地均衡。

因此，本文将探讨疏忽个人权利保护而受到批判的韩国正当防卫成立的条件和司法实务上的惯例等，并对存在的问题进行考察。通过先行研究等文献研究方法来探讨韩国的正当防卫成立条件，尤其是有关是否认可司法实务上打斗中的正当防卫，以案例为中心，通过实证性研究，考察存在的问题并提出改善方案。并且，还将对最近警方为了更广泛地认可正当防卫而提出的"暴力案件处理指针"进行探讨。

---

* 韩国全南大学海洋警察学科教授。

二、正当防卫的成立条件

（一）正当防卫的理念依据

1. 自我保护原则

从个人权利的角度来看，正当防卫是源于允许对他人的非法侵害进行自我防御的自我保护原则的权利。① 也就是说，正当防卫作为自力救济禁止原则的例外，以允许自行保护受到不正当侵害的自己法益的原则为基础。② 但是，仅以该原则无法完全说明正当防卫的本质。因为在仅强调自我保护原则的情况下，可能会陷入无限允许正当防卫的危险，无法设定正当防卫的界限，除自我防卫外，也无法对他人法益防卫的正当性加以说明。③

2. 维护法律秩序原则

从社会权利的角度来看，正当防卫是被侵害者在进行自我防卫的同时，维持一般和平秩序乃至法律秩序的行为，因此，被认可为违法性阻却事由。法律秩序的维持，④ 原本属于国家的职责。但是，根据不同状况，需要在无法等待国家出面维持法律秩序的情况下，允许个人代替国家维持法律秩序，这种正当防卫具有维护法律秩序的意义，因此被称为维护法律秩序原则。⑤

3. 学界的立场

将两种原则均看作正当防卫原则的"二元说"，是学界多数人的观点。换句话说，即将正当防卫视作以自我保护原则和维护法律秩序原则作为两大根本原则而被认可的违法性阻却事由。韩国刑法第21条第1款的内容可以分为：为了防止正在发生的对自己法益的不正当侵害而采取的行为，以及为了防止正在发生的对他人法益的不正当侵害而采取的行为。前者是自我保护原则的体现，后者是维护法律秩序原则的体现。⑥

（二）正当防卫的成立条件

韩国刑法第21条第1款对于正当防卫的规定是，"当为保护自己或他人法益免受当前的不正当侵害而采取的行为存在适当理由时，不予以处罚"。分析该规定可知，正当防卫的成立必须具备三个条件：（1）当前的不正当侵害；（2）为保护自己或他人法益而采取的行为；（3）存在适当理由。

1. 当前的不正当侵害

侵害是指对依法受保护的人的攻击或危害。⑦ 其中，进行攻击的人未指出是否具有责任能力，因此幼儿或精神病患者等无责任能力者的攻击也属于侵害。因为是来自人的攻击，所以动物的攻击原则上不属于正当防卫的对象，但若是受人唆使的动物的攻击，也可成为正当防卫的对象。

侵害必须是当前的侵害。当前的侵害，是指对法益的侵害刚刚发生或正在持续进行的

---

① 李宰尚、张永民、姜东范：《刑法总论》（第9版），博英社2018年版，第231页。
② 吴永根：《新刑法入门》（第5版），博英社2018年版，第97页。
③ 韩国司法政策研究院：《各国的正当防卫判断标准与国民的法律意识》，研究丛书2019年版，第9页。
④ 李宰尚、张永民、姜东范：《刑法总论》（第9版），博英社2018年版，第231页。
⑤ 申东云：《刑法总论》（第10版），博英社2017年版，第276页。
⑥ 申东云：《刑法总论》（第10版），博英社2017年版，第276页。
⑦ 李宰尚、张永民、姜东范：《刑法总论》（第9版），博英社2018年版，第232页。

状态中。当前,是指侵害近在眼前或侵害已经开始还未结束。① 在攻击行为已经结束或还未实施的情况下,不允许进行正当防卫。但是,在犯罪既遂之后到犯罪完成之前,也认可攻击行为的当前性。例如,盗窃犯偷盗物品并逃跑的情况,已经是犯罪既遂,但还未到安全确保占有的犯罪完成的时刻,因此侵害的当前性被认可,可以成为正当防卫的对象。

侵害必须是不正当的。此处"不正当"的概念存疑。所谓不正当,就是违法。任何侵犯法律秩序的行为都可算是违法。② 将"不正当"解释为违法的理由,可从"法无须回避非法"的正当防卫的本质特性中找到。违法不仅包括刑法上的违法,也包括其他法律上的非法。因此,不仅仅是故意或因过失造成的侵害,单纯的结果非法也包含在内。既然是不正当侵害,则无须是有责实施的侵害,因此对于醉酒者、精神病患者、幼儿的侵害,也允许正当防卫。但是,虽然符合构成条件但构成违法性阻却的情况不属于违法。因此,对于基于正当防卫或紧急避险而实施的行为,不允许采取正当防卫。③

2. 为保护自己或他人法益而采取的行为

法益包括生命权、身体权、财产权、性自主决定权、名誉权、自由权、居住权等,不区分形态。法益不局限于刑法保护的法益,其他法律保护的法益也属于,既包含自己的法益,也包含他人的法益。为保护他人的法益而采取的行为即为紧急救助。虽然韩国刑法第21条第1款对"他人的法益"没有特别限制,但国家和社会的法益是否也属于"他人的法益",尚需讨论。

国家享有在个人的地位之上拥有的所有权或其他权利的情况,即成为司法上权利的归属主体时,其法益成为正当防卫的保护对象。但对于成为国家秩序维持者等抽象法益主体的情况,却存在不同意见。④ 全面不属于正当防卫的对象的见解("全面不许说"),与可以在如果个人出面也无法救济,则将对国家的存亡带来致命影响的紧急情况下,例外地允许为国家而进行正当防卫的见解("例外允许说")相互对立。在学界,比起"全面不许说","例外允许说"是多数人的见解。⑤

3. 存在适当理由

适当理由,是指对侵害的防卫未超出基于社会常规的适当的程度,则被视为理所当然。⑥ 韩国大法院曾判决,"正当防卫必须是参照侵害行为所侵害的法益的种类、程度、侵害的方法、侵害行为的缓急和正当防卫侵害的法益的种类等所有具体状况,可判定防卫行为是社会性的适当行为的情况"。⑦

---

① 金泰明:《判例刑法总论》,PNC Media 2013 年版,第 228 页。
② 申东云:《刑法总论》(第 10 版),博英社 2017 年版,第 280 页;李宰尚、张永民、姜东范:《刑法总论》(第 9 版),博英社 2018 年版,第 234 页。
③ 李宰尚、张永民、姜东范:《刑法总论》(第 9 版),博英社 2018 年版,第 234 页;申东云:《刑法总论》(第 10 版),博英社 2017 年版,第 281 页。
④ 比如,在对国家所有的建筑物放火或盗窃国家所有的物品的情况下,对于击退放火者或盗窃者的行为,可认可为正当防卫。但是,逮捕持有国家机密文件越过国界者的行为或在淫秽表演场所引爆催泪弹的行为等符合防御国家法益或社会法益的行为,不认可为正当防卫[金慧正等:《刑法总论》(第 2 版),PNC Media,2019 年版,第 155~156 页]。
⑤ 李宰尚、张永民、姜东范:《刑法总论》(第 9 版),博英社 2018 年版,第 235~236 页;申东云:《刑法总论》(第 10 版),博英社 2017 年版,279~280 页。
⑥ 李宰尚、张永民、姜东范:《刑法总论》(第 9 版),博英社 2018 年版,第 237 页。
⑦ 韩国大法院 1984.4.24,宣告 84DO242 判决。

关于适当性的具体内容，存在不同的观点。第一种是将适当性理解为包含正当防卫的必要性和社会伦理性限制的概念的观点（朴尚起、申东云、吴永根、李亨国、郑成根、朴光民）。该观点认为，适当性是深度吸收社会伦理性价值判断的概念。该观点可以说仍是多数论。第二种是将适当性理解为必要性、将社会伦理性限制视为与适当性有所区别的另一个条件的观点（金一洙、徐宝学、裴钟大、孙海木、李宰尚）。根据这两种观点，在超出社会伦理性限制的情况下，对防卫行为的评价有所不同。根据前者，构成防卫过当；根据后者，不构成防卫过当。

关于主张正当防卫的社会伦理性限制的观点，对于儿童、精神病患者、醉酒者等不具有或明显缺乏责任能力的人的侵害行为，夫妻或亲属等存在担保关系的人的侵害行为，轻微的侵害行为等，从社会伦理的观点来看，应限制实施正当防卫。在这种情况下，必须尽可能地规避正当防卫（规避原则），即使实施正当防卫，也必须采取非攻击性的保护性行为（保护防卫原则）。①

三、司法实务上打斗中的正当防卫探讨

（一）打斗的概念

对于打斗的概念，词典中简单解释为"打架之事"，②"通过言语或力量为了赢而争斗"。③在判例中也难以找到对打斗概念的明确定义，通过概括整理出现在判例和学说中的打斗含义可知：（1）防卫行为与侵害行为交叉，（2）当事人带有相互攻击的意图，（3）引发相互侵害的情况。因此，可大致将打斗理解为"当事人互相实施的一系列有形的暴力行为形态"。④

（二）判例的态度

韩国的判例虽然也存在例外，但从原则上看，其宗旨是"在打斗中正当防卫不成立"，即"在打斗的情况下，加害行为是防御行为的同时也带有攻击行为的性质，因此不可视作正当防卫"（韩国大法院 1993.8.24. 宣告 92DO1329 判决）。对于打斗，不认可正当防卫的理由有："像打斗这种在一系列的相互斗争中实施的殴打行为，是相互引发对方暴力行为的行为，因此，正当防卫不成立……被告的加害行为是在一系列的相互斗争中实施的行为，无法视作是为了脱离或防御受害者不正当攻击的行为"⑤"对于出于相互攻击意图的打斗，因首先受到攻击，为对抗攻击进而进行加害的情况……加害行为虽是防卫行为，但同时带有攻击行为的性质，无法视作正当防卫"⑥"争吵中激动起来开始打斗而造成伤害的行为，是相互引发对方伤害行为的行为，因此正当防卫不成立"⑦等。对于打斗，学界表现出以简单理由不认可正当防卫的态度。一项研究表明，在韩国刑法60年的历史中，除韩国大法院重叠认可"正当行为乃至正当防卫"的情况外，单纯认可正当防

---

① 吴永根：《新刑法入门》（第5版），博英社2018年版，第101页。更详细的内容参见 [韩] 申东云：《刑法总论》（第10版），博英社2017年版，第240~241页。
② 标准韩国语大辞典。
③ 高丽韩国语大辞典。
④ 郑玄美：《打斗与正当防卫》，载《梨花女子大学法学论文集》2000年第5卷第1号。
⑤ 韩国大法院1996.9.6，宣告95DO2945判决。
⑥ 韩国大法院2000.3.28，宣告2000DO228判决。
⑦ 韩国大法院1984.6.26，宣告83DO3090判决。

卫的案例仅 14 件。① 这表明，韩国的司法实务并没有很好地认可正当防卫的事实。

另外，从打斗例外认定正当防卫的判例内容上分析，可得出以下几种类型：（1）虽然表面上是打斗，但从一开始就受到单方面攻击的情况；（2）打斗中受到单方面攻击的情况；（3）打斗中受到超出预想范围的过度攻击的情况；（4）在已经中断打斗的情况下继续攻击的情况等。②

最终认可在打斗中的正当防卫的情况是并不对等的打斗，是在可视作对单方面的攻击的防御行为的情况下，认可正当防卫。

（三）最近的学说与警方的正当防卫判断标准

1. 学说的态度

韩国的学者们大致也与判例一样，采取的立场是在通常的打斗中无法认可正当防卫，但在例外的情况下认可正当防卫（李宰尚、金一洙、朴尚基、裴钟大、任雄）。不认可打斗中的正当防卫的依据为，"防卫行为与攻击行为交叉，因此难以认可防卫行为，也无法认可防卫意图"。③ 如上所述，多数学者的立场表现出与判例大同小异的态度。另一方面，批判或逾越判例的内容虽然不多，但也存在。

郑玄美在其论文中表示，判例"并不是为了法律概念，而是为了讨论的便利，忽略设定的一定的打斗的范畴，优先探讨其适当性与否，这并不是妥当的法律解释"。只有在具体的案例中，周密地探讨正当防卫的成立与否，才能防止以打斗为由而疏忽法律探讨的情况。即使表面上看起来是打斗，也需要结合具体的状况与内容，探讨正当防卫的成立与否。④ 根据上文讨论的正当防卫的成立条件，个别地、深入地探讨具体案件，才是妥当的法律解释。⑤

金秉洙在其论文中指出了韩国的判例通常不认可正当防卫的四种原因。第一，在作为正当防卫基本原则的"自我保护原则"和"维护法律秩序原则"中，与西方不同，比起自我保护原则，韩国更强调共同体的法律秩序角度的"维护法律秩序原理"。第二，韩国大法院过分严格地运用打斗中正当防卫的成立条件，原则上不认可正当防卫。第三，不将消极的抵抗行为判断为正当防卫，而是在没有任何论证的情况下将其判断为正当行为。第四，韩国大法院为了限制正当防卫的成立而提出的适当性判断标准的不具体，已经达到了引起了国民共鸣的程度。⑥

2. 警方的正当防卫判断标准

在警方以往的侦查实务中，对于发生相互之间暴力行为的案件，存在不考虑发生经过、不考虑是否有防御行为等具体情形，只是死板地对双方当事人都进行刑事立案的惯例。可以说，这反映出原则上不认可打斗中的正当防卫的态度。

---

① 金秉洙：《打斗中的正当防卫的扩展》，载《刑事法研究》2012 年第 24 卷第 4 号。
② 郑玄美：《打斗与正当防卫》，载《梨花女子大学法学论集》2000 年第 5 卷第 1 号。
③ 郑玄美：《打斗与正当防卫》，载《梨花女子大学法学论集》2000 年第 5 卷第 1 号。
④ 对于此问题，日本关于打斗也早就存在两种主张：①即使是打斗的情况，根据具体的状况，也可构成正当防卫的见解和②不能不顾刑法规定的条件，只要是打斗就不允许正当防卫的主张。两种主张具有均认为，即使是打斗也可认可正当防卫的共通点。[成时卓：《争斗（打斗）与正当防卫》，载《首尔大学法学》1969 年第 11 卷第 1 号。]
⑤ 郑玄美：《打斗与正当防卫》，载《梨花女子大学法学论集》，2000 年第 5 卷第 1 号。
⑥ 金秉洙：《打斗中的正当防卫的扩展》，载《刑事法研究》2012 年第 24 卷第 4 号。

但是，2010年的"李尚熙儿子死亡案件"成为使民众获知韩国的正当防卫判断标准远远严格于美国的契机。该案件为，当时就读于美国洛杉矶一所高中的李尚熙女士的儿子陈秀（19岁），在与同级生李柱英打斗的过程中倒地死亡。对于导致陈秀死亡的加害者李柱英，美国警方根据"陈秀先开始打斗，先伸出拳头"等行为，认可了加害者李柱英的正当防卫，决定不起诉。但是，李尚熙女士再次向韩国警方告发了李柱英，韩国警方不认可李柱英的正当防卫，以暴力致死嫌疑将其起诉。该案件通过大众传播媒介，引发了韩国的正当防卫认可条件过于严格的舆论。另外，关于2014年在韩国发生的屋主对潜入家中的小偷施暴导致其脑死亡的案件，屋主的行为不被认可为正当防卫，这引起了巨大的争议。当时在美国，出现了一位女性用枪射杀了侵入其家中的男性的类似案件，美国认可了该女性的正当防卫。得知此事后，更是出现了关于要求韩国必须放宽正当防卫认定条件的舆论。

在这样的情况下，警察厅为了改善此前在暴力案件中忽略对正当防卫的具体探讨而对双方一并进行刑事立案的惯例，提出了正当防卫的判断标准，下发至一线警察署。最近还在施行中的正当防卫的判断标准如下：

（1）存在对方的不正当侵害；（2）在侵害行为被阻或结束后未实施暴力行为；（3）为旨在对侵害行为进行防御的行为；（4）未违法地引发侵害行为；（5）暴力行为的手段必须在对侵害行为防卫（防御）的必要范围内；（6）防卫行为侵害的法益未明显大于对方欲侵害的法益等。①

警方的这种处理标准有助于在打斗的情况下，在对双方进行一并立案之前，具体分析个别案件，判断是否为正当防卫。实际上在实务中，也对认可正当防卫、减少蒙冤的受害者作出了贡献。特别是京畿南部警察厅，在2018年以该方针为依据，对146起双方暴力事件作出了"正当防卫"判断，并以不起诉意见移交到了检察机关。检察机关将其中的97起案件作为正当防卫进行了不起诉处理，据说案件总数较上一年度高出5倍。②

另外，上文提出的6种标准不应成为绝对性判断的标准。因为对于（4）未违法地引发侵害，（6）防卫行为侵害的法益未明显大于对方欲侵害的法益等，还需要进行探讨。原因在于，即使不符合（4）或（6），也可能存在需认可正当防卫的情况。关于（4），具体来看，对于虽然不是从一开始就有意挑衅，但对侵害的引发存在责任的情况，并不是正当防卫不成立，而是受限制，这是通说的立场。③ 也就是说，由于不是有意对侵害本身进行挑衅，因此原则上认可正当防卫权，由于存在引发的责任，因此若可避免攻击则必须

---

① 2011年3月，警察厅为了改善对相互之间的暴力案件不考虑发生经过、防御行为与否对双方一并立案的"双方立案"惯例，提出了8种正当防卫判断条件，规定当满足所有这些条件时认可为正当防卫。但是，其中包括了"未挑衅，未使用凶器或危险物品，暴力行为的程度不高于侵害行为的水平，未造成需治疗3周以上的伤害"等其本身可能再次成为争议对象的内容。上文中提出的6个标准是上述8个事项中向专家咨询后进行了部分修正的标准，排除了可能成为争议的内容，可以说是更具妥当性的内容。
② 《再也不存在无条件双方暴力正当防卫等扩展适用》，载《韩国日报》2019年1月9日。
③ 郑玄美：《打斗与正当防卫》，载《梨花女子大学法学论集》2000年第5卷第1号；李宰尚、张永民、姜东范：《刑法总论》（第9版），博英社2018年版，第243页。

避免，即使实施防卫行为，也只能是守备防卫。① 因为关于有责挑衅导致的侵害，法律秩序维护的利益明显减少了。② 存在引发打斗责任的情况也是一样。另外，关于（6），防卫行为侵害的法益必须未明显大于对方欲侵害的法益等，但在不可避免的情况下，也可能存在需认可正当性的情况。③

四、结语

前文对司法实务上打斗中的正当防卫进行了讨论。比起重视个人权利保护的"自我保护原则"，韩国法院更侧重于"维护法律秩序原则"，一直坚持原则上不认可打斗中的正当防卫的态度。由于在打斗过程中攻击与防御交叉进行，因此出于两非论的立场，一直维持着将双方均视为刑事处罚对象的判决。但是，这种态度造成了"一旦被卷入打斗中就无条件挨打吧""对于不正当侵害，只能受害"等无法保护受害者权利的状况，受到了非常多的批判。尤其是即使表面上看起来是打斗，也应当周密地探讨是否符合正当防卫成立条件，忽视忠于个人权利救济的法院义务，采取设定"打斗"这个范畴，一旦包含在内就会省略法律推论，直接否定正当防卫，作出便利主义的判断，这样的态度理应成为被批判的对象。另外，不将消极的防卫行为判断为正当防卫，而是在无任何论证或推论的情况下将其判断为正当行为的态度也存在问题。

因此，即使是打斗，今后也应深入探讨个别案件，全面判断正当防卫成立与否，避免出现蒙冤的受害者。另外，关于警方提出的正当防卫判断标准，当前的标准也不能作为绝对标准，因此需要对其进行持续改善，勇于扩展对正当防卫的认可范围。如此一来，更忠于正当防卫原本追求的个人权利救济，才能提高司法实务的可信度。

---

① 关于对挑衅者的正当防卫认可与否的详细内容参见以下论文：裴钟大：《关于基于挑衅的正当防卫的限制的研究》，载《高丽大学法学研究院判例研究》1991年第5卷；杨化植：《对被挑衅的侵害的正当防卫》，载《法曹》1998年第501卷6号；金成奎：《关于对自招侵害的防卫行为的正当化与否的法理性探讨》，载《成均馆法学》2010年第22卷3号；黄浩源：《正当防卫中的挑衅行为》，载《成均馆法学》2004年第16卷第1号。

② 李宰尚、张永民、姜东范：《刑法总论》（第9版），博英社2018年版，第243页。

③ 被告在被身材魁梧的受害者压住自己的脖子，呼吸困难的情况下，预感到危险，以手中的水果刀刺伤受害者的大腿，法院否定了正当防卫（参见大法院2000.3.28. 宣2000DO228判决）。在二审判决中，以被告的防卫行为不符合法益的均衡性、不存在适当性为由，否定了正当防卫。但是，从被告的立场来看，无法呼吸显然感受到了生命的威胁，可防御的手段只有手中的水果刀，即使不存在法益的均衡性，认可正当防卫仍是妥当的。

第二专题

正当化事由与正当化依据

论法确证原则的合理性及其功能

[中] 欧阳本祺*

关于正当防卫的正当化根据，传统观点从个人保护原则和法确证原则两个方面来解释。个人保护原则的含义是，防卫行为因为保护了个人利益，所以具有正当性；法确证原则的含义是，防卫行为因为确证了法秩序，所以具有正当性。对个人保护原则的含义，学界一般不存在分歧。对法确证原则的含义，学界主要存在两个不同的理解方向：第一个方向从维护法秩序的规范有效性或者经验有效性的角度来理解法确证原则，第二个方向从发挥一般预防性或者特殊预防性的角度来理解法确证原则。① 从第一个方向来看，德国的主流观点认为，法确证原则所确证的是法秩序的"经验有效性"（即法秩序的实效），而不是法秩序的"规范有效性"（即法规范的法律效力）。② 从第二个方向来看，德国的主流观点认为，法确证原则侧重的是法秩序的一般预防性，而不是其特殊预防性。③ 这两个理解方向虽然表述有所不同，但本质上并无区别。实际上，法秩序的"经验有效性"与"一般预防性"互为表里关系。换言之，法秩序的"经验有效性"主要体现为其具有"一般预防性"；同时，法秩序具有"一般预防性"也就意味着法秩序的"经验有效性"。

这种二元论是德国的通说，在我国也得到了部分学者的支持。④ 但是，近年来学界对二元论，尤其是对二元论中的法确证原则进行了猛烈地批评，认为"法确证原理在不同层面都存在难以克服的缺陷"，⑤ 法确证原则"根本无任何实质作用，甚至还有矛盾而无法自圆其说之处"。⑥ 这些批评有失偏颇。实际上，离开了法确证原则，任何理论都难以说明正当防卫的正当化根据。当然，二元论内部个人保护原则与法确证原则之间的关系确实较为混乱，因此有必要厘清两个原则之间的关系，正确把握法确证原则对正当防卫的功能。

一、完全排斥法确证原则无法说明正当防卫的正当性

"优越利益说"认为，正当防卫的正当化根据与法确证原则无关，应该从不法侵害人与防卫人之间法益衡量的角度来解释正当防卫的正当性。其核心观点是，不法侵害人的法

---

* 东南大学法学院教授、博士生导师。
① 桥爪隆：《正当防卫论的基础》，有斐阁2007年版，第37页。
② 王钢：《法秩序维护说之思辨》，载《比较法研究》2018年第6期。
③ 张明楷：《正当防卫的原理及其运用——对二元论的批评性考察》，载《环球法律评论》2018年第2期。
④ 欧阳本祺：《正当防卫认定标准的困境与出路》，载《法商研究》2013年的第5期；劳东燕：《防卫过当的认定与结果无价值论的不足》，载《中外法学》2015年第5期；王钢：《正当防卫的正当性依据及其限度》，载《中外法学》2018年第6期。
⑤ 张明楷：《正当防卫的原理及其运用——对二元论的批评性考察》，载《环球法律评论》2018年第2期。
⑥ 许恒达：《从个人保护原则重构正当防卫》，载《台大法学论丛》第45卷第1期。

益在防卫的必要限度内被否定或者降低，相对而言，防卫人的法益就具有优越性。这是学界多数的观点。① 那么，为什么不法侵害人的法益会被否定或降低呢？对"优越利益说"主要有两种不同的解释。其中，"质的优位性说"认为，这是因为防卫人处于本质的优越地位，即防卫人具有"质的优位性"。② "法益悬置说"认为，这是因为"法律为侵害人法益所设置的保护屏障已经在一定范围内被撤除了"。③ 换言之，不法侵害人的法益被悬置于法秩序之外的自然状态中，不再受保护。而且，不法侵害行为的程度越强烈，不法侵害人悬置的法益越多，"悬置法益范围自应与不法侵害强度符合'正比关系'"。④ 但是，离开了法确证原则这一基础，"优越利益说"无论是以"质的优位性说"为基础，还是以"法益悬置说"为基础，⑤ 都值得商榷。

（一）形式上陷入封闭的循环论证

"优越利益说"的结论是，防卫人的利益优越于不法侵害人的利益，因此正当防卫是正当的。那么为什么防卫人的利益具有优越性呢？上述"质的优位性说"认为，这是因为防卫人本质的优越地位。那么，为什么防卫人处于本质的优越地位呢？在完全排斥了法确证原则后，这种观点只能求助于防卫人具有优越的利益这一理由。于是，防卫人的优越利益与防卫人的优越地位之间形成了封闭的循环论证。正是认识到了优越利益与优越地位之间循环论证的弊端，后述的"法确证利益说"才采用"防卫人利益+法确证利益优越于不法侵害人的利益"这样一种逻辑。但是，本文也不赞同把法确证原则降低为法益衡量要素之一的法确证利益。

"法益悬置说"认为，因为不法侵害人的法益被悬置于法秩序之外，所以防卫人的利益具有优越性。那么，为什么不法侵害人的法益要被悬置呢？陈璇副教授认为，"不法侵害人的法益之所以在相当大的程度上被逐出了法律的庇护所，是因为它值得保护的程度较之遭受侵害的法益，出现了大幅下降"。⑥ 这也是一种典型的循环论证：因为法益降低所以被悬置，因为法益被悬置所以降低。实际上，离开了法确证原则这一更高层次的理由，"优越利益说"难以摆脱循环论证的怪圈。正如曾根威彦教授所述，"无论是'法益性的阙如'还是'保护必要性的阙如'，都只是给出了结论，难逃循环论证之嫌"。⑦ 这种形式上的循环论证没有产生任何知识增量，解决不了正当防卫的正当化根据问题。"只说'防卫的必要限度内，法益受保护的必要性被否定'是无法回答应该在什么情况下承认正当防卫这个问题的。"⑧

（二）理论上混淆了事实判断与规范判断的关系

"优越的利益说"排斥法确证原则，就必然会割裂事实判断与规范判断之间的纽带，

---

① 张明楷：《刑法学》，法律出版社2016年版，第198页；黎宏：《刑法学总论》，法律出版社2016年版，第128页；山口厚：《刑法总论》，付立庆译，中国人民大学出版社2018年版，第116页。
② 山口厚：《刑法总论》，付立庆译，中国人民大学出版社2018年版，第117页；张明楷：《正当防卫的原理及其运用——对二元论的批评性考察》，载《环球法律评论》2018年第2期。
③ 陈璇：《被害人视角下的正当防卫论》，载《法学研究》2015年第3期。
④ 许恒达：《从个人保护原则重构正当防卫》，载《台大法学论丛》2016年第45卷第1期。
⑤ "法益衡量""法益降低""法益阙如""法益悬置""优越的利益"属于同一方向上的概念。其中，"优越的利益"是结论，"法益衡量"是方法，"法益降低""法益阙如""法益悬置"都是法益衡量方法的具体运用。
⑥ 陈璇：《被害人视角下的正当防卫论》，载《法学研究》2015年第3期。
⑦ 曾根威彦：《刑法原论》，成文堂2016年版，第186页。
⑧ 佐伯仁志：《刑法总论的思之道·乐之道》，于佳佳译，中国政法大学出版社2017年版，第103页。

从而不得不以事实判断取代规范判断，或者直接从事实判断"飞跃"到规范判断。这就混淆了事实判断与规范判断的关系。

持"法益悬置说"的许恒达副教授认为，不法侵害行为"形式上"是违反了国家的行为规范，"实质上"侵害了人们在缔结社会契约之前就已经存在的人际协和关系。违反国家行为规范是刑罚的基础，侵害人际协和关系才是正当防卫的根据。① 但是，这种观点有本末倒置之嫌。在现代社会，人与人之间的协和关系只有得到国家的承认，上升为国家的行为规范，才会产生法律上的权利和义务。在法律产生之前的自然状态中，确实也存在人际协和关系。但这种法前状态的人际协和关系，只是一种事实关系，不是一种法律关系。侵害这种事实上的人际关系的行为，会招致反抗与复仇，这种反抗与复仇不是法律上的正当防卫，无须考虑其正当与否。质言之，从不法侵害的事实判断无法推断出反抗行为正当与否的规范判断。正确的说法是，不法侵害"形式上"侵害了人际协和关系，"实质上"违反了国家规范，而不是相反。正是因为"法益悬置说"混淆了事实判断与规范判断的关系，才会得出很"奇特"的结论。"法益悬置说"认为，不法侵害行为使得不法侵害人的法益悬置于法秩序之外的"自然状态"，而且，不法侵害的程度越激烈，悬置的法益越多。但是，不法侵害一旦结束，侵害人的法益又自动回到法秩序之中。这种说法也太过魔幻了！侵害人的法益竟然可以自动在"自然状态"与"法秩序状态"之间往返穿越，而启动和停止穿越的"按钮"是不法侵害的事实判断。这种主张无助于人们对正当防卫的把握。可见，离开了法确证原则，终究难以合理解释正当防卫的正当性。

陈璇副教授也认为，不法侵害人的法益之所以大幅度下降或者被逐出法律的庇护所，原因在于"侵害人在本可避免的情况下自陷险境……实际上，一直到防卫人采取防卫措施实施反击之前，危险是否发生都处在侵害人的掌控之中；正是他把自己从一个相对安全的状态带入了利益冲突的危险境地"。② 但是，单纯的"自陷险境"只是一种事实判断，从该事实判断中并不能推出侵害人的法益降低这一规范判断。

首先，不法侵害人"自陷险境"不适用被害人自我答责原理。从形式上来看，不法侵害人基于自己的意志而自陷险境，并招致了防卫人的反击，最终不法侵害人自己变成了"被害人"。但是，这种情况不能适用被害人自我答责原理。适用被害人自我答责原理的前提条件是"被害人支配和控制着结果的发生"。③ 而在正当防卫的场合，虽然是被害人（即正当防卫意义上的不法侵害人）自陷险境，并招致了对自己的损害，但支配和控制结果发生的不是被害人而是防卫人。在被害人自陷险境与损害结果发生之间，介入了具有决定性意义的防卫行为。这一点陈璇副教授自己也认识到了，也承认正当防卫不同于被害人自我答责。④

其次，不法侵害人"自陷险境"也无法通过危险接受理论反证防卫行为的正当化。一般认为，危险接受包括两种情况，即"自己危险化的参与"以及"基于合意的他者危险化"。两者的区分标准在于是自己侵害还是他者侵害。在被害人自己支配损害结果的发生时，被告人的行为属于"自己危险化的参与"，被告人的行为不可能成立犯罪。在被告

---

① 许恒达：《从个人保护原则重构正当防卫》，载《台大法学论丛》第 45 卷第 1 期。
② 陈璇：《被害人视角下的正当防卫论》，载《法学研究》2015 年第 3 期。
③ 冯军：《刑法中的自我答责》，载《中国法学》2006 年第 3 期。
④ 陈璇：《被害人视角下的正当防卫论》，载《法学研究》2015 年第 3 期。

人支配了损害结果的发生时,则其行为属于"基于合意的他者危险化",原则上不能排除犯罪的成立。① 如前所述,不法侵害人自陷险境,并不意味着不法侵害人自己支配了损害结果的发生,因此,被告人(防卫人)的行为不属于"自己危险化的参与",无法被正当化。退一步来说,即使被告人(防卫人)属于"基于合意的他者危险化",也不能得出其行为正当化的结论。

二、把法确证原则降为法确证利益也无法说明正当防卫的正当性

"法确证利益说"与"二维统一论"都把法确证原则降为法益衡量的一个要素。但是,把法确证原则降为法确证利益,存在很多不足,无法解释正当防卫的正当性。

(一)"法确证利益说"无法解释正当防卫的正当化

日本学者往往把法确证原则理解为法确证利益,并把法确证利益作为法益衡量的一个要素,从而把该要素与防卫人利益要素相加,得出相加以后的利益优越于不法侵害人的利益,防卫行为因此具有正当性的结论。这种观点被称为"法确证利益说",其采用的也是"法益衡量说"与"优越利益说"的逻辑。"法确证利益说"立足于"利益衡量说",认为正当防卫不仅仅具有紧急状态下维护自己或他人法益的个人保全利益,还具有法确证的利益。"法确证利益加上个人保全的利益,这样优越利益原理得以维持"。② "通过将个别法益与法确证的利益加在一起,无论个别法益本身的大小,防卫方的利益都要优越于侵害方的利益。"③ "这样,正当防卫的违法阻却根据,就可以通过在个别的法益保全的利益上再加上法确证的利益这一衡量要素,在'优越的利益原理'中寻找。"④

可见,关于法确证原则在正当防卫中的意义,日本学者有着不同于德国学者的理解。德国刑法理论与实践普遍认为,法确证原则与法益衡量无关。"法保护原则,是一个证明了放弃比例性合理的原则。"⑤ "在紧急防卫的情形下,基本不需要受攻击的利益和保卫的利益二者之间符合比例原则。"⑥ 而日本学者则把法确证原则降为法确证利益,并把法确证利益与个人保护利益做了数学上的加法,用这种量上相加的优势来说明正当防卫的合理性。但是,法确证利益与个人法益处于不同的逻辑层次,两者无法直接比较衡量。法确证利益既无法与天平另一端的不法侵害者的法益进行比较,也无法与天平同一端的防卫人的法益相比较。因此,认为1+1(防卫者个人利益+法确证利益)必然大于1(侵害者个人利益)的论证逻辑,并不能成立。⑦

"法确证利益说"之所以会陷入法益衡量的逻辑困境,根本原因在于,其将立体的多层利益作了扁平化理解。因此,有必要理解利益的分层理论,并在此基础上厘清个人保护原则与法确证原则之间的关系。按照利益法学的观点,人们在社会生活中形成了各种各样

---

① 张明楷:《刑法学中危险接受的法理》,载《法学研究》2012年第5期。
② 山中敬一:《刑法总论(第2版)》,成文堂2008年版,第451页。类似的表述参见大谷实:《刑法讲义总论》,黎宏译,中国人民大学出版社2008年版,第254页;曾根威彦:《刑法原论》,有斐阁2016年版,第182页。
③ 松原芳博:《刑法总论重要问题》,王昭武译,中国政法大学出版社2014年版,第117页。
④ 内藤谦:《刑法讲义总论(中)》,有斐阁1986年版,第331页。
⑤ 罗克辛:《德国刑法学总论(第1卷)》,王世洲译,法律出版社2005年版,第441页。
⑥ 金德霍伊泽尔:《刑法总论教科书》,蔡桂生译,北京大学出版社2015年版,第167页。
⑦ 许恒达:《从个人保护原则重构正当防卫》,载《台大法学论丛》第45卷第1期;赵雪爽:《对无责任能力者进行正当防卫》,载《中外法学》2018年第6期。

复杂多变的利益,这些利益不是并列前行的,而是相互冲突的。利益冲突是法律产生的基础,每一条法律规范都以某种相互对立的利益为基础。① 需要注意的是,"利益"不等于"法益"。"利益"包含了具体情形中相互对立的所有价值,它并非仅由具体的"法益"来反映,也由普遍的"法原则"来反映。纵向来看,利益包括三类,即当事人利益、制度利益与法治国的基础利益。这三类利益并非处于同一层面,而是存在后者制约前者的关系。因此,这三类利益不能做简单的加减处理,而应予以立体看待。②

就正当防卫制度来说,正当防卫是利益冲突的产物,并旨在解决利益冲突。这里的利益冲突,不仅表现为防卫人与不法侵害人之间的利益冲突,也表现为私权与公权之间的利益冲突。因此,正当防卫制度"探讨的是相对抗的个体利益或社会整体利益与个体需求之间产生冲突时,应该如何进行社会纠纷的处理""如果我们分析一下立法者到底都用什么方法来解决社会冲突的问题,那么会发现,这些方法只是数量有限的实质性的一些秩序原则……自我保护原则和权利证明原则乃是相关法律规制的根据。"③ 其中,个人保护原则旨在解决个人利益冲突问题,即防卫人为了保护个人利益可以通过损害不法侵害人的利益来进行反击;法确证原则的作用不在于解决当事人之间的利益冲突问题,而在于解决当事人利益与制度性利益或法治国基础利益之间的冲突问题。同时,解决当事人利益冲突的方法应该受制于制度性利益或法治国基础利益的需要。例如,各国刑法在规定正当防卫不负刑事责任的同时,也为正当防卫设定了必要性的限制,其目的是协调当事人利益、制度性利益、法治国基础利益之间的冲突。再如,我国学界普遍认为,只有当不法侵害具有暴力性、攻击性、破坏性时,才允许正当防卫,而对重婚行为、民事违约行为等不法侵害则不允许正当防卫。④ 这实际上也是以制度性利益、法治国家基础利益来限制防卫人利益的过度膨胀,防止私权利对公权力的过度侵害。

总的来说,二元论内部个人保护原则与法确证原则虽然都是立法者所使用的秩序原则,但两者所解决的利益冲突不在同一个层面。个人保护原则涉及的是当事人利益,法确证原则维护的是制度利益或者法治国基础利益。由于这两个原则体现的利益不在同一层面,因此不能简单地相加。同时,正如当事人利益与制度性利益、法治国基础利益不在同一层面一样,个人保护原则与法确证原则也不在同一层面。个人保护原则是正当防卫的基本原则,决定了正当防卫的必要性,其功能在于对正当防卫进行扩张;法确证原则是正当防卫的补充原则,是对个人保护原则的补充,其决定了正当防卫的相当性(需要性),其功能在于对正当防卫进行限制。

(二)"二维统一论"无法解释正当防卫的正当化

梁根林教授认为,主流观点往往只从一个维度来寻找正当防卫的正当化根据,即主流观点要么从防卫人维度,要么从不法侵害人维度来解释正当防卫的正当性。梁教授认为,这种单一维度的视角不能全面解释正当化的根据,因此有必要同时从防卫人与不法侵害人两个维度来探讨问题的解决方法。从防卫人维度来看,正当化的根据在于防卫行为既保护

---

① 吴从周:《概念法学、利益法学与价值法学》,中国法制出版社2011年版,第248页。
② 劳东燕:《法益衡量原理的教义学检讨》,载《中外法学》2016年第2期。
③ 罗克辛:《刑事政策与刑法体系》,蔡桂生译,中国人民大学出版社2011年版,第21、33页。
④ 马克昌主编:《犯罪通论》,武汉大学出版社1991年版,第719页;陈兴良:《正当防卫论》,中国人民大学出版社2006年版,第74页;张明楷:《刑法学》,法律出版社2016年版,第198页。

了个人法益又确证了法秩序；从不法侵害人维度来看，正当化的根据在于不法侵害人法益保护性的丧失。因此，"二维统一论"认为，正当防卫的正当化根据在于法益保护、法秩序确证以及不法侵害人法益保护性的丧失这三者的统一。① 但是，这种"二维统一论"很值得商榷。

首先，"二维统一论"继承并放大了前述"法确证利益说"和"优越利益说"两方面的缺陷。一方面，法秩序确证体现的是超个人利益，而防卫人法益和不法侵害人法益则属于个人利益。在一条标准中如何将两种不同性质的利益"统一"起来，是一个问题。这继承了前述"法确证利益说"的弊端。另一方面，"二维统一论"仍然没有回答，为什么不法侵害人在实施不法侵害行为时，其法益的保护性就应降低或者被悬置？这继承了前述"优越利益说"的不足。另外，"二维统一论"还引发了新的问题。前述"法确证利益说"立足于防卫人维度，将法确证利益与个人利益做"加法"；"优越利益说"立足于不法侵害人维度，对个人利益做"减法"。那么，如何在一条标准中同时把加法与减法这两种完全相反的计算"二维统一"起来，是一个需要回答的新问题。

其次，"二维统一论"有自相矛盾之嫌疑。"二维统一论"一方面主张同时从防卫人和不法侵害人两个维度去论证正当防卫的正当性，另一方面又极力反对法益衡量和优越利益原理，② 这就有自我矛盾的嫌疑。具体来说，优越利益是法益衡量的结果，即通过对防卫人与不法侵害人双方的利益进行衡量，得出防卫人的利益优越于不法侵害人的利益这一结论，从而证明防卫行为造成不法侵害人损害结果是正当的。优越利益体现在两个维度：从防卫人维度来看就是，"法确证利益+个人保护利益>不法侵害人利益"；从不法侵害人维度看就是，"不法侵害人法益<防卫人利益"。可见，无论是防卫人维度还是不法侵害人维度，采用的都是法益衡量和优越利益的逻辑。"二维统一论"同时继承了防卫人维度和不法侵害人维度的方法，事实上采用的也就是法益衡量和优越利益的逻辑。但是让人难以理解的是，该论者又明确反对法益衡量和优越利益的逻辑。这难免有自相矛盾之嫌。

三、法确证原则的功能

如前所述，完全排斥法确证原则无法解释正当防卫的正当性，把法确证原则降低为法确证利益也无法解释正当防卫的正当性。一些学者之所以极力反对法确证原则，关键原因在于没有厘清个人保护原则与法确证原则的关系，没有理解法确证原则的功能。如前所述，在个人保护原则与法确证原则之间，个人保护原则是基本原则，法确证原则是补充原则。正如耶赛克和魏根特所说，个人保护原则"是占优势地位的，正如它与刑法典中的自由主义的传统相适应一样……维护法秩序的公共利益，只能够通过保护个人权利这一媒介加以实现"。③ 罗克辛也明确指出，"针对正当防卫的根据，承认保护原则的优先性""以法确证原则补充保护性原则"。④ 在弄清了个人保护原则与法确证原则的关系之后，就能够正确把握法确证原则的功能，并澄清很多误解。

---

① 梁根林：《防卫过当不法判断的立场、标准与逻辑》，载《法学》2019年第2期。
② 梁根林：《防卫过当不法判断的立场、标准与逻辑》，载《法学》2019年第2期。
③ 耶赛克、魏根特：《德国刑法教科书》，徐久生译，中国法制出版社2001年版，第402~403页。
④ 罗克辛：《正当防卫与法确证》，王德政译，载《西北师大学报（社会科学版）》2018年第2期。

（一）认定正当防卫成立条件的根据不是法确证原则，而是个人保护原则

正当防卫的成立条件包括前提条件和限度条件两大类，前提条件包括起因条件、对象条件、时间条件，限度条件是指防卫的必要限度。① 前提条件是关于正当防卫所处情形的条件，限度条件是关于防卫行为本身的条件。② 法确证原则的反对者认为，法确证原则对于正当防卫的前提条件与限度条件的认定都毫无意义，因此法确证原则不是正当防卫的正当化根据。法确证原则的支持者则认为，可以从法确证原则导出正当防卫的成立条件，因此法确证原则是正当防卫的正当化根据。③ 本文认为，两种观点都存在许多需要澄清的误解。法确证原则是否是正当防卫成立条件的根据，与法确证原则是否是正当防卫的正当化根据，是两个不同的问题。否定前者并不就能否定后者，同样，肯定后者也并不就能肯定前者。本文认为，正当防卫的成立条件确实与法确证原则无关，但仅凭此并不足以否定法确证原则是正当防卫的正当化根据。

1. 正当防卫的前提条件与法确证原则无关

法确证原则的反对者认为，正当防卫的起因条件、对象条件、时间条件都与法确证无关。与此相反，部分法确证原则的支持者则认为上述条件都与法确证有关联。这两种立场都值得商榷。

（1）正当防卫的起因条件与法确证原则无关

法确证原则的反对者认为，正当防卫的起因条件与法确证无关。因为德日刑法都明文规定正当防卫是为了避免"自己或他人"免受正在进行的不法侵害。因此，对于侵害公共秩序的行为，只要个人的权利没有同时受到侵害，公民个人就不能使用正当防卫加以抵制。④ 即使在我国刑法明文规定正当防卫可以保护"国家、公共利益"的情况下，我国学界也普遍认为，在不涉及个人权利时，公民个人不能为了单纯保护国家、公共利益而使用正当防卫。⑤ 因此，"既然反击的合法性系于个人利益，其发动要件也与法秩序受到威胁无关，正当防卫保护法秩序的论点实有检讨必要"。⑥ 与此相反，法确证原则的支持者则认为，在德日立法模式下，或许可以认为正当防卫不能维护超个人的法秩序。但在我国立法模式下，不能对"国家、公共利益"进行限制解释，否则就是限缩了正当防卫的成立条件，扩张了防卫人的处罚范围，违反了罪刑法定原则。因此，正当防卫的起因条件与法确证原则息息相关。⑦

本文认为，即使是在我国，也不允许单纯为了维护"国家、公共利益"而实行防卫行为，对"国家、公共利益"进行限制解释并不违反罪刑法定原则。罪刑法定原则涉及的主要是对刑法分则构成要件的解释，而不适用于对正当防卫条款的解释。"正当化事由和构成要件这两者在刑事政策上的目标是不同的，这使得它们在方法论上也有着完全不同的操作步骤……人们在正当化事由方面要做的工作，就不再是向概念性的、固定化的各种

---

① 陈兴良：《正当防卫论》，中国人民大学出版社2006年版，第41页。
② 金德霍伊泽尔：《刑法总论教科书》，蔡桂生译，北京大学出版社2015年版，第159页以下。
③ 王钢：《法秩序维护说之思辨》，载《比较法研究》2018年第6期。
④ 罗克辛：《德国刑法学总论（第1卷）》，王世洲译，法律出版社2005年版，第424页。
⑤ 周光权：《刑法总论》，中国人民大学出版社2016年版，第202页；黎宏：《刑法学总论》，法律出版社2016年版，第130页；张明楷：《刑法学》，法律出版社2016年版，第200页。
⑥ 许恒达：《从个人保护原则重构正当防卫》，载《台大法学论丛》第45卷第1期。
⑦ 王钢：《法秩序维护说之思辨》，载《比较法研究》2018年第6期。

描述进行涵摄了。"① 之所以不允许单纯为了维护"国家、公共利益"进行防卫,是为了防止私权利对公权力的干涉。但是,赞同正当防卫的起因条件与法确证原则无关,并不意味着本文反对法确证原则本身,不能把这两个不同层面的问题关联起来。正当防卫的起因条件只能从个人保护原则中寻找根据,原本就不应该与法确证原则联系起来。从个人保护原则出发,正当防卫只能是为了防卫自己或者他人,而不能单纯防卫国家、公共利益。正当防卫的成立需要同时考虑个人保护原则与法确证原则,是就正当防卫的整体而言的,并不意味正当防卫的每个成立条件都要同时考虑这两个原则。

(2) 正当防卫的对象条件与法确证原则无关

这里主要涉及对动物和无责任能力人能否实行正当防卫的问题。首先,有的学者认为,对动物进行法确证毫无意义,因此对动物不能进行正当防卫,只能进行紧急避险。② 但是,否认对物防卫明显不合理。"人咬就能成立正当防卫,狗咬就只能成立紧急避险,这明显不均衡。"③ "法律不可能认为,在动物侵害人的生命、身体时,人只能忍受。"④ 更为重要的问题是,把法确证原则与"对物防卫否定说"捆绑在一起的后果是,人们在批判"对物防卫否定说"的同时,也在质疑法确证原则的合理性。其次,也有学者从法确证原则出发论证对无责任能力人不能进行正当防卫,"因为他们根本无能力认识法规范的意义,也无能力在意义沟通的层面上否定法规范的效力"。⑤ 但是即使是在德国,二元论者也并不否认对无责任能力人可以实行正当防卫,只是对这种正当防卫应该有所限制。

上述论者以法确证原则为根据来否定对动物和无责任能力人的正当防卫,实际上是误解了法确证原则的功能。法确证原则只是对个人保护原则的补充,"所有的正当防卫权都首先有助于保护被害人"。⑥ 在考虑反击行为是否成立正当防卫时,首先要考虑个人保护的需要,在此前提下再考虑是否需要依据法确证原则对正当防卫进行限制。在面对动物攻击时,当然可以实行正当防卫,而且由于动物不属于人类社会的成员,所以也不考虑对其进行特别的限制。同样,在面对无责任能力人的攻击时,从个人保护原则出发,也允许进行正当防卫。不过由于无责任能力人属于人类社会中法规范意识较弱的人,从法确证原则出发应该对正当防卫进行限制。

(3) 正当防卫的时间条件与法确证原则无关

所有国家的立法都规定,正当防卫只能面对"正在进行"(急迫)的不法侵害才可能实行。对于这一法定条件,原本不应该有什么异议。但有的学者认为,即使在不法侵害结束后或者不法侵害着手前,对不法侵害者实施反击行为,仍然具有法确证的效果,因此从法确证原则出发,应该得出事后防卫与事前防卫也成立正当防卫的结论,但事实上并非如此。⑦ 论者试图运用归谬法来否定法确证原则的合理性;从法确证原则这一前提出发会得

---

① 罗克辛:《刑事政策与刑法体系》,蔡桂生译,中国人民大学出版社 2011 年版,第 38 页。
② 山中敬一:《刑法总论(第 2 版)》,成文堂 2008 年版,第 458~459 页。
③ 佐伯仁志:《刑法总论的思之道·乐之道》,于佳佳译,中国政法大学出版社 2017 年版,第 106 页。
④ 张明楷:《刑法学》,法律出版社 2016 年版,第 201 页。
⑤ 冯军:《刑法教义学的立场和方法》,载《中外法学》2014 年第 1 期。
⑥ 罗克辛:《正当防卫与法确证》,王德政译,载《西北师大学报(社会科学版)》2018 年第 2 期。
⑦ 桥爪隆:《正当防卫论的基础》,有斐阁 2007 年版,第 53 页;张明楷:《正当防卫的原理及其运用——对二元论的批评性考察》,载《环球法律评论》2018 年第 2 期。

出事后防卫与事前防卫都成立正当防卫的荒谬结论，所以法确证原则这一前提本身是错误的。但是此处归谬法的使用不当。归谬法是通过从一个命题导出荒谬结论而否定该命题的逻辑方法，归谬法所要否定的命题只能是充分条件判断。归谬法的逻辑是：如果 A 为真，则一定 B 为真；事实上 B 非真，所以 A 非真。归谬法的这一逻辑不适应于法确证原则。二元论虽然把法确证原则作为正当防卫的正当化根据，但法确证原则并非正当化的充分条件，法确证原则只是正当化的一个必要条件。并非只要防卫行为符合法确证原则就成立正当防卫，成立正当防卫除了要符合法确证原则外，还需要符合个人保护原则，并符合刑法条文的规定。即使事后防卫与事前防卫符合法确证原则，但由于其不符合刑法规定，也可能不符合个人保护原则，当然不成立正当防卫。使用归谬法来否定法确证原则的合理性，这一做法值得商榷。

2. 正当防卫的必要性与法确证原则无关

德国刑法第 32 条规定，成立正当防卫得具备"必要性"与"需要性"两个要素。"必要性"涉及的是对攻击行为在事实上实施抵抗的可能性，"需要性"涉及的是这种抵抗在规范上是否合适。① 日本刑法第 36 条规定，正当防卫是"不得已所实施的行为"。日本学者一般认为，这一表述包含了正当防卫的两个素，即"必要性"（最小必要限度性）与"相当性"（缓和的均衡性）。② 日本学者所说的"相当性"与德国学者所说的"需要性"含义基本相同。我国刑法第 20 条规定，正当防卫不能明显超过必要限度。对于"必要限度"的理解，我国学界存在"必要性说""基本相适应说""折中说"的分歧，通说采取的是"折中说"。③

本文认为，我国正当防卫中的"必要限度"应该解释为防卫的"必要性+相当性"（需要性）。本文在此先论述必要性的判断依据，在第三部分再论述相当性的判断依据。正当防卫的"必要性"包括两层意思。一是"可超比例性"，即防卫行为不受比例原则限制且防卫人一般不具备躲避义务。④ 也就是说，防卫行为必须足以制止正在进行的不法侵害，以消除防卫人所面临的危险。⑤ 二是"最小性"，即"如果有几种方式可供选择，则只能选择侵害或者威胁最小的"。⑥ 日本的判例和学说把必要性的这两层意思概括为"最小必要限度性"。⑦ 需要注意的是，正当防卫的这种必要性（最小必要限度性），既不是来源于法确证原则，也不是来源于法益衡量原则，而是来源于个人保护原则。

首先，正当防卫的"可超比例性"不是来源于法确证原则，而是来源于个人保护原则。刑法理论与实务普遍承认正当防卫的可超比例性，主张面对正在进行的不法侵害，防

---

① 金德霍伊泽尔：《刑法总论教科书》，蔡桂生译，北京大学出版社 2015 年版，第 169 页。
② 松原芳博：《刑法总论重要问题》，王昭武译，中国政法大学出版社 2014 年版，第 129 页以下。
③ 黎宏：《刑法学总论》，法律出版社 2016 年版，第 140 页；陈兴良：《正当防卫论》，中国人民大学出版社 2006 年版，第 117 页以下；王政勋：《正当行为论》，法律出版社 2000 年版，第 182 页以下。
④ 罗克辛：《正当防卫与法确证》，王德政译，载《西北师大学报（社会科学版）》2018 年第 2 期。
⑤ 罗克辛：《德国刑法学总论（第 1 卷）》，王世洲译，法律出版社 2005 年版，第 438 页；金德霍伊泽尔：《刑法总论教科书》，蔡桂生译，北京大学出版社 2015 年版，第 167 页。
⑥ 冈特·施特拉滕韦特、洛塔尔·库伦：《刑法总论 I——犯罪论》，杨萌译，法律出版社 2006 年版，第 167 页。
⑦ 山口厚：《刑法总论》，付立庆译，中国人民大学出版社 2018 年版，第 134 页；松原芳博：《刑法总论重要问题》，王昭武译，中国政法大学出版社 2014 年版，第 129 页。

卫人没有躲避义务，且防卫行为造成的损害可以大于不法侵害行为可能造成的损害。至于这种可超比例性的原因何在，学界存在争议。① 常见的论述是，正当防卫的可超比例性来源于法确证原则，即"正无须向不正让步"。② 但是，这种观点的合理性可能需要反思。一个人在面对激烈的不法侵害时，他之所以不逃避，而是使用攻击性防御，他大脑中首先想到的绝不是"正无须向不正让步"这种法确证原则，而是如何快速有效地保全自己的利益。罗克辛教授也明确指出，"正当防卫的'可超比例性'恰好不是来源于法确证的特别要求，而是来源于被适用的法所明显展示出来的个人保护……正当防卫的'可超比例性'只能由个人保护原则来解释；法确证原则无须这样"。③

其次，正当防卫的"最小性"不是来源于法益衡量原则。法益衡量论者认为，在判断防卫行为的最小性时"需要将正当防卫造成的实际损害与不法侵害可能造成的损害（危险）进行比较"。④ 但是，这种观点值得商榷。"防卫是不是必要的，说的是防卫的行为，而不是防卫的结果。"⑤ "防卫的必要性并不要求所造成的损害与所防卫的损害之间的比例关系。因此，一个人在只能通过刺死攻击者的方法来面对棍棒殴打时，就是在进行必要的防卫。"⑥ 可见，在判断防卫行为的必要性时，不需要就防卫人与不法侵害人的法益进行衡量。所谓最小性中的"最小"，不是指只能给不法侵害人造成最小的损害，而是指在多种有效的防卫行为中选择损害最小的防卫行为。而且，判断哪种防卫行为属于损害最小的防卫行为，也不是站在不法侵害人的角度，而是站在防卫人的角度。损害最小的防卫行为，首先必须是足以保全个人法益的行为。

在弄清了正当防卫必要性的判断依据以后就会明白，为了激活正当防卫条款，防止其沦为僵尸条款，⑦ 我们不能求助于法益衡量原则，因为法益衡量原则可能引向结果归责的误区；⑧ 我们也不能求助于法确证原则，因为法确证原则蕴含着维稳优先的风险。⑨ 最好的办法是强调个人保护原则的意义，这一点近年来已为我国司法实践所注意。2015年3月2日最高人民法院、最高人民检察院、公安部、司法部联合颁布的《关于依法办理家庭暴力犯罪案件的意见》就明确采取了"可超比例性"标准："认定防卫行为是否'明显超过必要限度'，应当以足以制止并使防卫人免受家庭暴力不法侵害的需要为标准。" 2018年12月19日最高人民检察院颁布了有关正当防卫的第十二批指导性案例。其中，"陈某正当防卫案"（检例第45号）指出，陈某在被人殴打，人身权利受到不法侵害的情况下，挥刀反击致3人重伤的防卫行为，仍然属于正当防卫。"于海某正当防卫案"（检例第47号）指出，面对严重危及人身安全的暴力犯罪，防卫行为致使不法侵害人死亡

---

① "法确证利益说"的理由是，个人保护的法益+法确证的利益>不法侵害人的利益［参见内藤谦：《刑法讲义总论（中）》，有斐阁1986年版，第331页］。"滞留利益说"的理由是，个人保全的法益+滞留现场的利益>不法侵害人的利益（参见桥爪隆：《正当防卫论的基础》，有斐阁2007年版，第71页以下）。
② 劳东燕：《防卫过当的认定与结果无价值论的不足》，载《中外法学》2015年第5期。
③ 罗克辛：《正当防卫与法确证》，王德政译，载《西北师大学报（社会科学版）》2018年第2期。
④ 张明楷：《正当防卫的原理及其运用——对二元论的批评性考察》，载《环球法律评论》2018年第2期。
⑤ 金德霍伊泽尔：《刑法总论教科书》，蔡桂生译，北京大学出版社2015年版，第167页。
⑥ 罗克辛：《德国刑法学总论（第1卷）》，王世洲译，法律出版社2005年版，第440页。
⑦ 陈兴良：《正当防卫如何才能避免沦为僵尸条款》，载《法学家》2017年第5期。
⑧ 劳东燕：《防卫过当的认定与结果无价值论的不足》，载《中外法学》2015年第5期。
⑨ 陈璇：《正当防卫、维稳优先与结果导向》，载《法律科学》2018年第3期。

的，仍然属于正当防卫。可见，这些司法解释和指导性案例在认定正当防卫的必要性时，都贯彻了个人保护原则：防卫行为必须足以制止不法侵害，保护个人法益；在没有选择的情况下，防卫行为致人重伤、死亡的，仍然具有必要性。

(二) 法确证原则的功能在于对正当防卫进行社会伦理限制

法确证原则的内涵与功能，一直受到反对者的误解和责难。张明楷教授的批评具有代表性，他认为，法确证原则内容空泛，属于"可以从自己的主观评价导出任何结论的万能原理……于是，为扩张正当防卫权（不要求利益衡量）和缩小正当防卫权（社会伦理限制）提供根据的，都是法确证原理""不论是必要性还是需要性，其背后的根据都是法确证的原理。这再次说明法确证原理是一把万能钥匙，在任何场合都可以使用。"① 然而，这种判断未必客观。虽然学界对法确证原则的内涵与功能存在意见分歧，但是以罗克辛、耶赛克、魏根特为代表的部分权威学者明确主张，法确证原则只是对个人保护原则的补充，法确证原则的功能不在扩张正当防卫权而在缩小正当防卫权，法确证原则的作用点不在必要性而在需要性。

耶赛克和魏根特认为，在个人保护与法确证两个原则之间，个人保护原则"是占优势地位的，正如它与刑法典中的自由主义的传统相适应一样……维护法秩序的公共利益，只能够通过保护个人权利这一媒介加以实现"。正当防卫权的扩张依赖的是个人保护原则。"我们不能期待被害人'不光彩地逃走'，不仅如此，甚至也不能期待仅仅避免攻击，这只能够从对正当防卫的个人权利的理解角度加以说明。与此相对，社会权利……对正当防卫作出必要的限制。"② 很明显，在耶赛克和魏根特看来，个人保护原则是基本原则，法确证原则是补充原则；个人保护原则扩张了正当防卫权，法确证原则旨在缩小正当防卫权。法确证原则并非"万能钥匙"。罗克辛教授更是明确指出，法确证原理不是万能原理，"二元论正当防卫概念的支持者根本不认为法确证原则具有这样深远的效果"。罗克辛的结论是，"法确证原则的独立内涵并不在于正当防卫权的扩大，而在于对它进行社会伦理的限制""应通过适度削弱法确证利益来增加对正当防卫进行限制的情形"。③

在理解了法确证原则的功能以后，就能够很好地理解限制正当防卫的依据何在。关于限制正当防卫的依据，二元论学者认为，"在那些主要旨在限制正当防卫而列举的案例中，对被害人做轻缓处理的根据明显来源于法秩序"。④ 法益衡量论者则认为，限制正当防卫"难以用法确证原理来说明，相反完全可以用优越的利益保护原理来解释"。⑤ 两种学说的对立主要体现在以下几种情形：

1. 无责任能力人的不法侵害

对幼儿、精神病人等无责任能力人的攻击能否实行正当防卫，学界存在不同观点。法益衡量论者认为，能否实行正当防卫与不法侵害人的责任能力无关，只与不法侵害行为的危险性有关。当幼儿举棒攻击成年人时，由于幼儿攻击行为的危险性低，成年人夺过木棒即可，无须实行攻击性防卫；但当少年攻击比自己更年幼的少年时，攻击行为具有较大的

---

① 张明楷：《正当防卫的原理及其运用——对二元论的批评性考察》，载《环球法律评论》2018年第2期。
② 耶赛克、魏根特：《德国刑法教科书》，徐久生译，中国法制出版社2001年版，第402~403页。
③ 耶赛克、魏根特：《德国刑法教科书》，徐久生译，中国法制出版社2001年版，第402~403页。
④ 耶赛克、魏根特：《德国刑法教科书》，徐久生译，中国法制出版社2001年版，第402~403页。
⑤ 耶赛克、魏根特：《德国刑法教科书》，徐久生译，中国法制出版社2001年版，第402~403页。

危险性，后者当然可以实行攻击性防卫。① 二元论者认为，既然法律把儿童、精神病人规定为无责任能力人，那就意味着"法秩序并不需要在他们那里'确证'自己的效力"。② 换言之，"法秩序的效力并没有因侵害而受到影响，或只是受到不严重的影响"。③ 因此，面对无责任能力人的攻击，应该对正当防卫进行限制。④

本文认为，"二元论"比"法益衡量论"更具有合理性。按照"法益衡量论"，当无责任能力人（如个子高大的少年或身强力壮的精神病人）的攻击具有危险性时，被攻击人就可以直接实施攻击性防卫，即使其能够通过躲避或者求助而化险为夷。但是这并不合理，对无责任能力人实施攻击性防卫，既缺乏一般预防效果，也不具备特殊预防效果。"二元论"并不否认对无责任能力人可以实行正当防卫，只是认为对正当防卫应当有所限制。在"二元论"中，个人保护原则是基本原则，法确证原则是补充原则，而且两者之间的功能是相反的。根据个人保护原则，当少年攻击比自己更年幼的少年时，后者当然可以实施攻击性防卫。但是，无责任能力人毕竟不具有规范意识，对其进行正当防卫以确证法秩序的必要性减弱，因此对无责任能力人的防卫应当有所限制。具体来说，被攻击人通过躲避或者求助可以保护个人法益时，应当首先进行躲避或者求助；在无法躲避或求助时，应该实行抵御性防卫；在抵御性防卫无效时，才可以最终实行攻击性防卫。⑤ 可见，只要我们厘清了"二元论"内部个人保护原则和法确证原则的关系，就会发现"二元论"的解释确实比单一的法益衡量论更加合理。

2. 轻微的不法侵害

对于轻微的不法侵害，学界普遍认为应当对防卫行为进行限制。为了制止正在进行的小偷小摸，即使杀死不法侵害人是唯一的办法，也不能成立正当防卫。对于这种轻微的不法侵害，正当防卫的界限在于不能造成不法侵害人的生命危险。⑥ 学界的分歧在于限制正当防卫的原因何在。法益衡量论者认为，"不能为了保护微小利益而损害重大法益……如为了保护笼中一鸟、树上一果而杀害盗窃犯的。不管具有多大的必要性也不得认定为正当防卫。这是优越的利益保护原理决定的"。⑦ 二元论者则认为，之所以对轻微的不法侵害要严格限制正当防卫，是因为这种情况与通常的案件相比，法确证的意义很轻微。⑧

初看起来，"法益衡量说"的道理简单明了：一只鸟的生命与一个人的生命相比而言，的确微不足道，因此不允许为了保护前者而牺牲后者。但是需要进一步追问的是，法益衡量作为一种价值判断，其依据是什么呢？站在防卫人的角度来说，他之所以不惜杀死不法侵害人，是因为他认为其心爱的小鸟比可恶的侵害人更重要。但是，不法侵害人的家属是无法接受这一法益衡量判断的。因此，法益衡量需要以法秩序作为依据，离开了法秩

---

① 佐伯仁志：《刑法总论的思之道·乐之道》，于佳佳译，中国政法大学出版社 2017 年版，第 100 页以下；张明楷：《正当防卫的原理及其运用——对二元论的批评性考察》，载《环球法律评论》2018 年第 2 期。
② 罗克辛：《刑事政策与刑法体系》，蔡桂生译，中国人民大学出版社 2011 年版，第 36 页。
③ 耶赛克、魏根特：《德国刑法教科书》，徐久生译，中国法制出版社 2001 年版，第 415 页。
④ 欧阳本祺：《正当防卫认定标准的困境与出路》，载《法商研究》2013 年第 5 期；劳东燕：《防卫过当的认定与结果无价值论的不足》，《中外法学》2015 年第 5 期。
⑤ 罗克辛：《德国刑法学总论（第 1 卷）》，王世洲译，法律出版社 2005 年版，第 444 页以下。
⑥ 罗克辛：《德国刑法学总论（第 1 卷）》，王世洲译，法律出版社 2005 年版，第 450 页。
⑦ 张明楷：《正当防卫的原理及其运用——对二元论的批评性考察》，载《环球法律评论》2018 年第 2 期。
⑧ 罗克辛：《德国刑法学总论（第 1 卷）》，王世洲译，法律出版社 2005 年版，第 450 页。

序难以判断孰轻孰重。例如，在刑法没有规定非法猎捕、杀害珍贵、濒危野生动物罪之前，比较野生动物和人之间孰轻孰重是没有意义的，动物攻击人抑或人杀死动物都属于法秩序之外的自然现象。但是刑法规定此罪以后，杀害一只珍贵濒危的野生鸟类可能会导致10年以上的牢狱之灾。

按照本文前述的利益分层理论，防卫人的财产法益、不法侵害人的生命和身体法益都属于下位的当事人利益，而这种当事人利益的判断或比较需要受制于制度利益与法治国的基础利益，法确证原则正属于制度利益或法治国的基础利益。因此，在轻微的不法侵害场合，也应该重点从法确证原则来理解正当防卫。具体来说，"在这种情况下，应当否定法确证利益，因为法秩序不允许对较少价值的法益或者对轻微的侵害行为，以造成侵害人巨大损害为代价进行防卫"。[①] 既然法确证的意义减弱或者被否定，那么受其限制，个人保护的意义也应该减弱或者被否定。如此就能够合理说明，为什么对轻微的不法侵害应该限制正当防卫。

3. 特殊关系人的不法侵害

"二元论"认为，当不法侵害人与防卫人之间具有亲子、夫妻等特殊关系时，法确证的必要性减弱，因此正当防卫应该有所限制。防卫人应该包容不法侵害者，尽可能地避开侵害，在可以选择的几种防卫方式中，应选择最温和的手段。只要没有面临更严重的攻击，防卫人就应放弃会危及生命的防卫手段，哪怕没有更安全的方式。[②] 而按照"法益衡量论"，防卫行为的实施及其限度，只取决于保护的法益与损害的法益之间的大小衡量，无须考虑防卫人与不法侵害人之间的人际关系。[③] 但是，实施防卫行为完全不须考虑防卫人与不法侵害人之间关系的观点，也并不合理。近期我国发生的两起防卫他人非法侵入住宅的案件，可以从侧面反映出，司法实践中也考虑了防卫人与侵害人之间特殊关系。

在媒体所谓的"涞源反杀案"中，不法侵害人（死者）王某因为追求防卫人王新某、赵印某之女王某某被拒后，于2018年7月11日晚11时许，携带水果刀、甩棍翻墙进入防卫人王新某、赵印某及其女儿王某某共同居住的院子。防卫人王新某、赵印某随即报警，并拿起铁锹、菜刀与非法侵入其院子的王某进行打斗，最终致王某死亡。涞源县人民检察院认定防卫人的行为构成正当防卫，决定不起诉。[④] 与此案很相类似的是最高人民检察院第十二批指导性案例中的朱凤某故意伤害（防卫过当）案（检例第46号）。此案中，被告人朱凤某的女儿朱某与不法侵害人（死者）齐某系夫妻。2016年1月朱某提起离婚诉讼并与齐某分居，朱某带女儿与朱凤某夫妇同住。齐某不同意离婚，并于2016年5月8日23时许翻墙进入被告人朱凤某夫妇居住的院子。朱凤某随即报警，并持刀与不法侵害人打斗，最终刺中齐某胸部致其死亡。法院认为被告人朱凤某的行为属于防卫过当，应负刑事责任。

比较"涞源反杀案"与"朱凤某故意伤害"，可以发现两案中的不法侵害行为具有很

[①] 耶赛克、魏根特：《德国刑法教科书》，徐久生译，中国法制出版社2001年版，第418页。
[②] 冈特·施特拉腾韦特、洛塔尔·库伦：《刑法总论 I——犯罪论》，杨萌译，法律出版社2006年版，第172页；罗克辛：《德国刑法学总论（第1卷）》，王世洲译，法律出版社2005年版，第453页以下。
[③] 佐伯仁志：《刑法总论的思之道·乐之道》，于佳佳译，中国政法大学出版社2017年版，第101页；张明楷：《正当防卫的原理及其运用——对二元论的批评性考察》，载《环球法律评论》2018年第2期。
[④] 参见涞源县人民检察院涞检公诉刑不诉［2019］2号不起诉决定书。

大的相似性：都是不法侵害人深夜23时许翻墙进入防卫人的院子，并与防卫人进行打斗，结果都是防卫行为导致不法侵害人死亡。但是两案的定性却存在很大区别，前者构成正当防卫，不负刑事责任；后者属于防卫过当，应负刑事责任。那么，这种区别的原因何在呢？"法益衡量论"者可能会说，因为"涞源反杀案"不法侵害人王磊携带水果刀、甩棍翻墙进入防卫人的院子，其法益侵害的危险性大，因而防卫行为可以致人死亡；而"朱凤某故意伤害"中不法侵害人齐某只是徒手翻墙进入防卫人的院子，其法益侵害的危险性小，因而防卫行为不能致人死亡。但是，本文不同意这种解释。根据前述防卫必要性的分析，本文认为，对于深夜非法侵入自己住宅的不法侵害人，防卫人可以采取一切必要的防卫措施，包括致不法侵害人死亡的行为。因为，非法侵入住宅的行为不仅侵害了住宅安宁，还侵害了住宅内的人身和财产安全。质言之，"防卫住宅与防卫一般财产具有极大区别……房子占有人或房屋内合法的房客使用致命武力保卫住宅是正当的"。① 在美国，大量判决都基于"城堡法"，把击毙非法入侵住宅者的行为认定为正当防卫。这样的案例"可谓举不胜举"。② 在德国，房屋的所有人用刀刺死晚上闯入自己住宅的醉酒男子，也被认定为正当防卫。③

所以，上述"涞源反杀案"与"朱凤某故意伤害"中，房屋的所有人刺死深夜非法侵入者的行为原则上符合个人保护原则，不论非法侵入者是否携带凶器。但是，本文也同意"朱凤某故意伤害"认定为防卫过当，而不是正当防卫。理由不是非法入侵者没有携带凶器。真正的理由在于，不法侵害人齐某与防卫人朱凤某具有特殊的关系，齐某与防卫人的女儿在法律上仍然是夫妻，齐某婚后也一度生活在该院子内，其女现在仍然住在此处。齐某类似于德国判例中的"同一生活圈子里没有本质敌对意思的人"，这种特殊的人际关系决定了法确证的价值有所下降，防卫行为应该有所限制，不能使用致命的攻击性防卫。④

四、结论

"优越利益说"完全排斥法确证原则，导致其在形式逻辑上陷入封闭的循环论证，在实质理论上混淆了事实判断与规范判断的关系，因而不能成为正当防卫的正当化根据。"法确证利益说"把法确证原则降低为法益衡量的一个要素，并按照"法确证利益+个人保护利益>不法侵害人利益"的方法，来说明防卫行为的正当化。"法确证利益说"的错误在于，对立体的多层利益进行了扁平化理解。法确证利益属于超个人的制度性利益或法治国基础利益，其与当事人利益不在同一层面上，无法相加。"优越利益说"与"法确证利益说"都采用了法益衡量理论。但是，正当防卫的正当性不是法益衡量理论计算出来的，而是由个人保护原则和法确证原则推导出来的。在二元论内部，个人保护原则是基本原则，法确证原则是补充原则。个人保护原则决定了正当防卫的必要性，其功能在于扩张正当防卫；法确证原则决定了正当防卫的相当性（需要性），其功能在于限制正当防卫。

---

① 陆凌：《美国刑法中的防卫抗辩》，载《河南财经政法大学学报》2017年第3期。
② 姜敏：《正当防卫制度中的"城堡法"：渊源、发展与启示》，载《法学评论》2018年第5期。
③ 罗克辛：《德国刑法学总论（第1卷）》，王世洲译，法律出版社2005年版，第444页。
④ 罗克辛：《德国最高法院判例·刑法总论》，何庆仁、蔡桂生译，中国人民大学出版社2012年版，第48页以下。

成立正当防卫的起因条件、对象条件、时间条件、限度条件不是由法确证原则决定的,而是由个人保护原则决定的。法确证原则的功能仅仅在于对正当防卫进行限制,由此可以合理解释为什么面对无责任能力人的不法侵害、轻微的不法侵害、特殊关系人的不法侵害时,正当防卫应该有所限制。

社会伦理与正当化事由

——关于正当化事由的系统性理解及其运用

[韩] 卞钟弼*

一、序言

社会伦理是指规制人类社会生活的道德规范整体（参见韩国国立国语院标准国语大辞典）。并且，社会伦理与个人伦理不同，亦指道德原理被运用于非个人生活的社会制度时的伦理。从这点来看，社会伦理是关于与社会结构、秩序或制度相关的伦理问题的道德规范的总称。社会伦理范畴内通用的生活规则以及道德一般作为调节特定社会成员生活关系的实践性规范发挥作用。但是，其中也包含了妨碍、抑制基于个人的自律性理智的自由交流或以此限制、缩小个别人类的权利（尤其是自由）的内容。从后者的角度来看，社会伦理有时发挥着强迫社会大众遵守多数人的道德观念或不合理的道德规范的意识形态上的功能。另外，即使从前者的角度看，将社会伦理规定为在成员的生活关系中通用的主导性或普遍性道德，确认其具体内容也不是一件容易的事，或者可以说是几乎不可能的。事实上，社会伦理学被看作重要问题的方面似乎也在于这一点，即虽然社会伦理在当前状态下被称为在成员的生活关系中通用的道德规范，但是也蕴含着从批判的角度重新形成这些道德规范的层面。①

考虑到社会伦理具有的这种含义和特性以及问题，必须尽可能地抑制将社会伦理单纯理解为社会成员集体共享的主观确信，欲将其运用于刑法或与刑法相联系的态度。可以说，警惕刑法道德化的必要性也是源于这种问题意识。

尽管如此，不可否认的是，刑法无论采用何种形式，都与道德存在一定的关联性，带有道德性质。比如，韩国刑法第21条第4款规定，"舆论、出版不得侵害他人的名誉、权利或公众道德、社会伦理"，承认舆论、出版等权利与自由也在公众道德或社会伦理的作用下存在内在的局限性。因此，当这种基本权利侵害他人的名誉或权利、公众道德或社会伦理、国家的安全时则不受保护，可根据刑法规定进行处罚。② 这样的规定特别涉及性风俗相关犯罪、赌博与彩票相关犯罪、信仰与死尸相关犯罪等。可以说，这些作为与刑法的

---

* 韩国东国大学法学（本科）院教授。

① 鉴于社会伦理这个术语产生的历史及社会背景，社会伦理的含义包含了两种观点。第一，重视社会这个角度，即社会结构或秩序、制度只是强调存在无法通过个人的行为还原的各自的构成原理或展开逻辑。第二，重视伦理问题难以被视作为意图或动机发挥作用的非人格性的社会结构或制度，不得不通过任何方式与作为具有意志的行为主体的人类产生关联。社会伦理的主要关注点有终止妊娠、安乐死、自杀、性别歧视、犯罪与处罚、战争与暴力、公权力与个人的自由、分配性正义、生态系统的破坏问题等（参见斗山百科，http://www.doopedia.co.kr）。

② 韩国宪法裁判所 1997.11.27，96宪MA103；韩国大法院判决 1995.6.16，94DO2413；韩国宪法裁判所 1992.2.25，89宪GA104。

总括性文化规范的性质相联系的规定，是与社会伦理非常贴近的罪刑法规。此外，社会常规、责任中的可谴责性、诚实信用原则等也是体现刑法与社会伦理乃至道德相联系的标志。

尽管如此，这些示例绝不意味着社会伦理可作为刑法的总括性（正当化）原理发挥作用。因为刑法不是保护社会伦理的规范体系，而是以补充性保护社会大众法益免受有害于社会的法益危害行为的侵害为己任的规范体系。但是，我们能够在刑法中找到将这种社会伦理作为明示的正当化依据或判断依据进行运用的领域，违法性阻却事由正是如此。那么究其根本，这种倾向以及语言使用方法是否正当？本文将对该疑问进行解答。首先，以与社会伦理存在密切关联性的韩国刑法第 20 条正当行为规定为基础，批判性地审视相关讨论，然后阐述社会伦理与其他个别正当化事由存在怎样的关联性。此处，作为集中体现这种关联性的讨论，以关于正当防卫等个别正当化事由的"社会伦理性限制"的讨论为中心。最后，对相关内容进行批判性评论与总结。

二、韩国刑法第 20 条正当行为与社会伦理：作为正当化依据的社会伦理

在刑法上的正当化事由中，带有最强烈的社会伦理色彩的规定就是韩国刑法第 20 条正当行为。首先，此处明确使用了"社会常规"的表达。不仅如此，在相关的解释论中，与社会常规相连的社会伦理作为整体法律秩序的背后概念登场，作为未违背社会常规行为的正当化依据发挥作用。从这点来看，韩国刑法第 20 条的社会常规可以理解为与社会伦理不可分离的相连的概念。①

（一）社会常规与未违背社会常规的行为

韩国刑法第 20 条（正当行为）规定，"对于以法令为依据的行为或出于业务的行为等未违背社会常规的行为，不予以处罚"，认可"未违背社会常规的行为"为正当化事由之一。众所周知，该规定是难以在国外的立法例中找到的，是韩国特有的规定。即便有与之类似的日本刑法第 35 条（"对于基于法令或正当业务而实施的行为，不予以处罚"），但并未像韩国一样出现"未违背社会常规的行为"。② 但是，目前学界（多数说法）将第 20 条规定理解为"将超法规的违法性阻却事由实定化"，这是最具有一般性和全面性的正当化事由。与之类似，判例也可以说是立法者将社会常规概念视为违法性判断的最基本的标准进行明文化的规定。③ 在这种情况下，大部分人将韩国刑法第 20 条中的"社会常规"与"未违背社会常规的行为"等同看待。

1. 术语的区分与整理

但是，严格来说，将两者等同理解并不恰当。因为两者在系统性作用（功能）及其特性上存在差异，即社会常规是未违背社会常规行为的"正当化依据"，而未违背社会常

---

① 比如韩国春川地方法院 2016.12.6，2016-20 之决定。
② 但是，日本也在 1927 年刑法修订预备草案第 17 条和刑法修订起草委员会草案第 17 条中（除基于法令的行为或出于业务的行为外）规定了"出于未违背公序良俗的习惯的行为"，之后经协商删除了与公序良俗相关的部分（申东云：《刑法第 20 条社会常规规定的成立经过》，载《首尔大学法学》2006 年第 47 卷第 2 号）。社会常规条款的导入背景，尤其是关于韩日两国的理论比较的详细内容请参见金成敦：《韩国刑法的社会常规条款的系谱及其立法性意义》，载《刑事法研究》2012 年第 24 卷第 4 号。
③ 韩国大法院判决 1983.2.8，82DO357。

规的行为是靠这种依据的"实定化的正当化事由"。由此可见,将韩国刑法第20条的规定理解为"将超法规的违法性阻却事由实定化的规定"的表达并不正当。因此,将第20条的未违背社会常规的行为规定为"基于所谓社会常规的超法规正当化依据的实定化违法性阻却事由",从表达上来说更为准确。

另外,两者之间的微妙差异还可在韩国刑法第20条的表达中得以确认。如果两者处于完全相同的层面,那么立法者为什么不在韩国刑法第20条中表达为"合乎"社会常规的行为(或基于社会常规的行为),而是表达为"未违背"社会常规的行为?可以说这反映了认知论角度的差异。也就是说,这种法律条文上的表达是着眼于社会常规概念(由此合乎社会常规的行为)的不明确性(内在的局限性),结合与对象认知优越性相关联的立法者的立法技巧。从逻辑的角度来看,未违背社会常规的行为可以视作以社会常规或合乎社会常规的行为为前提。但是,从认知的角度来看,两者在优越性方面互不相同。囿于人类的认知能力,比起积极地确认什么是"合乎"社会常规的行为,消极地确认什么是"违背"社会常规的行为相对来讲更为便捷。[①] 因此,韩国刑法第20条的表达可以说是蕴含着首先以(可更简单地认知)什么是"违背"社会常规的行为为前提,对于"不可视为"违背社会常规的行为,视作构成违法性阻却的、体现立法者意图的文句。从这点来看,"在确定社会常规的含义之后判断未违背其的行为的方法有误""应将社会常规的具体化理解为未违背社会常规的行为的具体化"的指摘[②]是非常恰当的。

2. "超法规的"的含义

此处,关于本文的讨论,更准确地了解"超法规的"这个词的含义是非常重要的。考虑到讨论思路,这个词通常被作为"超实定的"或"超实定法的"的含义进行使用,即像是被作为"超越整体实定法秩序而存在的(但未违反这种秩序的)"的含义进行使用。这点从在定义未违背社会常规的行为时(判例或学界)使用的"鉴于整体法律秩序的精神或其背后的社会伦理或社会观念"的表达中也可以窥见。但是,我认为从这种简单的术语使用规则中可以确认以下几点:

首先,"超法规的"这个词并没有以意为"与整体实定法秩序无关的"或"无论是否违反这种法律秩序"的"超法律的"的含义被使用。其次,可窥见从双重角度看待韩国刑法第20条正当行为(未违背社会常规的行为)的正当化依据的态度。一个是"整体法律秩序的精神"这个依据,另一个是"作为其背后精神的社会伦理或社会观念"这个依据。[③] 正当防卫、紧急避险、自救行为等通常被称为"个别的"正当化事由的,以前者为其正当化依据,而未违背社会常规的行为可以说是拥有双重依据。由此,"超法规的"这个词的含义就显而易见了,即前者的正当化事由适用"整体法律秩序的精神"的单一标准,属于"法规的",而后者适用双重标准,属于"超法规的"。因此,可以说"超法规的"这个词的核心含义在于与作为(非整体法律秩序的精神的)整体法律秩序的背后精

[①] 这一点也适用于研究人类的尊严或平等原则等(法律)原理,或具有作为一般条款性质的规范的内容。

[②] 裴钟大:《刑法总论》(第13版),弘文社2017年版,第223~224页。

[③] 比如金一洙:《汉沽刑法Ⅰ(总论上)》,博英社1992年版,第682页。(正当行为的正当化依据为"整体法律秩序的理念或善意风俗等社会秩序的观点"。)

神的社会伦理或社会观念的连通性。①

3. 提出问题

关于此,笔者欲在本文中提出的根本性问题正是该问题,即关于韩国刑法第20条的未违背社会常规的行为,是否也可以使用"法规的"这个词代替"超法规的"。换句话说,对于未违背社会常规的行为,是否也可以同其他个别的违法性阻却事由一样,从"整体法律秩序的精神(或理念)"中寻找其最终的正当化依据。以下围绕韩国刑法第20条规定的讨论现状及问题进行探讨,寻求关于这种问题意识的各自答案。

(二)社会常规的含义及其内在的问题

1. "社会常规"的含义

"社会常规"未出现于韩国国立国语院标准国语大辞典中。但根据一般国语辞典,常规是指"普通的一般的规定或规则"或"不常变化的(确立的)规则",② 与之联系起来,则可以说"社会常规"是指"社会上或社会生活中通用的普通的一般规则"。根据文献或判例,社会常规也可解释为"公正地思考的人在进行健全的社会生活时认为正确的正常行为规则"③ 或"以对国家秩序的尊重性认知为基础的一般国民的健全的道义感"。④ 并且,从立法沿革上来看,刑法上的社会常规被作为实质违法性的判断标准而导入的概念,是指公序良俗。⑤ 另外,这个概念也被用于请托禁止法中。⑥ 韩国宪法裁判所表示,这与刑法第20条的社会常规概念是相同的。⑦

2. 提出的批判

仅凭以上简略的示例,已经可以看出社会常规存在相当多样的定义。并且,基于不同角度所关注的方面也可以感知到规范的层面(正确的行为规则)、情绪的层面(健全的道义感)、社会学的层面(公序良俗)等互不相同。越过关于什么是社会常规的概念定义,面对其具体内容是什么、能否通过实践对其进行确认的问题时,围绕这一概念所产生的问题状况更为复杂。因此,学术界涌现出了很多对该概念的批判。比如,既为一般条款又为不确定概念,不适合作为法律概念进行运用,违反明确性原则⑧;或者作为开放性、形式性的非实质性概念,在概念定义方面存在法律解释上的限制⑨;或者作为极度抽象的概念,若将其作为违法性阻却的实质标准,整个刑法将沾染社会伦理的色彩,刑法与道德的

---

① 从这点来看,未违背社会常规的行为的正当化依据源自非法律秩序整体精神的见解,参见许一泰:《刑法第20条的"未违背社会常规的行为"的重新探讨》,载《比较刑事法研究》第4卷第1号。
② 《实用国语辞典(第4版)》,民众书林1998年版,第1382页;《最新国语大辞典》,民众书阁1997年版,第425页。
③ 金一洙、徐宝学:《新著刑法总论》(第13版),博英社2018年版,第245页。
④ 韩国大法院判决1956.4.6,4289-42。
⑤ 关于此的详细内容参见申东云:《刑法第20条社会常规规定的成立经过》,载《首尔大学法学》2006年第47卷第2号。
⑥ 《禁止不正当请托与收受财物法》第8条第3款第8项("其他根据法令、标准或社会常规被允许的财物等")。
⑦ 韩国宪法裁判所2016.7.28,2015宪MA236、412、662、673(合并)。
⑧ 金永焕:《关于刑法第20条正当行为的批判性考察》,载《考试界》1991年。参见李尚敦:《刑法讲论》,博英社2015年版,第361页。
⑨ 千振浩:《对"未违背社会常规的行为"的批判性考察》,载《比较刑事法研究》2001年第3卷第2号。

界限将崩塌，由此，刑法的法治国家原则与法律稳定性将有可能被严重损毁①。

3. 实践性课题

笔者认为，这种批判指出了概念本身的不明确性以及由此造成的刑法功能上的问题，具有一定的道理，因为通过其他从属概念将该概念的含义具体化存在明显的局限性。并且，作为对社会状况或条件以及成员的意识变化非常敏感的概念，若考虑其内容的可变性，则可进一步发现问题的严重性。另外，考虑到罪刑法定原则的主旨，刑法上的正当化事由规定排除于明确性原则的适用对象，也可理解关于违宪的争议。尽管如此，比起轻易地作出违宪的判断，探讨是否存在能够从解释论的角度解决问题的方案是不可避免的。因为结合该条款的特性、立法目的与其他法律条款的关联性等②，也可以找到合理的解释方法。并且，考虑到最近宪法裁判所关于社会常规概念未违反明确性原则的判断，③ 就更提升了这种必要性。

鉴于在以复杂性明显增大和急速变化为特征的现代社会中，出现刑法上的行为规范的空白状态的可能性并不低，对于生活领域上的一定行为状态（即无法以现有的正当化事由包括的，还未完成立法上的规范的行为状态），将社会常规概念运用为能够阻却违法性的基础，可以说是可行且必要的。并且，在这样的情况下，可产生符合当前状态中的一般人的实质性规范意识的结果，这也符合将未违背社会常规的行为规定为正当化事由之一的立法者的管控方向。④ 当然，若想将社会常规概念内在的问题以及因此产生的副作用⑤最小化，必须确保的前提是，从整体实定法秩序的观点掌握这种正当化依据，同时严格地仅进行补充性运用。因此，虽然无法准确预测今后会发生怎样的立法论上的变化，但是，目前最核心的实践课题为，通过将围绕着未违背韩国刑法第20条的社会常规行为的解释及运用提出的问题与副作用最小化，最大限度地排除或缩小法律判断的任意性。⑥

三、未违背社会常规的行为与判断标准

（一）未违背社会常规的行为

1. 概念定义

根据判例，未违背社会常规的行为是指基于法律秩序整体的精神及其背后的社会伦理

---

① 金成敦：《韩国刑法的社会常规条款的系谱及其立法意义》，载《刑事法研究》2012年第24卷第4号。
② 韩国宪法裁判所2001.6.28，99宪BA31。
③ 根据韩国宪法裁判所的这一判断，社会常规概念"也被使用于刑法第20条，大法院关于其含义做着一贯性的判决，其含义内容明确"，因此社会常规概念未违背明确性原则［韩国宪法裁判所2016.7.28，2015宪MA236，412，662，673（合并）］。而关于带有强烈的作为不确定概念性质的"公共道德"概念，存在作出不同判断的判例，即在职业稳定法（全文修订为1994.1.7.法律第4733号）第46条第1款第2项规定的以让人就职于在公共道德上有害的业务为目的而进行职业介绍、募集或供应劳力者中，"公共道德上有害的业务"部分违反了明确性原则（韩国宪法裁判所2005.3.31，2004宪BA29）。
④ 李尚敦：《刑法讲论》，博英社2015年版，第352页。
⑤ 对此展开的详细讨论请参见金成敦：《韩国刑法的社会常规条款的功能与刑法学的课题》，载《成均馆法学》2012年第24卷第4号。
⑥ 同主旨的言论参见金成敦：《韩国刑法的社会常规条款的系谱及其立法意义》，载《刑事法研究》2012年第24卷第4号；裴钟大：《刑法总论》，弘文社2017年版，第223页；千振浩：《对"未违背社会常规的行为"的批判性考察》，载《比较刑事法研究》2001年第3卷第2号。

或社会观念可被容忍的行为。① 学界似乎也大致遵循着这种定义，但是，详细来看，可知存在非常多样的概念定义。② 根据以往（2000年以前）的判例可以看出，还存在将其规定为"基于法律秩序整体的理念被判定为处于经由历史形成的社会生活秩序的范围内的行为"③ 或"作为极其正常的生活状态之一，被认为处于经由历史产生的社会生活秩序的范围内的行为"④ 等的情况。

但是，对于这样的概念定义，有人批判说，这只不过是以抽象概念解释抽象概念的同义反复，或者说，这与社会性的正当行为没有任何差别。此外，也有人将未违背社会常规的行为视为宣言主义规定，或是认为积极的概念设定是根本不可能的。⑤ 这些批判以社会常规概念相关问题为基础，主要提出的是这种概念定义的模糊性及不明确性的问题，这是具有一定道理的。但是，如上所述，将社会常规与未违背社会常规的行为视为同一层面的事物是不正确的。并且，仅关注于概念或概念定义的模糊性问题，并不能在实践上给出有意义的解决方案。若意在解决上文提出的实践性课题，则需要越过这种批判的阶段，从解释及运用的层面指出相关问题，提出解决方案。为此，笔者想先从对关于未违背社会常规行为的判例中使用的概念分析出发。因为，这对于就上述部分问题的阐释所展开的讨论，可能会成为有意义的"头绪"。

2. 出现于概念定义中的语言使用结构：共同点与差异

关于未违背社会常规行为的概念，韩国大法院的判例虽未明确阐明社会常规概念的使用规则，⑥ 但是从语言使用结构的角度来看，大致具有以下共同点，即可视为具有不同层面性质的两种因素形成对比并结合。换句话说，在前面部分，像"法律秩序整体的精神""理念""宪法的理念"或"基于国家法律秩序"等，反映国家实定法秩序的标志如常用语般登场，⑦ 而在后面部分，像"经由历史形成的社会生活秩序"或"其背后的社会伦理或社会观念"等，出现了与实际的秩序状态相关联的标志。这样的对比也出现在韩国大法院最早提出社会常规概念的判例⑧中。

当然，尽管存在这样的共同点，但也存在具有各自意义的差异。比如，以往的（2000年以前的）的判例比起伦理观的层面，更关注于社会生活变化的层面（社会学的层面），而最近的判例则关注于社会伦理的层面。⑨ 但是，在笔者看来，更重要的差异为，最近的判例（将未违背社会常规的行为定义为"基于法律秩序整体的精神或者其背后的

---

① 韩国大法院判决 2015.10.29，2015DO8429；韩国大法院判决 2009.12.24，2007DO6243；韩国大法院判决 2000.4.25，98DO2389。

② 关于各种概念定义的介绍，参见千振浩：《对"未违背社会常规的行为"的批判性考察》，载《比较刑事法研究》2001年第3卷第2号。

③ 韩国大法院判决 1986.10.28，86DO1784。

④ 韩国大法院判决 1994.11.8，94DO1657；韩国大法院判决 1983.2.8，82DO357。

⑤ 关于各种批判，参见千振浩：《对"未违背社会常规的行为"的批判性考察》，载《比较刑事法研究》2001年第3卷第2号。

⑥ 李尚敦：《刑法讲论》，博英社2015年版，第361页。

⑦ 在将其视为"作为极其正常的生活形态之一，被认为处于经由历史生成的社会生活秩序的范围内的行为"的判例中，这种标志（"基于国家法律秩序追求的社会的目标价值"）也出现在了这种行为之一的示例中。

⑧ "社会常规根据其立法精神，是指以国家秩序的尊重性的认知为基础的一般国民的健全的道义感"（韩国大法院判决 1956.4.6，4289-42）。

⑨ 这种指摘参见申东云：《刑法第20条社会常规规定的成立经过》，载《首尔大学法学》2006年第47卷第2号。

社会伦理或社会观念可被容忍的行为"的判例）与以往的判例不同，明确地将正当化依据二元化，即将正当化依据二分为法律秩序整体的精神和其背后的精神。从这点来看，可以说最近的判例的概念与以往相比，性质非常不同。

3. 二元化的问题点与批判性探讨

(1) 二元化内在的问题点

根据最近提出两种正当化依据的判例，在结构上，法律秩序整体的精神与其背后的精神之间是以"或"连接起来的，而不是"和"。并且，通过"背后的"这个表达可知，后者（作为背后精神的社会伦理或社会观念）与前者相比，是更根本性的概念。这意味着某种行为只要符合两种依据中的一种即可被正当化，而如果不符合任一种依据，行为就无法被正当化。但是问题在于"根据两种依据判断行为是否能被正当化的结论"产生冲突的情况。根据逻辑推断，这样的情况分为两种，即某种行为符合前者但不符合后者，或符合后者却不符合前者。首先，对于前一种情况，关于正当化，至少无须援用后者的依据。而对于后一种情况，也许可援用后者的正当化依据，但是在这种情况下，正当化本身就是完全不可能的。因为不符合整体法律秩序精神的行为无论出于何种理由都无法被正当化，那么，就出现了后者的正当化依据具有意义的行为领域是什么的疑问。那就是以下行为领域，即虽然既符合前者也符合后者，但是以前者的依据无法正当化或不适合以这个依据进行正当化的行为领域。但是，基于这种推论来看，判例的概念定义从其根本上存在问题。因为若想以"未违背社会常规的行为"将这种行为领域正当化，那么就不该作出这样的概念定义，而应该定义为"基于法律秩序整体的精神背后的社会伦理或社会观念可被容忍的行为"。

并且，根据判例的概念，对于未违背社会常规的行为，即使不援用后者的依据，根据前者的依据也能够建立依据。尽管如此，判例还是采用了这样的概念，其原因就不得而知了。但是，我们可以探讨一下，除法律秩序整体的精神外，设定另一个所谓背后精神的正当化依据，这对于整体正当化事由体系具有什么样的意义。众所周知，判例不仅仅将社会常规或社会伦理等概念适用于韩国刑法第20条规定，还扩展适用于其他个别的违法性阻却事由中。而从这种态度可以得知，后者的正当化依据充分地发挥着它的作用，即社会常规或作为（被设定为未违背社会常规的行为的正当化依据的）法律秩序的背后精神的社会伦理等相互有机地建立联系，以将"社会常规概念"理解为"违法性判断的最基本标准"[①]的认知为媒介（换句话说，以赋予该概念的"总括性"属性为基础），相互交错发挥作用，还在其他个别的正当化事由中发挥力量。但是，在笔者看来，这是"重大的领域侵犯"。因为社会常规概念仅可以被援用为未违背社会常规行为的正当化依据，而它却进入了其他违法性阻却事由的领域并被运用。对于这一点，即使认可未违背社会常规的行为（包括基于法令的行为或出于业务的行为的）是韩国刑法第20条规定的概念也是一样。那么，解决这种问题状况的根本性方法，应该就是将出现于判例中的二元性正当化依据一元化。

(2) 作为背后概念的社会伦理的正当性与否

根据判例，构成背后精神的核心是社会伦理或社会观念。这两种概念是不亚于社会常

---

① 韩国大法院判决 1983.2.8，82DO357。

规，应该说是更甚于其的抽象的、不明确的概念。由此，出现了关于将这些概念运用为正当化依据究竟是否正当的疑问。正如序言中所述，社会伦理是约束人类社会生活的道德规范的总称。但是，在特定的社会、特定的时期，与特定的争议相关的社会伦理是什么？如何能够确认？① 这些问题非常难以回答。不仅可能会出现很多不同的回答，而且实际上在很多情况下已经做出了不同的回答。鉴于这点，除依靠大部分解释及运用者的直观判断的方法外，想要寻找能够获得大众认同的其他方法实属不易，或者说几乎是不可能的。

这一点对于社会观念也是一样。社会观念是指"向社会大众广泛传播的、健全的常识或共通的思考方式"（辞典上的含义）。尤其是当法律判断中需要一定的规范性评价标准时，这个概念作为一种客观的、可行的评价标准，不仅被运用于刑法中，还一直被广泛运用于其他法律领域，现在也是如此。尽管如此（尤其是在刑法的领域），几乎不存在给出与其内容相关的依据的情况。因为与社会伦理相同，从实践上以及方法论上来看，准确认知及确认社会观念的内容也是十分困难的，或者说是几乎不可能的。即便是从规范性的角度来看，有必要运用所谓社会观念的标准，但是否能够通过对其运用而在实践上保障法律判断的客观性还是一个未知数。从这点来看，两者是完全不同层面的问题。假如后者无法顺利达成，那么前者也是很牵强的。因此，关于社会观念的概念，在将其运用为相互主观性的规范性评价标准的方面也存在着明显的局限性。②

关于此，有观点认为，可将判例所说的社会观念重新解释为"在多样的基层文化或特殊的职业文化领域中被一般化的行为规范，也就是基层文化性质的社会规范"。③ 当然这也是一种可行的解释。但是，此处所说的社会规范是"多样的"基层文化或"特殊的"职业文化领域上的行为规范，能否根据意为社会"一般的"或"主导性的"观念的社会观念将其正当化还是个疑问。因为多样性或特殊性被认为是难以符合一般性或主导性的概念。社会观念这个标准在将基于这种社会规范的行为正当化的方面反而很可能会造成障碍。反过来讲，不运用作为背后概念的社会观念可能更有利于将这样的行为编入正当化的范畴。

（3）正当化依据的一元化

鉴于两种概念内在的根本性问题（概念的抽象性、内容的无法一般化等），在判断是否为未违背社会常规的行为时，将社会伦理或社会观念运用为正当化依据是不正当的。从必须警惕刑法的伦理化角度来看更是如此。另外，这样的语言使用也并不是必要的。因为根据判例，基于"整体法律制度的精神或理念"的正当化也是可行的。由此看来，关于未违背社会常规行为的定义，以往的判例（定义为"基于法律秩序整体的理念，处于经由历史形成的社会生活秩序的范围内的行为"的判例）的态度反而更为正当。那么，未违背社会常规的行为的正当化依据还是从"整体法律秩序的精神或理念"中寻找更为正确。

---

① 在判例中极其罕见地，也存在关于特定行为是否符合我们的社会伦理而提出各自具体依据的情况。在关于违反兵役法（良心拒服兵役与兵役法第88条第1款的正当事由）的判决（韩国大法院判决2018.11.1，2016DO10912全体合议庭）中，反对意见论证了无法将所谓的良心拒服兵役认可为我们社会的普遍社会伦理。

② 关于作为（刑）法的评价标准的"社会观念"内在的问题点参见卞钟弼：《刑法解释及运用中规范性评价标准的运用与论证的问题：以大法院的"综合判断标准说"为对象》，载《比较刑事法研究》2017年第19卷第2号。

③ 李尚敦：《刑法讲论》，博英社2015年版，第352页。

那么，刑法上的所有正当化事由将列于名为"整体法律秩序的精神或理念"的统一的正当化依据下，即这将在逻辑及体系的角度作为所有违法性阻却事由的最终依据发挥作用。即便如此，这当然无法作为说明所有个别的正当化事由的基本原理①，或依据的基础发挥作用。尽管如此，关于所有正当化事由的最终依据的这种一元性的理解，对于因运用二元化标准而造成的体系上的混乱和由此带来的问题的解决，将成为有意义的线索。比如，这种理解能够促成关于未违背社会常规的行为的判断标准的有意义的推论。基于"法律秩序整体的精神或理念"这种统一的正当化依据，在分辨是否为未违背社会常规的行为时，也必须运用通用于紧急避险等其他个别的违法性阻却事由的判断标准。

4. 包含范围：韩国刑法第20条组成部分之间的关系

就学术界而言，关于韩国刑法第20条规定对于其他个别的违法性阻却事由具有补充性质这点上，大致意见一致。问题在于，未违背社会常规的行为对于第20条所列举的"基于法令的行为"或"出于业务的行为"是否也具有补充性质。这是如何看待这些组成部分之间关系的问题。关于此，出现了不同的观点。例如，认可第20条的社会常规概念是对其他个别的正当化事由的一般性、总括性的解释原理，将基于法令的行为和出于业务的行为视为未违背社会常规的行为的示例的观点②（"示例说"），认可社会常规概念的一般性、总括性的性质，但认为三个组成部分具有各自独立的含义和功能的观点③（"区别说"），认为未违背社会常规的行为只不过是与另外两个组成部分有所区别的正当行为的一种类型，各组成部分是具有各自独立的含义和功能的并存概念的观点④（"并存说"）等。韩国大法院似乎采纳的是"区别说"。因为它基本上将正当行为规定视为一般性的违法性阻却事由，⑤将第20条的正当行为区分为三种行为，即基于法令实施的权力行为，不存在法令上的直接依据但在社会观念上被判定为正当的业务实施的行为，以及基于法令或作为正当业务实施的未违反社会常规的行为。⑥但是，鉴于从个别案例中体现出来的判例态度，在实践中似乎并没有严格贯彻这种观点。

基于韩国刑法第20条法律条文的表达与结构，以上观点均为"可行的"解释。当然，这些观点并不只是单纯以这个角度为依据，也考虑到了韩国刑法第20条规定在正当化事由体系中所处的地位等。未违背社会常规行为的规定方向在于实现对无法包摄于现有的正当化事由的行为的正当化，从这点来看，对于基于法令的行为或出于业务的行为，扩展及运用社会常规这个正当化依据是理想之举。并且不得不考虑社会常规内在的问题以及这三种行为在特性上的差异。再者，与这种差异不同，法律适用上的任意性问题也是必须

---

① 与之相关讨论的介绍参见金峰洙：《关于违法性阻却事由的体系及竞合的研究》，载《比较刑事法研究》第10卷第2号。
② 比如郑成根、朴光民：《刑法总论》（第4版），三持院2008年版，第219页。
③ 金一洙、徐宝学：《新著刑法总论》（第13版），博英社2018年版，第233页。只从内部关系来看，该书认为在第20条中，未违背社会常规的行为作为上属概念兼并列概念发挥作用的［李宰尚、张永民、姜东范：《刑法总论》（第9版），博英社2018年版，第174页］。
④ 裴钟大：《刑法总论》，弘文社2017年版，第220页。
⑤ 韩国大法院判决2011.3.17,2006DO8839全体合议庭。由此可见，韩国大法院认为，鉴于作为第20条正当行为规定的一般正当化事由的性质，该规定当然也适用于涉及通信秘密的公开及泄露的通信秘密保护法违反行为。
⑥ 韩国大法院判决1983.3.8,82DO3248。

要考虑的重要事项。① 那么，未违背社会常规的行为对于基于法令的行为以及基于业务的行为而言，也是具有补充性质的。基于这种想法，我们刑法上的正当化事由在法规上是五种，但实际上可以说是分为了具有互不相同的含义和功能的七种：正当防卫、紧急避险、自救行为、受害者的承诺、（正当行为中）基于法令的行为、出于业务的行为、其他未违背社会常规的行为。

5. 补充性质与正当化事由的结合

从未违背韩国刑法第20条的社会常规的行为具有双重补充性质这个角度来看，正当化事由的竞合问题就能相对容易地解决了。首先，考虑到它对于第20条之外的个别正当化事由具有补充性质，可以说几乎不会出现在与个别的违法性阻却事由之间的竞合中（与个别的正当化事由相互之间的竞合相同）发生法律适用层面实质性冲突的情况。实际上，即使根据一般性及总括性规范说，这个结果也不会发生很大的变化。② 但是，与第20条规定赋予总括性质的一般性及总括性规范不同，根据不认可总括性质的笔者的观点，表面上应该不会存在发生竞合问题的可能性。但从实务上来看，在看起来可以通过个别的正当化事由的运用谋求解决问题的案件中，也常常会试图运用第20条社会常规条款来解决问题。③ 这种现象可以说未考虑到未违背社会常规行为的补充性质，而仅关注于赋予第20条规定"总括"性质而导致的结果。

并且，从未违背社会常规的行为在第20条中也具有补充性质来看，它与基于法令的行为或出于业务的行为也几乎不存在竞合的可能性。比如，根据判例，必须根据是否具备正当行为的一般条件判断（属于基于法令行为的一种）私人的现行犯逮捕是否超出正当的界限，④ 但是，可以说这种态度也是因为轻视了补充性质，关注于第20条规定的"总括"性质而作出的判断。

如上所述，将未违背社会常规的行为视为具有双重补充性质，是符合认知到社会常规概念内在的根源性问题而尽可能地排除或缩小可能由此造成的法律解释及适用任意性的实践性要求与期待的。因为当采取这种态度时，对于特定案件的特定行为，各个正当化事由相互重叠或被总括性地运用的情况将被最小化或几乎不会发生。当然，若想通过这种态度

---

① 比如，根据"示例说"，基于法令的行为和出于业务的行为是未违背社会常规行为的示例，因此，在判断某种行为是否符合第20条的正当行为而构成违法性阻却时，并不一定要详细地援用基于法令的行为或出于业务的行为，总括性地援用未违背社会常规的行为进行判断及论证也无妨，且已足够。但是，不能说基于法令的行为或出于业务的行为在正当化条件上一定与未违背社会常规的行为相同，即适用的一般条件可以视作在体系上相同或类似，但是判断对象的具体性程度和法律适用过程中要求的论证的程度不同。比如，对于基于法令的行为的情况，关于目的及动机的正当性或手段及方法的适当性等，必须根据相关法令已经设定的具体规定内容判断及论证是否符合，但对于未违背社会常规行为的情况，必须运用一般条件进行判断及论证。而根据"区别说"或"并存说"，关于韩国刑法第20条，某种行为的正当化与否存疑时，必须在明确区分该行为符合基于法令的行为、出于业务的行为、其他未违背社会常规的行为中的哪一种之后再进行判断及论证。那么，对于后者的见解是更能严格管控法律适用的任意性的方法则无须再议。第20条的社会常规当然不包括其他正当化事由，第20条中的基于法令或出于业务的行为的正当化依据也不能统一或一贯地进行说明。以此为由批判"示例说"的见解请参见金峰洙：《关于违法性阻却事由的体系及竞合的研究》，载《比较刑事法研究》第10卷第2号。

② 金峰洙：《关于违法性阻却事由的体系及竞合的研究》，载《比较刑事法研究》第10卷第2号。

③ 这种情况以及对其的批判参见金峰洙：《关于违法性阻却事由的体系及竞合的研究》，载《比较刑事法研究》第10卷第2号。

④ 韩国大法院判决1999.1.26，98DO3029。

的坚持，顺利实现实践性要求，必须将更明确地阐明各正当化事由的性质与差异的理论性工作，以及深思这种补充性的含义并将其充分体现于法律适用过程中的实践性努力。①

（二）判断标准

当在法律解释及适用者阐述法律条文含义的过程中无法或不适宜再持续展开用于解析该法律条文的含义的追加性下属阶段时，鉴于语言的不明确性以及因此造成的含义解释的无限追溯的限制，运用一定的规范性判断标准作为与案件联结的切入点是不可避免的（法律解释及适用过程的内在限制）。② 这一点对于第 20 条的未违背社会常规的行为也是一样。考虑到社会常规概念的抽象性与不明确性，在这样的情况下提出适合的判断标准具有更为重要的意义。

1. 内容与问题点

目前，学界与判例就关于分辨某种行为是否为未违背社会常规的行为的判断标准问题，大致达成了一致意见。根据判例，"关于某种行为能否作为未违背社会常规的行为构成违法性阻却，必须在具体的情况下经过合乎目的、合理的考察，作出个别的判断。并且，若想被判定为这种行为，必须具备第一，该行为的动机或目的的正当性；第二，行为的手段或方法的正当性；第三，保护利益与侵害利益之间的法益均衡性；第四，紧急性；第五，不存在除该行为外的其他手段或方法，即补充性条件"。③ 当然，判例并不是在所有情况下都采用这样的判断标准进行判断，④ 自（该标准被提出的）20 世纪 80 年代初期之后，大致上都采用这个标准进行判断。概言之，判例的态度是，关于是否为未违背社会常规的行为，以 5 种判断标准（动机及目的的正当性、手段及方法的正当性、法益均衡性、紧急性、补充性）为依据，但必须（综合）考虑对存疑案件的具体情况进行个别判断。这也是学界的大致立场。另外，这种判断标准内在的原理可称为比例性原则。⑤

对于这种判断标准，有人认为这种判断标准极其抽象，如果以此为据进行判断，有可能会导致非罪刑法定主义的罪刑法官主义，⑥ 或者即使采用同一标准也能导致不同的结论

---

① 当然，考虑到关于社会常规条款的当前认知以及在该条款的运用过程中出现的各种问题，就目前而言，这种要求是否能够顺利或适当地被接受及实现尚未可知。关于这种问题的详细指摘参见金成敦：《韩国刑法的社会常规条款的功能与刑法学的课题》，载《成均馆法学》2012 年第 24 卷第 4 号。

② 卞钟弼：《刑法解释及运用中规范性评价标准的运用与论证的问题：以大法院的"综合判断标准说"为对象》，载《比较刑事法研究》2017 年第 19 卷第 2 号。

③ 韩国大法院判决 2018.12.27，2017DO15226、韩国大法院判决 2017.5.30，2017DO2758、韩国大法院判决 2006.4.27，2005DO8074、韩国大法院判决 2000.3.10，99DO4273、韩国大法院判决 1986.10.28，86DO1764 等。根据判例，"刑法第 20 条规定的未违背社会常规的行为是根据超法规的法益较量的原则，关于目的与手段的正当性原则以及社会适当性的原理等导出的概念"（韩国大法院判决 1981.1.23，80DO2756）。因此，可以将韩国大法院提出的 5 种判断标准理解为由此处提出的原理衍生而来。

④ 关于此，将期间韩国大法院一直采取的关于判断是否为未违背社会常规的行为的判断类型分为三种情况（运用 5 种判断标准进行判断的情况，以总括性标准重新还原社会常规标准进行判断的情况，不具体阐明判断标准而只是判断是否为未违背社会常规的行为的情况）进行分析并提出的见解参见金成敦：《韩国刑法的社会常规条款的功能与刑法学的课题》，载《成均馆法学》2012 年第 24 卷第 4 号。

⑤ 关于此，指出比例性原则的限制（比起带有某种内容，作为带有一般性质的形式兼框架，第 20 条社会常规的内容无法被具体化），提出其他方式（类型化比较方法）的见解参见裵钟大：《刑法总论》，弘文社 2017 年版，第 226~227 页。此处的类型化比较方法是指以比例性原则的框架为基础，结合违法性认定的目标价值，对行为者自由的侵害程度以及当事人的牺牲限度（以消极的方式）审查"未违背社会常规的行为"的方式。

⑥ 千振浩：《对"未违背社会常规的行为"的批判性考察》，载《比较刑事法研究》2001 年第 3 卷第 2 号。

等，很有可能会造成无一贯性的法律适用①等。当然，这种批判是基于社会常规概念的根本问题性的指摘，具有一定的道理。但是，仅凭这样的批判无法给实践性问题的解决带来丝毫帮助，这也是不争的事实。那么，目前的关键在于寻求在法律适用过程中最大限度地排除或缩小判断的任意性的方案。笔者认为，从实践的角度来看，要求法律适用者实施基于上述判断标准的严格的论证是解决问题的重要方案。②

2. 判断标准的条件上的共通性与含义

韩国大法院提出的上述5种判断标准与属于个别的正当化事由的正当防卫、紧急避险以及自救行为的条件密切相关。比如，对于正当防卫的情况，"对自己或他人的法益的当前的不正当侵害状况"与上述判断标准中的紧急性因素关联，在这样的状况下"采取防卫行为的意图"与目的及动机的正当性因素关联。并且，法律条文上的"正当理由"是联合其他因素（手段及方法的正当性、法益均衡性、补充性）的标志。一般性条件基于共通性角度和结构上的关联性，一般性条件也适用于紧急避险或自救行为。因此，上述判断标准可以说囊括在正当防卫、紧急避险以及自救行为中出现的条件③并进行了一般化。这尤其可以从韩国大法院将这种判断标准命名为"成立条件"中显示出来。从这点来看，可以说作为正当化事由的未违背社会常规的行为，对于个别的违法性阻却事由具有"一般性"的性质。

由此看来，可以说作为正当化事由的未违背社会常规的行为对于这些个别的违法性阻却事由，带有"一般性"的性质。④ 由此可知，未违背社会常规的行为虽然无法具体满足这些个别的正当化事由的条件，但是对于满足从中导出的一般性条件的行为，是被认可的正当化事由。⑤ 但是，这一点与笔者在上文中所述也是一致的，即基于"法律秩序整体的精神或理念"这个统一性的正当化依据，在分辨是否为未违背社会常规的行为时，必须采用通用于个别的违法性阻却事由的判断标准。

着眼于与判断标准相关的这种条件上的共通性，我们可谨慎地作出以下推断，即韩国大法院在探索对未违背社会常规行为的判断标准的过程中，是不是（至少默许地）关注了"法律秩序整体的精神或理念"的推断。因为被作为判断标准提出的5种因素，是以"法律秩序整体的精神或理念"为依据的比例性原则的主要内容。如果这个推断是正确的，那么就表明，韩国大法院认为未违背社会常规的行为的正当化依据也能够从"法律秩序整体的精神或理念"中找到。

四、个别的正当化事由与社会伦理：作为限制依据的社会伦理

现在另起一段，探讨一下社会伦理及社会常规概念在个别的正当化事由中被以何种形

---

① 金成敦：《韩国刑法的社会常规条款的功能与刑法学的课题》，载《成均馆法学》2012年第24卷第4号。

② 以社会常规概念的抽象性、对社会常规的判断的非统一性、对其的论证顺序与方法的非一贯性、对罪刑法定主义（尤其是明确性原则）的忠实等为由，将判断标准一并立法化的意见参见河泰永：《社会常规》，法文社2018年版，第299~301页。

③ 金成敦：《韩国刑法的社会常规条款的功能与刑法学的课题》，载《成均馆法学》2012年第24卷第4号；李尚敦：《刑法讲论》，博英社2015年版，第352页。

④ 换句话说，其他个别的违法性阻却事由与未违背社会常规行为的关系，可以说是特别规定与一般规定的关系。并且需要注意的是，后者具有补充性质并不是由于它的总括性质，而是源于这种一般性质。

⑤ 李尚敦：《刑法讲论》，博英社2015年版，第356页。

态进行运用,由此发挥着怎样的作用和功能。尤其是关于个别的正当化事由,"社会伦理的限制"问题作为重要争议出现,因此笔者决定聚焦于该点,简略地探查讨论一下现状,并对其进行批判性的探讨。

(一)正当防卫的社会伦理的限制

1. 讨论现状

韩国刑法第 21 条第 1 款(正当防卫)规定"对于为防卫对自己或他人的法益的当前的不正当侵害而采取的行为,当存在正当理由时,不予以处罚"。但是,学界围绕此处的正当"正当理由"(以下称为正当"正当性"①),就"能否从社会伦理的角度限制正当防卫的成立"这一核心争议展开讨论。② 但是,这种讨论与如何掌握正当性概念,根据何种标准判断正当性的问题密切相关。

对此提出的观点大致有以下几种。首先,有以正当性概念本身就能解决社会伦理的限制问题的观点③("1 说")。但是,笔者认为这种想法体现了认可正当性概念是带有社会伦理色彩的概念的立场。④ 从这点来看,该观点难以被视作完全否定正当防卫的社会伦理的限制可能性。因为这为以正当性概念为媒介进行限制铺平了道路。其次,有欲通过除正当性概念外的其他因素认可社会伦理的限制的观点⑤("2 说")。该观点将正当性理解为必要性,试图以与必要性区分的其他条件("要求性")为基础,对正当防卫施加社会伦理的限制。⑥ 最后,还有完全不认可欲以社会伦理为基础限制正当防卫成立的态度的观点⑦("3 说")。若从社会伦理的角度限制正当防卫,则允许可罚性的相应扩展,将社会伦理运用为这种可罚性扩展的依据将导致刑法的道德化,且与法治国家原则(尤其是罪刑法定原则)背道而驰,因此这是不正当的。并且,即使不运用"社会伦理的限制"这个框架,也能够通过刑法上的其他原则或依据解决问题。

---

① 从立法沿革上来看,起初是关注于必要性概念,即 1951 年 4 月 13 日,被提交国会的法典编纂委员会草案和政府草案中使用了"必要性"的概念,而不是"适当性"。但是,"必要性"概念的生硬性成为了一个问题,作为能够解决这个问题的具有融通性的对策概念,"适当性"概念被提出,确定了反映该概念的法制司法委员会的修订案,之后规定于 1953 年制定刑法的该概念一直保留到了现行刑法中。(河民敬等:《各国的正当防卫判断标准与国民的法律意识》,司法政策研究院研究丛书 2019 年版,第 14~15 页。)

② 据了解,"社会伦理的限制"这个表达是德国学界为了解决本国刑法上的正当防卫规定面对的问题而导入的概念性框架(比如,赵奎洪:《正当防卫的适当性的含义及具体的判断标准》,载《法曹》2011 年第 657 号)。德国对此讨论的介绍参见河民敬等:《各国的正当防卫判断标准与国民的法律意识》,司法政策研究院研究丛书 2019 年版,第 152~155 页。社会伦理的限制成为问题的案例有:防卫行为侵害的利益与保护的利益之间存在极度不平衡的情况、处于无责任或显著减少责任的状态下的攻击情况、正当防卫情况归责于防卫者或因过失而引发的情况、夫妻或亲属之间攻击的情况等。

③ 任雄:《刑法总论》(第 6 版),法文社 2014 年版,第 239 页以下;朴尚基:《刑法总论》(第 9 版),博英社 2012 年版,第 184 页以下。

④ 这一点可从若防卫行为在"社会伦理的角度"具有适当性正当防卫则成立,若无适当性正当防卫则不成立得出 [任雄:《刑法总论》(第 6 版),法文社 2014 年版,第 240 页],或者将必要性与要求性概念一并包含于适当性概念中,将要求性概念视作影响"社会伦理的利益衡量"的因素 [朴尚基:《刑法总论》(第 9 版),博英社 2012 年版,第 186 页] 中充分确认。

⑤ 金一洙、徐宝学:《新著刑法总论》(第 13 版),博英社 2018 年版,第 201 页以下。

⑥ 由此可见,第一种见解中,将适当性理解为包含必要性和要求性的概念的见解与该见解只存在体系构成上的差异,并没有很大的区别。

⑦ 比如裴钟大:《刑法总论》(第 10 版),兴文社 2011 年版,第 351 页以下;李尚敦:《刑法讲论》,博英社 2015 年版,第 263 页以下。

判例可以说是采取了与上述"1说"相同的态度。这一点可在（若想构成正当防卫）"必须是未违反社会伦理的具有正当性的行为"① 这个判决内容中得以确认。并且，判例不仅使用了社会伦理，还以相同的用法使用了社会观念这个概念。比如，处于离婚诉讼中的丈夫出现并使用剪刀施暴，激愤地要求变态的性行为，妻子以刀刺中丈夫腹部，导致其死亡。这个案例的判决为，"这种防卫行为在社会观念上无法被容忍，无法将其认为是为防御当前发生的不正当侵害自身法益行为而采取具有正当理由的行为"。②

并且，韩国大法院的这种语言使用也出现在了紧急避险的情况中。例如，若要符合紧急避险（韩国刑法第22条第1款）中的"具有正当理由的行为"，"避险行为本身必须是基于社会伦理或法律秩序整体的精神的适合的手段"③ 的判决部分。但是，此处与上述例子不同，同时援用了两种标准，即"社会伦理"和"法律秩序整体的精神"。这一点让人联想到在关于未违背社会常规的行为的概念中，韩国大法院曾提出的两种正当化依据。由此可知，韩国大法院在个别违法性阻却事由中的"正当性"判断中也运用了这两种依据，并且这种态度还出现在"出于业务的行为"的相关情况中。比如，判断教授对学生的指导行为的正当化与否，作出了"在社会观念上不具备客观妥当性，无法视为正当行为"④ 的判决。这些例子显示，韩国大法院几乎将社会伦理或社会观念这样的标准与所有正当化事由关联起来，作为判断依据进行运用。

2. 探讨

简言之，将社会伦理或社会观念作为限制正当防卫成立的依据进行运用是不正当的。不仅仅是正当防卫，像判例一样，运用于其他个别违法性阻却事由中的行为也是一样。理由在于，首先，如上所述，是因为社会伦理或社会观念的概念内在的限制（概念的不明确性和一般化不可能性等）。其次，当认可社会伦理或社会观念带来的限制时，存在将伦理置于法律之上的风险，由此，作为正当性判断标准的比例性要求很有可能会被受伦理观点支配的价值衡量所替代。⑤ 再次，社会伦理或社会观念的概念在整体正当化事由体系中担任的功能上的矛盾也是不得不指出的问题。社会伦理或社会观念对于未违背社会常规的行为，是作为正当化依据发挥作用，而对于正当防卫或个别的违法性阻却事由，却是作为限制正当化的依据发挥作用。从体系的角度来看，这是根本性的矛盾。这种矛盾的出现，是因为将被运用为未违背社会常规行为的正当化依据的两种概念（社会伦理和社会观念），无差别地扩展至其他个别的违法性阻却事由中。如上所述，这种态度是不正当的。

为了解决这种问题，一元性地理解未违背社会常规行为的最终正当化依据被认为是当务之急，即必须从"整体法律秩序的精神或理念"中寻找所有违法性阻却事由的正当化依据。只有这样做，韩国刑法第20条的未违背社会观念的行为才能被视作（非"超法规"的）"法规性"的正当化事由，正当防卫等所有违法性阻却事由特有的正当化原理和（作为正当性判断的标准的）比例性原则才能作为解决案件的核心依据被有意义地运用。

---

① 韩国大法院判决 1991.9.10，91DA19913。
② 韩国大法院判决 2001.5.15，2001DO1089。
③ 韩国大法院判决 2016.1.28，2014DO2477；韩国大法院判决 2013.6.13，2010DO13609；韩国大法院判决 2006.4.13，2005DO9396。
④ 韩国大法院判决 2004.6.10，2001DO5380。
⑤ 李尚敦：《刑法讲论》，博英社2015年版，第263页以下。

这意味着，必须要求在实践中进行基于这些原则的法律性论证并加以强化。这样一来，也能够相对更容易地确保法律的稳定性。

(二) 受害者的承诺的社会伦理限制

1. 讨论现状

韩国刑法第 24 条（受害者的承诺）规定，"对于基于可处理者的承诺损毁其法益的行为，若无特别的法律规定，则不予以处罚"。该规定与正当防卫、紧急避险以及自救行为不同，不以"正当理由"（正当性）为条件，只规定了在法规上基于法律的限制，从这点来看，它在结构上与这些违法性阻却事由有所区别。从讨论主体来看，首先，对于完全交托于个人的自主处理的法益侵害行为，若在法律上无特别规定，刑法则不可介入。但是，对于涉及非这种法益的社会价值或共同体利益的法益侵害行为（比如对生命、① 人身法益的侵害行为等），这种处理方式就会存在问题。对于这种侵害行为，似乎需要大致上的一定限制。但是，关于是否能够运用社会伦理或社会常规标准进行限制，则出现了不同的意见。

"肯定说"有以下观点。认为需要从多个层面对承诺的有效性进行制约，违背社会常规的行为应不仅仅是违背伦理、道德的行为，还需包括违背实定法的行为的观点②；将受害者的承诺视为基于实质违法性的违法性阻却事由，认为通过社会常规（或正当性）标准进行限制是自然而然的观点③；将受害者的承诺视为构成条件相关性排除事由，又认为承诺行为在伦理的角度受到限制的观点④等。⑤ 判例也认为受害者的承诺"（不能）在伦理、道德上违反社会常规"⑥，站在"肯定说"的立场。相反的，"否定说"认为，运用社会常规这个抽象的标准存在煽动刑法的道德化，危及类推适用禁止原则的风险是不正当的，必须从整体法律秩序的观点考虑受害者与行为者之间的关系、行为目的及手段的适合性等，根据受害者的自主性侵害与否进行判断。⑦

2. 探讨

考虑到现行法规未规定正当性条件，只允许基于法律的限制，运用社会常规这样模糊且抽象的标准限制承诺的有效性的试图需慎重。学界的多数意见以及判例都认为基于这种标准的限制是可行的，可以得出这种推断是因为，以韩国刑法第 103 条来解读韩国刑法第

---

① 当然，对于此刑法上存在基于嘱托、承诺的杀人罪规定（第 252 条第 1 款），符合"基于法律的限制"，不需要基于其他标准的限制。

② 李尚敦：《刑法讲论》，博英社 2015 年版，第 324 页。

③ 申东云：《刑法总论》（第 10 版），法文社 2017 年版，第 335 页。

④ 金一洙、徐宝学：《新著刑法总论》（第 13 版），博英社 2018 年版，第 170 页。

⑤ 此外，认为需要基于社会常规或伦理的层面的限制的见解有朴尚基：《刑法总论》（第 9 版），博英社 2012 年版，第 279 页；李宰尚、张永民、姜东范：《刑法总论》（第 9 版），博英社 2018 年版，第 224 页；元亨植：《受害者的承诺的社会伦理限制》，载《刑事法研究》2014 年第 26 卷第 3 号。但是，元亨植教授根据"利益衡量说"，将违法性阻却分为肯定因素（处理权者的自主决定权和行为者的行动自由，行为者与受害者的动机及目的）和否定因素（基于承诺而侵害的法益和动机的反伦理性）。经衡量，后者优于前者时，基于承诺的行为才违反社会常规。

⑥ 韩国大法院判决 1985.12.10，85DO1892。

⑦ 金成敦：《刑法总论》（第 5 版），成均馆大学出版部 2017 年版，第 320 页。此外，存在欲将"适当性"作为条件进行限制的见解［裴钟大：《刑法总论》（第 13 版），弘文社 2017 年版，第 220 页］。还存在将该见解分类为认可基于社会常规的限制的态度的文献［申东云：《刑法总论》（第 9 版），法文社 2017 年版，第 335 页脚注 3］，但能否这样看待多少还有些疑问。

24条中的法律特别规定。或者关注于第20条的未违背社会常规的行为。由此可见，社会常规条款的力量也影响到了受害者的承诺的法理。并且，若认可基于这种标准的限制，如上述指摘，将在整体正当化事由体系内产生与这些概念的运用相关的矛盾，即同一概念在对未违背社会常规的行为发挥奠定依据的功能的同时，对受害者的承诺发挥着限制正当化的功能的矛盾。① 但是，为了根本性地解决这个问题，需要立法论上的方案。②

四、结语

以上探讨了社会伦理与正当化事由的关联性，即分析了关于社会伦理在正当化事由中所占的地位和作用、功能以及术语使用方法等的学界和判例的讨论现状，并对其进行了批判性的探讨。这种考察一方面是审视社会伦理与正当事由之间的关联性的探究，另一方面也是想要系统地理解整体正当化事由，解决其适用上的问题的试图。总而言之，将这种探讨的内容概括如下：

第一，关于社会伦理或社会观念的概念，考虑到其内在限制（抽象性、不明确性、一般化不可能性等），将这些概念当做韩国刑法第20条未违背社会常规的行为的正当化依据是不适当的。并且，轻易地将作为超出整体法律秩序的精神或理念的概念的标准运用为正当化依据可能会严重损毁在整体法律秩序中发挥作为媒介性正当化依据的作用的法律原则的存在意义和价值。

第二，未违背社会常规的行为也必须在非背后精神的"整体法律秩序的精神或理念"中寻找其正当化依据，并且这种做法即使基于判例的态度也是可行的。因此，所有违法性阻却事由的（最终的）正当化依据都应在"整体法律秩序的精神或理念"这个统一的观点中寻找（一元性理解）。当然，即使根据一元性理解，如何将属于未违背社会常规的行为类型具体化的问题仍是需要解决的实践性课题。这是即便基于一元性观点也会发生的共通的问题。尽管如此，一元性理解对于解决将社会常规或（与之密切相关的）社会伦理及社会观念标准无差别地扩展运用至其他个别的违法性阻却事由中而造成的各种问题，比如个别的违法性阻却事由的从属化现象和由此造成的法律解释及适用上的问题，可作为重要的线索作出贡献。

第三，以将韩国刑法第20条的社会常规作为所有违法性阻却事由的解释原理为前提的态度是不适当的。因此，未违背社会常规的行为对其他个别的违法性阻却事由具有总括性质的想法也不是理所当然的。因为上文言及的各种实践性问题正是由这种前提和想法造成的。如上所述，这些问题可在个别的正当化事由的"社会伦理的限制"讨论中得以确认。

第四，未违背社会常规的行为具有双重的补充性质，这个看法是正确的。换句话说，对于无法根据其他个别的违法性阻却事由实现正当化的行为类型，作为能够阻却其违法性

---

① 指出这一点的有金峰洙：《关于违法性阻却事由的体系及竞合的研究》，载《比较刑事法研究》第10卷第2号。

② 从这个角度提出立法论上的解决方式的见解参见黄泰正：《刑法上同意的法律效果与限制》，载《刑事法研究》2007年第19卷第2号。此处（例如关于伤害）认可基于社会常规的限制的必要性，而考虑到与韩国刑法第20条社会常规条款相关的问题，比起通过现行法解释谋求问题的解决，寻求立法论上的解决方案（比如设置"基于嘱托、承诺的伤害罪"的方法）更为理想。

的途径，必须将其视作补充性的正当化事由。

概言之，围绕韩国刑法第20条社会常规条款的解释展开讨论时，在切断与社会伦理或社会观念的关联性的同时，在法律适用过程中关注于未违背社会常规的行为的补充性质，忠实地执行基于各条件和判断标准的论证是非常重要且关键的。只有这么做，才能不受"社会常规"概念内在的根源性限制影响，最大限度地排除或缩小在法律解释及适用过程中发生的法律上的判断的任意性。

第三专题

违法阻却事由的宪法基础

违法阻却事由的宪法意涵与应然发展面向

[中] 魏昌东*

正当防卫司法适用的趋严与纠偏正在受到中国刑法学理界与实务界的广泛关注,一系列具有重大社会影响案件的处置,均显现出对正当性根据认识上的偏差,对之实有深化研究之高度价值。违法阻却事由,又称正当化事由或可宽宥事由,是世界各国刑事法系统中不可或缺的一项出罪规则。作为刑法的出罪依据,其与公民的自由、权利密不可分,既是社会自我调节的重要内容,又是法律积极认可的协调机制。论事由是否具有法定根据,存在法定与超法规的违法阻却事由之划分;论阻却违法的形式,则存在法益阙如事由与法益衡量事由之划分。现代社会,刑法因罪刑法定原则的确立,而被作为判断行为人是否应当遭受国家刑法惩治的唯一基准,然而,刑法在设定犯罪时对公民权利的限制与剥夺,并非完全由其自行确定,宪法作为国家权力与国民权利的根基,对于刑法设定的评价范围的正当性具有积极的判断功能,进而应当将宪法作为判断刑法中违法阻却事由更为基础的根据。在刑法违法阻却事由的体系建构与规范适用中,应当在追问"违法"之法当为何法、"阻却"依据的又是何法的基础上,在阻却违法事由的正当性解说中,确立宪法的基础地位与内在联系。以宪法为根据而建构的违法阻却事由的一般范围与判断标准,将会对其现实的适用带来积极的影响。

一、违法阻却事由的基本类型与刑法功能

自古以来,违法阻却事由便以不同的形式存在于国家制度和法律规范之中,其中最常见的便是正当防卫。根据陈兴良教授的研究,"正当防卫蜕变于私刑,萌生于复仇","刑罚是复仇的文明形态,但它并没有完全取代复仇。古代刑法在某些特定的情况下,允许私人复仇,使复仇合法化,或为刑罚的补充形式,这就是私刑"。① 由此可知,早期社会存在着两种规则:刑罚与私刑,且二者同出于一源——复仇。所以,最早的刑法与违法阻却事由可以视为实现社会调节的并行规则。虽然自商周以来,我国便确立了刑事法律规则与违法阻却规则的二元并行制度,但是,囿于特殊的立法传统,我国一直未能发展出与之相对应的完备的理论系统。自1911年《大清新刑律》开始,大陆法系的违法阻却事由开始引入中国,二元制度转为一元的犯罪构成体系,违法阻却事由成为犯罪构成判断的环节之一,并与大陆法系三阶层犯罪论体系一直影响至今。

大陆法系的三阶层犯罪论体系始于"贝林——李斯特",虽然三阶层是由贝林在其1906年的《犯罪的理论》中提出来的,但是,三阶层所依据的犯罪理论是在诸多学者的

---

* 上海社会科学院法学研究所教授、博士研究生导师。
① 陈兴良:《正当防卫论(第三版)》,中国人民大学出版社2017年版,第1~3页。

钻研下逐渐丰富与完善起来的，而违法性是犯罪特征这一重大命题，是由李斯特率先提出的。[①] 三阶层犯罪论体系依据评价标准的性质差异，对犯罪行为进行分离式评价，即通过"要件、违法与责任"三个方面的规范判断，共同组成法规范的评价。违法性评价是对行为违反法律规范、具有负价值的确证，其中，违法阻却事由是对违法性评价的否定，代表着违法性的缺失，表明行为不具有违反法律规范的性质，故不具有违法性评价，从而应当阻却犯罪的成立。根据李斯特的表述，违法分为形式违法与实质违法，这一区分引发了对犯罪属性的思考，进而使得违法性的概念得以产生，而通过对违法性概念的规范性理解，违法阻却事由由此而生。根据李斯特的表述："承认违法性是犯罪的概念特征这一命题，以及对那些取消行为的违法性特征的情况进行仔细的领会，是一个缓慢的远没有结束的刑法科学发展的结果。"[②] 违法性与违法阻却事由是极为复杂的问题，其内涵有待进一步挖掘。

在贝林提出三阶层的犯罪论体系后，违法性阶层就主要由违法阻却事由填充。尤其是在 M. E. 迈尔与梅兹格前后推动下转变构成要件符合性阶层的性质、确立构成要件的违法推定机能后，违法性阶层便只剩下对违法阻却事由的判断。也就是说，违法阻却事由的存在意义在于确证符合构成要件的行为是否真正违反法规范、具有负价值。对于整体法秩序而言，不同规范之间的合法与违法是同一的，形式上的违法性或许会因法规范性质差异而不同，但实质上的违法性应是相互契合、协调、一致的，所以违法阻却事由以整体法秩序为背景判断行为的法规范性质。换句话说，违法阻却事由来自于整体法规范，是为纠正刑事法律规范独立判断下与整体法秩序相左的偏差。

在整体法秩序下，刑事法律规范独立判断的结果通常与整体法秩序具有一致性，但是，在个别特殊情况下，独立判断的结果并不符合整体法秩序，这是因为独立判断的依据具有刑事片面性，是在刑事法律规范下进行的筛选与分类。但如果将该依据放在整体法规范下进行全面审视，则会发现刑事规范的违法性认定存在偏差，其不具有真正的法规范违反性。易言之，刑事规范的判断素材从局部上看具有法益侵害性，但是，从整体上看则不具有法益侵害性。根据整体与局部的关系，可以分为绝对无侵害与相对无侵害。前者是指法益阙如的情况，如被害人承诺、推定承诺、自损行为、危险接受；后者是指法益衡量的情况，如正当防卫、紧急避险、法令行为、正当业务行为、自救行为、义务冲突。根据判断素材与基本权利的关系，可以分为原生性适法与派生性适法。前者是指法定阻却事由，如正当防卫与紧急避险；后者是指超法规的阻却事由，如被害人承诺、法令行为、自救行为等。

二、违法阻却事由的正当化根据

依照三阶层理论，违法阻却事由起到的是排除犯罪的效果，其具体作用是排除行为的违法性评价。第一阶的构成要件符合性完全依照刑法规范进行素材甄别，而第二阶的违法性判断是对甄别后的素材的法益侵害性或规范违反性进行审查。因为刑法是后盾法，是保护性法律关系，所以，第二阶所认定的法益侵害性或规范违反性是需要在违反刑法的同时

---

① 陈兴良：《违法性的中国语境》，载《清华法学》2015年第4期。
② 李斯特：《德国刑法教科书》（修订译本），徐久生译，法律出版社2006年版，第203页。

也违反前置法，即法益侵害或规范违反要具有整体法规范的一致性。① 如果前置法不认为具有违法性而后盾法认为具有违法性，或者具有前置法违法性但后盾法不应评价却予以评价，则会造成整体法秩序的冲突与混乱。所以，违法阻却事由的主要意义在于解决整体法秩序的一致性问题，而其正当性也来源于此。

对于违法阻却事由的正当化根据，传统理论在形成与发展中形成了三种代表性的学说，均期望能对其正当化提供理论根据，即"目的说""社会相当性说"与"法益衡量说"。② "目的说"认为，如果行为是为了达到国家承认的共同生活的目的而采取的适当手段，则例外阻却违法。"社会相当性说"认为，在历史形成的社会伦理秩序的范围内，被这种秩序所允许的行为（社会的相当行为）就是正当的。由于超出了社会相当性的法益侵害才具有违法性，社会相当性便成为阻却违法的一般原理。"法益衡量说"认为，违法的实质是法益侵害，只能将法益侵害的否定作为违法阻却事由的根据。其中，"衡量型目的说"与"法益衡量说"相似，"手段型目的说"与"社会相当性说"相仿，所以违法阻却事由的正当化根据可以从法益衡量与社会相当性中探寻。

根据本文的思路，社会相当性主要用于说明刑法独立判断与整体法秩序相左的原因，即社会发展过程中形成的超法规的自然法则，这类法则契合社会基本组成的规则，并不随社会结构、社会规范的变化而改动，在这类基础法则面前，刑事法律规范的判断与评价需要让步与退缩。而法益衡量是对基础自然法则与刑事法律规范之间关系的具体衡量，即对整体法秩序是否具有同一性进行价值判断。所以，在解释违法阻却事由的正当性上，社会相当性与"法益衡量说"相辅相成，共同维护了整体法秩序的统一。总体来说，社会相当性理论与法益衡量理论都是基于特定理由——社会基础法则的优越地位，使刑法规则退却。但紧接着需要追问的就是，社会基础法则是什么？为什么处于更优越地位？对此，社会相当性理论与"法益衡量说"虽然能够提供论证，却不能提供原理。

社会基础法则是社会组成的基础，涵盖了法律空间的内与外，是社会存续的基本条件，也是宪法确认的基本结构。宪法第2条第3款规定："人民依照法律规定，通过各种途径和形式，管理国家事务，管理经济和文化事业，管理社会事务。"而结合宪法序言中的"全国各族人民、一切国家机关和武装力量、各政党和各社会团体、各企业事业组织，都必须以宪法为根本的活动准则"可以得知，宪法第2条第3款中的"法律"包含宪法，"各种途径和方式"便是指社会基础法则，"管理事务"则是认可社会基础法则的实际作用。进言之，违法阻却事由就是社会基础法则在刑法认定犯罪过程中的具体体现，其内在机理是社会契约下基本权利的实现。公民虽是自愿让渡权利而成为社会的一部分，但是，社会结构的进化极大地增强了社会规则的力量，从而裹挟社会成员继续让渡其基本权利。而社会基础法则正是社会成员与国家力量相抗衡的产物，是基本人权的核心凝集。易言之，无论社会规则如何发展，社会基础法则作为自然权利的凝结，必然优先于社会规则的效力，如人的生存权是第一权利，任何规则都不能制约或变相制约生存权，为此，刑法第16条规定无罪过事件，刑法理论发展出期待可能性理论。

所以，刑法理论中的"社会相当性说"与"法益衡量说"实质上是宪法精神的刑法

---

① 陈璇：《公民扭送权：本质探寻与规范续造》，载《法学评论》2019年第3期。
② 张明楷：《刑法学》，法律出版社2016年版，第194~195页。

化理解。"社会相当性说"从社会伦理秩序的角度解释历史形成的惯例与传统为何能够例外地排除违法性,但这并不是因为刑法的目的在于保护社会伦理秩序,而是因为宪法确立了社会关系"权力调节"与"自我调节"双轨模式。在这一根本性结构之下,刑法设定违法阻却事由是对"自我调节"模式的认可与回应,而"社会相当性说"则是以刑法教义学的方式对此模式进行的解读。"法益衡量说"是从规则功利主义角度比较社会"权力调节"与"自我调节"的优劣得失,其判断素材与标准取决于刑法利益,因而该理论虽能契合刑法目的,却未必契合整体法秩序。实际上,法益衡量的可行性是源自宪法的比例原则与社会团结原则。所以,应将两种学说视为连接宪法与刑法的承接性理论,是为了从刑法角度解释违法阻却事由的宪法根据,而不是具有独立意义的正当化根据。

三、违法阻却事由正当化根据的宪法基础

作为社会组成的合法性确认,宪法通过授予并明确公民的基本权利与义务,在基本法层面诠释了社会基础法则,而这些内容又被部门法加以确认。以刑法为例,宪法第33条规定的人人平等在刑法第4条中得到落实,宪法第36条规定的信仰自由在刑法第251条中得到贯彻,宪法第37条规定的人身自由在刑法第238条中得到明确,宪法第38条规定的人格尊严在刑法第246条中得到认可……通过法律条文的呼应,可以看出公民基本权利是整体法秩序的首要遵循,部门法应当与之一致,不得违背、干涉或忽视。刑法中的违法阻却事由正是对这一位阶关系的法律重申。具体来说,是通过对公民的宪法权利的刑法宣示以实现无罪化,捍卫公民受社会规则压制的基本人权。

无论是社会相当性理论,还是"法益衡量说",对它们的理论质疑都集中于"内涵模糊":社会相当性理论无法明确"相当"的范围,"法益衡量说"无法论证"法益"之间的可比较性与衡量基准合理性。这两者之所以存在难以自圆其说的地方,是因为其素材仅取自于刑法规范,解释原理局限于刑法目的之下。但实际上,违法阻却事由是公民基本权利优先、不受不合理的制约与束缚的刑法规则的表现,其真正根据来自由宪法确认的社会基础法则。具体来说,该法则所保护的内容有三项:公民的生存权及相关权益,公民的发展权及相关权益,公民的人格尊严与民主权利。这三项内容是公民的权利底线,也是整体法秩序最应慎重对待的内容,因为其牵涉社会基础结构与社会基本关系的稳定。

从宪法层面再度审视违法性,可知违法阻却事由的正当化根据在于被宪法确认的公民基本权益。通说认为,法益是刑法保护的利益,但在进一步描述利益的内容与范围时,法益的概念则存在难以把握的问题。但是,有一点应当承认,即刑法作为社会体系中的后盾法,其所保护的利益应当来源于宪法所保护的利益,刑法应当处于宪法权利的保护者地位,要求刑法所保护的利益应当是基于刑法目的进行筛选后的特殊利益。因而当不存在需要刑法保护的利益或者该利益不需要刑法保护时,行为自始未侵害到特殊利益,故欠缺刑事违法性(法益阙如)。当利益不应当被刑法保护或不能被刑法保护时,行为虽在形式上侵害了利益,却非刑法保护的特殊利益,因而不具有刑事违法性(法益衡量)。所以,法益阙如是指行为合法,法益衡量是指行为不受刑法处罚。

从宪法的角度理解,法益阙如属于公民行使基本权利的情况。根据宪法第51条规定:"中华人民共和国公民在行使自由和权利的时候,不得损害国家的、社会的、集体的利益和其他公民的合法的自由和权利。"这一条文的直接意涵是指公民负有的基本义务,但从

中也可得知，国家、社会、集体与公民的合法权利不受侵犯。对此，现行制度规则采用两种方式来实现这一精神：一种是常规性的责任制度，即通过明确民事责任、行政责任与刑事责任来实现对宪法权利的保护。另一种是紧急性的保全法则，即认可公民在特殊情况下为维护合法权益而无视既有规则的情形。理论上，对刑法中的违法阻却事由的正当化根据，也有法的"确证说"和"自我保全说"，但究其本源，应当是源自这一宪法性规则，相应的法律制度也应以宪法第51条为最终依据。

从宪法的角度理解，法益衡量属于公民维护自身权利时违反相关义务的情况。宪法第33条规定："凡具有中华人民共和国国籍的人都是中华人民共和国公民。中华人民共和国公民在法律面前一律平等。国家尊重和保障人权。任何公民享有宪法和法律规定的权利，同时必须履行宪法和法律规定的义务。"根据该条所体现出的宪法精神，公民享有权利承担义务的前提是"国家保障人权"，从此可推出一个命题：在国家未能保障人权的情况下，公民的相应义务承担应当减轻，以实现权利与义务的平衡。所以在国家保障难以及时就位的特殊情况下，公民为防止基本权益受损而拒绝履行基本义务，是可得到一定宽宥与谅解的。在刑法中，违法阻却事由多是基于此类特殊情况而出现，因此对其违法性大小的衡量也应充分考量违反义务的可谴责程度，排除不足以入罪的一般违法行为。

四、宪法视域下违法阻却事由的应然发展面向

刑事违法性的判断素材是由刑事法律规范独立进行的，但判断的标准则需要以整体法秩序为基础。刑法之所以将侵害法益的行为入罪，本源上是为了维护宪法确立的权利义务关系，而违法阻却事由的存在，同样是为了实现这一目的。社会的强盛裹挟着公民让渡权利，愈发全面的规则与制度僵化了公民的权利义务关系，愈发忽视"以人为本"的社会基础法则。宪法通过明确公民的基本权利与义务，进而为公民的权利保护提供了自主救济的通道，而违法阻却事由正是公民在面对一国中最为严厉的刑法评价时所拥有的自主救济通道，这一通道来自宪法的授权。在我国，则是由宪法第33条与第51条衍生而来的排除刑事违法性的出罪规则。就此而言，违法阻却事由应当转变正当性根据的立足点，明确"以人为本"的宪法精神，根据社会基础法则进行违法阻却事由的重构。

违法阻却事由根据实体法是否对其进行了明确规定可分为法定阻却事由与超法规的阻却事由。长久以来，法定主义思想与体系化建设使正当防卫等法定阻却事由受到重视，而轻视超法规的阻却事由的建构与发展，甚至不承认超法规的违法阻却事由。但实际上，有定式的违法阻却事由与无定式的违法阻却事由并无实质性差异，二者的正当性都是源于宪法所确认的公民基本权利——生存权、发展权与人格尊严。对于入罪而言，出于社会防控的刑事政策考虑，即使社会危害性较低，但基于行为的常发性也应降低入罪的标准。但是，在出罪的标准上，不应当根据事由的常发性和定式而仅关注法定阻却事由，加强法定阻却事由的规范化程度，忽视超法规的违法阻却事由的内涵，从而变相提高超法规、无定式的阻却事由的出罪门槛与适用可能。基于此，本文提出，有必要对我国刑法之违法阻却事由做出必要的调整，包括对于法定的阻却事由，应当更加审慎地权衡刑法设定违法阻却事由的价值根据，进而就其成立设定较为宽泛的条件，扩大正当防卫等法定阻却事由的适用可能。与此同时，基于权衡法益的要求，在正当防卫的限度上作出必要的限制。而超法规的违法阻却事由，则更应当给予更多的重视。其在发展面向选择上有必要明确以下几点：

(一) 推进超法规的违法阻却事由的法定化与适用可能

超法规的违法阻却事由通常有被害人的承诺、推定的承诺、假定的承诺、自损行为、法令行为、正当业务行为、治疗行为、自救行为、义务冲突等。① 这类事由类型多样、内涵丰富，虽然也可以根据传统理念与司法实践归纳出一定情形及其成立条件，但是不仅超法规的事由难以穷尽，而且内涵难以明晰。然而，根据宪法第2条的规定"中华人民共和国的一切权力属于人民……人民依照法律规定，通过各种途径和形式，管理国家事务，管理经济和文化事业，管理社会事务"可以得知，只要符合法律规定，公民就可以通过多种途径和形式参与事务管理。因为该条的精神在于明确"一切权力属于人民"，所以其中的社会事务应从广义上加以理解，即包括法律事务和事实事务，前者是受执法部门与司法部门调整，后者是由社会与公民自行调控，因此也可以理解为超法规的违法阻却事由的间接依据。同时，根据此条的表述——"各种途径和形式"，应当予以法律认可，即根据相应宪法精神扩大刑法中的超法规阻却事由，进一步释放被制度规则限缩的公民基本权利。

具体来说，因为超法规的违法阻却事由的类型多样复杂，内涵随社会不断调整，形态上难以稳定与固化，所以其扩张模式应当从两方面入手，即超法规阻却事由的法定化与超法规阻却事由的权利化。前者是指依据宪法精神与相关规定，对现有理论归纳和实践总结的超法规阻却事由进行宪法性的审查，将具有重要人权保障意义的超法规事由予以法定化，通过法律的形式对社会"自我调节"手段予以认可，以实现更为稳定的阻却效果。后者是指遵循保障公民的生存权、发展权、人格尊严等基本权利的宪法精神，在现代社会结构中不断探索新的超法规阻却事由，逐步释放长期以来被国权主义刑法所压制的公民基本权利。为此，应当转变包括超法规事由在内的违法阻却事由的法律感观，积极承认其权利属性，改正长期以来"例外不处罚"的负面属性。

(二) 实现法定违法阻却事由成立要件的合理化，减少适用障碍

法定阻却事由以正当防卫与紧急避险为代表，其不仅存在于刑法规范中，同样存在于民法规范中，是社会规则建立之初便存在的一类自然法则，而后通过宪法确认、部门法落实与理论化建设逐渐发展和完善。法定阻却事由作为法律制度的组成部分，需要满足明确性、法定性、适正性等法律原则的要求。根据宪法第5条的规定，"……国家维护社会主义法制的统一和尊严。一切法律、行政法规和地方性法规都不得同宪法相抵触……" 法定阻却事由作为社会主义法制的重要组成部分，同样受到国家的维护。而且，作为直接来源于宪法的免责制度，法定违法阻却事由具有超越部门法的性质。也就是说，其成立依据不局限于刑法规范内，而是包括宪法和其他部门法的支撑与认可。所以，刑法规范对违法性是否被阻却的判断，应与整体法秩序相协调，应当依照宪法精神理解法定阻却事由的成立条件，从宽解释违法阻却的成立，为公民维护自身权利、社会自我调节提供规则支持。

目前，我国刑法所确认的法定阻却事由仅有正当防卫与紧急避险，但这二者都是在犯罪论体系中进行的探索与发展，在一定程度上，是通过牺牲自身独立价值来换取刑法评价系统的统一性。然而，就实现整体法秩序而言，宪法认可的社会自我调整（违法阻却事

---

① 张明楷：《刑法学》，法律出版社2016年版，第196~197页。

由）与宪法主导下的国家强制干预（刑事法律规范）是双轨并行的两种规则，违法阻却事由具有一定的独立性和独立价值，是社会发展过程中不可磨灭或取代的公民权利"自留地"。所以，在探索法定阻却事由的发展时，应当分三步走：首先，应当从整体法秩序的角度，依照宪法精神对法定阻却事由进行实质解释，构成要件是成立犯罪的必要条件，但是，法定阻却事由的轻微缺失应属于权利瑕疵，而非直接构成犯罪，所以应当允许法定阻却事由的成立条件存在变通情况。其次，应当采用二次判断的方式判断违法性，即先根据刑法目的进行法规范判断，再根据宪法精神进行法秩序判断，只有二者相统一，才能肯定刑事违法性。因为违法阻却事由属于社会"自我调节"，单从"权力调节"模式进行判断必然有所偏颇。最后，应当确立违宪审查机制。法定阻却事由是宪法精神的刑法体现，也是宪法权利在刑法中的贯彻。刑法作为拥有独立评价系统的部门法，具有先天的入罪倾向，尤其是当法定阻却事由仍处于犯罪构成体系内部时，缺乏违宪审查机制的刑事评价系统便没有相应的约束，宪法基本权利也就无从谈起。

五、结语

违法阻却事由是由社会自然形成、经宪法确认、受法律贯彻的一类关于实现公民基本权利的宪法性规则，其与入罪事由的最大区别在于，判断素材与依据来自整体法秩序，而非仅是刑事法律规范。长期以来，"目的说""社会相当性说"与"法益衡量说"都是在刑法目的之下解释与论证违法阻却事由，极大地忽视了违法阻却事由的宪法含意，限制了公民的基本权利，殊不知违法阻却事由与犯罪构成是迥异的两种构造。因而，应当积极确立违法阻却事由的宪法根据，依据宪法精神扩张超法规阻却事由范围，放宽法定阻却事由认定标准。

宪法权利与违法性阻却

[韩] 赵起莹*

一、序言

刑法规定了关于生活各个方面的行为规范。刑法规范与民法或公法等在刑法以外的领域中形成的各种规范密切相关。刑法以外的法律对刑法的解释及运用造成影响的情况虽然不常见,但是也可以看到。在行政刑法领域,对违反私法或公法规定的行为予以处罚。在核心刑法领域中,也可以找到与民法或公法的关联性。例如,在财产犯罪中根据民法规定判断财物的"他人性",行政刑法许可的行为在刑法上不禁止的"行政从属性原则"也是被认可的。宪法是高于刑法的最高规范。罪刑法定主义、平等原则(恣意禁止)、责任主义等刑法的基本原则,在宪法中均有依据。与之相关的宪法规定成为刑法法规的宪法性正当化的依据。另外,比例性原则是约束刑事立法者的指针,同时也是刑法运用者解释刑罚法规的宪法性指针。[①]

宪法上的基本权是以何种方式在刑法中被考量的呢?基本权在哪些范围内会对刑法造成影响呢?本文主要探讨的是宪法上的基本权能否在刑法中被作为违法性阻却事由进行考量。这种讨论此前在韩国几乎还未出现。

二、基本权与刑法:宪法合致性解释与目的论的缩小解释

基本权对于评价刑法上的个别案件具有特别的意义。基本权是优越于一般法律的宪法的规定,对于刑法,必须基于宪法上的基本权进行解释及运用,也可以称之为"宪法合致性解释"。韩国大法院也一直在持续阐明,解释刑罚法规时必须最大限度地保障基本权,防止其被压制。[②] 刑法规定的效力范围原则上受到基本权的制约,这源于基本权的第一性功能,即防御国家权力对一定条件下自由领域的侵害。从刑法的观点来看,这意味着国家独有的刑罚权在个人自由领域中必须随着情况的变化而后退。

考虑到基本权,可从目的论的角度缩小解释刑罚的构成条件。目的论的缩小解释是指对于使用于法律规定中的语句的含义,结合立法的目的或立法者的意图,缩小该语句在日

---

* 韩国全北大学法学专门大学院教授。
① 金成教:《刑法总论》(第5版),成均馆大学出版部2017年版,第74~75页。
② 例如,参见韩国大法院2015.1.22,宣告2014DO10978全体合议庭判决多数意见:煽动内乱是指以实施内乱为目标怂恿、鼓动被煽动者决定并实施内乱行为的一切行为。煽动内乱主要是在基于言行、文件、图画的表达行为的阶段出现问题,因此,关于煽动内乱罪构成条件的解释,为了不压制作为国民的基本权的表达的自由或不侵害其本质,必须根据罪刑法定主义的基本精神严格地进行。

常生活中的惯用含义作出解释的方法。① 在以往的目的论的缩小解释中，一直在强调"法律目的"（立法主旨或立法目的）或"立法者的目的"。② 立法目的或立法者的意图不可脱离罪刑法定主义、责任主义、平等原则以及比例性原则，从这点来看，可以说目的论的缩小解释已经包含了考虑国民基本权的解释。

刑法与基本权的密切关联性不仅仅是在构成条件阶段，在违法性阶段也能确认。韩国刑法第310条规定，"当第307条第1款的行为实际上只与公共利益相关时，不予以处罚"。这是除正当防卫、紧急避险、自救行为、受害者的承诺、正当行为等韩国刑法第20条以下认可的一般的违法性阻却事由以外，为了协调个人名誉的保护以及舆论自由的保障而对损害名誉罪认可特殊的违法性阻却事由的规定。韩国大法院将"刑法第310条的规定"理解为谋求作为人格权的个人名誉的保护和基于韩国宪法第21条的正当的表达自由的保障这两种相悖的法益的协调，一直以来都在判决中强调必须考虑两种法益之间的协调与均衡。③

对作为违法性阻却事由的韩国刑法第310条的条件的广义解释，符合保障表达自由这个基本权的主旨。关于韩国刑法第310条的"公共利益"，韩国大法院也进行了解释，"若行为者的主要动机或目的为公共利益，那么即使伴随有其他个人的目的或动机或其表达中含有些许侮辱的成分，也可被认可"，强调从保障国民知情权和舆论自由角度出发的监督和批判功能。④

另外，如下文所述，韩国刑法第20条规定对于"其他未违背社会常规的行为"不予以处罚，制定了带有总括性质的关于违法性阻却事由的一般条款。最近，韩国大法院就淫秽物品传播罪作出判决，认为即使属于"淫秽物品"，也符合刑法第20条规定的"未违背社会常规的行为"。⑤ 这是基于保障学术自由、艺术自由以及表达自由的基本权的宪法的主旨的判决。

总之，宪法上的基本权，不仅需要在刑法上的构成条件阶段得到确认，在违法性阶段所需的利益衡量中也需要考虑。

三、基本权与违法性阻却事由

（一）序言

如上所述，在具体的刑法规定的解释和运用中，除构成条件以外，在违法性阶段也必须考虑基本权。进一步说，能否从一定的基本权中直接导出违法性阻却事由，这是个问题。这是关于是否能以符合基本权保障的自由为依据认可刑法上未明文规定的违法性阻却事由的问题。在韩国难以找到关于是否认可直接从基本权中导出的违法性阻却事由的讨论。因此，以下将介绍并参照最近正在处理这一问题的德国的讨论现状。但是，在考虑德国的讨论时，必须注意韩国刑法上的违法性阻却事由相关规定体系的特殊性，即韩国刑法第20条规定，"对于基于法令的行为或出于业务的行为等未违背社会常规的行为，不予

---

① 金成敦：《刑法总论》（第5版），成均馆大学出版部2017年版，第63页。
② 张永民：《禁止传播与目的论的缩小解释》，载《刑事判例研究》1999年第7卷。
③ 韩国大法院2007.12.14，宣告2006DO2074判决。
④ 韩国大法院2007.1.26，宣告2004DO1632判决。
⑤ 韩国大法院2017.10.26，宣告2012DO13352判决。

以处罚"，总括性地认可了违法性阻却事由。

(二) 德国的讨论

以德国为例，我们的讨论形成了以下共鸣：违法性阻却事由是从整个法律秩序中延伸出来的，因此原则上可从作为高于刑法的法律规范——宪法中延伸。此外，关于已经被认可的违法性阻却事由的宪法合致性解释，也理所当然地必须考虑基本权，因此间接对现有的违法性阻却事由的解释造成影响。但是，对于在怎样的范围内认可直接从基本权中导出的违法性阻却事由，出现了各种观点。①

首先，有完全不认可符合构成条件的行为根据基本权构成违法性阻却的可能性的观点（"全面否定说"）。根据该观点，仅仅以执行基本权的行为为由，无法保障其合法性。基本权的限制和界限只能作用于作为被正当化的行为受到保护的领域。②

对此，有人批判，刑法无一例外地限制基本权，因此符合构成条件的行为可被正当化的主张不具说服力。第一，必须时常审查是否满足刑法对具体的基本权设定限制的要求。第二，对于限制基本权的刑法，必须从为了考虑基本权的价值形成的效果而被限制的基本权的立场出发进行解释。尤其是在德国基本法第4条以及第5条第1款、第9条第3款的情况中，以基本法的价值秩序为标准，兼顾基本价值秩序的统一性，并对二者进行价值衡量得出结果，当对行为者保障的利益处于优越位置时，符合构成条件的行为也可被正当化。③

通说否定了从基本权中直接导出正当化事由。④ 关于基本权，在违法性阶段中，只能从违法性阻却事由的规定（例如，正当防卫的社会伦理性限制或紧急避险中的法益及利益衡量）或立法者规定的个别的违法性阻却事由（德国刑法第193条、第240条第2款）的"宪法合致性解释"的观点来间接考量。⑤

德国判例的立场并不统一。在德国刑事司法院中，存在认可直接从基本权中导出的正当化事由的判例，也存在不认可的判例。⑥ 通说采取否定立场的理由在于，由基本权导出的正当化事由在其条件和效果方面都十分不明确。⑦ 并且有人批判，对直接从宪法中导出的正当化事由的认可侵害了法院与宪法裁判所的关系以及国会的权限。⑧ 关于德国的通说，可以评价为基本权处于优越位置，"以直接约束个别法律领域的规定为媒介进行实现"的立场。据此，从法律保留的观点来看，具体的法律被优先运用，法律的运用根据宪法合致性规范解释受到限制，当构成条件和违法性阶段存在规范时，与之相对应，基本权可被间接考量。在这种理论中，不存在结合基本权的优越性、法院的义务（德国基本法第1条第3款）、刑罚规定与基本权的相互作用以及相关基本权以外的从基本权中导出

---

① Leipzig Kommentar-Thomas Rönnau, StGB 2, 12 Aufl., 2006, vor § 32 Rn. 138.

② A. a. O.

③ Kühl AT § 9 Rn. 113; Roxin, AT Ⅰ § 18 Rn. 51 ff.; Radtke, Überlegungen zum Verhältnis von 'zivilem Ungehorsam' zur 'Gewissenstat', GA 2000 19, 27 f.

④ Leipzig Kommentar-Thomas Rönnau, StGB 2, vor § 32 Rn. 139.

⑤ Schönke/Schröder/Eser Vor § 1 Rn. 29 ff.

⑥ LK-Thomas Rönnau, StGB 2, vor § 32 Rn. 139.

⑦ Böse, Die Galubens- und Gewissensfreiheit im Rahmen der Strafgesetze (insbesondere § 34 StGB), ZStW 113 (2001) 40, 42.

⑧ Böse, ZStW 113 (2001) 40, 42 ff; Schönke/Schröder/Eser Vor § 1 Rn. 30.

违法性阻却事由的可能性。

相反，在一定基本权的领域中，认为可直接从基本权中导出违法性阻却事由的观点，可经以下三个阶段审查违法性阻却与否。① 以德国基本法第 5 条第 3 款规定的艺术自由为例，第一阶段为满足刑法构成条件的表达必须属于德国基本法第 5 条第 3 款的保护领域，即其必须可被视为艺术作品。在被确定为带有艺术作品的性质的情况下，第二阶段就是要分析相关刑法规范是否为限制艺术自由的状态。与德国基本法第 5 条第 1 款的意志表明的自由不同，艺术自由中不存在法律保留。根据德国的通说，不类推适用基于德国基本法第 5 条第 2 款或第 2 条第 1 款的基本权限制，因此，对艺术自由的限制只能以同价值的宪法法益为依据。② 刑法规范只有在另一层面将宪法法益具体化时，才能限制艺术自由。并且，在大部分情况下，刑法规范含有宪法法益。若确定刑法的保护存在宪法的基础，那么第三阶段就是根据关于法益较量的一般原则在基于刑法规范的保护与艺术自由之间进行比较衡量。此时，必须考虑个别犯罪的特殊性，当艺术表达侵害人类尊严和价值时，则违反了绝对的界限。

(三) 基本权与违法性阻却事由

1. 抵抗权的行使与违法性阻却

在对"10·26 案件"（1979 年朴正熙总统被杀案）的韩国大法院上诉审中，部分被告在上诉理由中主张，"维新体制在其成立和运营方面，属于反民主的法律秩序和反人权的体制，为了将其修复，制度上或实际上不存在其他合法的救济程序"，因此，当时杀害朴正熙总统的罪刑符合行使"抵抗权"的情况，构成违法性阻却。对此，韩国大法院的多数意见表示，引用以往大法院的判决事项，③ 因为抵抗权未在实定法中设置依据，只在自然法中存在依据，法官无法将其援用为审判规范，抵抗权的概念以及成立条件模糊且抽象，当时宪法正文中的"4·19 依据"等无法成为抵抗权的实定法依据，因此将其排除。④ 对此，少数意见主张，虽然该案件不可被视作抵抗权的行使，但是作为一般问题讨论抵抗权的认可依据、行使条件，即使宪法中未明文规定，作为一种自然法上的权利，应可对其进行认可，可作为审判规范发挥功能。

在韩国的现行宪法中，不存在关于抵抗权的明文规定。在 1987 年的改宪协商过程中，抵抗权的明示与否成为执政党与在野党之间的争论点，但最终未明示抵抗权，在宪法前言中追加了"继承对抗不义的 4·19 民主理念"的语句，以此代替抵抗权规定。⑤ 在 1987 年修订宪法之后，宪法学说大致以这种宪法前言为依据，或不受其约束，认可超宪法的抵抗权。⑥

现如今，在根据宪法学界的通说观点将抵抗权认可为超实定法权利的情况下，当国民行使具备行使条件的抵抗权而违反刑罚法规时，无须在刑法上进行特别处理。当然，对于

---

① Roxin, Strafrecht AT Ⅰ, 4. Aufl., 2006, § 18 Rn. 553.
② Roxin, AT Ⅰ § 18 Rn. 52.
③ 参见韩国大法院 1975. 4. 8, 宣告 74DO3323 判决。
④ 韩国大法院 1980. 5. 20, 宣告 80DO306 判决。
⑤ 权永成：《宪法学原论》（修订版），博英社 2009 年版，第 80 页。
⑥ 金哲洙：《宪法学概论》，博英社 2014 年版，第 365 页；权永成：《宪法学原论》（修订版），博英社 2009 年版，第 80~81 页；许永：《宪法理论与宪法》，博英社 2007 年版，第 133 页。

实际上成功的抵抗权的行使,无须担忧是对刑罚法规的违反,而对于失败的抵抗权的行使,因未满足最后手段性等抵抗权的条件而被排除,因此,关于行使抵抗权的刑法效果,只能带有理论以及从法律哲学角度出发的讨论的性质。另外,宪法学者将对合法的抵抗权的行使不应受到刑法上的处罚这一点予以关注,其具体效果将是不对是否排除构成条件符合性或是否构成违法性阻却给予极大关注。抵抗权的行使造成的对刑罚法规的违反必须在违法性阶段进行考量,而不是构成条件的阶段。构成条件是对犯罪的定型、犯罪要素的规定,违法性是越过犯罪的定型,探讨对刑罚法规的违反与正当化事由之间的矛盾状况、价值冲突的阶段。对抵抗权行使的刑法评价是基于矛盾状况与价值冲突状况中的比较衡量的观点而促成,因此可视为违法性阻却事由的问题。判例的立场也是以"在某种行为符合犯罪的构成条件的情况下,若不符合刑法规定的违法性阻却事由,则必须视作存在违法性"为前提,排除抵抗权主张,基本上应理解为,如果抵抗权的行使被判断为合法,则认可违法性阻却的效果。① 因此,在由于正当的抵抗权的行使而违反了刑罚规定的情况下,属于(超)宪法上的基本权的抵抗权作为源于宪法的违法性阻却事由发挥功能。但是,如下文所述,源于基本权的违法性阻却事由即使在理论上被认可,但在制定了像韩国刑法第 20 条这样总括性的违法性阻却事由相关规定的现行刑法下,这种违法性阻却事由很有可能被判断为"虽源于宪法,但最终依据刑法第 20 条被认可"的违法性阻却事由。

2. 对良心自由与良心犯的刑法的考量

韩国宪法第 19 条规定,"所有公民都拥有良心自由"。宪法上的良心自由是指自由地形成作为人类尊严和价值的内在基础的伦理意识和思想,以及不被强制将其向外部表明的自由和不被强制做出违反该伦理意识或思想的行为的自由。② 在韩国,基于与实定法冲突的良心自由而实施行为者,即良心犯的问题在每个主要的政治激变时期均作为良心犯释放的政治争议登场。③ 在良心犯的刑事处罚这一刑法问题(领域)值得注意的问题是"良心拒服兵役"。尽管对良心拒服兵役的刑事处罚在持续中,但我们社会中每年仍会出现约 600 名良心拒服兵役者,父子或兄弟全部被宣告实刑后服役的情况也不在少数。最近根据韩国大法院的全体合议庭判决,④ 改变了以往的立场,否定刑事处罚,大致立法准备正在进行中。

韩国兵役法第 88 条第 1 款正文规定,"收到现役入伍或征集通知书(包括基于募集的入伍通知书)者在无正当事由的情况下,若在自入伍日或征集日起的以下各项期限内未入伍或应征,则处以 3 年以下的徒刑"。学说上对良心犯在刑法上的处理分为以下两种:由于基于良心的命令的期待不可能性,必须考虑责任阻却事由的观点;满足构成条件的行为处于宪法保障的良心自由的界限内,因此符合正当化事由,在法律秩序的统一性的观点也应视作违法性阻却事由。⑤ 但是,在现行兵役法中,对于处罚逃避入伍的构成条件,规定为"在无正当事由的情况下"处罚未入伍的行为的形态。因此,对于"良心拒服兵役"行为的处罚与否,判例一直都明确表示,这是"阻却构成条件符合性的事由",

---

① 韩国大法院 1975.4.8,宣告 74DO3323 判决。
② 权永成:《宪法学原论》(修订版),博英社 2009 年版,第 478 页。
③ 孙东权:《刑法上的良心犯处罚的问题点——以德国的理论及判例为中心》,载《安岩法学》1994 年。
④ 韩国大法院 2018.11.1,宣告 2016DO10912 全体合议庭判决。
⑤ 关于学说,参见前引孙东权文。

"与作为刑法上的违法性阻却事由的正当行为或作为责任阻却事由的期待不可能性有所区别"。韩国大法院在上述全体合议庭判决中指出,"良心拒服兵役的允许与否是第 19 条良心自由等基本权规范与宪法第 39 条国防的义务规范之间的冲突及调整的问题"。如上所述,在犯罪体系论中,完成对立的利益、价值、法益的衡量的阶段是违法性阶段。因此,良心拒服兵役的问题在理论上可视作基本权的行使行为的违法性阻却问题。但是,现行兵役法中含有"正当事由"这样的语句,用以解决"立法者事先难以具体列举的冲动状况",因此,关于良心拒服兵役的相关规范的冲突及调整问题,只能成为必须通过对兵役法第 88 条第 1 款规定的"正当事由"语句进行解释而得出的构成条件符合性阻却事由。

此处必须要思考的是,从被刑事起诉的被告和为其辩护的律师的立场来看,在因为是基本权的保障领域内的行为而不予以处罚的情况下,对该行为进行犯罪性评价是否具有意义,这个问题也被钻研于基本权利研究的宪法学者所关注。从被告和律师的立场来看,在法院判断满足构成条件的行为的违法性阻却时容易坚持消极态度的前提下,在刑罚法规的构成条件阶段否定构成条件符合性的危险性就很小了。并且,若最终被告未被予以刑事处罚,那么这是构成条件符合性阻却还是违法性阻却,就不是什么大问题了。据推测,这点在主张由于是基本权的正当行使而不应在刑法上予以处罚的宪法学者的眼中也是一样的。但是,主张必须关注并集中于犯罪体系论的刑法学者可能会提出不同的观点。以总论和分论将刑法的内容一分为二进行学术分析的传统可追溯至 16 世纪末,[①] 这是以理性手段强力管控刑事实务的尝试。想要以区别于个别性的一般性掌握犯罪行为中的共通部分是为了实现相同的情况相同处理,不同的情况不同处理,即为正义作出贡献。[②] 构成条件的错误具有阻却故意的效果,但正当化事由的错误与构成条件错误不同。国防义务与良心自由产生矛盾及冲突的状况是违法性的问题,但兵役法中的正当化事由只属于构成条件符合性的判断领域。

3. 通信秘密与言论自由的冲突与违法性阻却

通信秘密的保护与舆论自由这个基本权的冲突,以及未参与非法监听及录音的媒体报道通信或对话的内容的行为是否构成违法性阻却存疑的具有代表性的案件为"三星 X 文件案"。"三星 X 文件案"是指在 2005 年,文化广播(MBC)的记者李尚浩得到了有关 1997 年第 15 届总统选举时,当时的国家安全企划部的秘密组织非法窃听三星集团会长秘书室室长与中央日报会长合谋向特定候选人非法提供资金支援,向检方高层干部提供"糕钱"(贿赂)的对话文件,并通过本公司的节目将其公开的案件。对于做出这种非法行为的相关人员,由于公诉时效已过而无法予以处罚。但是,得到"三星 X 文件"并将其报道的记者因违反了通信秘密保护法而被起诉,最终确定有罪。一审法院作出了无罪判决,但二审法院对其判处了有期徒刑 1 年,缓期执行的判决,2010 年韩国大法院全体合议庭确定该行为有罪。8 人赞成的多数意见认为,关于未参与监听及录音等的舆论机构在明知该通信或对话的内容是通过监听及录音所得的事实情况下将其进行公开报道的行为,作为刑法第 20 条的正当行为构成违法性阻却的条件,提出:①报道的目的为紧急引起公众对特定对象的关注;②舆论机构获取非法监听等结果时,未使用违法的方法或积极地、

---

① Eb. Schmidt, Einführung in die Geschichte der deutschen Strafrechtspflege, 3. Aufl., 1965, S. 150.
② Stratenwerth/Kuhlen, Strafrecht AT, 6. Aufl., 2011, S. 1.

主导性地干预；③达成告发非法监听事实或紧急引起公众关注目的的报道应限定所需要的部分内容，即采用最小化侵害通信秘密的方法；④媒体报道该内容所得的利益及价值，高于根据通信秘密的保护达成的利益及价值。根据这样非常严格的条件，判断该行为无法满足上述条件，不符合刑法第 20 条的正当行为。①

对此，赞成反对意见的强调舆论自由作为基本权的意义，表示需要努力寻找能够最大限度地实现舆论自由与通信秘密这两种相互冲突的基本权的协调点，主张必须综合考虑通信秘密的获取过程，报道的目的与经过，根据报道被公开的通信秘密的内容、报道方法等进行利益衡量，并主张通过报道获得的利益优先于通过保守通信秘密获得的利益，因此该行为符合韩国刑法第 20 条的未违背社会常规的正当行为。②

"三星 X 文件案"典型性地展现了多个基本权主体的基本权相互矛盾、冲突的情况在刑法上形成违法性阻却问题的场面。对于上述案件，韩国大法院多数意见判断通信秘密更为优越，对此的反对意见判断通过该行为获得的利益优越于通信秘密带来的利益。多数意见与反对意见的结论是无法协调的相反结论，但两者对刑法违法阻却判断中基于利益衡量及比较衡量，这一违法阻却与否的判断标准的基本前提是一样的，即即使基于作为宪法基本权的舆论自由，公开或泄露通过非法监听及录音等收集的通信或对话内容的报道行为符合刑罚规定（通信秘密保护法第 16 条），当该报道带来的利益优越于侵害的利益时可阻却违法性的逻辑结构是相同的。从这个观点来看，可以评价判例采取了原则上认可从基本权中导出的违法性阻却事由的存在可能性的立场。但是，由于韩国刑法第 20 条的总括性违法性阻却事由，理所当然地可能会出现此种主张，即只能理解为基本权效力范围内实施的行为违法性阻却根据源于刑法而非宪法。

（四）韩国刑法第 20 条的基于社会常规的正当行为

韩国刑法第 20 条规定，"对于基于法令的行为或出于业务的行为等未违背社会常规的行为，不予以处罚"。此处的"未违背社会常规的行为"作为带有总括性质的违法性阻却事由，是德国刑法中不存在而韩国特有的条文。学界对社会常规的评价不一。部分观点主张，"社会常规"这个概念不存在法律理论依据，内容过于抽象，存在被法院恣意运用的风险，包含社会常规的正当行为规定引起了关于违法性阻却事由的体系的逻辑矛盾，因此必须废止。③ 相反，根据判例，刑法第 20 条一直被认可为违法性阻却事由，从"实质违法性论"的观点来看，可阻止可罚性的扩展。因此比起废止，更需要通过"未违背社会常规的行为"的类型化推进适用范围与适用指针具体化的主张占了上风。④

判例一直认可韩国刑法第 20 条的基于"社会常规"的正当行为为违法性阻却事由并加以运用。即便"社会常规"的概念是典型的不确定概念，但通过数十年间的判例，对于未违背社会常规的行为存疑的领域，可在一定程度上实现类型化。⑤ 韩国大法院通过一

---

① 韩国大法院 2011.3.17，宣告 2006DO8839 全体合议庭判决多数意见。
② 韩国大法院 2011.3.17，宣告 2006DO8839 全体合议庭判决反对意见。
③ 金永焕：《法与道德的关系——尤其以韩国刑法为中心》，载《法学论丛》2008 年第 25 辑第 4 号；金成敦：《韩国刑法的社会常规条款的系谱及其立法意义》，载《刑事法研究》2012 年第 24 卷第 4 号；金成敦：《韩国刑法的社会常规条款的功能与刑法学课题》，载《成均馆法学》2012 年第 24 卷。
④ 申东云：《刑法总论》（第 10 版），博英社 2017 年版，第 351 页以下。
⑤ 具代表性的尝试参见申东云：《刑法总论》（第 10 版），博英社 2017 年版，第 355 页以下。

贯的判例提出了认可基于社会常规的正当行为的条件：①该行为的动机或目的的正当性；②行为的手段或方法的适当性；③保护利益与侵害利益的法益均衡性；④紧急性；⑤除该行为外不存在其他手段或方法的补充性等。① 值得预先提及的是，韩国大法院提出的上述对正当行为的审查条件与宪法上提出的比例性审查时的条件在实质上是相同的。

四、结论性考察：基本权能否成为违法性阻却事由

违法性阻却事由是从整个法律秩序中引申出来的，因此原则上可从作为高于刑法的法律规范的宪法中延伸。并且，关于已经被认可的违法性阻却事由的宪法合致性解释，也理所当然地需考虑基本权。因此，如上所述，其对现有的违法性阻却事由的解释造成间接影响。问题在于，关于韩国刑法的解释，能否认可从基本权中直接导出的违法性阻却事由的存在。

与德国的讨论格局相同，可提出肯定的观点以及否定的观点。与德国的通说观点一样，从基本权在违法性阶段是对现有的违法性阻却事由规定条件等的宪法合致性解释的观点来看，其只能间接地造成影响的观点也是可预想到的。基于利益衡量这个违法性判断的性质，特定基本权的行使带来的利益优先于因此侵害的利益时，即使不存在明文规定，理论上认可直接从宪法中导出的违法性阻却事由的观点也有可能被提出。

作为韩国刑法的解释论，不可被忽视的是韩国刑法第 20 条规定的基于社会常规的正当行为。比如，即使坚持认可能够从宪法上的基本权中导出违法性阻却事由的行为类型的立场，在现行刑法上，这种行为也可被处理为韩国刑法第 20 条的总括性违法性阻却事由，即在现行刑法中，与德国相同，讨论直接从基本权中导出的违法性阻却事由的实际利益不存在或很小。对违法性阻却事由的宪法合致性的解释与尊重基本权的解释只是间接地对刑法上的违法性阻却事由的判断造成影响。即使今后发生需结合基本权的效力范围认可违法性阻却的案件，既然已经认可了韩国刑法第 20 条的基于社会常规的正当行为，则无法直接将基本权条款运用为违法性阻却事由，只不过是出现该基本权的效力范围内的行使与因此侵害的利益的比较衡量的问题。提出将比例性原则的内容作为韩国刑法第 20 条的正当行为审查标准也很好地体现了其与基本权的关系和韩国刑法第 20 条将发挥的功能。上文提及的是否认可抵抗权的存疑案件或"三星 X 文件案"，也都是与能否根据韩国刑法第 20 条阻却违法性问题相关的案件。判例对于不适用刑法规定的违法性阻却事由的案件中的违法性阻却问题，也是以基于社会常规的正当行为的问题进行处理的。②

总之，韩国刑法第 20 条的"基于社会常规的正当行为"这个总括性的违法性阻却事由的存在导致难以认可直接从现行宪法上的基本权中导出的违法性阻却事由本身。关于判断是否符合"基于社会常规的正当行为"，只不过是在运用判例提出的比例性审查标准的过程中，可通过宪法合致性的解释考虑对基本权的最大保障。

---

① 例如，韩国大法院 1983.3.8，宣告 82DO3248 判决；韩国大法院 2000.4.25，宣告 98DO2389 判决等。

② 例如，像韩国刑法第 310 条这样的违法性阻却事由不被认可的侮辱罪的违法性阻却存疑案件（韩国大法院 2003.11.28，宣告 2003DO3972 判决），与刑法上的赌博罪不同，违法性阻却事由未被明示的违反风俗营业的管制相关法的案件（韩国大法院 2004.4.9，宣告 2003DO6351 判决），上文提及的关于非法监听及录音的报道行为的案件（韩国大法院 2011.3.17，宣告 2006DO8839 全体合议庭判决），公职选举法上的捐献行为的违法性阻却存疑案件（韩国大法院 2017.4.28，宣告 2015DO6008 判决）等。

但是最近，以韩国刑法第 20 条的正当行为为标准，刑法领域提出了宪法裁判所作出的堕胎罪不符合宪法的决定是否适当的问题。宪法裁判所认为，规定依妊娠女性的嘱托或承诺而实施堕胎的医生堕胎罪条款，是为了实现与自行堕胎罪条款相同的目标，对于在作为胎儿能够在离开母体的状态下独立生存的 22 周左右之前的堕胎，即充分保障关于妊娠的维持和分娩与否的自主决定权的时间（可决定期间：自着床起至该时刻之前）之前的堕胎，也予以刑事处罚的规定，"超出了为达成立法目的所需的最低程度，限制了妊娠女性的自主决定权，不具备侵害的最小性，只对胎儿的生命保护这个公益赋予单方面的绝对的优越性也违反了法益均衡性的原则，因此，违反了禁止过度原则，侵害了怀孕女性的自主决定权"，因此判断其违宪。① 上述宪法裁判所的决定属于需通过女性的自主决定权与胎儿的生命权之间的法益衡量，讨论直接从宪法上的基本权中导出的违法性阻却事由的案例。该案件进入刑法领域时，假设在 2020.12.31. 修订相关堕胎罪条款之前，因违反相关刑罚法规而被起诉的状况法院将通过对女性的自主决定权与胎儿的生命权的比例性审查，判断违法性阻却与否。假设尊重宪法裁判所决定的主旨，判断"可决定期限"内的堕胎行为是符合构成条件但构成违法性阻却的行为，此时，一定期限内的堕胎行为是否可被视为未违背社会常规的行为是个疑问。

以往韩国大法院大致从两种观点出发对"未违背社会常规的行为"作出定义。一种是"基于法律秩序的精神或其背后的社会伦理或社会观念可被容许的行为"② 的定义，另一种是与德国刑法学者韦尔策尔的社会适当性理论相似的"虽在法规定义文句上被视作符合犯罪构成条件，但作为极其正常的生活状态之一被认为处于经由历史形成的社会生活秩序的范围内的情况"③ 的定义。说一定期限内的堕胎行为的违法性被阻却的依据是"基于社会伦理或社会观念可被容许的行为"还是"处于经由历史形成的社会生活秩序的范围内的极其正常的生活状态之一"，都存在不合理的部分。根据这种观点，可以说可决定期限内的自行堕胎罪与医生的同意堕胎罪的违法性被阻却，是因为源于宪法上的女性的自主决定权这个基本权的违法性阻却事由。

---

① 韩国宪法裁判所 2019.4.11，2017 宪 BA127 决定［宪法不合致］。
② 韩国大法院 2000.4.25，宣告 98DO2389 判决。
③ 韩国大法院 1983.2.8，宣告 82DO357 判决。

第四专题

正当防卫与紧急避险基本问题

正当防卫类型化研究

——兼论正当性根据及限度判定

[中] 徐　岱* 韩卓瑞**

近年来我国集中出现的正当防卫案件，如昆山反杀案、于某防卫过当案、赵某正当防卫案等，无一不成为社会舆论关注的热点。最高人民检察院关于正当防卫第十二批指导性案例的发布，更是将该问题推到了论争的前沿。在鼓励民众积极行使正当防卫权利的同时，应当紧密结合我国立法关于正当防卫的类型化规定模式，探究基础理论核心内容，为实践问题的解决创设合理路径。

在罪与非罪背后，主要争议就在于防卫限度的判定问题。而其所昭示的基础法理、实践态度与民众认知的冲突，亟待依托立法的理论研究加以调适。事实上，在满足基本构成条件的基础上，如主观具有防卫意识，面对正在进行的不法侵害实施防卫行为，对此，司法认定中的主要矛盾就在于防卫限度的判定，而这一具体基准设置的背后则反映出违法性本质及判断的立场选择问题。行为类型指具有同一或相似特性的个体行为集合，区别于有限制的抽象性概念。[①] 适用法律的过程，也可以被理解为从生活行为过渡到法律行为类型的过程。而具有违法性阻却事由的行为，尽管形式上该当构成要件、侵害法益或有侵害的危险，为何被认为合法？本文意在通过对正当防卫阻却违法的一般原理进行研究，在"法益衡量说"和"法秩序确证说"之外，探求在鼓励民众行使正当防卫权的同时，应当如何防止权利滥用，特别是其中涉及防卫行为的限度条件，也即防卫过当的认定问题。不同国家关于正当防卫及防卫限度的规定，其相似之处亦是其理论研究与司法实践共同关注问题的焦点。

一、域外立法例检视与我国正当防卫的类型化规定

（一）正当防卫域外立法例概述

以我国刑法第20条关于正当防卫的规定为参照，考察域外立法，探寻理论依据的共通基础，能够为具体问题的解决提供合理路径。整体而言，域外关于正当防卫的立法规定相对简明概括，特别是对防卫限度的规定为理论研究提供了延展空间。

1. 防卫限度规定之比较

类型一：明确规定"相当理由"，即防卫行为的必要性。

韩国刑法典第21条规定了正当防卫的三种情形，在防卫限度方面强调"相当理由"。

---

* 吉林大学法学院教授、博士生导师。
** 吉林大学法学院刑法专业博士研究生。
① 卡尔·拉伦茨：《法学方法论》，陈爱娥译，商务印书馆2003年版，第344页。

对防卫人精神状态受到压迫实施的防卫过当行为，不予处罚。① 依据韩国刑法典之规定，防卫行为是具有"相当理由"的行为。所谓相当理由，即防卫行为的必要性。有学者认为，既然是事实上防卫所需要的行为，那么原则上无须进行法益衡量，也不适用补充原则和均衡原则，更不能期待防卫人实施足够安全的防卫行为。但防卫人为达到有效防卫目的，要尽可能选择相对均衡的防卫手段，② 即在众多可以达到防卫效果的手段中，选择损害最轻微的一种。问题是，学者认为判断某一防卫手段是否具有均衡性，需要运用客观的、事后预测的方法。笔者认为，相对最小损害手段的要求与需要性原则在一定范围内存在冲突，如何要求防卫人面对急迫不法侵害的同时选择最小损害方式？韩国大法院判例强调客观层面的防卫行为相当性，防卫过当以行为超过相当性的程度为标准。例如，无理受到集团性殴打的被告（防卫人），在无力再逃避的状况下，为防御而挥动镐头，结果使得其中一人死亡，虽为反击但仍旧超过限度，故而成立防卫过当。③

类型二：明确规定"不得已"，即防卫手段的相当性。

日本学者认为，日本刑法中关于防卫限度的限制性规定——"不得已"，④ 是对防卫行为相当性的要求。相较于我国刑法关于正当防卫的规定，对限度标准的要求更为严格。而日本刑法典第36条第2款关于"具体情状"的规定，则为理论界所探讨的"心神不宁情状"预留了解释和适用空间。⑤

日本学者山口厚教授认为，如果是为达到防卫效果而实施的行为，与防卫行为限度相关的概念——"必要性"就显得不甚明确。为限定防卫行为的范围，日本判例的观点倾向于防卫行为应当是"必要的最小限度的行为"，在客观上是适正的、妥当的。⑥ 重要的是，这种法律允许的防卫行为范围的判定，是对侵害的攻击力与防卫行为的危险性进行实质衡量，而非停留在如"武装对等"之类的形式标准。在此基础上，需要综合侵害强度、可能利用的侵害手段、身体条件、具体使用方法等要素进行判定。因此相较于进行利益衡量，考察防卫行为造成何种结果更加重视对防卫行为本身的精细化考量。日本学界既承认"质的防卫过当"，又承认"量的防卫过当"，而质的防卫过当涉及最小限度损害手段，量的防卫过当则与不法侵害停止前的一系列具有持续性的行为相关。那么，是否可以将前者理解为强度上的超越，而将后者理解为时间上的超越呢？⑦

我国台湾地区"刑法"第23条之规定则未对防卫限度问题作出明确规定，台湾学者认为，正当防卫与防卫过当呈现出"一体两面"的关系。⑧ 对不法侵害人造成的损害，还应包含附随危险和不欲结果。例如，意图开枪打伤不法侵害人胳膊，却发生枪支走火造成

---

① 韩国刑法典第21条规定：1. 为防卫自己或者他人的利益，对于正在进行的不正当侵害而采取行为的，如有相当理由，不予处罚；2. 防卫过当的，依其情况可免除或者减轻处罚；3. 前两项情形下，如其过当行为系在夜间或者其他不安的状况下，由于恐怖、惊愕、兴奋或者慌张而引起的，不予处罚。
② 金日秀、徐辅鹤：《韩国刑法总论》（第十一版），郑军男译，武汉大学出版社2008年版，第283页。
③ 李在祥：《韩国刑法总论》，韩相敦译，中国人民大学出版社2005年版，第208页。
④ 日本刑法典第36条第1款规定：不处罚对急迫不正当侵害，为防卫自己或他人权利的不得已而为之的行为。
⑤ 日本刑法典第36条第2款规定：超过限度的防卫行为，可以依据具体情状减轻或免除处罚。
⑥ 山口厚：《刑法总论》（第二版），付立庆译，中国人民大学出版社2011年版，第128页。
⑦ 山口厚：《日本正当防卫的新动向》，郑军男译，载《辽宁大学学报（哲学社会科学版）》2011年第5期。
⑧ 我国台湾地区"刑法"第23条规定：对现在不法之侵害，出于防卫自己或他人权利之行为，不处罚。但防卫行为过当者，得减轻或免除处罚。

不法侵害人死亡的结果。① 相较于正当防卫,防卫过当虽超过限度造成损害,但仍适用刑罚裁量的减免,其根源就在于:一是因实现法益保护之目的而导致违法性降低,二是因处于精神紧张状态而导致责任降低。

2. "无知觉"防卫过当

不必须遵循相当性或回避原则的德国刑法学理论多强调防卫的紧急性,故也将正当防卫称为"紧急防卫"。德国刑法典第 32 条明确规定正当防卫属于违法阻却事由,依照法律规定,仅认定"有知觉的防卫过当"成立犯罪。② 而对"无知觉防卫过当",根据德国刑法典第 33 条的规定,尽管超过限度的防卫行为具有违法性,也因防卫人处在恐惧、惊慌等"微弱"心理状态而不负刑事责任。③ 需要说明的是,此种不负刑事责任的防卫过当,不适用于复仇、激怒等强烈的情感。一旦确认这种精神状态的存在,并不意味着防卫人认识能力的完全丧失,只是在一定程度上减弱。与之相似但更满足实践需求的立法规定则是《俄罗斯联邦刑事法典》第 37 条,该条文提供了一种免责可能,即防卫行为人面对超出预料的突发侵害,因不具有判断基础而不可控制行为限度的情况。④

从德国现行刑法规定来看,正当防卫权之社会伦理限制理论的展开,使得学理研究和判例大致主张以社会伦理限制防卫权行使限度。日本学界则从解释论层面出发,贯彻个人主义原理之必要性及等同于制约原理的相当性,这是由德日两国实定法差异决定的。而我国刑法典将"明显超过限度"与"重大损害"作为正当防卫成立的先决条件,相较于德国之必要性及日本之不得已规定,应当在刑法解释学上采取何种立场,则不无疑义。

(二) 我国正当防卫立法规定的类型化样态

比照 1979 年刑法,我国 1997 年刑法关于正当防卫的规定经历了"由简到繁"的变化,特别是新增关于特殊防卫(无限防卫权)的规定,以"明显超过"修饰防卫限度的规定。⑤ 由此可见,关于正当防卫的规定呈现类型化样态。具体而言,我国刑法第 20 条分别规定了与正当防卫相关的三种行为类型,除基本的正当防卫(自我保护)构造外,还包括防卫过当和特殊防卫以及"为使他人利益免受不法侵害"的利他防卫。

1. 防卫过当

在解释何为我国刑法规定的防卫过当时,有学者将我国刑法第 20 条第 2 款中的"明显超过必要限度"拆分成对程度的判断和作为正当防卫限度条件外延的基准条件,特别以损害程度不同档次作为"明显"的行为规范内涵。⑥ 也有学者从单一条件说立场出发,将重大损害结果的出现作为防卫明显超过必要限度的判断标准。对概念解释的混同导致

---

① 林钰雄:《新刑法总则》,中国人民大学出版社 2009 年版,第 188 页。
② 德国刑法典第 32 条规定:1. 正当防卫不违法;2. 为使自己或他人免受正在发生的不法侵害而实施的必要防卫行为,是正当防卫。第 33 条规定:防卫人由于惶恐、害怕、惊吓而防卫过当者,不负刑事责任。
③ 乌尔斯·金德霍伊泽尔:《刑法总论教科书(第 6 版)》,蔡桂生译,北京大学出版社 2015 年版,第 168 页。
④ 《俄罗斯联邦刑事法典》第 37 条第 2.1 款:实施防卫的行为人,如果因侵害行为的突发性而不能对所受攻击的危害性质与程度进行客观评价的,则该行为人实施的防卫行为,不应当认定为是超过防卫人必要防卫限度的行为。
⑤ 《中华人民共和国刑法》(1979 年)第 17 条规定:为了使公共利益、本人或者他人的人身和其他权利免受正在进行的不法侵害,而采取的正当防卫行为,不负刑事责任。正当防卫超过必要限度造成不应有的危害的,应当负刑事责任;但是应当酌情减轻或者免除处罚。
⑥ 邹兵建:《正当防卫中"明显超过必要限度"的法教义学研究》,载《法学》2018 年第 11 期。

"必要限度"的判定陷入误区,限制正当防卫的成立范围。① 对我国刑法规定的防卫限度条件的解释分歧,根源就在于对正当防卫正当性根据立场的选择差异。

2. 特殊防卫

而我国刑法第 20 条第 3 款关于"无限防卫"或"特殊防卫"的规定,作为我国刑法所特有的规定,司法实践对这一规定的适用却有违正当防卫立法本意。值得肯定的是,在对刑法第 20 条第 3 款之规定选择适用时,当优先考虑无限防卫适用的可能。若按此逻辑,则限度条件就成为问题解决的关键。

考察我国刑法第 20 条第 3 款的特别防卫立法原理,也可视作同德国刑法理论研究的"无知觉防卫"立法规定存在相似之处。面对极端暴力,严重危及人身健康、生命权益的不法侵害行为,防卫人法益会受到更为严重的威胁,且防卫人当时处于因突发事件导致的精神极度恐慌的状态。在危急时刻,如若要求防卫人平复情绪进而谨慎判断,明显不具有可期待性。这也是规范对情绪容忍度的体现,是期待可能性理论在违法性层面的适用。② 尽管我国刑法规定是从不法侵害人角度描述特殊防卫成立的先决条件,但可以认为防卫人正处于高度紧张的心理状态。如前所述,域外立法亦有与特别防卫权立法目的相似的条文,或者说是对特定情状下的防卫限度不设限。因此,应更加注重对防卫行为本身的判断。

3. 利他防卫

我国刑法关于正当防卫的规定,不仅承认对个人法益的保护,也承认对超个人法益的保护;不仅承认对自我权益的保护,也鼓励公民保护他人利益。例如,最为典型的利他型防卫案件赵某案,被写入最高人民检察院工作报告,该案的处理结果经历了从防卫过当到正当防卫的变化,昭示了国家与社会对"见义勇为不能论罪"的基本态度。③ 但我国对利他型防卫行为的限度判定还缺乏专门研究,因此,对处于不同状态的防卫主体,其实施防卫行为的限度还应进行类型化的考量。

此外,在司法实践中具有争议的还包括事实征表为互殴行为的一类案件,也存在认定正当防卫的余地。例如,就目的正当性判断而言,互殴案件审理法院基本否认正当防卫成立,亦不采纳辩护人关于防卫过当的辩护意见。值得注意的是,有审理法院认定不构成犯罪的理由在于行为人依法成立正当防卫。虽然案件当事人处于事实上的"互殴"状态,但这种状态是由不法侵害者一方率先引起的。换言之,判断是否成立正当防卫的关键在

---

① 有学者站在结果无价值的立场,主张"利益衡量说",认为严重损害结果是判断防卫超过必要限度的主要依据。参见张明楷:《正当防卫的原理及其运用——对二元论的批判性考察》,载《环球法律评论》2018 年第 2 期。亦有学者持相反态度,参见劳东燕:《结果无价值逻辑的实务透视:以防卫过当为视角的展开》,载《政治与法律》2015 年第 1 期。

② 余振华:《刑法违法性理论》(第二版),瑞兴图书股份有限公司 2010 年版,第 143 页。

③ 人民网评:《赵宇案,以司法"勇为"挺立"见义勇为"》,载 http://opinion.people.com.cn/n1/2019/0318/c1003-30982058.html,2019 年 6 月 27 日访问。

于——行为人主观内容是防卫意识还是互殴的故意。①

通过对大陆法系国家刑法典和我国刑法中有关防卫的立法例进行梳理比较,笔者认为,立法本身强调的重点各有不同,如"不得已""根据情状""急迫""相当"以及"必要"等。立法规定的差异意味着关于正当防卫的成立条件,如限度条件的判断也存在差异,理论研究关注的问题也不尽相同。德日韩刑法与中国刑法对正当防卫的规定体现出的刑法利益安排重点有明显差异。德日韩刑法从防卫行为人角度出发,旨在最大限度地保障防卫权合理与有效实现。而我国刑法关于正当防卫立法初衷,应当为填补公权力救济之不足,鼓励公民行使正当权利。但在具体适用中,却因对刑法规定的解释与适用缺乏具有统一性的合理标准,而导致对防卫权行使的不当限制。因此,应当从基础理论层面出发探究正当防卫的正当性根据,以寻找具体问题的解决路径。

二、正当性根据的各种学说

作为最具代表性的法定违法阻却事由,对正当防卫的正当性根据的研究也应从违法性一般原理层面展开。刑法上该当于构成要件的行为,原则上具有违法性。若该行为例外地因特殊事由而为法律所容许,即足以否定违法性的存在,则此类事由被称为"违法性阻却事由"。由于非违法的行为即为合法正当,故亦可称之为"正当化事由"。②违法性阻却(正当化)的问题,即实质的违法性内部的问题。关于违法性本质问题,笔者认为,以内容更易确认的"法益侵害说"作为决定违法性的范围,结合违法的不同社会规范的行为样态,调和二者利弊,方可回答实质违法内涵,即以脱离社会规范的行为引发法益侵害或危险的结果。在此基础上,笔者由实质违法性一般原理过渡到正当防卫正当性根据的具体学说,其中具有代表性且同正当防卫限度判定密切相关的两种学说为"优越利益保护说"以及"法益保护与法确证二元说"。

(一)"优越利益保护说"

在论证正当化原理时,"法益衡量说"的基本逻辑就在于,对某一法益的侵害是为拯救其他更高价值的法益时,由于该法益侵害行为符合法的任务、法的目的,因而阻却违法性。该学说主张以法益价值的衡量作为判断正当化的基准。但问题是,并非所有情况皆有可能以法益价值的高低大小而比较衡量,而且即使生命、健康、自由、财产法益的一般抽象价值顺位仅可作为初步衡量的标准,但是仍不足以描述行为的正当化内容,还须考察行为构造等其他规范要素,故该学说具有一定局限性。

在衡量法益抽象价值的基础上,"优越利益保护说"应运而生。该学说以"保全优越法益"作为正当化的一般原理,认为法益衡量并非判断正当化的唯一基准,尚需考量具体的情形。该学说主张必须加以考量的情况包括:法益的一般价值的顺位、保全法益受侵害的危险程度、保全法益和侵害法益的量与范围、为保全法益所采取的法益侵害手段的必

---

① 以"互殴"和"正当防卫"为全文检索关键词,分析 2016 年至 2019 年 5 月时间段内的刑事裁判文书共计 4923 份,涉及刑事案由(依照案件数量由高到低排序)主要包括故意伤害罪 4332 件、聚众斗殴罪 173 件、故意杀人罪 140 件、寻衅滋事罪 102 件。在此基础上,检索裁判结果为不构成犯罪的案件共计 31 件、故意伤害罪 29 件、故意杀人罪 2 件。总体而言,认定不构成正当防卫的案件比例占据绝对优势。其中仅有 7 份刑事裁判文书认定不构成犯罪的理由在于行为人因具有防卫意识而依法成立正当防卫。

② 陈子平:《刑法总论》(2008 年增修版),中国人民大学出版社 2009 年版,第 169 页。

要程度以及作为侵害手段的行为的"方法、形态"所具有的法益侵害的危险程度。① 问题是在该学说的框架内,为何会产生更为重大、优越的法益比较?此为对正当防卫成立能够阻却违法性的诠释,即法益衡量的存在。在法益之间发生冲突时,以保护更为优越、更为重大的法益为原则。"优越利益保护说"认为,并非是正当防卫行为人、其他人或者国家公共权益高于正当防卫指向对象的不法侵害人法益,而是在正当防卫指向对象意图并且正在实施的行为属于不法侵害的情况下,其原本享有的权益因其行为和行为可能引发的危险和危害经由刑法评价置于不利地位,衡量过后确认不同主体的法益保护性,最终选择在冲突中损害不法侵害者的利益。基于急迫的、正在进行的不法侵害这一前提,能够肯定正当防卫人相对于不法侵害人的法益在本质上具有保护的优越性,保全无辜者的法益成为正当防卫的正当化依据。山口厚教授认为,与紧急避险不同的是,正当防卫的正当性原理中包含对法益的衡量。为确保对正当防卫行为人法益保护的优越性,须将不法侵害人的法益置于保护性降低的位置,才能确定正当防卫行为具有正当性。② 主张"优越利益保护说"为正当防卫正当性根据的学者则认为,违法阻却事由的成立,是对受法所保护的对应利益进行权衡的结果。其具体标准就在于受到刑法较高评价的利益居于优势地位,因此一旦在保护法益比较的过程中肯定防卫人的法益,在实现其权利的同时就需要排除不法侵害人法益的保护性。更为重要的是,这种优越地位的实现不受防卫限度的限制。但问题就在于,同为违法阻却事由,相比较确应在正当利益间进行衡量的紧急避险,正当防卫的权利本质和规范目的使"优越利益保护说"的适用存在障碍。

(二)"法益保护与法确证二元说"(二元论)

法确证的二元论认为,正当防卫本质上包括个人保护原则和法确证原则。回溯正当防卫之滥觞,可知其源于自我保护之思想。面对确实、即时发生的不法侵害,个人可以捍卫其拥有的法益及法律所保护的其他利益。另外,"正者毋庸向不正者低头"的观念,亦是对整体法秩序的捍卫,故而成立对原本违法的阻却事由,从本质上可以理解为"以正对不正"的该当构成要件之权利行使。③ 基于各国立法的具体内容,还包括个人法益之外的超个人法益,故演变为"法益保护与法确证二元说"。

正当防卫导致不法侵害行为人承受的损害结果,应当归属于不法侵害人对法规范的蔑视及对法益的破坏。不法侵害人法益要保护性地降低,也可归因于此。曾根威彦教授认为,通过对个人权利的保护,方可确认抽象的法秩序在现实中的存在。在两者法益存在对立关系时,便会发生不法侵害者权利的退让。同样支持二元论的井田良教授则进一步说明了法确证原则同不法侵害者法益保护性削弱的关系,他认为法律承认个人正当权利在公力救济缺失时对不法侵害者的反击,不仅是对个人权益的保护,也有助于维系法秩序的安定,保障法律权威性以服务于一般预防。④

(三)对正当化根据各学说的评价

近年来,有学者主张的以"优越利益保护说"对正当防卫正当性根据的诠释是片面

---

① 陈子平:《刑法总论》(2008年增修版),中国人民大学出版社2009年版,第171页。
② 山口厚:《刑法总论》(第二版),付立庆译,中国人民大学出版社2011年版,第117页。
③ 林钰雄:《新刑法总则》,中国人民大学出版社2009年版,第185~187页。
④ 曾根威彦:《刑法原论》,成文堂2016年版,第186~187页,转引自张明楷:《正当防卫的原理及其运用——对二元论的批判性考察》,载《环球法律评论》2018年第2期。

的。例如，梁根林教授认为，优越利益保护原则或者说法益衡量原则不能说明我国刑法第20条第3款规定的特别防卫权立法的正当性，且易将紧急避险与正当防卫的正当性根据相混淆，故需综合考察；① 王钢教授则认为，若以"优越利益保护说"为原则，则无法对侵犯公民财产权益的行为实施防卫，合理性阙如。② 更为重要的是，该学说在判断正当化时，若不仅要考量法益价值，连同行为形态等整个具体情况也都必须加以考量，则实际上已有脱离作为该学说基础的"法益侵害说"的嫌疑。更何况既然对所有具体情况都加以考量，则与"社会相当性说"的主张已无差异。③

而张明楷教授则从三个方面反驳法确证原则可作为正当性根据的观点：第一，法确证的概念模糊，可由解释者任意填充，既反对在正当防卫中运用比例原则，又要求以社会伦理限制正当防卫权的行使；第二，法确证原则同自我保护原则的关系不明；第三，法确证原则难以同防卫行为必要性和需要性等具体问题相协调，如法确证原则不能说明最小损害手段原则的合理性。④ 首先，我国刑法肯定了正当防卫保护的法益包括个人法益和超个人法益，因此规避了学者对德国刑法典第32条第2款不能用法确证原则进行说明的批驳，故有必要探寻法确证原则之于我国刑法中正当防卫的正当性根据及限度判定的价值；其次，无论是社会伦理限制理论，还是优越利益保护原理，在对待如轻微法益侵害行为等问题的回应并无明显差异；最后，对于防卫限度条件的阐释，张明楷教授也仅否定限制权利滥用的特殊情形，未能突出"优越利益保护说"相较于二元论的优越性所在。

整合二元论内容可知，对公民个人权益的保护是整体法秩序维护的基础，而对整体法秩序的维护，最终也将回归到个人利益的保护。也有德日刑法学者认为，肯定不法侵害人的法益受刑法保护的程度降低是没有问题的，但这并不意味着需要进行双方的法益衡量。防卫限度的认定，并不在于法益位阶的高低。或者说，严格的利益衡量在防卫限度的判定中并不必要。⑤ 坚持正当防卫正当性根据二元论的学者认为，正当防卫一方面是对个人合法权益的保护，另一方面也是对社会中法秩序的强化。因此，正当防卫行为人无须履行对不法侵害的回避义务，且从正当防卫的权利来源出发，本就无须在被保护和被侵害的两个法益间考虑利益衡量的问题，或者说防卫人须遵循比例原则。例如，小偷入室盗窃，户主反击杀死小偷，亦可考虑正当防卫成立之可能。前田雅英教授则认为，理想的法秩序确证状态，不是完全排除不法侵害人的利益，而是实现防卫人和不法侵害人的利益调和。⑥ 也有学者认为，在法益价值极端差异之外，应当置身于防卫人实施防卫行为时，综合考虑防卫行为和不法行为的具体情状。一旦确认防卫行为是有效的、能够带来最小损害的选择，那么就应当排除不法侵害人法益保护性。还有学者认为，各正当防卫正当化根据学说之间是相互融通而非互相矛盾。松原芳博教授便认为，优越利益保护或是法益衡量原理能够说明防卫行为人为何处于优越地位，而法确证原则可昭示法秩序中"正对不正"的公理。

---

① 梁根林：《防卫过当不法判断的立场、标准与逻辑》，载《法学》2019年第2期。
② 王钢：《正当防卫的正当性依据及其限度》，载《中外法学》2018年第6期。
③ 从结果无价值的相对面考察其他阻却违法原理，"社会相当性说"则以"社会相当性的行为"作为正当化的一般原理，主张凡在历史演进中所形成的社会生活秩序或伦理秩序的范围内且受该秩序所许可的行为，具有社会相当性，则不违法；而社会相当性概念的提出是建立在违法性本质二元论的基础上，并非抛弃法益衡量而谈行为无价值。
④ 张明楷：《正当防卫的原理及其运用——对二元论的批判性考察》，载《环球法律评论》2018年第2期。
⑤ 林东茂：《刑法综览》，中国人民大学出版社2009年版，第82页。
⑥ 前田雅英：《刑法总论讲义》，曾文科译，北京大学出版社2017年版，第223页。

在保护个人利益之外，应明确社会法秩序，无论是何种法理皆存在互相转化的部分。① 而理性人通常会达成的最初共识，也是为保护不法侵害人的重大权益而减损自身的轻微利益，这不仅是法益衡量的结果，也是社会秩序安定团结的表现。②

综上，笔者认为，尽管法益衡量和法秩序确证都能够在其框架内说明正当防卫的正当性根据，但若将优越利益保护原则贯彻到正当防卫认定过程，特别是防卫过当的判定中，则不可避免地压缩了正当防卫成立范围，主要体现为对我国刑法第 20 条第 2 款的解释结论。法益衡量将防卫造成的侵害结果重大性判断纳入防卫行为的相当性判断中，以损害结果判定防卫行为是否"明显超过必要限度"，混淆概念，导致防卫限度判断标准的模糊。③ 而法确证原则主张个人与社会皆无须容忍"向不法让步"的事态发生，除非能够明确肯定在不法行为发生时可以选择其他最小损害行为，满足最低限度条件，否则不应以此广泛地认定防卫过当成立。④ 前述二元论的支持者虽对"优越利益保护说"提出诸多质疑，但并不意味着"优越利益保护说"或者说法益衡量在具体的防卫限度判定中不具有功能展开之场域。⑤ 而二元论作为被普遍承认的正当性依据学说，在具体问题的认定中，也须受到一定程度上的限制。例如，有德国学者就通说提出关于"不受比例原则"限制的质疑，欲以明显超过比例等相关概念加以替代。⑥ 最为重要的是，法确证原则与自我保护原则同我国刑法的规定相契合，并能为不同类型的正当防卫内部具体问题，特别是防卫限度判定标准提供理论依据。

三、正当防卫类型化样态下的防卫限度判定

有学者在论及防卫过当的性质时，认为防卫人基于防卫意识实施制止不法侵害的行为，仅是超过了防卫限度但仍具有正当性。⑦ 因此，在讨论正当防卫类型时，也要结合防卫过当的相关问题。此外，依据我国刑法第 20 条之规定，属于正当防卫且和防卫限度相关的类型还包括利他型防卫和特殊防卫，实践中也存在与防卫限度判定相关的典型案例。基于前述关于正当性依据的内容，就防卫限度的限制、判定立场、视角及标准问题展开论述。

（一）正当防卫权行使的限制

对权利行使的提倡，也无须以衡平原则加以限定。只要合乎规范与社会伦理权衡的适宜性，就可以认定为正当防卫。在法秩序例外地对防卫行为效力不予确证时，正当防卫的社会权效力将会受到规范的内在限制。⑧ 有学者认为，社会伦理限制之于正当防卫权行使的意义就在于，排除那些不值得正当化的案件。例如，罗克辛教授认为，面对无责任或责任明显减少之状态中的人的攻击，防卫者不能援用以法确证原则为基础的社会权根据，而

---

① 松原芳博：《刑法总论重要问题》，王昭武译，中国政法大学出版社 2014 年版，第 116~117 页。
② 王钢：《正当防卫的正当性依据及其限度》，载《中外法学》2018 年第 6 期。
③ 西田典之：《日本刑法总论（第 2 版）》，王昭武、刘明祥译，法律出版社 2013 年版，第 148 页。
④ 山口厚：《刑法总论（第二版）》，付立庆译，中国人民大学出版社 2011 年版，第 132 页。
⑤ 松宫孝明：《刑法总论讲义》（第 4 版补正版），钱叶六译，中国人民大学出版社 2013 年版，第 107 页。
⑥ 约翰内斯·卡斯帕：《德国正当防卫权的"法维护"原则》，陈璇译，载《人民检察》2016 年第 10 期。
⑦ 陈兴良主编：《刑法学》（第三版），复旦大学出版社 2016 年版，第 76 页。
⑧ 金日秀、徐辅鹤：《韩国刑法总论》（第十一版），郑军男译，武汉大学出版社 2008 年版，第 285 页。

只能援用以自我保护原则为基础的个人权根据，将正当防卫权的行使作为最后手段。① 因为理性人进行一般的价值考量后，可以通过逃跑来躲避这种攻击，无须在此种情形下捍卫法律权威。或者说，这种攻击是相对轻微的，是可以接受的容忍范围。

通过明确正当防卫权行使的界限，有助于分析防卫行为必要性、需要性和容许性的具体要求。从社会伦理、社会相当性等正当化根据出发，同时结合正当防卫立法目的，无须行使正当防卫权的特殊情况也应当被纳入考虑范围。例如，如果出于特别理由，可以要求被侵害人不放弃合法利益保护且不执意采取反抗防卫行为，而是采取其他保护行为，如呼救、寻求警察帮助等有限制的纯粹保护性防卫行为，也不影响法秩序的确证。② 但若基于社会伦理限制的观点，认为亲密的家庭成员之间不宜优先采取防卫行为进行反击，则与当下家庭暴力案件的现实状态不相适应。换言之，社会伦理的内容具有时代性且受现实环境影响较大。

域外学者又以"权利滥用原则"为依据，解释防卫行为的限度问题。所谓权利的滥用，就意味着"超乎寻常的不成比例"。在依据这一原则防止防卫权滥用而不当损害法益的同时，也避免将正当防卫误认为防卫过当。因此，在为保护价值极其低廉的财物而非住宅权等重要的财产性利益却杀死侵害人的极端情形下，可以例外地根据狭义比例原则否定防卫行为的合法性，考虑防卫过当的成立。林钰雄教授认为，在防止权利滥用这一较为抽象的原则之下，还包括其他具体的行为类型，如对明显无责任能力者应优先采用保护性防御、被侵害人造成的挑唆防卫，还包括显著轻微的攻击、防卫人之于不法侵害者而言居于保证人地位、防卫人对不法侵害行为的发生存在过错等。③ 当基于防卫行为所引起的损害与攻击行为相比形成极端的不均衡时，不仅正当防卫的自我保护权利来源会消失，而且防卫行为的要求性也将被排除，所以这时并不允许实施带有攻击性的正当防卫。

但也有学者认为，权利滥用原则不应成为正当防卫成立范围的限制，诸如对无罪责的儿童实施的防卫，不宜成为说明这一问题的例子。在此情形下，应对不法侵害人提出如"主动放弃侵害行为"这样更高的要求。④

（二）防卫限度的判定视角

依此路径，首先需要回归到不法侵害判断时点与判断视角的问题。就防卫人判断采取何种防卫手段所依据的标准问题，存在"主观说""客观说""折中说"三种。其中"客观说"强调以事后收集信息依据为判断时点，与之相对的另外两种学说则以行为当时为判断时点。具体而言，"主观说"以防卫人在不法侵害发生当时所能确认的事实为基准，"折中说"则认为防卫手段的选择需要综合防卫人当时能够认识到的信息和本应认识到的信息。笔者认为，尽管防卫意识是防卫过当的先决条件，但也不能排除防卫意识，特别是行为人主观认知对客观行为选择的影响。而对"明显超过必要限度"的教义学解读与司法适用，则多从"客观说"的角度出发。以行为人之外第三人的视角对"明显超过必要限度"进行事后判断，认定标准未免"强人所难"。但又不能过于凸显行为人个人在不法

---

① 克劳斯·罗克辛：《德国刑法学总论》（第1卷），王世洲等译，法律出版社2005年版，第444页。
② 约翰内斯·韦塞尔斯：《德国刑法总论》，李昌珂译，法律出版社2008年版，第188页。
③ 林钰雄：《新刑法总则》，中国人民大学出版社2009年版，第194~195页。
④ 黄荣坚：《基础刑法学（上）》（第三版），中国人民大学出版社2009年版，第159页。

侵害正在进行时的状态，规避正当防卫滥用的风险。

本文基本支持对防卫人主观认识具体内容的判断标准不应采取"客观说"的观点，这也是德日通说。① 也认同"主观说"可能成为防卫人的"脱罪借口"，"折中说"既能保障防卫权利的合理行使，又能防止权利的滥用，有其合理之处。但"折中说"的内容也存在不可回避的问题。换言之，何为防卫人本应认识的内容？尽管"折中说"的支持者也强调对防卫人信息收集与判断义务履行范围的认定，须结合具体情境，但笔者认为这种情形过于具体且样态繁多，并不能也无须设置统一标准，仍然不可避免地对防卫人认知能力设置过高要求。因此，必须综合行为人的精神状态、个人认知能力和身体素质等要素，更要考虑到客观环境对个人意志自由、认识可能性与行为选择的影响。

（三）防卫行为与结果过当二元论之提倡

源自不同的正当性根据学说，不同的防卫限度判定标准也各有其特质。主要学说大致可以分为两种：第一种是基于法益衡量原理而产生的基本相适应的学说，即防卫限度大小须同时考虑防卫行为保护的法益与损害法益性质，使二者之间差距保持在一定范围内；② 若以法益衡量作为标准，要求防卫行为造成的损害与保护的法益之间要相对均衡，手段要相对和缓，③ 则可能限制防卫权行使。第二种是基于个人保护（法益保护）及法秩序确证原理，即防卫行为是法益保护所必需的手段即可。只要对保护法益是有效的，即便可能对不法侵害人法益造成重大损害，也有成立正当防卫的余地。④

本文基于正当化根据二元论立场，认为满足必要性和需要性条件的防卫行为不超过社会与法律允许的限度。但在说明防卫行为必要性和需要性的具体内容之前，须明确我国刑法关于防卫过当的判定立场，即提倡防卫行为与结果二元论。正如本文第一部分所述，在解释刑法第20条第2款时，就"明显超过必要限度"与"重大损害"的关系可以形成不同理解。重大损害这一"结果"的出现，是否意味着"行为"明显超过必要限度？防卫行为的限度判定是否以损害结果和防卫结果之间的利益衡量为标准？正当防卫作为违法阻却事由，自然需要满足行为无价值与结果无价值的双重标准，对防卫行为违法性的判定应当是独立的，不受其他要素干扰，以保障正当防卫权利的行使。例如，劳东燕教授就从结果无价值论的不足，以法确证原则作为正当化依据，辩驳"法益衡量说""结果——行为"的思考路径将损害结果同"明显超过必要限度"混为一谈，使防卫过当的认定陷入"唯结果论"困境。⑤ 这一观点也得到我国司法实践的认可，如在陈某正当防卫案的裁判理由中，就明确了防卫过当的判断标准二元论构造，即重大损害结果的出现不等同于明显超过限度，体现了从行为到结果的思维路径。⑥ 笔者认为，此判断路径相对具有合理性，进而须贯通此逻辑，探究何为防卫行为限度判定的具体标准。

（四）防卫行为的必要性和需要性

大冢仁教授认为，相较于紧急避险，正当防卫作为针对"不正"的正义行为，尽管

---

① 松原芳博：《刑法总论重要问题》，王昭武译，中国政法大学出版社2014年版，第129页。
② 黎宏：《刑法学总论》（第2版），法律出版社2016年版，第140页。
③ 大谷实：《刑法讲义总论》，黎宏译，中国人民大学出版社2008年版，第259页。
④ 劳东燕：《防卫过当的认定与结果无价值论的不足》，载《中外法学》2015年第5期。
⑤ 劳东燕：《防卫过当的认定与结果无价值论的不足》，载《中外法学》2015年第5期。
⑥ 最高检指导案例陈某正当防卫案（检例45），裁判要旨：防卫行为虽然造成了重大损害的客观后果，但是防卫措施并未明显超过必要限度的，不属于防卫过当，依法不负刑事责任。

应当允许其在某种程度的大范围内进行，但仍须受到必要性和需要性即社会伦理的限制。① 有学者以自我的法益保护为原则，认为法律不可期待防卫者在面对不法侵害行为时仍能采取适法行为而忍受不法侵害，不可期待防卫人单纯自行回避侵害，不可期待行为人选择最安全的防卫手段却不能有效保障自身利益。②

相较于选择有效的防卫手段，回避冲突并不是法规范和社会大众所期待的，没有理由期待防卫者面对迫近的危险放弃权利。例如，在女子咬断欲对其实施猥亵的男子的舌头的案件中，韩国判例认同这一防卫手段满足容许性的要求。③ 这也是必要性原则的一个重要体现，必要性原则主要适用于防卫行为具体手段的选择，并不是要求行为人必须在紧急情况下，经过理性判断，最终选择造成损害结果最小的防卫行为，而是指仅当行为人有实施较小侵害性的防卫手段的可能性但放弃实施，行为人的防卫行为才会被评价为超过必要限度而构成防卫过当。在防卫人可以有效采取反击手段时，即成立所谓的攻击防卫，不需要仅仅采用保护防卫或回避来保护权益。在陷入与不法侵害者的争执中时，法律不需要也不期待防卫人应当或者能够考虑到可能造成何种损害结果，哪怕是防卫人对防卫行为及预期后果没有准确认识，也不必须采用危险更小的防卫手段。④ 在特定情形下可以考虑到的可能用于防卫以保障权益的行为，作为最后手段都难以充分发挥作用时，兼顾对财物价值保护也是被允许的。⑤

必要性指向不法侵害在事实层面的防卫可能性，而需要性则须考虑防卫在规范层面是否适当，⑥ 或者说其选择的行为模式是否符合社会相当性的要求，最终实现保护法益的目的。⑦ 正当防卫中，遭受攻击的利益与防卫行为所侵害的利益之间存在普通失衡，并不影响正当防卫的成立，极端失衡的情形则不然。例如，在日常无犯意的争吵中抓住对方衣领的行为或略带侮辱性的言语攻击等，⑧ 由于侵害程度过于微弱而根本无法被评价为侵害行为，故防卫行为的需要性也被否定。

再如，一个人为了阻止果园里的水果被盗走而射杀一个孩子，尽管这是具有防卫必要性的行为，且从防卫人利益保护的角度出发是有效防卫，但这一行为却是对权利的滥用，是对社会伦理的违反且非法律所容许的范围，这也是前述正当性根据与正当权利行使限制对防卫限度判定提出的具体要求。

(五) 特殊防卫与利他防卫的限度判定

我国刑法第 20 条第 3 款规定了区别于防卫行为的特定类型，基于二元论立场，一旦

---

① 大塚仁：《犯罪论的基本问题》，冯军译，中国政法大学出版社 1993 年版，第 141 页。
② 金日秀、徐辅鹤：《韩国刑法总论》（第十一版），郑军男译，武汉大学出版社 2008 年版，第 283 页。
③ 韩国大法院判决 1989.8.8，89DO358：在人迹稀少的深夜，行为人突然袭击独自回家的被害人，将其强行拽入阴暗的小巷，踢踹反抗中的被害人并强行亲吻。被害人情急之下咬断了行为人的舌头。被害人为保护贞操和身体的安全而实施的断舌行为作为摆脱被告人对身体的现实之不当侵害的行为，欠缺违法性，作为正当防卫是无罪的。金日秀、徐辅鹤：《韩国刑法总论》（第十一版），郑军男译，武汉大学出版社 2008 年版，第 283 页。
④ 乌尔斯·金德霍伊泽尔：《刑法总论教科书（第 6 版）》，蔡桂生译，北京大学出版社 2015 年版，第 167~168 页。
⑤ 约翰内斯·韦塞尔斯：《德国刑法总论》，李昌珂译，法律出版社 2008 年版，第 187 页。
⑥ 乌尔斯·金德霍伊泽尔：《刑法总论教科书（第 6 版）》，蔡桂生译，北京大学出版社 2015 年版，第 171 页。
⑦ 陈子平：《刑法总论》（2008 年增修版），中国人民大学出版社 2009 年版，第 180~181 页。
⑧ 金日秀、徐辅鹤：《韩国刑法总论》（第十一版），郑军男译，武汉大学出版社 2008 年版，第 286 页。

不法侵害人对法秩序造成严重破坏，那么法秩序就将放弃对其生命和健康法益的保护，并容许防卫人实施区别于一般正当防卫而不受限制的防卫行为。因此，司法机关针对符合特殊防卫权行使条件的案件，就不应再对不法侵害可能造成的结果和防卫行为造成的损害进行衡量。或者说，在此种防卫类型中不再涉及防卫限度判定的问题。如前所述，这也是"优越利益保护说"存在的缺陷：无法说明为何在此类防卫行为中对防卫限度不设限制。

那么，为保护他人利益而实施的防卫行为，在防卫限度判定上是否有别于为保护自身利益而实施的防卫行为呢？笔者以涞源反杀案和赵某案为例，作一简要说明。在涞源反杀案中，实际上存在我国刑法规定的两种正当防卫行为类型。因不法侵害人王某的暴力行为指向王某某，① 故王某某"为使本人权利不受侵害"而采取的防卫行为依法属于特殊防卫；而王某某父母"为使他人权利不受侵害"而采取的防卫行为，其限度判定一度成为争议焦点。② 最终，检察机关根据案发时的现场环境，认为不能对王某某父母防卫行为的强度过于苛求。案发时住宅位置离居民密集区域较远，且案发时已是深夜，而院落内没有照明设施。王某持凶器毫无征兆地翻墙进入院内实施极端严重的暴力侵害，迫于环境压力的防卫人处在高度紧张及恐慌的精神状态下。在此情境下，无法要求防卫人能够准确判断不法侵害的停止时间。而王某某父母在对方实际不能反抗后仍继续实施防卫行为，认定其防卫行为超过限度构成防卫过当，不具有合理性。

若从正当防卫正当性根据——个人权与社会权（自我保护与法秩序确证）出发，考察为保护他人利益的防卫行为，那么法确证原则就成为一个重要依据。尽管不法侵害指向的对象并非本人，但任何一个社会共同体中的公民甘愿履行非本人义务而保护其他公民的合法利益，是维护正义与规范的直接体现，是对法秩序的强化，因此刑法规范须对其行为予以确认。而在利他型防卫行为限度的把握上，要求处于紧急状况且意欲保护他人利益的公民清楚判断自己即将采取的行为可能带来的后果，则不符合实际，更不利于社会法秩序的确证。故对利他型防卫限度的判定可倾向于较为宽松的标准，不可因有"损害结果"的出现就径直将其与防卫过当等同。例如，陈兴良教授认为，在"为保护他人"利益的见义勇为型正当防卫中，更要重视防卫人当时的状态和利益保护。③ 再如，美国《模范刑法典》对"为他人防卫"的行为，强调只要在防卫人看来其为保护他人利益采取的防卫行为具有合理性即可。④ 在此情境中的第三人，其心理状态较受侵害人的紧张、惧怕程度明显减弱，对此种情况并未设置有差异的正当防卫成立标准，而将其与自我防卫构造等同考虑，显然有值得商榷之处。具体分析赵某或王某某父母选择的防卫手段，依照社会一般人的观念和理解，并不属于过于激烈或不必要的过度反击。即便出现重伤或死亡的结果，如前所述亦不可按照"结果—行为"的思考路径，认定防卫超过必要限度。更为重要的是，"见义勇为"的利他型防卫是良好社会风气的现实体现，是补位公权力救济的正义行为，处在社会共同体中的个人皆可成为秩序与规范的维护者，成为规范意识的践行者。若

---

① 涞源反杀案、赵某见义勇为案的具体细节披露，载http://www.spp.gov.cn/spp/sp/201904/t20190402_413565.shtml，2019年6月26日访问。
② 河北涞源反杀案回顾，载http://www.sohu.com/a/309670949_120027804，2019年6月26日访问。
③ 陈兴良：《赵宇正当防卫案的法理评析》，载《检察日报》2019年3月2日，第3版。
④ 美国《模范刑法典》第3.04条（1）规定：行为人相信对他人或者他人使用武力，是为防止他人在当时的情况下针对自己使用非法武力所即时必要时，对他人使用该武力具有正当性。

为社会公共利益和他人利益实施防卫行为而出现"损害结果",在判定其行为性质时,不宜将损害结果的出现作为评价标准。第三人基于侵害行为的突发性欠缺客观评价实际状况与自身行为可能后果的基础,因此第三人只要不是基于犯罪故意实施的防卫行为,只要不是实施明显突破常规认知的防卫手段,便不可赋予其过高的注意义务,导致对社会利益与伦理规范的维护陷入困境。

四、结论

正当防卫是法律为维护正义与合法利益而寄望于人的一种权利,既有回避可能,也可予以反击,这是任何一个理性人都可以作出的合理判断。[①] 面对不法侵害,防卫人可以采取回避措施或实施保护性防卫措施即可时,则不存在成立正当防卫的空间。正当防卫采取必要性及相当性结合,而为个别思考之要件论,强调社会伦理限制观点之限制论。判断某一行为是否具备违法性,一般认为应就该行为之具体状况以及其他具体情状一并加以考量,而从整体法秩序之观点,采取是否为法所容许之判断基准,并据此采纳具体判断基准包括目的之正当性、方法之相当性、法益衡量、相对之轻微及必要性等,此种判断违法性之基准意味着主观和客观之二元性,而判断之明确性有赖于个案的具体解析,此为研究违法性论之基本方针。[②] 这一点也得到我国司法实务的认可,特别是指导性案例与公报案例中对防卫限度影响要素的具体拆分,也体现了正当防卫的正当性根据在于法益保护与法确证的二元立场。

对防卫限度的判断,为回避整体判断可能导致的偏差,应当采用类型化的考察方式。基于法益保护和法确证原则二元论立场,一般而言,在判断防卫行为是否超过必要限度时,应当结合具体案件中的防卫行为类型。若满足我国刑法第 20 条第 3 款的适用条件,则无须考虑限度问题;若不符合,即便存在重大损害后果,原则上肯定达到防卫效果的手段皆不超过必要限度,但极端失衡的防卫手段与情况复杂的防卫手段有待结合全案要素加以商榷。针对利他型防卫,在防卫限度的判定上,受社会伦理保护思想的影响,应当有别于一般类型的正当防卫。

---

① 林东茂:《刑法综览》,中国人民大学出版社 2009 年版,第 81 页。
② 余振华:《刑法违法性理论》(第二版),瑞兴图书股份有限公司 2010 年版,第 94 页。

正当防卫的理论基础

[韩] 李东熹[*]

一、序言

韩国的现行刑法制定于1953年9月18日（第293号法律，1953年10月3日施行），由规定刑法上共通的法律原则的"第一编总则"与规定个别犯罪以及作为其法律效果的刑罚的"第二编细则"构成。[①] 关于第一编总则，由"第一章刑法的适用范围"（第1条~第8条）、"第二章罪"（第9条~第40条）和"第三章刑"（第41条~第86条）构成。刑法总论中的犯罪理论和刑罚理论分别与上述第二章以及第三章相对应。

作为本文主题的韩国刑法第21条的"正当防卫"被规定于第二章[②]的第一节"罪的成立与刑的减免"（第9条~第24条）中，一般被解释为违法性阻却事由的韩国刑法第20条至第24条的部分。[③]

韩国刑法第21条第1款规定，对于"为防卫对自己或他人的法益免受当前的不正当侵害而采取的行为，当存在正当理由时，不予以处罚"。并且，该条第2款规定，"当防卫行为超出一定程度时，可酌情减轻或免除刑罚"，将所谓的防卫过当行为规定为刑罚的任意减免事由。并且，该条第3款规定，在前一款的情况下，当该行为"是在夜间等令人不安的状态下出于恐惧、惊愕、兴奋或慌张而实施时，不予以处罚"，并制定了关于虽为防卫过当，但不构成犯罪，不予以处罚的防卫过当的明文规定。

本文的目的在于，在中国吉林大学法学院与北京师范大学刑事法律科学研究院共同承办的第17届韩中刑法学术研讨会中，介绍关于韩国刑法上的正当化事由中的"正当防卫"的理论基础。基于这种目的，以下为了更准确地理解正当防卫理论，首先介绍在韩国展开的关于违法性阻却事由的一般理论（本文第二部分），然后探讨正当防卫的概念及依据（本文第三部分），以及正当防卫的成立条件（本文第四部分）。接着，为了理解在实际具体案例中如何运用正当防卫，按照判例和侦查实务中的运用状况（本文第五部分）的顺序进行讨论。

---

[*] 韩国国立警察大学法学院教授。

[①] 韩国刑法一般被定义为规定犯罪与刑罚以及刑事制裁（包含保安处分的概念）的法律规范的总体。刑法区分为狭义的刑法和广义的刑法，前者是指1953年制定的上述"刑法"（称为刑法典），后者是不仅包含作为狭义刑法的刑法典，还包含作为规定犯罪和刑罚的法律规范的总体的"特别刑法"的概念。

[②] 韩国刑法第一篇总则的第二章"罪"的下级体系以及条文排列如下：第一节，罪的成立与刑的减免（第9条~第24条）；第二节，未遂犯（第25条~第29条）；第三节，共犯（第30条~第34条）；第四节，累犯（第35条~第36条）；第五节，竞合犯（第37条~第40条）。

[③] 韩国刑法第20条（正当行为），第21条（正当防卫），第22条（紧急避险），第23条（自救行为），第24条（受害者的承诺）。

二、关于违法性阻却事由的一般理论

（一）违法性阻却事由的概念及种类

1. 概念

通常符合构成条件的行为原则上构成违法，仅限于例外地认定违法性阻却事由的情况视作不构成违法。在符合违法性阻却事由的情况下，不构成违法行为，属正当行为，因此将违法性阻却事由称为正当化事由。

2. 种类

在韩国刑法第20条以下，作为违法性阻却事由，规定了正当行为（第20条）、正当防卫（第21条）、紧急避险（第22条）、自救行为（第23条）、受害者的承诺（第24条）。上述违法性阻却事由中，第20条正当行为规定，"对于基于法令的行为或出于业务的行为等未违背社会常规的行为，不予以处罚"。此处的"未违背社会常规的行为"符合关于违法性阻却事由的一般规定，第20条的其余规定和第21条至第24条被解释为对特别的违法性阻却事由的规定。

3. 韩国刑法第20条的"社会常规"

被称为"未违背社会常规的行为"的违法性阻却事由，与其他违法性阻却事由的关系可视为一般法与特别法的关系。因此，探讨违法性阻却事由时，首先探讨是否符合特别的违法性阻却事由，最后探讨是否违背社会常规。

（二）关于违法性阻却依据的学说

对于违法性阻却的依据，在学说上区分为"一元说"和"多元说"。前者是认为所有违法性阻却事由都存在共通的正当化原理的见解，后者是认为每个违法性阻却事由的违法性阻却依据均不相同的见解。在韩国，"多元说"是通说和判例的立场。

1. "一元说"

德国刑法学界的代表性主张为"目的说"和"利益较量说"。其中"目的说"认为，当构成条件符合行为属于在受国家约束的共同生活中为达成正当目的的正当手段时，不构成违法。"目的说"是基于将违法性的本质视为违反国家认可的共同生活的目的的思想的主张。但是，"目的说"使用了正当目的、正当手段这样的模糊概念，因此被批判，最终只是"对于未违法的行为，违法性阻却"的同义反复。

"利益较量说"将为了保护较大利益而侵害较小利益视为违法性阻却的一般原理。这是以刑法的功能在于保护法益的思想为背景。但是，对于"利益较量说"，有人批判说，存在无法进行利益较量的情况，在正当防卫等行为中，保护的利益也可能小于侵害的利益。

2. "多元说"

该说认为，所有违法性阻却事由不存在共同的违法性阻却的一般原理，每个违法阻却事由的违法阻却依据都可能互不相同。"多元说"的代表性理论为德国的麦茨格（Mezger）主张的"二分说"。"二分说"将违法性阻却事由的一般原理分类为利益阙如原则和优越的利益原则，受害者的承诺或推定的承诺属于前者，此外的违法性阻却事由属于后者。

在韩国，"一元说"认为，基于受害者的承诺（第24条）的行为根据利益阙如原则违法性阻却；紧急避险（第22条）和自救行为（第23条）根据优越的利益原则；正当防卫（第21条）根据紧急性；正当行为（第20条）中基于法令的行为和处于业务的行为根据其依据法令；未违背社会常规的行为根据社会常规分别违法性阻却。① "多元说"认为，正当行为、正当防卫、基于承诺的行为根据"目的说"不构成行为非法，由此违法性阻却；紧急避险和自救行为根据利益较量原则不构成结果非法，由此违法性阻却。

（三）关于违法性的本质

所谓的结果非法（结果反价值）和行为非法（行为反价值）的对立的根源在于对违法性本质的看法存在差异，因此，违法性阻却的依据以及一般原理是什么的问题也是最为明显地显示出结果非法与行为非法的对立的部分。将违法性的本质解释为法益侵害的结果反价值论，以法益为标准说明违法性阻却。具体来说，在"法益不存在的情况"下或"被侵害法益与被保全利益相比，被保全利益优越或两者等同的情况"下，属于违法性阻却。与之相比，根据认为违法性的本质在于"行为"违反社会伦理规范的行为反价值论，结合行为的目的等判断违法性阻却。

围绕应将什么视为违法本质的问题，"行为反价值论"与"结果反价值论"曾对立。在强调刑法保障性功能的近代初期，认为法益的侵害或侵害危险性等结果反价值因素正是非法的本质的"结果反价值论"以及"客观非法论"占优势。一度也有人主张，非法并不是结果反价值因素，而是仅由故意、过失等主观因素构成的"行为反价值论"以及"主观非法论"。今天的主流观点认为，非法是由行为反价值因素和结果反价值因素共同构成的。

三、正当防卫的概念以及正当化的依据

（一）正当防卫的概念

韩国刑法第21条第1款规定，"对于为防卫对自己或他人的法益免受当前的不正当侵害而采取的行为，当存在正当理由时，不予以处罚"。基于这个规定，正当防卫的概念被定义为"为防卫对自己或他人的法益免受当前的不正当侵害而采取的具有正当理由的行为"。

正当防卫是为了防卫当前的不正当侵害的行为，因此，构成"不正对正"的关系，区别于被害者对加害者构成"正对正"的关系的紧急避险。并且在紧急避险②中，要求不存在其他手段的补充性和保护法益与侵害法益之间的均衡性。但在正当防卫中，并不像紧急避险一样严格要求补充性或法益的均衡性。

（二）正当防卫的违法性阻却依据

在正当防卫中，不正当侵害的对象为当事人的法益和共同体的法律秩序。关于正当防卫，违法性阻却的依据为自我保护原理、法律秩序维护原理以及法确证原理。这些原理不仅仅在韩国，在德国、日本等其他国家也是通用的法律原理。

1. 自我保护原理

正当防卫出于个人的自我保护以及自我保全的本能，因此被视为违法性阻却。个人在

---

① 吴永根：《刑法总论》（第4版），博英社2018年版，第184页。
② 韩国刑法第22条关于紧急避险的规定包括：①对于为躲避对自己或他人法益免受当前的危险而采取的行为，当存在正当理由时，不予以处罚。②对无法躲避危险负有责任者，不适用前款的规定。③前条第2款和第3款的规定准用于本条。

受到对自己法益的侵害时，原则上不应采用自力救济，而应向国家机关请求救济，但在紧急情况下例外地允许自力救济，这就是正当防卫。从历史上来看，自罗马法以来，一直认定正当防卫是人类的固有权，是不再需要其他依据的自然法上的权利。①

2. 法律秩序维护以及法确证原理

正当防卫是为维护法律秩序而采取的行为，因此被视为违法性阻却。"法无须向非法让步"的命题形成基本思想。并且，通过认可对当前的不正当侵害的反击进而保护个人法益的法的确证，而视作违法性阻却。② 正当防卫不仅是为"自己"，为保护"他人"的法益也是可行的，强调了正当防卫作为社会层面的自然权的性质。

四、关于正当防卫的成立条件

（一）正当防卫状况的存在

1. "对自己或他人的法益"的侵害

正当防卫不仅仅是对自己的法益，对他人法益的侵害也是被允许的。此处的法益被视作包含生命、身体、自由、名誉、隐私、业务、财产等依法受到保护的所有利益。正当防卫原本是为保护个人的法益而被认可，因此，对于侵害国家及社会法益的行为，原则上不允许实施正当防卫。③ 但是，当国家及社会法益与个人法益相关时，可为了保护该法益而实施正当防卫。对于这点，各方观点是一致的，如制止欲在公署纵火之人的行为可构成正当防卫。④

对法益的侵害是指剥夺法益或使其无法享有法益的全部或一部分。行为不仅仅基于作为，也可以基于不作为的侵害。⑤ 侵害必须基于人类的行为，但当基于动物的侵害是受到人类唆使时，则为基于将动物作为道具利用之人的侵害，因此可实施正当防卫。

2. 不正当侵害

为了使正当防卫成立，侵害行为必须是"不正当"的。此处的不正当侵害是指客观上侵害法律秩序的所有违法行为。对于未违法的行为，即使通过该行为侵害了法益，也不可实施正当防卫。侵害行为在客观上不正当即可，不要求侵害行为者有责。因此，对于醉酒者或精神病患者等无责任能力者的违法行为，也认可正当防卫。

判例表示，当在为免遭非法逮捕而进行反抗的过程中对警察施加伤害时，作为为防卫违法侵害而采取的行为，构成正当防卫。⑥ 根据另一个判例，对于打斗的情况，比起为防

---

① 李宰尚、张永民、姜东范：《刑法总论》（第9版），博英社2017年版，第231页。
② 将正当防卫视为与违法侵害相对应的防卫者的法律秩序维护行为的法律秩序维护原理，可以说是从黑格尔的哲学中发展而来。根据黑格尔的哲学，法是现实的、理性的；相反，非法是非现实的、非理性的。因此，否定非法的正当防卫行为是市民的权利，同时也是一种义务。金泰明：《关于正当防卫的本质的考察》，载《天主教法学创刊号》2000年。
③ 参见韩国大法院1993.6.8，宣告93DO766判决。
④ 吴永根：《刑法总论》（第4版），博英社2018年版，第195页。
⑤ 但是，对于基于不作为的侵害的情况，仅限在不作为犯的法理上的作为义务（保证人的位置）被认定时认定侵害。参见韩国刑法第18条（不作为犯）："当具有防止危险发生的义务或因自己的行为引发危险发生的原因者未防止该危险的发生时，根据产生的结果予以处罚。"
⑥ 韩国大法院2002.5.10，宣告2001DO300判决："在未被认定具备作为现行犯的条件的情况下，若警察欲逮捕或强制带走拒绝同行者，无法视作合法的公务执行，在为免遭逮捕而反抗的过程中对警察施加了伤害的行为，作为为摆脱非法逮捕造成的对身体当前的不正当侵害而采取的行为，符合正当防卫，属违法阻却性事由。"

卫受害者不正当攻击的情况，将其视作在以相互攻击的意图进行打斗的过程中，先受到攻击后进行对抗而施加伤害的情况更为正当，该加害行为是防御行为，同时也带有攻击行为的性质，因此原则上不认可正当防卫。但是，对于在打斗中断后再次挑衅并实施另一个加害行为的情况，① 或者超出在打斗中可预想的理所当然的程度，如使用杀人凶器等的情况下，② 可认可正当防卫。对于表面上看起来虽然是相互打斗但实际上只是一方当事人单方面地施加违法攻击，对方为了保护自己脱离这种伤害而以武力作为抵抗手段的情况，只要该行为不被评价为新的积极的攻击，则具有在社会观念上可被允许的正当性，即阻却违法性。③

3. 当前的侵害

仅对当前的侵害认可正当防卫，对于过去发生的侵害或将来发生的侵害，不认可正当防卫。"当前的侵害"是指侵害近在眼前或侵害已经开始还未结束。因此，对于在侵害者丧失攻击的能力或意志之后攻击侵害者的行为，不被认定为正当防卫。

当前性并不是要求到达侵害行为开始实施的阶段，因此，在到达预备及阴谋阶段的最后阶段也可被认可。在到达既遂阶段之后，若法益侵害处于持续的状态，当前性也被认可。④ 侵害的当前性与否并不是由被侵害者的主观意识决定的，而必须根据客观状况决定。⑤ 由于这种侵害的当前性条件，提前防卫是对将来会重复发生的侵害的危险而采取的行为，即所谓的"预防性正当防卫"原则上是无法被认可的。⑥

（二）防卫意图

1. 主观正当化因素的需要与否

为使正当防卫成立，是否需要防卫意图？关于违法性的实质存在疑问。主观正当化因素是指实施符合构成条件的行为者认知到或期望自己正在实施正当行为，即被阻却违法性的行为人的内心状态，这可以说是违法性阻却事由的主观成立因素。例如，在 X 怀着杀害 A 的意图杀害了 A，而在那一瞬间发现 A 曾欲杀害 X 的事实的情况（偶然防卫案例）下，虽然满足了所谓正当防卫的客观条件，但作为保护自己的主观正当化因素的防卫意图并不存在。

---

① 韩国大法院 1957.3.8，宣告 4290-18 判决："对于为防卫在打斗中止后受害者再次挑起的另一个加害行为，而以短刀刺伤对方腹部的行为，应判定为符合正当防卫。"

② 在打斗中，当搏斗者中的一人的攻击超出在该搏斗中可预想的理所当然的程度，如使用杀人凶器等时，不得不说这是"不正当侵害"，因此，应允许对此进行正当防卫。

③ 韩国大法院 2010.2.11，宣告 2009DO12958 判决："在相互打斗者之间，攻击行为和防御行为接连实施，防御行为带有同时也是攻击行为的双面性质，一般难以分辨出哪一方当事人的行为符合为防御而采取的'正当行为'或'正当防卫'。但是，对于表面上看起来是相互打斗但实际上只是一方当事人单方面地施加违法攻击，对方为了保护自己脱离这种伤害而以武力作为抵抗手段的情况，只要该行为不被评价为新的积极的攻击，则具有在社会观念上可被允许的适当性，属违法阻却性事由。"

④ 李尚敦：《刑法讲论》（第 2 版），博英社 2017 年版，第 267 页。

⑤ 大田地方法院 2006.10.18，宣告 2006GO 合 102 判决：在平时一直遭受丈夫持续性暴力及虐待的被告杀害处于睡眠中的丈夫的案件中，即便肯定社会心理学者的见解（"虐待或暴力的持续性再经历"）或长期遭受丈夫的暴力及虐待的被告的特殊心理状态，但仅以此为由，难以视作杀害当时客观上存在对被告等的法益的侵害或危险，因此否定正当防卫或紧急避险的成立。

⑥ 但是，作为特别法的《暴力行为等处罚相关法》在刑法总则上制定了未明文规定正当防卫（第 21 条）的当前性条件的被放宽条件的正当防卫规定（该法第 8 条）。关于与之相关的解释论等，将在本文的第四部分中详述。

在学说上有"必须说"和"无须说"。从"无须说"①以结果非法（结果反价值）判断违法性的立场来看，由于不存在主观正当化因素，因此即使存在行为非法，也构成违法性阻却。但是，从"必须说"的立场来看，论据有：①韩国刑法第21条对"为防卫而采取的行为"的规定意味着需要主观正当化因素；②违法性的本质在于行为非法，因此必须存在主观正当化因素才能排除行为非法；③为了完全否定违法性，不仅仅是结果非法，行为非法也必须不存在。通说为"必须说"，判例也采取了"必须说"的立场。②

如同构成条件由客观构成条件因素和主观构成条件因素构成一般，刑法中规定的个别违法性阻却事由也被视作由客观因素和主观因素构成。例如，为了使某种行为符合正当防卫，客观上必须存在"对自己或他人的当前的不正当侵害"这个状况，主观上必须存在防卫意图。③ 一般将构成违法性阻却事由的客观因素称为"客观正当化状况"，将主观因素称为"主观正当化因素"。只要是以防卫意图为主，即使还存在憎恶、愤怒、复仇等其他动机，也构成正当防卫。

2. 主观正当化因素的内容

关于主观正当化因素的具体内容包括两个方面：①认为仅凭对客观正当化状况的认知已足够的见解；②认为除对客观正当化状况的认知外，还需要意图因素的见解。二者相互对立。前者被称为"认知说"，后者被称为"意图说"。判例认为，"为了使正当防卫、防卫过度或紧急避险、避险过当成立，必须存在防卫意图或避险意图"，采取了后者"意图说"的立场。④

3. 不存在主观正当化因素的情况的效果

关于缺乏主观正当化因素的偶然防卫的情况，其效果可分为：①认为因不存在结果非法而违法性阻却，判定无罪的"无罪说"；②认为存在违法性阻却事由的客观条件，行为者在不可实施违法行为的情况下误认为可实施违法行为，因此类推适用刑法第26条的不能未遂的"类推适用说"（多数说法）；③认为尽管产生了构成条件性结果，视为未遂是不当的，结果反价值未被消除，因此应当作为既遂犯予以处罚的"既遂说"。

（三）防卫行为的正当性："正当理由"

防卫行为包括使侵害无法再继续或解除侵害的所有行为。不只是单纯的防守性防卫，还包括积极反击的反击防御的形态。⑤ 无须要求不存在其他躲避方法。⑥

但是，为使防卫行为被认定为正当防卫，必须存在正当理由，因此防卫行为必须处于

---

① 车勇硕：《刑法总论讲义》，考试研究1988年版，第596页。
② 韩国大法院2016.5.12，宣告2013DO115616判决："若要认可正当防卫，必须具备：第一，该行为的动机或目的的正当性；第二，行为手段或方法的适当性；第三，保护法益与侵害利益的法益均衡性；第四，紧急性；第五，除该行为外不存在其他手段或方法的补充性等条件。"
③ 即使存在正当防卫状况，在不存在防卫意图的情况下，则出现所谓"偶然防卫"的问题。
④ 韩国大法院1997.4.17，宣告96DO3376判决。
⑤ 韩国大法院1992.12.22，宣告92DO2540判决："若要使正当防卫成立，必须结合侵害行为所侵害的法益的种类、程度，侵害的方法，侵害行为的缓急和防卫行为侵害的法益的种类、程度等所有的具体状况，得出防卫行为在社会角度为适当行为。作为正当防卫的成立条件，防御行为不仅仅是单纯的防守性防御，还包括包含积极反击的反击防御形态，但该防御行为必须是为防卫对自己或他人的法益侵害而采取的具有适当理由的行为。"
⑥ 韩国大法院1966.3.5，宣告66DO63判决。

防卫所需的限度内①或者维持在社会观念上可被允许的程度。② 关于防卫行为是否存在正当理由，结合被侵害行为侵害的法益的种类、程度，侵害的方法，侵害行为的缓急和被防卫行为侵害的法益的种类、程度等所有具体状况作出判断。③

正当防卫是针对当前侵害的自我保护以及法律秩序维护手段，因此，一般为了认可正当性，只要防卫行为是为防卫对自己或他人的法益的当前发生的不正当侵害所必需的行为即可（必需性），并不严格要求若不实施防卫行为则不存在其他躲避侵害的方法（补充性），或者欲通过防卫行为保护的法益比因实施防卫行为而侵害的法益更为优越（均衡性）。④ 此处的必需性是指防卫者必须在可选的手段中选择对侵害者造成最轻微伤害的手段，且在防卫侵害所必需的限度内使用。

根据判例，在为保护贞洁和身体而造成舌部切断伤的案例中，认可正当性。⑤ 但是在遭受继父的强奸行为贞洁被毁后，持续被迫发生性关系的被告以刀刺中处于睡眠中的继父的心脏，将其杀害的案例中，否定正当性。⑥

（四）对正当防卫的社会伦理限制

1. "社会伦理限制"的讨论背景

关于正当防卫，原则上只要认定必需性即可，不要求补充性或法益均衡性，因此属于强力的自我保护及法律秩序维护的手段。在强调个人自由和权利的近代初期，正当防卫的范围被认为过于宽泛。

进入20世纪后，出于对这种极端的自由主义以及个人主义的反省，德国和日本强烈提出，必须基于社会伦理的观点适当限制正当防卫范围的主张。在德国，从所谓的"水果盗窃犯案例"⑦中可见，基于从社会伦理的角度来看过度扩展正当防卫并不理想，转向了限制正当防卫的方向，这种变化在立法论上促成1925年以及1927年德国在刑法修订案中将正当性规定为一种条件。⑧ 但是，这种立法试图存在一刀切地限制正当防卫的可能性，因此最终未能实现立法。德国的学说以现行法⑨为基础，从社会伦理的角度展开了在个别案例中例外地限制正当防卫的理论，促成了在解释论上的采纳。⑩

日本也受到了德国的影响，在1927年的刑法修订预备草案和1931年的修订刑法临时案（总则篇）中规定了正当性条件，但在实际立法中未能实现。但是，学说和判例展开

---

① 韩国大法院 1991.9.10，宣告 91DA19931 判决。
② 韩国大法院 1984.4.24，宣告 84DO242 判决。
③ 韩国大法院 2003.11.13，宣告 2003DO3606 判决。
④ 在韩国刑法第22条的紧急避险中，也规定了"适当性"作为其成立条件。关于处于"正对正"关系中的紧急避险的适当性条件，相对更为严格地要求补充性和法益的均衡性。
⑤ 韩国大法院 1989.8.8，宣告 89DO358 判决。
⑥ 韩国大法院 1992.12.22，宣告 92DO2540 判决。
⑦ "水果盗窃犯案例"源于德国的Buri对于若要彻底贯彻"法无须向非法让步"的法谚，将会得出若不存在其他方法，甚至可以用枪射杀拎着破烂裤子逃跑的盗窃犯或欲吃偷来的水果的孩子的结论的批判。
⑧ 金泰明：《正当防卫的适当性条件的具体含义与判断标准》，载《考试界》2001年第46卷第5号。
⑨ 德国刑法第32条规定，"①对于被视为正当防卫的行为，阻却违法性。②正当防卫是为防御对自己或他人的当前的不正当攻击所必需的防卫行为"。
⑩ 金泰明：《正当防卫的适当性条件的具体含义与判断标准》，载《考试界》2001年第46卷第5号。

了现有日本刑法上的"逼不得已而采取的行为"的条件①同时包含必需性和正当性的含义的解释论。

2. 韩国的"正当性"条件与"社会伦理限制"的关系

韩国在1953年制定现行刑法时受到这种思潮的影响，为了从社会伦理的角度确保正当防卫的限制可能性，将"正当性"规定为正当防卫的条件。② 这种主旨可通过记录现行刑法制定时的刑法审议过程的国会速记记录等进行确认。主导1953年刑法制定的议员严详燮在当时的国会全体会议中指出，"原本关于正当防卫，可采取为防卫自己的权利所需的任何行为……例如，一块手表被盗时……即使射杀对方，也处于正当防卫的范围内……但是，当时至少应为阻止一块手表被盗而采用其他的方法，采用不射杀对方的方法……以我们的常识来看，不该为了一块手表而杀人，这就出现了正当性的问题"。③

对于社会伦理限制在体系上的地位，有观点认为这是区别于正当性的另一个条件，但多数说法认为其包含在正当性的内容中。另一方面，在社会伦理的观点上，正当防卫受到限制的案例包括：①身心障碍者、醉酒者等，虽违法但阻却责任的侵害的情况；②夫妻、亲属等具有亲密关系者之间的侵害的情况；③轻微的侵害的情况；④防卫行为者诱发攻击的情况等。

五、防卫过当与假想防卫

（一）防卫过当

1. 概念

韩国刑法第21条第2款④规定的防卫过当，是指虽然是为了防卫当前的不正当侵害而采取的行为，但超出一定程度的情况，即指因超出程度而不认可正当性的情况。⑤ 防卫过当成为可减轻或免除刑罚的任意减免事由。为使防卫过当成立，必须具备除"正当理由"以外的其他正当防卫的所有条件。

2. 法律效果

对于成为任意减免事由的理由包括：①非法的减少乃至抵消；②非法及责任的较少乃至抵消；③责任的减少乃至抵消；④非法及责任的减少和预防性处罚的必要性等。在刑罚减免以及刑罚免除的情况下，以犯罪本身的成立为前提。

---

① 日本刑法第36条第1款规定，"对于为防卫自己或他人的权利而逼不得已对紧急的不正当侵害采取的行为，不予以处罚"。

② 可以确认的是，最早在1951年4月13日，为制定刑法，国会提出的法典编纂委员会草案以及政府草案（在法典编纂委员会草案的基础上追加通奸罪双罚规定条文）第12条规定，"对于为防卫对自己或他人的法益免受当前的侵害而采取的必要行为，不予以处罚。当防卫行为超出必要的程度时，可酌情减轻或免除刑罚"，未规定现行法律规定的"正当性"条件，而是仅规定了"必要性"条件。但是，法制司法委员会确定了提出"正当性"条件比"必要性"条件更为妥当的修订案，在1953年制定的刑法中将"正当性"条件明文化。参见申东云编：《刑法制定及修订资料集》，韩国刑事政策研究院2009年版，第45~46页以及144~146页。

③ 申东云编著：《刑法制定及修订资料集》，韩国刑事政策研究院1990年版，第207页；金泰明：《正当防卫的适当性条件的具体含义与判断标准》，载《考试界》2001年第46卷第5号。

④ 第21条第2款规定"当防卫行为超出一定程度时，可酌情减免或免除刑罚"。

⑤ 韩国大法院1985.9.10，宣告85DO1370判决："无理由地遭受群殴的被告在难以躲避的情况下，为了进行防御而胡乱挥动镐柄，导致其中一人死亡，对其余人造成伤害，这显然超出了反击行为的一定程度，构成防卫过当。"

3. 韩国刑法第 21 条第 3 款的防卫过当：犯罪不成立

当防卫过当是在夜间等令人不安的状态下，出于恐惧、惊愕、兴奋或慌乱而实施时，不予以处罚（韩国刑法第 21 条第 3 款）。在韩国刑法中，"不予以处罚"这个表达通常意味着不构成犯罪。在这种情况下犯罪不成立的理由在于，虽然视作非法减少，但一般不存在对合法行为的期待可能性，因而视作责任阻却。

从立法史的角度来看，第 3 款规定的防卫过当在刑法制定时的政府草案中不存在，但因存在于国会法制司法委员会的修订案中而被立法化。根据修订案的提案意见，将其说明为适用于当超出正当范围时无法满足第 1 款的正当防卫的条件，即使是在这样的情况下，鉴于当时社会状况存在强盗盛行等各种社会性不安成分的情况或深夜令人不安的状态，任何人都会在这样的状况下采取防卫行为者的行为。① 另一方面，反对意见提出，对此情况，已经在第 2 款中制定了超出正当性时可减轻或免除刑罚的规定，为何还需要追加第 3 款。但基于根据罪刑法定主义原则细分规定明示不成立犯罪的方向，新修订案得到通过。②

（二）假想防卫

1. 概念

假想防卫是指在客观上不具备正当防卫条件的情况下，因误认为条件具备而实施防卫的情况。一般是指对正当防卫的前提事实的认识错误，即虽知正当防卫在法律上的成立条件，但在不存在满足正当防卫客观条件事实的情况下，误认为存在满足条件的事实而采取防卫行为的情况。例如，将进入自家前院的邮递员误认为盗窃犯而施加暴力的情况。

2. 法律效果

假想防卫不属于正当防卫，因此不是违法性阻却。但是，因符合这种假想防卫，即存在关于违法性阻却事由的前提事实的认识错误的情况，关于其处罚，随着对这种错误的评价而产生不同的结论。

假想防卫与假想避险、假想自救行为一样，属于事实错误（刑法第 15 条）、构成条件错误和法律的错误（刑法第 16 条）以及禁止错误的中间位置。围绕着是重视对事实判断的错误而认可过失犯的效果，还是重视对法律评价的错误而视为法律的错误，不同的见解呈对立状态，具代表性的有：①将包含关于违法性阻却的前提事实的错误在内的与违法性相关的所有错误均视为法律错误的"严格责任说"；②认为违法性阻却事由的前提事实的错误与一般的法律错误不同，视作存在事实关系的错误，欲认定过失犯的责任的"限制责任说"。

3. 假想防卫过度

假想防卫超出一定程度且不存在正当理由的情况被称为假想防卫过度，即指假想防卫与防卫过度结合的情况。关于是将假想防卫过度视为假想防卫，还是视为防卫过度的问题，不同的观点也呈对立状态。防卫过当、假想防卫以及假想防卫过度都被认定违反正当防卫，因此应向行为者追究怎样的责任成为一个问题。关于此存在两种见解：①与假想防卫等同看待，必须按照"严格责任说"进行处理的见解；②将认知到过当性的狭义假想

---

① 申东云编著：《刑法制定及修订资料集》，韩国刑事政策研究院 2009 年版，第 145 页。
② 申东云编著：《刑法制定及修订资料集》，韩国刑事政策研究院 2009 年版，第 145~148 页。

防卫作为防卫过当处理，将因错误而超出一定程度的广义假想防卫与假想防卫等同处理的见解。

六、比较法的讨论以及最近的立法动向

作为比较法的讨论，将在刑法史上与韩国相关的德国和日本，以及被视为比较刑法研究对象的中国作为对象，当然再加上韩国，介绍推进关于正当防卫的新的法律修订内容。

（一）韩国、德国、日本刑法上的正当防卫规定之比较

从法系调查的角度来看，现行的韩国刑法与德国刑法以及日本刑法密切相关。韩国与日本在19世纪以后继承了大陆法系的法律体系关于刑法的理论及其学说，可以说韩国、德国、日本三个国家存在很多类似的部分。例如，比较三个国家在刑法上关于正当防卫的规定（如下表所示），规定的文句本身在大框架上是相似的，对成立条件的解释也类似。但是，韩国刑法上的正当防卫将"正当理由"明文规定为成立条件这一点（第1款），以及虽为防卫过当，但在特殊情况下不处罚的例外情况这一点（第3款）尤其与德国刑法形成对比。日本刑法中也不存在防卫过当的不处罚规定，但通过"逼不得已而实施的行为"这样的解释导出了正当性条件。日本的判例将其视作意味着"反击行为作为对侵害行为的防御手段具有正当性"。①

类别	条文	内容	备注
韩国刑法	第21条	①对于为防卫对自己或他人的法益免受当前的不正当侵害而采取的行为，当存在正当理由时，不予以处罚。②当防卫行为超出一定程度时，可酌情减轻或免除刑罚。③对于前一款的情况，当该行为是在夜间等令人不安的状态下出于恐惧、惊愕、兴奋或慌乱而实施时，不予以处罚	"正当理由"的明文规定（第1款）防卫过当的不处罚（第3款）
德国刑法	第32条	①对于被视作正当防卫的行为，违法性阻却。②正当防卫是为防御对自己或他人免受当前的不正当攻击所需的防卫行为	
日本刑法	第36条	①对于为防卫自己或他人的权利而逼不得已对紧急的不正当侵害采取的行为，不予以处罚。②对于超出防卫程度的行为，可酌情减轻或免除刑罚	"逼不得已采取的行为"与正当性条件

如上所述，未明文要求"正当性"条件的德国刑法，以"社会伦理限制"的法理作为解释论的前提，防止极度丧失法益均衡性的防卫行为被扩展为正当防卫，② 这与在实定法中将正当性条件明文化的韩国的情况相比，改变了"解释论"的前提。

以实际案例进行比较，在德国的判例中，关于打斗的状况，在以木棍攻击的受害者击打了被告的大腿，因路滑摔倒木棍掉落，此时被告以刀刃长24厘米的长刀刺入欲起身的受害者的左胸将其杀害的案件中，肯定了被告的正当防卫。③ 关于德国判例的这种态度，

---

① 日本最高裁判所判决昭和24.8.18刑集3卷9号1465页。
② 德国的正当防卫权经历了这种变化的路程，因此，"现代德国的正当防卫权推移被称为社会伦理层面的限制的历史"。(Jescheck, Hans-Heinrich: Lehrbuch des Strafrecht. Allgemeiner Teil, 4. Aufl., Berlin 1988, S. 309.)
③ BGH, Urteil vom 9.8.2005-1 StR 99/05 (NSTZ 2006, 152).

若在韩国或日本，由于受害者处于摔倒且掉落木棍的状态，因此没有理由实施以刀刺胸口造成致命伤的程度的防御行为，因而否定正当防卫的可能性很高，由此形成对比。①

（二）韩中正当防卫规定之比较：中国刑法第 20 条的正当防卫

中国刑法第 20 条关于正当防卫作出了规定（如下表所示），与韩国刑法第 21 条相比：①明文规定了对"国家和公共的利益"的正当防卫（中国刑法第 20 条第 1 款），②与将防卫过当规定为任意减免事由的韩国刑法不同，中国刑法将其规定为必要减免事由（该条第 2 款），并且制定了"对正在进行行凶、杀人、抢劫、强奸、绑架以及其他严重危及人身安全的暴力犯罪，采取防卫行为，造成不法侵害人伤亡的，不属于防卫过当，不负刑事责任"（该条第 3 款）的规定，关于正当防卫认可"无限防卫权"，②两国在这一点上存在差异。

类别	条文	内容
韩国刑法	第 21 条	①对于为防卫对自己或他人的法益免受当前的不正当侵害而采取的行为，当存在正当理由时，不予以处罚。②当防卫行为超出一定程度时，可酌情减轻或免除刑罚。③对于前一款的情况，当该行为是在夜间等令人不安的状态下出于恐惧、惊愕、兴奋或慌乱而实施时，不予以处罚
中国刑法	第 20 条	①为了使国家、公共利益、本人或者他人的人身、财产和其他权利免受正在进行的不法侵害，而采取的制止不法侵害的行为，对不法侵害人造成损害的，属于正当防卫，不负刑事责任。②正当防卫明显超过必要限度造成重大损害的，应当负刑事责任，但是应当减轻或者免除处罚。③对正在进行行凶、杀人、抢劫、强奸、绑架以及其他严重危及人身安全的暴力犯罪，采取防卫行为，造成不法侵害人伤亡的，不属于防卫过当，不负刑事责任

该规定的特征在于，在存在上述状况的情况下，即使正当防卫行为者故意杀害非法侵害人，也属于防卫权的行使，不得处罚，③这一点与韩国刑法中非常限制性地肯定正当防卫形成对比。

（三）作为特别法的《暴力行为等处罚相关法》第 8 条的正当防卫成立条件的放宽

1. 意义

《暴力行为等处罚相关法》（以下简称为《暴力行为处罚法》）于 1961 年 6 月制定，与韩国刑法第 21 条相比，出现了确定正当防卫成立的新的立法形态。该法第 8 条规定，"对于在犯下本法规定的罪者以凶器或其他危险物品等加害或欲加害他人时，为对此进行预防或防卫而采取的行为，不予以处罚"。④ 关于上述立法，鉴于在实际案件中要严格地

---

① 关于此的详细内容参见金成川：《德国、韩国、日本的正当防卫判例的差异及其法律文化背景》，载《中央法学》2013 年第 15 辑第 4 号。

② 李昌浩：《韩中刑事法制比较研究Ⅰ——刑法总则》，载《社会科学研究》2001 年第 19 辑第 1 号。

③ 李昌浩：《韩中刑事法制比较研究Ⅰ——刑法总则》，载《社会科学研究》2001 年第 19 辑第 1 号。

④ 《现行暴力行为处罚法》（2016 年 1 月 6 日部分修订，第 13718 号法律）第 8 条规定："①对于在犯下本法规定的罪者以凶器或其他危险物品等加害或欲加害他人时，为对此进行预防或防卫而采取的行为，不予以处罚。②在第 1 款的情况下，当防卫行为超出一定程度时，减轻刑罚。③在第 2 款的情况下，当该行为是在夜间等令人不安的状态下出于恐惧、惊愕、兴奋或慌乱而实施的行为时，不予以处罚。"

解释正当防卫之规定，不易认可正当防卫，为保护市民的生命、身体等免遭违反暴力行为处罚法中的犯罪行为的侵害而拓宽正当防卫的范围，可以说是本条的主旨。① 因此，鉴于经常发生危害较大的集体性、习惯性暴力行为，该规定旨在使个人在面对这种侵害时能够行使比刑法上的正当防卫更宽泛的自卫权，是优先于韩国刑法第 21 条的特别规定。②

2. 与韩国刑法第 21 条中的正当防卫的差异

与刑法总则上的正当防卫相比，该条规定在当前性的条件上被放宽了，并且规定，在欲加害他人时，为了对此进行预防而采取的行为也被认定为正当防卫，明示了预防性防卫行为也被允许。③ 但是，在对违法性阻却的例外事由的限制性解释上，要求仅限从时间上、空间上来看，只有在将来发生攻击的可能性非常高的情况下才认可预防性防卫行为。④ 另外，韩国暴力行为处罚法第 8 条未明示防卫行为必须存在正当理由。但是，在解释论上，暴力行为处罚法第 8 条第 2 款将超出一定程度的情况规定为防卫过当，因此，应当视为该法中的正当防卫也在未脱离正当性的范围内被认可。⑤

另一方面，对于暴力行为处罚法第 8 条第 2 款中防卫过当的情况，规定应当减轻刑罚，这与刑法总则上的防卫过当属于任意减免事由这一点存在差异。

(四) 最近的国会立法动向

如上所述，在韩国，正当防卫在现行刑法上被作为正当性条件明文化，与其他国家相比，其成立条件更受限制。不仅如此，在实际司法实务中的法律适用上，法院严格解释正当性及当前性条件，受到了在认可正当防卫方面表现出极度消极态度的否定评价。这一点尤其与广泛认可正当防卫的美国的案例形成对比，其改善的必要性也被提出，关于这种改善的主张不仅仅出现在学术的层面，还基于对实际法律适用案例的舆论被作为社会性要求提出。

1. 家庭暴力犯罪的处罚等相关特例法上的正当防卫特例规定新设案

在韩国社会引起对正当防卫适用与否争论的最具代表性的案例，可以说是对持续性家庭暴力的抵抗案例。实际审判案例：一对夫妻离婚后，前夫醉酒携凶器闹事的过程中踩到洒在地板上的酒而滑倒，受到持续性暴力的妻子掐住前夫的脖子将其杀害的案件⑥，此案中韩国大法院确定了对以杀人嫌疑被起诉的被告（44 岁，女）宣告 2 年徒刑的原审判决。受害者虽然已经处于离婚的状态，但刚出教导所无处可去，于是找到前妻和子女同住。被告方主张，被告的行为符合为了保护自己和子女免遭前夫反复的暴力和杀害威胁而采取的正当防卫。

根据一审判决，"（受害者）摔倒在地，侵害行为告一段落，至少在该阶段无法视为存在作为正当防卫条件的'当前的不正当侵害'"，否定了正当防卫的成立。并且，"杀

---

① 申阳均：《刑事特别法整备方案（5）：暴力行为等处罚相关法》，韩国刑事政策研究院 2008 年版，第 126 页、第 143 页。
② 李亨国：《刑法上的违法性相关条文及其系统的整备方案》，韩国刑事政策研究院 2006 年版，第 65 页。
③ 申阳均：《刑事特别法整备方案（5）：暴力行为等处罚相关法》，韩国刑事政策研究院 2008 年版，第 129 页。
④ 相同主旨的解释参见河民敬、徐勇成、金成化：《各国的正当防卫的判断标准与国民的法律意识》，司法政策研究院 2019 年版，第 21 页。
⑤ 申阳均：《刑事特别法整备方案（5）：暴力行为等处罚相关法》，韩国刑事政策研究院 2008 年版，第 129 页。
⑥ 韩联社：（2016.9.4.）《杀害持凶器闹事摔倒的前夫"不属于正当防卫"》，载 http://www.yonhapnews.co.kr/bulletin/2016/09/02/0200000000AKR20160902114200004.HTML? input=1195m，2017 年 11 月 18 日访问。

人无法被认为是解决家庭暴力问题的唯一方法",正当性也未被认可。对于被告方心神微弱的主张,判定"较为明了地记得作案前后的状况,也不属于心神微弱",宣告了2年徒刑。原审(二审)也与一审相同,认为被告的行为无法构成正当防卫。但是,判断被告"因长期遭受家庭暴力而患上创伤后应激障碍以及重度抑郁症,在心神微弱的状态下犯下罪行",认可了心神微弱,但量刑与一审相同,维持2年徒刑。

与之相关的国会立法案有在第19届国会中以议员立法形式提出的家庭暴力犯罪的处罚等相关特例法的部分修订法案(议员郑春淑代表提议,国会议案编号10629)。

> <新设>第3条第2款(正当防卫等)。
> 对于在以家庭暴力反复、持续地实施对受害者的生命、身体、性自主决定权的明显侵害的家庭暴力行为者实施或欲实施家庭暴力犯罪时,为对此进行预防或防卫而采取的行为,不予以处罚。
> 在第1款的情况下,当预防或防卫行为超出一定程度时,可酌情减轻或免除刑罚。
> 在第2款的情况下,当该行为是在夜间等令人不安的状态下出于恐惧、惊愕、兴奋或慌乱而实施的行为时,不予以处罚。
> 侦查机关和法院为了运用第1款至第3款而进行侦查或调查、审理时,必须考虑以下各事项:①家庭暴力行为者与实施预防或防卫行为者等家庭成员之间的关系的进行过程;②家庭暴力对第1项中的家庭成员造成的累积性的心理及经济影响等所有影响;③受家庭暴力影响的人际关系的一般特性及作用(包括可造成与家庭暴力行为者的分离的结果);④暴力对处于或曾处于受家庭暴力影响的人际关系中的人造成的心理、社会、文化、经济影响。
> 侦查机关和法院进行第4款中的侦查或调查、审理时,可向精神健康医学科医生、心理学者、社会学者、社会福利学者或其他相关专家中被认可具有对家庭暴力的专业经验和见识者征询意见。侦查机关和法院进行第4款中的侦查或调查、审理时,必须考量第5款中的意见征询结果。

上述修订法案在第3条第2款中设定了关于正当防卫的特别规定。该法案的正当防卫规定与上述暴力行为处罚法第8条的正当防卫规定类似,分为正当防卫、防卫过当和不可罚的防卫过当三种类型。尤其是将正当防卫的条件规定为"为了预防或防卫",放宽了当前性条件,这是最大的特征。① 另外,法案中未对正当防卫规定"正当性"的条件。但在第2款以及第3款中规定了防卫过当,因此必须判断怎样的状况是"超出预防或防卫行为的程度"。最终,在法院判断这种行为过当与否的过程中,实质上作出正当性判断的可能性很高。并且,在程序法上规定了侦查机关和法院的侦查以及调查、审理过程中必须要考虑的事项,这也是特别的部分。

2. 刑法上新增的"正当防卫推定条款"

因否定正当防卫的成立而引起社会性争议的案件又称"小偷脑死亡案件"。2014年3月,凌晨3点左右回家的屋主(20岁,男)发现了侵入其位于住宅区的家中的小偷(50多岁),于是以拳头多次击打小偷面部,并以折叠式的铝合金晾衣架多次砸击小偷,导致

---

① 该修订案被评价为吸收了对于7年间遭受家庭暴力的被虐待女性杀害加害者,接受了主张被虐待症候群的专家的证词,认可了正当防卫的美国的凯利判决 [State v Kelly, 478 A. 2d 364 (1984)] 的主旨,即与美国的凯利判决关于被虐待女性在危险正在发生的时刻为了不使该危险恶化而隐忍,随后在可反击的休止期间实施武力,因此不是在侵害"当时",而是在"可反击的时刻"采取防卫行为的家庭暴力的特殊性的考量类似,为"预防"的防卫行为也被扩展为正当防卫。详细内容参见金涩琪:《关于家庭暴力受害者的正当防卫的与美国的比较探讨——以退让义务(Duty to Retreat)为中心》,载《梨花性别法学》2017年第9卷第3号。

小偷陷入脑死状态并死亡（于同年12月25日在医院死亡）。一审法院表示，"严重击打未曾抵抗且欲逃跑的受害者的头部使其陷入植物人状态的行为超出了防御行为的限度"，不属于正当防卫，也不属于防卫过当，判处屋主1年6个月的有期徒刑。[①] 之后在2016年1月，上诉审判处屋主有期徒刑1年6个月，缓刑3年。2016年5月，在上诉审中韩国大法院也一样否定了正当防卫，认定了伤害致死罪，确定了判处屋主有期徒刑1年6个月，缓刑3年的原审判决。[②]

以该案件为契机，在刑法上新设将对侵入住宅行为进行防卫的行为推定为正当防卫的法案，在第19届国会中以议员立法的形式被提出（议员朴民植代表提议，国会议案编号1912476）。

> <新设>刑法第21条第2款（正当防卫的推定）对于符合以下任意一项的行为，推定为符合第21条第1款正文的行为。
> (1) 对夜间侵入有人的住宅、建筑物或房屋的行为进行防卫的行为。
> (2) 对人的身体施加暴力的行为进行防卫的行为。但挑动暴力行为或率先施加暴力的情况除外。
> (3) 对惯性地伤害符合以下任意一目的人的身体或对其施加暴力的行为进行防卫的行为：①配偶（包括事实上存在婚姻关系者，下同）或曾经的配偶；②与自己或配偶存在或曾经存在直系亲属关系（包括实际上的养亲子关系）者；③存在或曾经存在继父母与子女的关系或嫡母与庶子的关系者；④同住的亲属。
> (4) 对符合第297条或第297条-2之罪的行为进行防卫的行为。

该法案总括性地将"对夜间侵入有人的住宅、建筑物或房屋的行为进行防卫的行为"推定为刑法第21条第1款的正当防卫。并且，除上述防卫行为外，为防卫"对人的身体施加暴力的行为"或对配偶或直系亲属等"习惯性地伤害人的身体或对其施加暴力的行为"而采取的行为也被推定为正当防卫。这是为了解决此前法院过于狭义地解释"正当性"条件的问题，选择在法律上制定明文规定，规定将特定状况的防卫行为"推定"为正当防卫的立法案。但是，这是阻却一定防卫行为违法性的总括性、超常规的立法方式，在这一点上存疑。不仅如此，还存在列举的防卫行为本身的范围也是极其宽泛，其概念也不明确的问题。并且，排除了法院对刑法上的违法性阻却事由的司法判断，这一点也是问题所在。[③]

[①] 该案件判决的内容引用了当时的媒体报道。参见每日中央2014年10月27日报道，"小偷脑死案件判决争议日渐发酵"。

[②] 韩国大法院2016.5.1，宣告2016DO2794判决。

[③] 相同主旨参见金涩琪：《关于家庭暴力受害者的正当防卫的与美国的比较探讨——以退让义务（Duty to Retreat）为中心》，载《梨花性别法学》2017年第9卷第3号。

紧急避险与刑事责任

[韩] 李镇局[*]

一、序言

在韩国刑法上，紧急避险是指为了使自己或他人的法益免受当前的危险而采取的具有正当理由的行为（韩国刑法第22条第1款）。韩国刑法第22条第1款规定了基于正当性原理的紧急避险的条件和效果，第2款是对不能避险的责任人的特别规定，第3款将避险过当设定为常规刑的任意减免事由，规定当在夜间等令人不安的状态下出于恐惧、惊愕、兴奋、慌乱等而出现避险过当时，不予以处罚。[①] 另外，韩国刑法还规定了与紧急避险类似的被迫行为（第12条）。[②]

在制定韩国刑法时，根据政府草案，韩国刑法第22条第1款规定，"对于为了使自己或他人的法益免受当前的危险而采取的'必要行为'，不予以处罚"。但国会法制司法委员会将该内容变更为"当存在为使自己或他人的法益免受当前的危险的'正当理由'时，不予处罚"。对于避险过当，将政府草案中的"必要程度"更改为"一定程度"，并在第3款中新增了政府草案中未提及的在夜间等令人不安的状态下出于恐惧、惊愕、兴奋或慌乱而发生的避险过当的规定。

"紧急避险"与"正当防卫"虽然均属于紧急行为，但在法律性质以及成立条件上存在差异。"正当防卫"是指对不当侵害的正当防卫，即在"正"对"不正"的关系下，以侵害者为对象实施防卫行为，也包含保护法律秩序免受侵害的方面。而紧急避险的前提条件——危险无须由于不当侵害而产生，由于避险行为而遭受损害者也是与危险无关的第三者。受到危险者与因避险行为而遭受损害的第三者的立场均正当，因此，紧急避险也表现为"正"对"正"的关系。从这点来看，紧急避险的核心问题在于，是否不顾与该危险无关的第三者的牺牲，在一定的条件下，从法律层面允许由此带来的价值的重新分配。正是因为如此，紧急避险的成立条件——"正当理由"的解释不得不更为严格。

在韩国刑法的实务中，被告方援用紧急避险主张自己的行为不存在违法性的案例不在少数，但实际上，在审判实务中被判定为紧急避险的案例寥寥无几。这大概是因为，紧急避险包含了侵害与危险无关的第三者法益的内容，因此无论是在法律理论上还是在实务

---

[*] 韩国亚洲大学法学专门大学院教授、法学博士。

[①] 韩国刑法第22条（紧急避险）规定：①当为了使自己或他人的法益免受当前的危险而采取的行为具有适当理由时，不予以处罚。②对于导致不应避险的责任人，不适用前一款的规定。③前一条第2款和第3款的规定准用于本条。

[②] 韩国刑法第12条（被迫行为）规定：由于无法抵抗的暴力或无法防御对自己或亲属的人身安全的威胁而被迫采取的行为，不予以处罚。

上，紧急避险的成立条件都异常严格。但是，在韩国刑法上，紧急避险的理论价值非常高。因为关于紧急避险的本质，已经出现了是局限于韩国刑法第22条第1款规定的违法性阻却的紧急避险（正当化紧急避险），还是也包含责任阻却的紧急避险（免责的紧急避险）的案件的争论。本文旨在从解释论的观点出发，分析如何理解韩国刑法上的紧急避险的本质以及在具体案件中紧急避险的成立条件为何，并探讨与紧急避险相关的立法论的争议为何。

二、紧急避险的本质

关于紧急避险的本质，存在视为责任阻却事由或违法性阻却事由中的某一种的"单一说"，以及根据紧急避险的内容分为正当化紧急避险与免责的紧急避险的"二分说"。

"单一说"中的"责任阻却说"的理解是，紧急避险为对与危险无关的第三者造成损害的行为，因此不可正当化，只是考虑到这是在非正常的紧急状态下面对矛盾和刺激而实施的紧急行为，故可免责。但是目前在韩国，采纳"责任阻却说"的观点十分罕见。

"单一说"中的"违法性阻却说"的理解是，在发生利益冲突的情况下牺牲较小利益、保全较大利益的行为合乎社会整体的利益及道德价值观，因此对于这种行为，可排除违法性。这是韩国刑法学界的主流态度。① 韩国大法院也将第22条第1款理解为违法性阻却事由。② 根据"违法性阻却说"，对于保全法益与侵害法益的价值相同或两者之间难以衡量利益大小的紧急避险的案例，刑法中未作规定，因此鉴于合法行为的期待不可能性，被视作超法规的责任阻却事由问题。

对于"二分说"，在分为正当化紧急避险与免责的紧急避险的前提下，正当化紧急避险表现为具有在紧急状态下恢复法律秩序、重新分配国家价值的功能的形象，不受保护法益的主体或种类的限制，广泛适用于判定优越利益的情况；而免责的紧急避险表现为体现人类自我保护本能的本质的形象，局限于自己或亲属的生命、人身、自由等高度的人格法益的保护，在不存在合法行为的期待可能性情况下破例允许。"二分说"是德国刑法（第34条、第35条）③ 以及2007年1月1日生效的瑞士刑法（第17条、第18条）采纳的立法态度。"二分说"的理解是，韩国刑法第22条第1款同时规定正当化紧急避险与免责的紧急避险。关于如何区分正当化紧急避险与免责的紧急避险的标准，存在两种立场。第一种立场为，针对事物的紧急避险为违法性阻却事由，而当生命与生命和身体与身体发生冲突时无法衡量利益，此种情形属于责任阻却。但是，对此有人指出，即使是在身体法益与身体法益发生冲突的情况下，当为了避免对身体的重大危害而对他人的身体造成轻微损

---

① 具有代表性的为金成敦：《刑法总论》，成均馆大学出版部2018年版，第291页。
② 韩国大法院1987.1.20，宣告85DO221判决：船舶的移动必须具备新公有水面占用许可，移动休止船需要曳引船，要花费很多费用，在无法移动至其他海域期间遭遇台风，在这种危急的情况下，为了船舶与船员的安全，采取在社会观念上认定的最适当的必要措施作为刑法上的紧急避险，不存在违法性，不构成犯罪，仅凭未尽到提前移动船舶的责任而遭遇上述紧急危险这一点，不影响紧急避险的判定。
③ 德国旧刑法将第54条的紧急避险和第52条第1款的被迫行为判定为免责事由，但也有学说提出了正当化紧急避险也应得到认可的主张。在德国法院于1927年3月11日关于堕胎案件的判决中，基于利益衡量的原则，孕妇的生命比起胎儿的生命更为重要，判定其为构成违法性阻却的超法规的紧急避险（RGSt.61, 242）。自此，刑法上的免责的紧急避险规定与判例上超法规的正当化紧急避险的二元体系成为刑罚修订争议的对象。最终，于1975年，德国根据"二分说"制定了德国刑法第34条（正当化紧急避险）和第35条（免责的紧急避险），将紧急避险制度化。

伤时可进行衡量，即使是针对事物的紧急避险，当法益价值同等时难以判定违法性阻却。第二种立场为，当保全的法益优越于避险行为侵害的利益时，构成违法性阻却，但当两者价值同等时，由于对合法行为的期待不可能性，构成责任阻却。在韩国，采纳"二分说"的观点大多根据后者的标准区分正当化紧急避险与免责的紧急避险。① 根据"二分说"，对于免责的紧急避险的案例，不是鉴于作为超法规的责任阻却事由的期待不可能性而构成责任阻却，而是通过韩国刑法第22条第1款的解释得出责任阻却的结论。另外，根据"二分说"，第22条第1款的"正当理由"包括了利益衡量与期待不可能性。②

根据韩国刑法第22条第1款，局限于正当化紧急避险的"违法性阻却说"较为妥当。对于"二分说"，在免责的紧急避险案例中，责任阻却的依据并非源于模糊不清的期待不可能性，而是源于刑法第22条第1款，因此具有能够摆脱对自然法判决依赖的优点。但是，根据"二分说"，刑法第22条第1款的"正当理由"根据正当化紧急避险（利益衡量）与免责的紧急避险（期待可能性），其内容和范围产生差异，于是出现了将同一语句进行双重理解是否妥当的疑问。系统来看，紧急避险规定处于正当防卫（第21条）与自救行为（第23条）之间，这一点也可成为刑法第22条只局限于正当化紧急避险的依据。

三、对紧急避险规定的解释论

（一）紧急避险状况

1. 自己或他人的法益

若要构成紧急避险，必须有对自己或他人法益存在当前危险的情况。自己或他人的法益并不局限于在刑法上受到保护的法益，而是指在法律上受到保护的所有种类的法益。在这种情况下，关于社会法益或国家法益是否也包含于以紧急避险为依据而受到保护的法益，出现了不同的观点。紧急避险是只有在严格的条件下才能被正当化的行为，因此，只要具备这种条件，旨在保护社会法益或国家法益的避险行为也应属于紧急避险。

2. 危险

危险是指基于实际状况，存在发生侵害可能性的危急且艰难的情况。危险是在当前时刻预测性地判断即将发生的法益侵害，因此，危险并不意味着法益侵害。

不论危险的原因。除雷雨、山岳雪崩、大海风浪、突如其来的大雾等自然灾害，动物或人类造成的危险也属于被判定为紧急避险情况的危险。危险并不一定源于他人的不当侵害，对于因他人的不当侵害而发生的危险，也可进行正当防卫，但也可直接对危险造成者实施紧急避险（防御性紧急避险）。

紧急避险中的"当前的危险"是指即将产生损害的状态，即预测到法益侵害即刻或马上发生的情况。因此，对于紧急避险的情况，比起正当防卫放宽了时间上的局限性，对于即将发生的危险，只要能判定其急迫性，即认可其当前性，当避险行为延迟则无法避免

---

① 具有代表性的为金成敦：《刑法总论》，成均馆大学出版部2018年版，第292页。
② 也有观点表示，虽然刑法第22条第1款的规定为正当化紧急避险的依据，但从理论上或立法论上来说，"二分说"更为妥当。从立法论的观点出发支持"二分说"的立场有尹龙奎：《紧急避险规定的理解与立法论的探讨》，载《刑事法研究》2004年第22号特辑号；李炯国：《刑法上的违法性相关条文及其系统的整备方案》，韩国刑事政策研究院2006年版，第87页。

危险或存在发生更大危险的可能性时，或者已经产生了损害但若无作为则该损害可能会增大时，也认可危险的当前性。当在损害被现实化之前需经过一定的时间，但为了能够有效应对而必须立刻采取行动时，也认可危险的当前性。

关于当前的危险是否包括"持续的危险"存在争议。持续的危险是指法益侵害的危险还未现实化，但鉴于之前持续反复的情况，法益侵害的危险性随时可能成为现实的情况。例如，在长期遭受继父性侵的状态下，被害人预测到其继父在不远的将来也将实施性侵的情况。在紧急避险中，"正当理由"的条件与正当防卫相比更为严格，因此当前性的条件与正当防卫的情况相比可被更为广泛地认可，因此，持续的危险也应包含于紧急避险的"当前的危险"。①

但是，对于以紧急避险为目的故意引发危险的情况，即所谓故意自招危险，与正当防卫中的故意挑衅情况相同，危险本身并不存在，不可实施紧急避险。但是，对于并非故意引发危险，而只是对危险状态的招致负有责任的有责自招危险案例的情况，自招危险者也可实施紧急避险。自招危险者可对对方的防御行为或避险行为实施紧急避险，是因为紧急避险表现为"正"对"正"的关系。

3. 警官等的特例

韩国刑法第 22 条第 2 款规定，对于不能避险的责任人，不允许实施紧急避险。此处的"不能避险的责任人"是指军人、警察、消防员、医生等应防止一般人所面临的危险的国家任务执行者。但是，刑法并未规定绝对不允许他们实施紧急避险，因此，在超出他们应当承受的义务范围的情况下，可对自己的危险实施紧急避险。但是，对于这些人，避险行为的正当性条件与一般人相比必须更为严格。

(二) 避免危险的行为

1. 避险行为

避险行为作为为了避免危险所采取的一切行为，在一般情况下，其对象为与危险无关的第三者，但也存在避险行为的对方为引发危险的当事人的情况。与此相关，避险行为者为了摆脱对自己或他人的法益造成的危险而侵害与该危险无关的第三者法益的情况称为攻击性紧急避险，这是典型的紧急避险案例。但是，避险行为也可能指向引发危险的当事人而侵害其法益（防御性紧急避险）。例如，当动物引发危险时，可对该动物实施防御性紧急避险，当危险引发者为人类时，若该危险不违法，可对该人类实施紧急避险，此时只要运用紧急避险的原则性条件即可。

2. 避险意图

为了使具备构成条件的避险行为阻却违法性，该行为必须具有主观上的正当化因素——避险意图。韩国大法院也为了使紧急避险及避险过当成立，作出了必须具有避险意图的判决。② 在这样的情况下，关于避险意图，只认知到紧急避险状况还不够，还需要超越这种认知，实现紧急避险的意图。③ 当不存在主观的正当化因素时，存在客观的正当化状况脱离结果无价值，但行为无价值仍被认定，在结果上与不能未遂犯相似，应类推适用

---

① 金成敦：《刑法总论》，成均馆大学出版部 2018 年版，第 294 页。
② 韩国大法院 1997.4.17. 宣告 96DO3376 判决。
③ 韩国大法院 1997.4.17. 宣告 96DO3376 判决。

关于不能未遂的韩国刑法第 27 条（"不能未遂犯说"）。

(三) 正当理由

为了使避险行为阻却违法性，必须是具有"正当理由"的行为。与正当防卫的正当性相比，紧急避险的正当性条件要严格得多。因为紧急避险还包括了牺牲与危险无关的第三者利益的情况。因此，对于正当防卫，原则上只需具备必要性的条件即可，并不要求补充性或均衡性；而对于紧急避险的情况，除必要性外，还必须具备补充性、均衡性、适合性等条件。

1. 判例的态度

判例比较严格地提出了成立紧急避险的条件——"具有正当理由的行为"。根据判例，必须具备：第一，避险行为必须是为保护处于危险中的法益的唯一手段（避险的补充性）①；第二，必须选择对受害者造成最轻微损害的方法（相对最少避险原则）；第三，通过避险行为保全的利益必须优越于因此侵害的利益（避险的均衡性）；第四，避险行为本身必须是基于社会道德或法律秩序整体精神的适合的手段（避险的适合性），才能作为紧急避险阻却违法性。②

2. 在防御性紧急避险的情况下"正当理由"条件的放宽

严格来看，上述判例提出的紧急避险的正当性条件是针对攻击性紧急避险的。而对于侵害造成危险状况或对此存在责任者的法益进行防御性紧急避险的情况，与正当防卫相似，放宽了正当性条件中的均衡性条件。例如，允许使用棍棒将攻击自己且欲将其咬死的他人所有的昂贵的纯种犬打死。因为在防御性紧急避险中，危险引发者必须对此负责，因此，允许为了保护非严重不均衡的较低价值的法益而侵害较高价值的法益。对此，有人提出疑问，在防御性紧急避险的情况下，是否可以为了使避险者的人身、自由免受当前的危险而侵害危险引发者的人身或生命。但是，这么一来，对于由于缺乏侵害的当前性而无法判定为正当防卫的防御性紧急避险，最终却允许出现与正当防卫相同的效果，这就产生了矛盾。从这点来看，在防御性紧急避险中，并不要求与避险行为对应的保护法益在本质上优越于侵害法益，但必须至少相对优越或至少为同等水平。

3. 避险行为的适合性与人类的尊严

避险行为的适合性是指紧急避险造成的法益牺牲必须出于保护自己或他人的法益，并采用适合的手段。与之相关的主要问题在于，紧急避险要求的利益衡量是以保障人类尊严为前提，还是可以无视宪法中的这种要求。例如，是否允许为了救治身患重病必须输血才能存活的患者，在未经他人同意的情况下进行强制抽血；是否允许为了解救被恐怖分子控制的人质，对拘捕到的恐怖分子进行拷问。但是，避险行为的适合性不仅能保障慎重的利益衡量的实现，同时还具有防止通过其他利益保护的手段抹灭人类尊严的功能。③ 从这点来看，即使是防御性紧急避险，也并不允许通过避险行为侵害危险引发者的生命。

---

① 因此，妊娠的持续不仅存在对母体健康造成危害的极大风险，也无法排除生育出畸形儿甚至是残疾儿的可能性，若基于这样的判断而不得已采取堕胎手术，则属于正当防卫或紧急避险，符合不存在违法性的情况（韩国大法院 1976. 7. 13，宣告 75DO1205 判决）。

② 韩国大法院 2006. 4. 13，宣告 2005DO9396 判决。

③ 成乐贤：《刑法总论》，东方文化社 2011 年版，第 263 页。

(四) 紧急避险的法律效果

1. 违法性阻却

当具备构成条件的行为被判定为紧急避险时，阻却其违法性（韩国刑法第 20 条第 1 款）。在这种情况下，避险行为成为合法行为，对方不得进行正当防卫，只可再次进行紧急避险。

2. 避险过当

避险过当是指避险行为超过一定程度的情况（韩国刑法第 22 条第 3 款）。超过一定程度的情况是指当因避险而牺牲第三者的法益时，选择的方法并非造成最轻微损害的方法的情况。对于避险过当，不阻却违法性，但可减轻或免除刑罚（韩国刑法第 22 条第 3 款）。

刑法规定，当避险过当行为是在夜间等令人不安的状态下出于恐惧、惊愕、兴奋或慌乱而产生时，不予以处罚（韩国刑法第 22 条第 3 款）。"不予以处罚"是指基于合法行为的期待不可能性而阻却责任。

3. 允许包摄错误与避险过当

当采取超出正当性程度的避险行为主体主观认为自己的行为符合正当理由时，除韩国刑法第 22 条第 3 款外，追加适用第 16 条。仅限于该错误存在正当理由的情况，可阻却责任。

4. 假想避险

假想避险是指在未满足紧急避险客观条件的情况下，行为者误认为已经满足条件而采取避险行为的情况。从这点来看，假想避险是指行为者对紧急避险状况存在错误认知的情况。假想避险与作为违法性阻却事由条件的允许实现构成条件的"事实"错误相关，因此视作作为违法性阻却事由的前提的事实的错误案件。

四、紧急避险的立法论

(一) 立法论的争议

韩国刑法第 22 条自其制定起被运用至今，未出现任何问题，但曾在自 1985 年起开始的刑法修订讨论中成为修订对象。其核心内容与德国刑法的态度相同，必须将紧急避险分为正当化紧急避险与免责的紧急避险进行立法。但是，当时的刑事法修订特别审议委员会基于紧急避险的"二分说"，决定不作规定，而是进行解释。但之后他们进行了部分修订，将韩国刑法第 22 条第 2 款的"不能避险的责任人"变更为了"具有应对危险的业务上的义务者"，并新设但书，新增了允许刑罚的任意减免的规定，可实际上并未反映于刑法修订中。进入 21 世纪后，刑事法学界再次将紧急避险规定的修订提上议程。例如，根据个别学者提出的紧急避险修订案，从刑法第 22 条的修订案到免责的紧急避险规定的新设，出现了各种主张。①

到目前为止，学界提出的关于紧急避险的热门的立法论争议有：①是否再次维持包含于 1992 年刑法修订法案中，却未反映于 1995 年刑法修订中的刑法第 22 条第 2 款的修订

---

① 例如，尹龙奎：《紧急避险规定的理解与立法论的探讨》载《刑事法研究》2004 年第 22 号特辑号，第 141~156 页；李炯国：《刑法上的违法性相关条文及其系统的整备方案》，韩国刑事政策研究院 2006 年版，第 73~98 页。

案的内容;②是否将第 22 条第 1 款"正当理由"的语句更为具体化;③是否有必要对作为紧急避险条件之一的补充性原则作出明文规定。另外,从需新设免责的紧急避险规定的观点出发,提出了以下问题:①如何限定保全法益的范围与主体等;②被迫的行为(第 12 条)和"在夜间等令人不安的状态下出于恐惧、惊愕、兴奋或慌乱时不予以处罚"(第 22 条第 3 款)的关系等。

(二)政府(法务部)刑法修订法案

关于政府(法务部)层面的正式刑法修订法案,于 1992 年与 2011 年两次由国会提出。在从 1985 年开始的法务部刑事法修订特别审议委员会的刑法修订讨论过程中,出现了将紧急避险分化为正当化紧急避险和免责的紧急避险,设置相关规定的观点。① 但是,这种二分化方案为时尚早,并且根据现行刑法,被判定为第 12 条(被迫行为)或基于期待可能性理论的责任阻却事由,维持现行是否也无妨,② 维持现行规定,再进行解释即可。基于这样的理由③考虑,维持现行法的观点占多数。

另外,对于作为紧急避险核心条件的"正当理由"的语句,出现了认为其表达模糊、抽象,存在道德、伦理的色彩,应将其删除,并对利益衡量作出明文规定的意见,但并未被采纳,"正当理由"被保留至今。④ 但是,第 22 条第 2 款的"不应避险的责任人"变更为了"具有应对危难的业务上的义务者",业务上的义务者缩小其范围,新设了具有业务上的义务者不适用紧急避险但可酌情减免刑罚的依据(1992 年刑法修订法案第 17 条第 2 款)。

但是,1992 年的刑法修订法案第 17 条⑤的内容并未反映于实际修订中。2011 年的刑法修订法案⑥的内容与 1992 年的刑法修订法案的内容几乎相同,但实际上未能完成修订。⑦

(三)个别学者的立法提案

尹龙奎教授于 2004 年提出的紧急避险规定的修订案⑧,主要内容为将正当化紧急避险与免责的紧急避险分化。⑨ 尹龙奎教授提出,探讨对于正当化紧急避险的情况,是否有必要将"正当理由"更加具体化,新设免责的紧急避险规定;参考德国刑法第 35 条是旧

---

① 韩国法务部:《刑事法修订特别审议委员会会议记录》(第 2 卷),1987 年,第 119~121 页、第 126 页。
② 韩国法务部:《刑事法修订特别审议委员会会议记录》(第 2 卷),1987 年,第 122 页。
③ 韩国法务部:《刑事法修订特别审议委员会会议记录》(第 2 卷),1987 年,第 125 页。
④ 韩国法务部:《刑事法修订特别审议委员会会议记录》(第 2 卷),1987 年,第 126~128 页。
⑤ 1992 年政府刑法修订法案第 17 条(紧急避险)规定:①当为了使自己或他人的法益免受当前的危险而采取的行为具有适当性理由时,不予以处罚。②对于具有应对危难的业务上的义务者,不适用第 1 款,但可减轻或免除刑罚。③当避险行为超出一定程度时,准用第 16 条第 2 款及第 3 款的规定。
⑥ 2011 年政府刑法修订法案第 18 条(紧急避险)规定:①当为了使自己或他人的法益免受当前的危险而采取的行为具有适当性理由时,不予以处罚。②对于具有应对危难的业务上的义务者,不适用第 1 款。在这种情况下,可减轻或免除刑罚。③对于第 1 款及第 2 款,准用第 17 条第 2 款及第 3 款。
⑦ 韩国法务部:《刑法(总则)部分修订法案提案理由书》,2011 年,第 30 页。
⑧ 尹龙奎:《紧急避险规定的理解与立法论的探讨》,载《刑事法研究》2004 年第 22 号特辑号。
⑨ 尹龙奎教授案第 00 条(正当化紧急避险)规定:①当为了使自己或他人的法益免受当前的危险而采取的行为具有适当性理由时,予以正当化。②对于不应避险的处于法律职位上者,限制性地适用前一款的规定。③当避险行为超出一定程度时,可酌情免责、减轻或免除。第 00 条(免责的紧急避险)对于为了使自己、亲属或与自己存在密切关系者的生命、人身或自由免受当前的危险的行为,可酌情免责、减轻或免除。

刑法第52条（免责的紧急避险）与第54条（被迫行为）的统合这一点，删除现行韩国刑法第12条（被迫行为）；作为免责的紧急避险的条件，明确限制保护法益及其法益主体的范围。

李炯国教授将正当化紧急避险与免责的紧急避险均视为修订的对象。① 李炯国教授提出如下各紧急避险规定的修订方案。

首先，关于正当化紧急避险规定的修订，提出：①通过"不存在其他避免方法"的表达将被列为正当理由内容之一的补充性的要求明文化，将其规定为紧急避险的客观前提条件之一。②删除"正当理由"的表达，变更为"其手段适合且保全了较优越利益时"，将手段的适合性以及优越利益的原理明文化。③与1992年韩国刑法修订法案的内容相同，在"不应避险的责任人"中的"责任"前追加"业务上的"修饰语，并追加可减轻或免除刑罚的规定。④避险过当大部分包含于免责的紧急避险，但考虑到可以处理为基于期待不可能性的超法规的责任阻却事由这一点，只保留可根据避险过当的情况减轻或免除刑罚的规定，删除在夜间等令人不安的状态下出于恐惧、惊愕、兴奋或慌乱时不予以处罚的规定。

其次，关于免责的紧急避险规定的新设，提出：①将保全法益的主体设定为自己、亲属、其他具有密切关系者的法益，与正当化紧急避险的情况相比，更严格限制法益主体的范围。②关于保全法益的种类，与德国刑法第35条第1款限定为生命、人身、自由不同，规定为所有法益，名誉、贞洁、财产等也包含在内。不限制的法益种类不仅吸收了韩国刑法第12条，还吸收了第22条第3款的避险过当的相当一部分，其包含的意义在于，关于生命、人身、自由以外的法益，也使得能够从免责的紧急避险的观点出发进行探讨对等的法益之间的冲突。② ③与免责的紧急避险规定的导入并行，将韩国刑法第12条的被迫行为以及第22条第3款中"准用前一条第3款的规定"的一部分（对于在夜间等令人不安的状态下出于恐惧、惊愕、兴奋或慌乱的情况，保全法益的主体为自己、亲属、其他具有密切关系者③）吸收于免责的紧急避险。④与免责的紧急避险相关的假想避险的问题在于，根据不同的观点，对其法律效果的观点可能产生对立，因此以理论为依据较为妥当。

（四）探讨：免责的紧急避险规定的新设

根据关于紧急避险本质的主导性学说——"违法性阻却说"，当法益的价值等同时，无法构成违法性阻却，只可构成鉴于合法行为的期待不可能性的超法规的责任阻却事由，但是，这种超法规的解决方式可能会引起心定刑法化，有害于法律稳定性。这并不是完全否定超法规的责任阻却事由，但这必须是在不适用成文的免责事由的情况下补充性、破例性地运用。从这点来看，新设免责的紧急避险的规定较为妥当。此时出现的问题在于，免

---

① 李炯国教授案第00条（正当化紧急避险）规定：①对于为了使自己或他人的法益免受不存在其他避免方法的当前的危险而采取的行为，当其手段适合且保全了较优越利益时，不构成违法。②对于不应避险的业务上的责任人，不适用前一款的规定。但可减轻或免除刑罚。③前一条第2款的规定（超出防御行为的程度时任意减免刑罚）准用于本条。第00条（免责的紧急避险）对于为了使自己、亲属或其他具有密切关系者的法益免受不存在其他避免方法的当前的危险而采取的行为，即使是在无法根据第1款构成违法性阻却的情况下，当鉴于各情况无可非难时，不负刑事责任。

② 李炯国：《紧急避险的本质与免责的紧急避险》，载《刑事政策研究》2007年第18卷第3号。

③ 李炯国教授表示，除此以外的他人为该主体时，可将其作为基于期待不可能性的超法规的责任阻却的问题进行处理。李炯国：《紧急避险的本质与免责的紧急避险》，载《刑事政策研究》2007年第18卷第3号。

责的紧急避险规定应包含哪些规范内容。

首先，关于法益主体的范围，若该范围无限广泛，反而会导致允许私自行使警察权力的结果，考虑到一般情况下行为者仅会对与自己存在密切关系者感同身受，限制为"自己、亲属或其他具有密切关系者"较为妥当。①

其次，关于保全法益的种类，免责的紧急避险的本质在于，考虑到同价值的法益或不可比较的法益之间的冲突，排除责任非难，因此，以引起排除合法行为期待可能性的，具有强烈矛盾状况的法益间冲突为前提。但是，在这样的情况下，关于保全法益的范围，鉴于在免责的紧急避险中，紧急状况较为重要而法益本身并不重要这一点，将保全法益罗列为"生命、人身、自由等重大法益"。而关于此处的"重大法益"为何，以解释为依据较为妥当。

此外，对于新设免责的紧急避险的情况：①需以"不存在其他避免方法的"的语句明示补充性原则；②需以"鉴于各情况无可非难时"的语句明示合法行为的期待不可能性；③若新设免责的紧急避险规定，则无须保留刑法第12条（被迫行为），因为可将刑法第12条的被迫行为视为免责的紧急避险的特殊类型。

五、结语

紧急避险具有对与危险无关的第三者造成损害的特性，因此关于其本质，存在各种对立的观点，但是，主流观点采纳了"违法性阻却说"。但是，若采纳"违法性阻却说"，则会出现韩国刑法第22条第1款无法囊括免责的紧急避险的情况的限制。以抽象的期待可能性理论解决免责的紧急避险的方式并不正当，因此，在修订刑法时新设免责的紧急避险规定较为妥当。但是，在新设免责的紧急避险规定的情况下，需要延伸性解构韩国刑法第12条关于被迫行为的规定，将其囊括于免责的紧急避险规定中。为此，必须参考国外的立法例，并充分参考国内的研究成果，进行理想的法理开发以及以之为基础的立法论的展开。

---

① 李炯国：《紧急避险的本质与免责的紧急避险》，载《刑事政策研究》2007年第18卷第3号。

第五专题

被害人承诺的刑法评价

医疗行为的正当化根据与紧急治疗、专断治疗的刑法评价[①]

[中] 钱叶六[*]

一、问题的提出

医疗行为犹如一把"双刃剑",一方面具有治疗患者疾患,促其身体健康,为患者带来福祉的积极效果;但另一方面,医疗行为尤其是外科手术或其他一些具有侵入性的特殊检查、特殊治疗,往往是以器械的侵袭性、药剂的干预性等方式实施,因而不可避免地会造成患者身体上的残缺、生理机能的损害,甚至有时会导致患者出现严重残疾等后遗症或者死亡的严重后果。[②] 尽管如此,不论是在刑法理论界抑或实务界,都一般性地将医疗行为看作正当业务行为的一种,承认其违法性阻却(正当性)。但是,医疗行为的违法阻却或者正当化根据何在?此乃医事刑法领域最为核心、最为根本的问题,直接关系到正当(紧急)医疗与非法医疗的界限。对此,我国学界虽做了一定的思考和探究,但总体看来仍不尽如人意,主要表现在:第一,对相关问题的思考有欠周密,如目前多数学者支持的"患者同意说",就不能对在预见了风险情况下的治疗失败之正当性问题作出令人信服的解释。第二,在一些问题上依然争论不休,共识有待达成。例如,医疗行为是否具有伤害罪构成要件的符合性?紧急治疗的实施是否一定需要考虑患者近亲属的意思或者决定?为了患者健康的专断治疗是否具有刑事违法性?第三,对于"被害人同意效力的射程不及于对身体的重伤害,但患者的同意又何及于此"以及"如何评价手术中超越患者同意的扩大(或变更)手术"等问题,我国学界迄今鲜有人关注和研究。

基于上述问题,本文立足"医疗领域中最高的法理不是治疗,而是患者的意思"和"患者的最佳利益是患者基于自己的意思自主决定和支配的身体健康利益"之基本立场,并基于"构成要件符合性—违法性—有责性"阶层式犯罪构成体系的思考路径,在论证医疗行为具有伤害罪构成要件符合性(学理上一般简称为"伤害性")的基础上,深入探讨其正当化根据或者违法阻却的法理基础。之后进一步对患者无法同意时紧急治疗的适用条件及边界违逆患者同意时的专断治疗、手术中超出患者同意范围的扩大(或变更)手术的刑法评价等问题展开体系性的研讨,以期推动、深化我国医事刑法理论的研究,并能助益于刑事司法实务。

[①] 本文系上海市哲学社会科学规划课题"阶层体系视野下超法规排除犯罪事由研究"(批准号:2018FZX025)。

[*] 华东师范大学法学院教授。

[②] 从医疗行为实质的、具体的表相来观察,有些医疗行为根本没有伤害性、风险性与侵袭性,如叩诊、触诊、量体温、量血压等;或者伤害性极小,风险性与侵袭性也不大,如抽血等。因而不具有伤害罪构成要件的符合性,不属于本文所要讨论的医疗行为。

二、医疗行为的正当化根据

（一）医疗行为的伤害性

在德国，直至19世纪末，人们都认为旨在恢复患者身体健康、保全患者生命的医疗行为不能谓之为伤害，相反，其具有不容争辩的正当性和合法性。但1894年德意志帝国莱茵法院就"骨癌截肢案"所作的判决率先颠覆了社会上的这一普遍性认知和观念。该案判旨指出，治疗行为具有伤害性，即符合伤害罪的构成要件，要阻却违法性必须征得患者的同意。① 自此之后，虽仍可见到一些主张医疗行为非伤害性的见解，② 但学术界和实务界一般认为，医疗行为具有伤害性，要阻却违法只能通过"得患者的同意""可得推测之承诺""紧急避难"这三种事由才能阻却行为的违法性。③ 在日本，多数学者主张，治疗行为具有伤害罪的构成要件符合性，在这一学术共识之下，学者们基于各自的立场就治疗行为的正当化根据展开了激烈的争辩。④

批判意见认为，为使医疗行为正当化，该行为必须具有医学的适应性（该行为对于维持、增进病人的生命、健康来说是必要的）、医术的正当性（行为是按照医学上一般所承认的医疗规则进行的）。医疗行为只要满足这些要件，就不具有危害人体健康的类型上的危险性，不符合伤害罪的构成要件。⑤ 即便违法，也只是具有民事违法性，而不具有刑事违法性，不可能构成伤害罪。⑥ "专断医疗侵害的只是患者的自我决定权"，至于"是否需要动用刑法来保护这一权利，决定了能否将专断医疗进行犯罪化"。⑦

笔者认为，在犯罪成立条件的意义上，以器械、药剂的干预性、侵袭性方式实施的，造成患者生理机能损害甚至身体残缺的医疗行为具有伤害罪构成要件符合性，至于是否例外地阻却违法或者具有正当性，则是违法阶层所要考虑的问题。理由如下：

第一，诚然从一般人的朴素观念来看，无论如何都不会将医疗行为和伤害联系在一

---

① 该案案情及判旨概要如下：一名7岁的女孩罹患结核性骨髓癌，医生告知其父亲必须进行截肢手术，方能保全性命，但小女孩的父亲笃信自然疗法而明确反对。医师不顾父亲的反对意见，为女孩进行了截肢手术。尽管手术成功、效果良好，但医师仍被追究伤害罪之罪责。判决理由指出：医师对病人的截肢手术，乃符合德国刑法第223条伤害罪构成要件中之"伤害身体"的行为。因为截肢手术是一种直接地、物理地施加于人体组织之上的侵袭性治疗，并侵害了病人的身体完整性。尽管医师的行为是出于医疗目的，且手术成功，治愈了病人，但这并不表示医师的行为在法律上得到了许可，或是得以根据"医师的业务权"以违反病人的意思进行医疗。医师能够正当地、且不受处罚地侵害病人身体完整性，其最首要的前提要件，就是必须得到病人的同意"。参见王皇玉：《刑法上的生命、死亡与医疗》，承法出版文化有限公司2011年版，第141页。

② 贝林（Beling）、恩吉斯（Engisch）等主张"非伤害性说"，在他们看来，只要医疗行为是出于医疗目的，且具有医疗适应性、符合医学上的准则，并且满足优越利益原则，就不能认为符合伤害罪的构成要件。至于医疗行为违反患者的意愿或者未得到患者的同意，本质上侵害的利益应是患者的意思决定自由。详见王皇玉：《刑法上的生命、死亡与医疗》，承法出版文化有限公司2011年版，第146~148页。

③ 王皇玉：《刑法上的生命、死亡与医疗》，承法出版文化有限公司2011年版，第146页。

④ 日本学界关于医疗行为的正当化根据，大体上存在"业务权说""紧急避险说""被害人同意说""优越利益说""治疗目的说""社会相当性说"和"危险承受说"等。详见曹菲：《治疗行为正当化根据研究——德日的经验与我国的借鉴》，载陈兴良主编：《刑事法评论》第29卷，北京大学出版社2011年版。

⑤ 大谷实：《刑法讲义总论》（新版第2版），黎宏译，中国人民大学出版社2008年版，第241~242页。

⑥ 刘明祥：《伤害罪若干问题比较研究》，载冯军主编：《比较刑法研究》，中国人民大学出版社2007年版，第367页。

⑦ 杨丹：《医疗刑法研究》，中国人民大学出版社2010年版，第208页。

起。因为医生实施的医疗行为,具有维护患者的身体健康利益或保全其生命的价值,即要"救人"而非要"害人",这怎么能说是伤害呢?然而,刑法上的"伤害"不同于日常生活中人们所理解的伤害。析言之,从构成要件符合性—违法性—有责性之犯罪成立条件来看,作为伤害罪构成要件中的"伤害"仅仅是指对"损害他人生理机能"这一事实的客观判断和描述,而作为日常生活用语之"伤害",显然不仅仅止于"描述事实",而是包括对"事实"的价值判断。所以,在刑法上,即使是基于"医疗的目的"抑或"救人"而进行手术,也要将因手术对患者造成的身体上的损害认定为"伤害"。至于是为了救人或者说保护患者更为优越的生命、健康利益,则是与构成要件符合性明确之后的违法性(违法性阻却事由)的判断有关,而这显然属于另一个层面的问题。这就如同在 A 持凶器攻击 B,B 奋力反击,结果致 A 重伤的场合一样,尽管 B 是为了保护自己的合法权益而实施的必要反击,但也不能否定该行为的构成要件符合性。因为,从客观事实的描述来看,我们显然不能否认 B 的行为已经损害了 A 的身体健康。只是鉴于 B 反击 A 并致其重伤,是为了通过侵害"不正"(非法)的侵害者的法益而保护"正"(合法)的被侵害者(自己)的法益。在考虑到"正对不正"这一前提之下,可以说与前者的利益相比,后者的利益是优先得到保护的。因此,实现了优越利益这一点便成为阻却违法性(具体是指正当防卫)的根据。

第二,众所周知,维护患者的"最佳利益"是医学的基本伦理,在"非伤害说"看来,只要治疗行为是出于维护患者的身体健康福祉之目的,便符合患者的"最佳利益",因而也就不能谓之为伤害。很显然,这一观念在过往医患关系是一种基于单方面信任的"父权式"的支配与被支配关系和医疗行为的重心仅仅在于"治疗"的时代,自然被认为是合理的。但如今,随着患者自主意识的日益觉醒和"以患者为中心"之理性医患关系的逐渐确立,作为医学伦理核心之"患者的最佳利益"的内涵已不再是医生基于业务权单方面决定的身体健康福祉,而是患者基于自己的意思自主决定和支配的身体健康利益。所以,即便是基于维护患者身体健康、生命安全之治疗目的而实施的医疗行为,如果违逆了患者的意思或者意愿,也应认为是对患者可以自主决定和支配的身体健康利益的伤害。

第三,主张医疗行为"非伤害说"的另一个理由在于,患者的自己决定权并非是"生命、身体的处分权"这种具有实质内容的自由权,而是"自我决定""自我实现"或"人的尊严"这种抽象的人格权,并由此得出结论:治疗行为不具有伤害罪构成要件的符合性,未经患者同意或者违反患者意愿的医疗行为虽然违法,但侵害的只是患者的自我决定、自我实现的权利或者人格尊严,只能认定其民事违法;如要论罪处刑的话,也只能在立法上专门设立专断治疗罪。但是,这种"将患者的生命、身体和患者对自己的身体的意思割裂开来,把对患者生命、身体利益的保护和自我决定权的保护对立起来"的观点很难说妥当。"侵害生命、身体的处分权这种'自由权'的行为,应理解为是对生命、身体的侵害;侵犯处分财产之自由权的行为应考虑成立财产犯罪。"[①] 正因为如此,在取得被害人承诺之伤害的场合,法益主体放弃的并非仅仅是单纯的"自我实现的权利"或"人格尊严",而是由法益主体自己决定或者支配的"身体健康权"。同样的逻辑,在医事法领域,"受刑法保护的患者的自己决定权,是患者通过决定是否接受治疗行为而支配有

[①] 町野朔:《患者的自己决定权与法》,东京大学出版会 1986 年版,第 131 页。

关自己的生命、身体利益之权利,而非抽象性的、包括性的自由权"。① 如此看来,非基于患者的意思造成患者生理机能损害的医疗行为,本质上是对患者身体健康利益的侵害,应肯定其具有伤害罪构成要件的符合性和违法性。

(二) 正当化根据

一般认为,医疗行为与竞技体育行为、记者的采访报道、律师的辩护活动同属业务行为的范畴,具有违法阻却性(正当性)。但是,正当业务行为并非因为是"业务"就不成立犯罪,而是因为"正当"才阻却违法。②

1. 从"业务权说"到"患者同意说"

从学说发展史观之,包括医疗行为在内的业务行为的正当化根据最初借由"业务权说"来解释,如"业务权说"的首倡者德国学者胡戈·迈尔(Hugo Meyer)指出,"如果某种行为是为了国家、个体国民的利益或者为法律所承认的作用而实施,对该行为的实施者不予处罚","例如医生就是如此,履行为法律所承认的公共职务的人,只要是遵照职务,以治愈、减轻痛苦为目的而实施的处置,就属于此范围内"。③ 支持该理论的宾丁也认为,"医生乃是受到国家许可而执行医疗业务之人,医疗行为正当化的理由,并非来自病人的同意。医师的医疗行为,只要是从医学知识上足以达成医疗目的,且法律没有明文规定使用禁止者,就是受到允许的。医疗行为虽然有可能对于病人身体组织造成侵害,但只要是需要的,都可以进行"。④

受德国刑法理论的影响,20 世纪初的一些日本学者(如花井卓藏、冈田庄作、市村光惠等)也主张,医疗行为属于日本刑法第 35 条规定的"正当业务"的范畴,为国家所承认或者基于法令或习惯实施的权利行为,虽然伤害了患者的身体,但考虑到医师是为了治疗而为伤害,是基于行使职业权而为伤害,故不构成犯罪,其正当化并不需要以患者的同意为要件。无论医师实施的治疗行为具体为何,只要还属于"医业行为"的范围,也不构成违法。⑤

应当说,"业务权说"的积极意义在于明确了医疗行为实施的专业资格标准和伦理标准。也就是说,医疗行为只能由获得医生执业资格的人来实施,并且该医疗行为须具备医术的正当性和医学适应性。但是,"业务权说"的缺陷也十分明显。第一,"业务权说"只是空洞地反复强调:因为是业务所以是正当的,因为医疗行为属于"正当业务"所以治疗行为具有合法性,这不仅没有为治疗行为的正当化提供一个实质性的根据,而且在逻辑上有循环论证之嫌。第二,"业务权说"过于强调医师的"特权"和"治疗"本身,而忽视了患者对自己身体健康利益的决定权和支配权,这样的见解,以今日尊重患者自己决定权的观点来检视,显然已有所不足。析言之,从重视患者的自己决定权这一点来看,对于违背患者意愿的医疗行为,即便在医学层面上具有适当性,客观上也取得了良好的治

---

① 町野朔:《患者的自己决定权与法》,东京大学出版会 1986 年版,第 131 页。
② 张明楷:《刑法学》(第 5 版),法律出版社 2016 年版,第 236 页。
③ 曹菲:《治疗行为正当化根据研究——德日的经验与我国的借鉴》,载陈兴良主编:《刑事法评论》第 29 卷,北京大学出版社 2011 年版,第 223 页。
④ 王皇玉:《刑法上的生命、死亡与医疗》,承法出版文化有限公司 2011 年版,第 143 页。
⑤ 曹菲:《治疗行为正当化根据研究——德日的经验与我国的借鉴》,载陈兴良主编:《刑事法评论》第 29 卷,北京大学出版社 2011 年版,第 240~241 页。

疗效果，但仍属于违法的专断医疗。这是因为，医疗行为所要保全的利益和侵害的利益都是患者自己的利益，二者之间孰更为优越，应以患者自己的决定为基础，看该具体情况下被救助的利益是否比侵害的利益更值得保护。换言之，对于患者而言，什么是"最佳利益"不能只是通过客观的利益衡量来决定，而必须考虑和尊重其自己的意思。所以结论是，患者的"知情同意"构成正当医疗行为最为基础、最为重要的元素，是医疗行为正当化的核心根据。诚所谓，"医疗中的最高法理，不是'治疗'，而是'患者的意思'"。①

在国际上，"知情同意"原则是在第二次世界大战后纽伦堡法庭针对德国纳粹医生进行的非人道人体试验之审判后所制定的《纽伦堡法则》中首次被提出的，后经由1964年世界医学会第18届大会通过的《赫尔辛基宣言》及1981年世界医学会第34届大会通过的《里斯本患者权利宣言》的发展，以知情同意为核心的患者的自己决定权被正式确认，并且将其上升为最高的医学伦理准则。尤其是《里斯本患者权利宣言》中明确规定，患者享有获得优质医护的权利、自由选择治病方式的权利、自主决定的权利、了解病情信息的权利、疾病治疗过程保密的权利、获得健康教育的权利、保持个人医疗尊严的权利、获得宗教协助的权利等。② 在此之后的1991年，美国率先实施《患者自我决定法》，明确患者享有对医疗行为的知情同意权与拒绝权。至此，知情同意原则得到了立法的正式确认，在美国的影响下，荷兰、芬兰、丹麦等欧洲诸国也相继立法。

我国1994年9月1日起施行的《中华人民共和国医疗机构管理条例》第33条首次涉及患者知情同意的规定，尽管该规定尚未明确医生的告知义务和患者的知情权，但该条例就医疗行为应当取得患者及其家属或者关系人的同意之规定，开启了我国关于"知情同意"原则立法的先河。此后，我国一系列医疗法律、法规及特定医疗行业管理的规范性文件中均对患者或就诊者的"知情同意权"作出了规定。③ 特别是2010年7月1日起施行的《侵权责任法》，就患者的知情同意权及其侵害该权利的法律后果作了体系性的规定。该法第55条第1款规定："医务人员在诊疗活动中应当向患者说明病情和医疗措施。需要实施手术、特殊检查、特殊治疗的，医务人员应当及时向患者说明医疗风险、替代医疗方案等情况，并取得其书面同意；不宜向患者说明的，应当向患者的近亲属说明，并取得其书面同意。"第2款规定："医务人员未尽到前款义务，造成患者损害的，医疗机构应当承担赔偿责任。"至此，作为西方医学伦理最高准则的知情同意原则，已经在中国的法律中扎根，为中国的医疗文明奠定了坚实的基础。

2. 可预见重大医疗风险现实化之正当化——以优越利益原理和危险接受理论作为补充

即便是具有医术正当性和医学适应性的医疗行为，亦难免存在发生超越患者同意的范围并为患者事先预见到的严重后果（如留下严重后遗症或者患者严重残疾、死亡）之风

---

① 冯军：《专断性医疗行为的刑事处罚及其界限》，载刘明祥、李立众主编：《过失犯研究》，北京大学出版社2010年版，第172页。
② 冯军：《病患的知情同意与违法——兼与梁根林教授商榷》，载《法学》2015年第8期。
③ 详见《执业医师法》第26条、《医疗事故处理条例》第11条、《病历书写基本规范》第10条、《人体器官移植技术临床应用暂行规定》第24条等。

险。① 但理论界和实务界从来都认为，即便上述医疗风险不幸成为现实，亦不具有违法性。其法理根据究竟何在，学界鲜有论及，需要探讨。

"被害人同意"理论的基本要义在于，"基于同意意味着放弃法益这一前提，同意就必须及于结果（即必须是对结果的同意）"。② 但是，"同意担风险的现象比较普遍，但对发生的侵害结果几乎谁也不同意"。③ "倒不如说，是希望不要发生结果。"④ 类似手术治疗的情形，亦是如此。"对于实施手术这种第一次的'侵袭'，虽然可以认定存在有效的同意，但对于其后的后遗症或者死亡结果，显然不能说是为患者所希望或同意的，而至多只能说是一种对危险的接受。"⑤ 有鉴于此，对于医疗风险现实化之正当化根据，单纯地通过基于自己的决定放弃法益、同意结果发生之"被害人同意理论"来加以阐释同样是难以行得通的。就此，唯一可能合理的解释同样是，不同于通常意义上的得承诺之伤害，基于医疗行为具有类型性地增进患者身体健康、保全患者生命这种优越利益（优越利益原理），在对医疗行为中的患者意思的存在和有效性进行认定时，应适用比被害人同意更为宽缓的标准。⑥ 换言之，尽管患者这种对"医疗行为所伴随的危险之接受"不是对后果的现实同意，但考虑到其所承受的危险行为本身的社会有用性，应认为，只要其接受和同意了该危险行为，就意味着其对该危险行为所产生的结果表示了同意（相当于"准同意"的状态），从而例外地承认具有阻却违法的效力。⑦ 对此，可以做这样的理解：在内含一定危险的"有意"活动中，即使冒着法益受到侵害的危险，也要实现有益目的这种法益主体的意思，在适用正当业务行为进行利益衡量之际，它属于既能够提高目的活动的价值，又能降低被牺牲的法益的要保护性的事项。⑧

3. 小结

基于上述分析，具有伤害性的医疗行为要阻却违法性或者获得正当化，首先要求该医疗行为必须由取得医生执业资格的人实施，且具备医术上的正当性和医学适应性，此乃正当医疗行为在医学层面上的前提或者基础。欠缺上述要件，医疗行为的正当化也就无从谈起。但是，"患者的意思是最高的法理"，医学层面上具有适当性的医疗行为唯有取得患者的同意方能阻却违法性。未能取得患者同意的医疗行为，即便具有医术上的正当性和医学适应性，也是违法的专断医疗。因此，患者的同意成为阻却违法性的核心事由，是医疗行为正当化的实质根据。然而，患者同意的效果不能及于可预见性的医疗风险之现实化后果，其正当化根据需要运用"优越的利益原理"和"危险的接受理论"来加以阐释和

---

① 对于事先未能预见到的医疗风险，不存在危险接受的问题，如若发生了结果，则属于医疗意外，按照意外事件处理。
② 松原芳博：《刑法总论重要问题》，王昭武译，中国政法大学出版社2014年版，第113页。
③ 汉斯·海因里希·耶塞克、托马斯·魏根特：《德国刑法教科书（总论）》，徐久生译，中国法制出版社2001年版，第710页。
④ 曾根威彦：《刑法学基础》，黎宏译，法律出版社2005年版，第65页。
⑤ 松原芳博：《刑法总论重要问题》，王昭武译，中国政法大学出版社2014年版，第113页。
⑥ 町野朔：《患者的自己决定权与法》，东京大学出版会1986年版，第178页。
⑦ 需要注意的是，与医疗行为中的"危险的接受"具有阻却违法的效果不同，在单纯的危险接受事例中，被害人虽然意识到存在危险且确因该危险行为引起了法益侵害结果的场合，由于不存在值得保护的类型性优越利益，因而不能以存在危险的接受肯定违法性的阻却。
⑧ 松原芳博：《刑法总论重要问题》，王昭武译，中国政法大学出版社2014年版，第113~114页。

说明。

三、患者同意的内涵与射程

(一) 拒绝治疗是患者同意的应有之义

患者的"知情同意"是法益主体享有的自己决定权在医事领域的具体体现。所谓自己决定权，是指个人作为自律人格的主体享有对自己的私人事情进行自主决定的权利和自由，无关于他人的事情自己有决定权。① 因为，对于理性的自由人而言，其对自己的情况最为了解，是最佳的判断者（the best judge），知道自己最需要什么，其所作的自我决定即便在他人看来是一个不理性的决定，也是自我自由的实现方式。尊重一个人的自己决定，事实上就是给一个人以自由。所以，被害人自主就是被害人的利益，而且是重大的利益。② 从患者是自己最佳利益的决定者，因而应最大限度地尊重患者的自己决定权的角度来看，患者的同意权不只是指患者享有接受治疗的权利，同时还当然地包括拒绝或者放弃治疗的权利。③"即使患者对治疗的拒绝在医学上看很不合理，但既然是患者对自己的身体利益作出的有效选择，医生就必须加以尊重"，④ 而不得对其实施强制（专断）治疗，至多可以劝说其接受治疗。⑤ 由此看来，"患者的现实拒绝意思是治疗行为合法性的绝对界限或者'藩篱'。患者的自己决定权的法律意义首先体现在患者的治疗拒绝权"。⑥

从学理上看，学界广泛承认的基于处于生命末期患者之同意的消极安乐死（不作为的安乐死）不具有违法性这一点，可以说是对患者享有拒绝（放弃）治疗权的最佳诠释。众所周知，处于生命末期、濒临死亡的患者，其基于自己个人的意志而放弃救治，显著不同于积极的生命法益处分。对此，一般认为，医生并不具有违背患者意愿，采取对健康恢复毫无作用而只不过是延长患者痛苦措施的义务。⑦ 或者说，末期患者放弃无效治疗，是其行使拒绝治疗权的体现，同时免除了医生在法令及契约上的作为义务。⑧ 所以，当医生根据末期患者的意思而中断治疗，如撤除维持生命的装置，患者因此死亡的，不能认定医生的行为违法。⑨

需要说明的是，患者基于自己的理性意志选择拒绝治疗，无疑是一种"自陷危险""自我危殆化"的选择。考虑到这是患者自我决定权的实现，又不涉及他人法益，因而法律无须介入，当然也没有理由将该自陷风险的结果归责于他人。尽管如此，这并非是主张和宣扬法益主体可以任意处分自己的生命；而在事实上，这也非单纯的处分生命即自杀，而只不过是患者拒绝治疗而已，由于这种行为没有侵害到他人法益，法律不予理睬而已。⑩

---

① 山田卓生：《私事与自己决定》，日本评论社1987年版，第3页。
② 黄荣坚：《基础刑法学（上）》，中国人民大学出版社2009年版，第208~209页。
③ 黎宏：《刑法学总论》（第2版），法律出版社2016年版，第152页。
④ 町野朔：《患者的自己决定权与法》，东京大学出版会1986年版，第184页。
⑤ 町野朔：《患者的自己决定权与法》，东京大学出版会1986年版，第152页。
⑥ 町野朔：《患者的自己决定权与法》，东京大学出版会1986年版，第184页。
⑦ 内藤谦：《刑法讲义总论（中）》，有斐阁1986年版，第536~537页。
⑧ 王志嘉：《医师、病人谁说的算？——病人自主之刑法基础理论》，元照出版公司2014年版，第178页。
⑨ 黎宏：《刑法学总论》（第2版），法律出版社2016年版，第152页。
⑩ 刘明祥、曹菲等：《医学进步带来的刑法问题思考》，北京大学出版社2014年版，第183页。

(二) 患者同意的效力特别及于具有导致生命危险的重伤害

通常意义上的被害人同意之射程不及于具有导致生命危险的重伤害，此乃学界共识。但是，患者同意的射程却及于此，亦即只要取得了患者的同意，即便是对生命有危险的重伤害之医疗行为（如开颅手术、截肢等），也应肯定其违法性阻却。何以如此呢？笔者以为，这根本上还是源于不同于单纯地放弃自己身体利益、旨在追求伤害结果的出现之被害人同意，患者同意的治疗行为是以同意的医疗伤害行为作为手段，其最终旨在维护患者更为优越的身体健康利益。

需要指出的是，基于维护优越利益的实质根据之要求，对于患者提出的并非旨在维护、促进其优越的身体利益之非正当要求，因僭越了正当医疗的界限，医生完全有权拒绝。如果医生遵从患者的非正常要求实施了相应的行为，造成了损害后果的，只能按照被害人同意的一般原理来判断该行为的正当与否。① 正因为如此，对于旨在消除末期危重患者身体上的极度病痛（而非旨在维护患者更为优越的生命健康利益）之积极安乐死，我国刑法理论和实务才一般性地认为具有杀人罪的违法性。②

四、无法取得患者现实同意时的紧急治疗之适用

(一) 适用条件与规范依据

紧急治疗，是指患者由于突发状况或者其他原因陷入无意识状态，病情十分危急，医生在无法征求其意见的情况下所采取的必要救治措施。适用紧急治疗，应满足以下条件：一是存在紧急情况，这是医方基于对患者的最佳利益的维护而实施紧急治疗权的前提。所谓紧急情况，是指因天灾、人祸或者疾病等原因，患者的生命当时面临急迫的重大威胁，需要立即采用救治行动，以维护患者更为优越的利益。例如，被害人由于遭遇车祸，头部受重伤，被送往医院时已处于昏迷不醒状态，情况十分危急。此种情况下，医生基于对作为被害人之患者最佳利益的维护，有权对患者实施紧急治疗。二是无法取得患者的现实同意。从患者对自己的生命健康利益享有自己决定权的原理出发，即便患者当时病情危重，但只要其尚处于意识清醒状态，具有表达意志的能力，还必须征求其对医疗行为的实施之意见。

紧急治疗是知情同意原则的例外，其虽有专断治疗之外表，却不是真正意义上的专断治疗。③ 不少国家或者地区的立法都确认了这一"例外"原则。例如，我国台湾地区"医疗法"第 63 条在赋予病患者享有知情同意权的同时，明确了"例外"原则。该条规定："医疗机构实施手术，应向病人或其法定代表人、配偶、亲属或关系人说明手术原因、手术成功率或可能发生之并发症及危险，并经其同意，签署手术同意书及麻醉同意书，始得为之。但情况紧急者，不在此限。"

我国相关法律法规就紧急治疗也进行了确认。例如，1994 年《医疗机构管理条例》第 33 条规定："医疗机构施行手术、特殊检查或者特殊治疗时，必须征得患者同意，并

---

① 杨丹：《医疗行为的正当化研究》，载《社会科学》2009 年第 12 期。
② 但是，考虑到积极安乐死是基于消除末期患者的极度病痛而不得已为之，宜在责任阶段以欠缺适法行为的期待可能性为由考虑责任的阻却。参见钱叶六：《参与自杀的可罚性研究》，载《中国法学》2012 年第 4 期。
③ 满洪杰：《作为知情同意原则之例外的紧急专断治疗——"孕妇死亡"事件舆论降温后的思考》，载《法学》2008 年第 5 期。

应当取得家属或者关系人同意并签字;无法取得患者意见的,应当取得其家属或者关系人同意并签字。无法取得患者意见又无家属或者关系人在场,或者遇到特殊情况时,经治医师应提出医疗处置方案,在取得医疗机构负责人或者被授权负责人员的批准后实施。"应当认为,该条关于"无法取得患者意见又无家属或者关系人在场……经治医师应提出医疗处置方案,在取得医疗机构负责人或者被授权负责人员的批准后实施"的规定,就隐含着"当时患者情况紧急,需要施行紧急救治措施"这一条件。这是因为,如果当时情况不紧急,能够等待患者或者其家属、关系人作出选择的,就必须等待他们作出选择。这一点在2010年7月1日起施行的《侵权责任法》中更是得到了明确,该法第56条规定:"因抢救生命垂危的患者等紧急情况,不能取得患者或者其近亲属意见的,经医疗机构负责人或者授权的负责人批准,可以立即实施相关的医疗措施。"

(二) 紧急治疗之正当化法理:"紧急避险说"和推定的同意理论

紧急情况下的紧急治疗,具有无可争辩的正当性,但由于当时无法取得患者本人的现实同意,自然不能运用"患者的同意"原理进行阐释和说明,因而需要另辟蹊径。

众所周知,实施紧急治疗旨在维护紧急状态下的患者更为优越的生命、健康利益,因而具有紧急避险的意蕴。但是,对于治疗行为成为问题的保全法益与侵害法益,均是患者的法益,因而不能无视本人的意思,承认"客观上的优越的利益"。① 从这个意义上说,单单运用紧急避险解释紧急治疗的正当化根据,显然没有关照到患者的自己决定权,并不妥当。依笔者之见,只有当紧急治疗措施所保护的优越利益与基于推定的患者意思相一致时,才具正当性。

推定的同意,顾名思义是指现实上没有权利人(被害人)的同意,但从事情的特殊性来判断,如果被害人知道行为时的事实真相后当然会同意。这种基于被害人意志推定所实施的行为,就是基于推定的同意的行为。例如,发生火灾之际,为了避免被害人的财产损失,打破被害人窗户,进入屋内抢救财产的行为,就属于基于推定的同意的行为,阻却行为的违法性。在学理上,主张运用基于推定的同意理论诠释紧急治疗的适法根据,是一种较为有力的学说。例如,德国学者罗克辛认为,紧急医疗中采取的措施客观上符合患者的"最佳利益",因此,推定患者在有意识的情况下会作出相同的意思表示。"……当一名医生为失去知觉的事故受害人进行手术时……正当性都不取决于对相互冲突的利益的客观权衡,而是取决于法益承担者,如果他能够被询问,对于一种假定的极其可能性的判断是如何决定的。"② 日本学者町野朔也认为:"在紧急的情况下,应一律承认紧急治疗符合患者的推定意思而否定医师的刑事责任。"③

但是,推定的同意是一种基于对患者的主观意思的推定,或者说是基于对被害人知道事实真相后会作出同样的承诺之推定,因此,"其评价标准不在于以客观基准来做法益或利益衡量,而在于从行为时的观点推测法益持有人真正的主观意思。这是或然性的判断,法益持有人的个人利益、需要、希望及价值观(如是否为拒绝输血医疗的教徒)乃其中的关键。所谓客观的标准,如一个正常有理智的人通常会有的想法,只不过具有'表征'

---

① 山口厚:《刑法总论》(第3版),付立庆译,中国人民大学出版社2018年版,第175页。
② 克劳斯·罗克辛:《德国刑法学总论——犯罪原理的基础构造》(第1卷),王世洲译,法律出版社2005年版,第497页。
③ 町野朔:《患者的自己决定权与法》,东京大学出版会1986年版,第217页。

的意义而已,即仅是作为判断持有人个人推测意思的一种媒介而已。但在毫无其他具体的根据时,则可推定其主观意思与一般人认为正常、理智的想法一致"。① 如此说来,如果当时有充分的根据断定患者会拒绝接受某一治疗侵害结果的,即便行为时存在通常需要实施紧急治疗行为的前提性事实,也不能肯定该紧急治疗行为的正当性。当然,在紧急情况发生之际,如果无法判断患者是否愿意接受急救,就应回归到一般的评价原则———依据处于该状态下的一般人的理性意志作出患者会同意的推定,亦即事实有怀疑,应以生命的保护为第一优先。简言之,事实有怀疑,只能尽力抢救,不能推测可能有放弃急救的承诺而有所松懈。②

(三) 紧急治疗失败之违法性阻却

当紧急治疗行为失败,未能取得预期的治疗效果,尤其是造成患者死亡时,只要该紧急治疗行为具有医学上的适当性,就不能认为违法。其理由在于,基于推定的患者的同意虽不是患者的真实同意,但也是基于一定的根据对患者的意思所作的合理推定,其与患者的本人同意具有一脉相承的理论实质,即意旨都是在于保护被害人的自己决定权和患者的最佳利益。既然患者的同意包括为追求最佳利益的医疗行为可能造成的患者死亡等风险的接受,那么,对于紧急治疗可能出现失败的情形,应当推定其对风险予以了接受,从而承认违法性的阻却。就此,我国相关法律法规作出了明确性的规定。例如,《医疗事故处理条例》第33条第1项规定,"在紧急情况下为抢救患者生命而采取紧急医学措施造成不良后果的,不属于医疗事故"。《侵权责任法》第60条规定,医务人员在紧急情况下为抢救生命垂危的患者等紧急情况下已经尽到合理诊疗义务造成患者损害的,医疗机构不承担赔偿责任。

(四) 紧急状态下的近亲属决定须符合患者的推定意思和最佳利益

医疗行为的决定涉及专属于患者本人的生命、身体健康利益,因此一般只能由其本人作出(自我决定)。但例外的是,在紧急治疗的场合,应当承认患者的近亲属享有决定权(他者决定)。我国相关医疗法律、法规向来都很重视患者近亲属的意见,并在患者病情危急时赋予近亲属决定权("近亲属签字同意"制度)。之所以要征求近亲属的意见,乃是因为近亲属与患者之间最为亲近、关系最为密切,其最为了解患者的价值观、喜好、需求和利益,因而比其他人更能了解患者对治疗行为的态度,其意见也就最能代表患者的意思和最佳利益。从这一点来看,紧急情况下征求近亲属的意见,正是体现了对患者自己的意志的尊重。但作为他者决定的近亲属同意,毕竟并非患者真实、有效的意思,而只是对本人选择的一种尝试性接近。③ 而且,从法理基础来看,患者的同意是基于对其本人的自我决定权的尊重,而近亲属的同意则是基于对患者最佳利益的保护。基于此,在无法取得患者本人同意的紧急状态下,近亲属的决定应当考虑患者的可能意志和患者的"最佳利益",不过,近亲属的意见"仅仅应当作为患者可能出现的意志的建议而出现。医生不需

---

① 林钰雄:《新刑法总则》(第4版),元照出版公司2014年版,第286~287页。
② 林东茂:《医疗上病患同意或承诺的刑法问题》,载《中外法学》2008年第5期。
③ 曹菲:《医事刑法基本问题研究》,载刘建利主编:《医事刑法重点问题研究》,东南大学出版社2017年版,第20页。

要听从他,当他的决定产生危害患者利益和可能的意志时"。①

但是,令人非常痛心且遗憾的是,在医疗实践中,由于一些医院缺乏对紧急治疗的目的及适用条件的正确解读,并教条地理解和执行"近亲属签字同意",结果导致了一些原本可以避免的悲剧发生。2007 年震惊全国的"肖志某拒签致孕妇死亡案"②,就是实例。在该案中,经医院专业诊断,孕妇李丽某当时身患重症肺炎,其本人及腹中胎儿的生命均处于紧急的危险状态,需要立即实施手术。但其同居男友肖志某基于对患者病情的错误判断(坚持女友李丽某所患的只是普通感冒,而非重症肺炎)和对医院的不信任而固执地坚持拒签的行为明显偏离了李丽某的最佳(生命)利益,也在根本上违逆了患者的可能意志,同时还损害了作为第三方利益之胎儿的生命安全。③ 因此,从保护患者及胎儿的生命利益安全出发,应当否认肖志某"他者决定"的效力。换言之,医方当时不仅有权利而且有义务实施紧急治疗。在这个意义上说,对于医方固执坚持"无同意,不手术"的做法而导致的损害,医方难逃不作为的法律责任。

五、违逆患者意愿或超越患者同意范围的治疗行为之评价

(一) 专断治疗的刑事可罚性与范围

违逆患者意愿的治疗,构成专断治疗,其中欠缺患者同意属于成立该类行为的核心要件。对于不具备医术正当性或医学适应性的专断治疗行为,当然具有违法性,当造成患者生理机能损害时,应当追究医方相关人员伤害罪的刑事责任,这不论在理论界还是实务界都不存在争议。④ 问题是,虽是侵犯患者自己决定权的专断医疗,但在医学的层面上具有医术正当性和医学适应性,是否会成立犯罪,学界则存在"肯定说"和"否定说"两种针锋相对的观点。

冯军教授是"肯定说"的主要代表。在他看来,不以患者同意为根据的专断性医疗行为具有刑事处罚的基础。至于如何定罪处罚,应视不同情形作不同处理:(1) 不满足患者意愿的拒不治疗。此种情形又可进一步地区分为医生已经接受治疗和未接受治疗两种情形。在医生已经接受治疗要求之后又不满足患者意愿,拒不治疗的,如果损害结果严重,应追究医生故意或者过失的不作为犯的刑事责任;在医生从一开始就未接受患者的治疗要求,不满足患者意愿的,应借鉴他国立法专门设置拒不治疗罪的刑事责任。(2) 违逆患者意愿的治疗(包括超越患者同意范围的积极治疗和完全违背患者意愿的积极治疗)。此种情况下,如果该违反患者意愿的专断医疗行为损害了患者的生理机能,应构成刑法上的伤害罪;未造成患者生理机能损害,但给患者造成严重的精神痛苦的,应当借鉴

---

① 克劳斯·罗克辛:《德国刑法学总论——犯罪原理的基础构造》(第 1 卷),王世洲译,法律出版社 2005 年版,第 375 页。
② 关于本案的具体情况,详见杨丹:《医疗刑法研究》,中国人民大学出版社 2010 年版,第 210 页。
③ 如若教条地执行"近亲属签字同意"制度,就会导致即便是近亲属恶意利用该制度的情形也具有正当性的结论——假定肖志某当时表示,"和李丽某性格严重不合,俩人生活在一起不幸福,就是希望她早点死",医院也不能实施紧急救治——这显然很荒诞,不仅不符合紧急治疗旨在维护紧急情况下患者的生命健康利益的立法精神,而且在一定意义上可以说医院也以其不作为成为了肖志某杀人的"帮凶"。
④ 代表性的例子便是南通市儿童福利院为了降低对两名来了初潮的智障少女的监护难度,擅自切除她们的子宫而被认定为故意伤害的案件。详见《江苏南通福利院切除智障女子宫案宣判》,载 http://news.sina.com.cn/c/l/2006-07-06/085010349458.shtml。

域外其他国家刑法的规定,将专断性医疗行为规定为独立的犯罪。① 可见,冯军教授不仅从实然的司法论角度就相关专断性医疗行为的定性进行了分析,而且从应然的立法论角度就其看来应当予以刑罚处罚但迄今刑法尚未规制的专断医疗行为的处罚问题阐明了自己的见解。

"否定说"主张,即便是违背患者同意的专断医疗,但只要具有医术上的正当性和医学上的适应性,就不具有刑事上的违法性,至多是由于该专断医疗侵犯了患者的自己决定权,因而需要承担民事损害赔偿责任。刘明祥、梁根林、杨丹等学者便持上述观点。

刘明祥教授认为,专断治疗行为是为治疗患者的疾病,采取适当的医学手段而实施的实质上有利于患者身体健康的行为,不能仅从形式上看待为病人做外科手术是为了伤害病人的身体。问题在于做善事也得讲究适当的方式,特别是在强调尊重个人决定权的今天,为病人治病也必须充分尊重其意愿。但专断的治疗行为即使违法,也只是具有民事违法性,不具有刑事违法性。②

杨丹博士指出,"专断医疗侵害的只是病人的自我决定权,是否需要动用刑法来保护这一权利,决定了能否将该专断医疗进行犯罪化……专断医疗欠缺刑事可罚性。意思自治是决定人之所以为人的重要权利,病人的同意是医疗行为的正当化根据,专断医疗没有病人的同意,违反了医疗伦理和医疗法律,具有实质的违法性。但是专断医疗欠缺当罚性而无须动用刑罚手段"。③

梁根林教授认为,对专断性医疗行为,应当首先在原则上视为民事侵权行为而追究民事赔偿损害责任。如果医疗行为具有医学适应性和符合医疗常规,且取得了治疗效果,即便该医疗行为未获得患者的同意,并且损害了其生理机能,也不能追究其刑事责任,至多可以以侵犯了患者的自己决定权并且造成伤害结果为由追究民事损害赔偿责任;未损害患者生理机能,却给患者造成严重的精神损害时,充其量只能以侵犯患者的自主决定权为由追究其精神损害赔偿责任。需要进行刑事处罚的专断性医疗,例外地限于该行为同时具备了欠缺医学适应性或不符合医疗常规,损害了患者生理机能之条件。④

笔者以为,基于前文主张的"患者的最佳利益是患者基于自己的意思自主决定和支配的身体健康利益"的立场,不符合患者意愿的专断治疗具有违法性,但是否成立犯罪以及应当构成何种犯罪,应立足刑法中的具体犯罪构成来探讨。以下,对不满足患者意愿的"拒不治疗"和违逆患者意愿的"积极专断治疗"两种情况作具体分析。

1. 不满足患者意愿的拒不治疗

我国《执业医师法》第3条规定,"医师应当……发扬人道主义精神,履行防病治病、救死扶伤,保护人民健康的神圣职责"。第22条第(2)项规定,医师应当"树立敬

---

① 冯军:《专断性医疗行为的刑事处罚及其界限》,载刘明祥、李立众主编:《过失犯研究》,北京大学出版社2010年版,第197页。
② 刘明祥:《伤害罪若干问题比较研究》,载冯军主编:《比较刑法研究》,中国人民大学出版社2007年版,第367页。
③ 杨丹:《医疗刑法研究》,中国人民大学出版社2010年版,第208~209页。
④ 参见梁根林:《医疗过失与专断医疗行为"断想"》,载刘明祥、李立众主编:《过失犯研究》,北京大学出版社2010年版,第273~275页。如前所述,欠缺医学上适正性、造成患者生理机能损害的专断医疗具有不可争辩的伤害性,无须做过多的讨论,而仅仅需要讨论具有医术正当性和医学适应性的专断医疗情形。立足这一讨论前提,梁教授总体上可归为支持"专断医疗不可罚说"的阵营。

业精神，遵守职业道德，履行医师职责，尽职尽责为患者服务"。第 24 条规定："对危急患者，医师应当采取紧急救助措施进行诊治，不得拒绝急救处置。"由此看来，在解释论上，不满足患者的意愿或者要求，拒不接诊病人或者接诊病人后拒不治疗的，均是未能尽到医生保护责任的失职行为，具有违法性。就其法律责任而言，应视情形作相应的处理：①不满足患者意愿之拒不治疗行为，如果没有造成严重后果，就不涉及刑事责任的问题，但可以给予行政处分或者行政处罚。至于冯军教授在立法论上所主张的应专门设立拒不治疗罪的观点，有违刑法谦抑性精神，易造成刑罚处罚范围的不当扩张，并不可取。②如果医生拒绝诊治紧急的危重患者，因而造成严重后果如患者严重残疾或者死亡的，应结合医生的主观责任情况，相应地追究医生的医疗事故罪、遗弃罪等罪之刑责。

2. 违逆患者意愿的积极专断治疗

从患者自主的角度来看，医疗行为要获得正当性，除非存在不宜向患者说明的情形，还必须取得患者的同意，未经患者同意的任何专断性医疗行为都不能认为具有正当性。而就其非正当性或者违法性的实质而言，不单单体现在对患者的"人格尊严""自我实现的权利"这种抽象的自由权的侵犯，而且体现在对患者可以自己决定或者支配的"身体健康权"的侵犯或损害。因此，对于积极专断治疗，严重损害患者生理机能或者造成患者死亡的，应相应地认定成立故意伤害罪。① 但是，考虑到专断医疗是基于医生"救死扶伤"之天职和维护患者身体健康利益之善良动机而实施的，因此可以考虑适用超法规的期待可能性事由予以责任的减免，或者适用刑法第 63 条第 2 款的规定，对医生适用酌定减轻处罚。

（二）一个相关问题：超越患者同意范围的扩大、变更手术

与专断治疗有关的问题是超越患者同意范围的扩大手术及变更手术的评价问题，即在手术过程中，出现了需要超越患者事前同意范围的扩大或者变更手术的情形，但当时患者因处于麻醉状态而无法获得其现实的同意，医生因此径直实施扩大或者变更手术的，是否应评价为违法的专断治疗？就此，同样取决于该医疗行为是否符合患者的最佳利益和推定意思。

从医疗实践来看，手术过程中需要进行超越患者同意范围的扩大或者变更手术的情形可能存在轻重缓急之分。对于当时患者病情危重、紧急，如果不立即实施未授权的扩大或变更手术，患者的生命存在急迫、重大危险的，医生可采取紧急治疗，其合法性和正当性具有不容争辩性。但如果当时情况不紧急，即不实施扩大或者变更手术，患者生命当时亦无大碍，此种场合可否进行未授权的扩大手术或者变更手术，需要具体加以讨论。

一般而言，只要手术中实施的扩大或者变更手术不至于严重损害患者的生理机能，且符合患者的最佳利益，就应当认为该扩大手术或者变更手术不违反患者的推定的意思。但例外的是，如若手术过程中所要施行的扩大或者变更手术会严重损害患者生理机能，只要该手术不具有急迫性即具备实施紧急治疗的条件，就应当征得患者的同意。否则，就构成违法的专断治疗。

---

① 积极专断治疗仅仅造成患者轻伤的，可考虑适用刑法第 37 条的规定，以"犯罪情节轻微不需要判处刑罚"为由免除刑罚。

六、结论

第一，刑法上的"伤害"，不同于日常生活用语或者经验中的"伤害"。作为伤害罪构成要件中的"伤害"，仅仅是指"损害他人正常生理机能"这一符合构成要件事实的客观描述，而作为日常生活用语或经验之"伤害"，显然不仅仅止于"描述事实"，而是包括对"事实"的价值判断。在刑法上，即使是基于"医疗的目的"抑或"救人"而进行手术，也要将因手术对患者造成的身体上的损害认定为"伤害"。

第二，医疗行为违法阻却的法理或正当化根据，应综合运用业务权理论、患者的同意理论、优越利益原理和危险接受理论加以阐释和说明。其中，患者的同意是医疗行为正当化的核心要素。患者的同意首先体现在患者对治疗享有拒绝或放弃的权利，且患者同意的射程特别及于具有生命危险的重伤害。

第三，紧急状态下，基于维护患者更为优越的生命、重大健康利益而实施的救治措施具有紧急避险的价值。但是，从尊重患者的自己决定权出发，只有当紧急治疗所保护的优越利益与患者的推定意思相一致，方能具有正当性。紧急治疗既是权利，也是义务。紧急治疗纵使失败，也不具有违法性。

第四，患者近亲属的同意并非实施治疗行为的绝对必要条件。在紧急情况下，患者的近亲属所作的拒绝治疗的决定如果不符合患者的最佳利益，医院有权利且有义务径直采取紧急救治措施。

第五，违逆患者意愿的治疗构成专断治疗，侵害了患者对自己身体健康利益的支配权或者基于自己决定的身体健康利益。专断治疗行为如果造成患者生理机能损害的，有成立伤害罪的余地。但考虑到专断医疗是基于医生"救死扶伤"之天职和维护患者身体健康利益之善良动机而实施的，应予减免责任。尤其是在医疗行为客观上维护了患者整体健康利益、取得治疗效果的场合，更应如此。对于手术过程中超越患者现实同意的扩大、变更手术，只要不严重损害患者生理机能，应认为符合患者推定的意思和最佳利益，具有正当性。反之，除可以适用紧急治疗的情形以外，应认为构成专断治疗。

关于刑法上的受害者的承诺的争议

[韩] 黄泰正*

一、序言

韩国刑法第 24 条中以"对于基于'可处理者'的承诺损毁其法益的行为,若无特别的法律规定,则不予以处罚"的内容将"受害者的承诺"规定为违法性阻却事由之一。违法性是从法律共同体全体的观点作出的否定的价值判断。概言之,是"对禁止或允许的法律价值判断"。刑法上的违法性阻却事由的大部分是将认定依据设置于可抵消对他人法益侵害的更大的社会利益,与之相比,韩国刑法第 24 条"受害者的承诺"将根据设置于法律所给予的自愿放弃法律保护,在这点上存在差异。

这意味着将对基于国家刑罚权而产生的法律保护处理权赋予个人。一般来说,将必须同等行使的国家刑罚权交付于个人处理的情况基本上难以被视为理想状况。但是,也有可能存在于一定的个人法益领域中尊重对法益的个人处理权反而更符合法律秩序原本追求的理念的情况,从这点来看,需要对是否应在刑事法领域中,在一定程度的范围内以某种方式认可个人的处理权作出立法上的思考。

韩国刑法在实体法的层面以违法性阻却事由的形式,在程序法的层面以起诉条件的形式,分别具体呈现了这种思考的结果。在本文中,如题目所示,将从实体法的角度探究国家刑罚权和个人的自主决定权发生冲突的领域中产生的问题点及其解决方案。琢磨"可处理者"及法益的"损毁"等立法者设定的看起来微小但其实并不微小的内容含义,立法者为什么将违法性阻却的限制事由区别于其他违法性阻却事由,要求为存在"特别的法律规定"的情况,而非"适当的理由",并且为了作出符合立法者的这种意图的目的论的解释应如何理解韩国刑法第 24 条等,这是本论文将要探讨的内容。

二、犯罪论体系上同意的法律效果

(一)术语使用的问题

刑法的立法者以多种形式将对法益侵害的主体的同意进行了法制化。在韩国刑法上,将同意和由此带来的法律效果作为明文规定进行立法的条款有:总则上的作为一般违法性阻却事由的受害者的承诺(第 24 条),刑法细则上的承诺杀人罪(第 252 条第 1 款),同意堕胎罪(第 269 条第 2 款),业务上同意堕胎罪(第 270 条第 1 款),非法使用汽车等罪(第 331 条之二)等。

关于此,日本刑法在"同意杀人"(第 202 条)、"同意打胎(堕胎)"(第 213 条至

---

* 韩国京畿大学知识情报学院警察行政学系教授、法学博士。

第 216 条）的标题下设置了对"受到"法益主体的"承诺"而杀人或打掉胎儿的行为进行处罚的规定。在德国，在 1953 年格尔茨（Geerds）将对法益侵害的同意区分为排除构成条件符合性的谅解和具有阻却违法性的效果的承诺之后，持续使用着这样的术语，德国刑法将承诺规定为伤害罪的违法性阻却条件（第 228 条）。目前，在韩国刑法学界中，"谅解"和"承诺"与原本的含义或语义①不同，被通用为构成条件符合性阻却事由和违法性阻却事由的术语，但刑法在将"谅解"法制化的非法使用汽车等罪（第 331 条之 2）②中使用了"同意"这个表达，而不是谅解，韩国大法院判例援用了"谅解"的法理，又使用"承诺"作为表达该法理的术语等，并未呈现统一的状态。③

笔者认为，为了灵活地包含基于法益主体形成的法益侵害允许状况，使用语义更为宽泛的术语较为理想。因此，在本文中，结合刑法的态度以及学界的惯例等，将法益主体允许对自己的法益侵害的意愿表达统称为"同意"，而仅在需要特别规范含义的情况下使用"谅解"或"承诺"等表达。

（二）接入体系

根据犯罪论体系，对于同意带来的法律效果，可按照犯罪的成立条件、处罚条件、起诉条件的顺序进行分析。大致可分为以下 5 种类型（阶段），其中①~④是符合犯罪成立条件领域的问题，⑤是符合起诉条件领域的问题。

①若存在同意则该行为的构成条件符合性本身不被认定，也不存在此外的其他处罚规定的情况（基于同意的构成条件符合性排除）。

②即使存在同意，该构成条件符合性也被认定，但在一定的条件下阻却违法性的情况（基于同意的违法性排除）。

③若存在同意则不符合该构成条件，但符合其他的补充性、减轻性构成条件的情况（基于同意的另外的减轻性构成条件适用）。

④与同意与否无关，该犯罪的构成条件符合性、违法性、责任均被认定的情况（与同意无关，该犯罪成立）。

⑤即使存在同意，构成条件符合性、违法性、责任均被认定，但在起诉条件上产生一定效果的情况（基于同意的起诉条件限制）。

从规范结构的角度来看，可以说形成了：①为原则性允许，②为原则性禁止和例外性允许，③为原则性禁止和例外性法定刑调整，④为原则性禁止，⑤为原则性禁止和程序法考量的结构。

（三）同意与犯罪成立条件

1. 基于同意的构成条件符合性排除

同意对犯罪成立造成的影响中最强力的，是根据同意排除构成条件符合性本身的情

---

① 这些术语在辞典上的含义为："同意"是指"对提出的主张或意见等给出一致意见"，"承诺"是指"对提出的要求表示接受"，"谅解"是指"酌情表示理解"，"协议"是指"相互的意志或意见达成一致"。若将这些术语具有的辞典上的含义按照强度进行排列，则可排列为承诺>协议>同意>谅解。

② 韩国刑法第 331 条之 2（非法使用汽车等罪）对未经权利者的同意临时使用他人的汽车、船舶、飞行器或摩托化自行车者，处以 3 年以下徒刑，500 万韩元以下的罚金、拘留或罚款。

③ 韩国大法院 2007.5.10，宣告 2007DO1375 判决；韩国大法院 2005.9.30，宣告 2005DO5869 判决等。

况。为此，需要将法益主体的同意进行客观的构成条件因素化。①

德国刑法在第248b条中规定了擅自使用汽车等罪，第1款中"对于违反权利者的意图使用汽车或自行车者，当在其他刑罚规定中未对该行为规定更重的刑罚时，处3年以下自由刑或罚金刑"的阐述将"违反权利者意图的行为"规定为客观的构成条件因素。因此，当对汽车等的擅自使用合乎权利者的意愿时，阻却构成条件符合性。②

韩国也存在为了改善在对汽车等的临时使用（所谓"盗用"）的情况下因非法占有意图的不足而无法加以处罚的立法缺陷，③ 在1992年的刑法修订法案中以"对于未经权利者的同意临时使用他人的汽车、船舶、飞行器或摩托化自行车者，处以3年以下徒刑，500万韩元以下罚金，拘留或罚款"的内容新设了非法使用汽车等罪（第198条第1款）。该条以上述德国刑法第248b条为模型，关于起诉条件规定了反意愿不罚罪，而不是与德国刑法相同的亲告罪（同条第2款）。④ 关于该规定，在1995年修订刑法时，除起诉条件部分以外，以相同的内容编入了刑法（第331条之2，非法使用汽车等罪）。⑤ 该罪与德国刑法相同，将"权利者的同意"进行客观构成条件因素化，因此，若存在权利者的同意，则排除构成条件符合性。

2. 基于同意的违法性排除

韩国刑法第24条在"受害者的承诺"这个标题下规定"对于基于可处理者的承诺损毁其法益的行为，若无特别的法律规定，则不予以处罚"。有见解认为此举将韩国刑法第24条的法律性质视为构成条件排除事由，但通说将其理解为违法性阻却事由。

在总则上将受害者的承诺设定为一般违法性阻却事由，这在各国的立法例中都是罕见的。⑥ 韩国刑法第24条是在1953年修订刑法时新设的规定。但是，在修订刑法时多有参照了1930年德国刑法和中国刑法。在刑法草案理由说明书中也未阐明法制史上的渊源。但是，根据1989年刑事法修订特别审议委员会的资料集，该规定以意大利刑法第50条⑦为参考立法例。⑧

3. 基于同意的补充性及减轻性构成条件适用

存在法益主体同意的情况是不符合行为者起初意图的构成条件，但符合具有与之类似的非法内容的其他构成条件的情况。从罪数论的角度来看，符合法条竞合特别关系或补充关系。刑法将类似的非法内容作为不同的构成条件进行立法的理由在于，各构成条件之间

---

① 但是，在如通说一般肯定"谅解"的概念并将其视作构成条件解释的问题的情况下，若存在法益主体的同意，则不认定构成条件符合性。
② MK/Hohmann，§248b Rn. 15；Sch/Sch/Escr，§248b Rn. 7.
③ 韩国大法院1992.4.24，宣告92DO118判决。
④ 参见韩国法务部：《刑法修订法案提案理由书（刑事法修订资料XIV）》，1992年10月，第174~175页。
⑤ 在2012年刑法部分修订案中，除因刑罚的种类缩减导致的法定刑变更（废止罚款）外，其他维持不变。
⑥ 在德国刑法中，为制定关于受害者承诺的总则上的规定，在细则中制定了：①根据政策性考量，与受害者的承诺与否无关，对通过损毁身体逃避兵役义务的行为予以处罚的规定（第109条）；②作为构成堕胎的违法性阻却的条件之一，要求孕妇的承诺的规定（第218a条）；③关于伤害罪，在根据受害者的承诺施加伤害的情况下，当其侵害了善意风俗时，也构成违法的规定（第228条）等个别规定。日本刑法也未在总则中制定关于基于受害者同意的行为的规定，只在细则中制定了对同意杀人罪（第202条）、（业务上）同意堕胎罪（第213条至第216条）的规定。
⑦ 意大利刑法第50条（受害者的承诺）对于根据可有效支配者的承诺侵害权利或使其陷于危难的情况，不予处罚。
⑧ 刑事法修订特别审议委员会小委员会审议结果（刑事法修订资料VIII），1989年1月，第40~41页。

的非法或责任的程度不同。

基于同意的补充性及减轻性构成条件适用,在刑法上以两种形态被立法。第一种是在法律条文上将同意的必要性明文化,将同意进行客观构成条件因素化。第二种是在构成条件体系的解释上规定认可构成条件相互之间的补充关系。前者的例子有与杀人罪(第250条)相对的嘱托及承诺杀人罪(第252条),与不同意堕胎罪(第270条第2款)相对的同意堕胎罪(第269条第1款)和业务上同意堕胎罪(第270条第2款)。后者的例子有与他人所有物纵火罪(第166条第1款、第167条第1款)相对的自己所有物纵火罪(第166条第2款、第167条第2款),与现住建筑物纵火罪(第164条第1款)相对的一般建筑物纵火罪(第166条)等。前者的情况属于尽管存在法益主体的同意,但无法根据刑法总则上的受害者同意完全阻却违法性的情况,即存在刑法第24条所述的"特别的法律规定"的情况。后者的情况在这点上也一样,但并不是根据明文规定,而是根据解释考虑受害者的同意,这点存在差异。

4. 与同意无关,该犯罪成立

在法益主体基于真挚且自由的意愿同意处理其个人法益的情况下,也存在无法将该同意视为有效的情况。

首先是构成条件除主要受害者外,还保护他人法益的情况。若存在主要受害者的同意,则可有效地处理该受害者的法益,但侵害了作为该构成条件保护的其他法益的个人法益,根据法益的第三者关联性,最终构成犯罪。例如,关于除未成年人的自由权外,还以监护人的监督权为保护权益的未成年人掠夺及诱拐罪(第287条),即使存在未成年人本人的同意,对其掠夺及诱拐行为也侵害了监护人的监督权,因此不影响该罪的成立。

其次是构成条件同时保护个人法益和国家及社会法益的情况。在这样的情况下,个人可处理自己的个人法益部分,但不拥有对国家及社会法益的处理权,因此无法对相应侵害表示同意,故相应行为符合构成条件。其例子有除个人的法律稳定性外还保护国家刑罚权的合理行使的诬告罪(第156条),除个人的财产权外还保护公共安全的纵火罪(第164条以下)等。①

最后是刑法从监护主义的观点否认或限制受害者的法益处理能力的情况。这又可分为:①虽为一般不予以处罚的行为,但通过将一定的限制命令或法定身份进行客观条件因素化,仅凭符合这样条件的事实本身即可认定该行为可罚性的情况。②虽为一般不予以处罚的行为,但当存在一定的行为形态或意愿干预行为时认可该行为的可罚性的情况。前者的例子有儿童酷使罪(第274条)中的"未满16岁者",被拘禁者奸淫罪(第303条第1款)中的"依法被拘禁者",未满13岁者奸淫及猥亵罪(第299条)中的"未满13岁者"等。后者的例子有在准强奸及强制猥亵罪(第299条)以及准诈骗罪(第348条)中"利用"人的心神丧失及无力抵抗状态或未成年人的智虑浅薄或人的心理障碍的情况。关于此,韩国大法院以在上述否认或限制刑法受害者法益处理能力的情况的一般犯罪之外,在难以认可受害者的意愿形成过程具有自主性的情况下,必须对否定其同意的有效性

---

① 关于对获得受害者的承诺损伤身体逃避兵役义务的行为予以处罚的德国刑法第109条,也可以这种主旨进行理解。

的主旨作出判决。①

（四）同意与处罚条件

即使具备犯罪的成立条件，也并不是所有的情况都存在刑罚的必要性。处罚条件就是指基于这种主旨，根据政策性考量，决定已经成立的犯罪的可罚性有无的条件。处罚条件的类型中，与对法益处理的同意相关的是"亲属间犯罪特例"。亲属间犯罪特例规定是基于亲属之间的纽带关系，国家刑罚权尽量不介入家庭内部案件的法律政策考量的规定。

问题在于亲属之间犯罪特例的法律效果。亲属关系的存在导致的处罚条件缺失的法律效果为，属于有罪判决之一的刑罚免除判决。这种亲属之间犯罪的特例以行为者与受害者存在一定的亲属关系为由，不考虑受害者的实际意愿，根据法律规定排除行为的可罚性。从这点来看，这不是以法律政策性考量为由，单方面地强制性地"推定"受害者同意的专断的立法形态吗？这一点存在疑问。②

关于财产犯罪，仅因存在特别的身份关系而不考虑受害者的意愿，赋予处罚条件的阻却这个统一的法律效果，在必须最尊重法益主体意愿的法律领域中引发最不考虑法益主体意愿的结果，这一点难以被视为是妥当的。因此，笔者认为，关于对财产犯罪的亲属间特例，比起处罚条件的阶段，在起诉条件的阶段进行考量，即使是在事后提供反映受害者关于法益侵害的意愿的可能性，也是更为理想的立法方式。③并且，考虑到随着时代的变化，家属或亲属的功能与作用也在发生变化，在家族共同体内尊重个人独立领域的价值观正在扩散的今天，将作为亲属之间犯罪特例适用对象的亲属范围限制为构成家族共同体核心的最小单位更为妥当。④

作为参考，1992年韩国刑法修订法案将亲属间犯罪的特例规定置于盗窃罪的章节中（第208条），并将其准用于除抢劫罪（第199条至第205条）和该法新设的特殊恐吓罪（第216）以外的所有财产犯罪。⑤该条将亲属间犯罪特例的适用对象限定于"直系血亲，配偶，同住亲属"，对于他们之间的犯罪可任意免除刑罚，此外的亲属间犯罪作为亲告罪进行处理。从立法论的角度来看，存在参考的必要。

（五）同意与起诉条件

起诉条件是以已经产生的国家刑罚权为基础，决定控诉权的行使与否继而提起公诉的条件，即形式上的诉讼条件。此处，亲告罪的不起诉或撤销起诉，以及反意愿不罚罪的不

---

① 韩国大法院1987.1.20，宣告86DO2395判决："若被告劝诱7岁、3岁多的年幼子女一起去死，令其相继进入水中，最终溺死，即使未直接将受害者推入水中，只是以劝诱不具有理解自杀含义能力的被告言听计从的年幼子女导致其溺死，就显然存在杀人罪的犯罪意图。"

② 关于此的详细讨论参见黄泰正：《刑法上的亲属间特例规定与受害者的意愿》，载《受害者学研究》2008年第16卷第1号。

③ 从各国立法例来看，日本刑法（第244条）设置了几乎与韩国相同的规定，将亲属间犯罪的特例作为处罚条件的问题进行处理，但德国刑法（第247条）以及法国刑法（第311-12条）将其作为起诉条件的问题进行处理，即使是在事后，也提供一条反映受法益主体关于法益侵害的意愿的途径。

④ 关于亲属间犯罪特例的亲属范围，日本刑法规定为直系血亲、配偶、同住亲属，德国刑法规定为亲属、监护人、保护人、同住者，法国规定为直系血亲、配偶。共同特征为仅将所需的最小限度范围内的人设定为亲属间犯罪特例的适用对象。

⑤ 诈骗罪及恐吓罪（第218条），贪污罪及渎职罪（第225条），赃物罪（第228条），损坏罪（第235条）。因此，亲属间犯罪的特例规定也适用于损坏罪［参见韩国法务部：《刑法修订法案提案理由书（刑事法修订资料XIV）》，1992年10月，第179~196页］。

愿处罚意愿表达的法律效果是问题所在。因为这些虽不是对构成条件性行为的直接同意，但作为对法益侵害的受害者的事后意愿表达，能否将其视为刑法上的广义的同意，即对法益侵害的"事后同意"的一种形态，存在疑问。对此进行判断的重要标准为同意的"对象"和同意的"时机"。

首先是同意的"对象"的问题。刑法对基于同意的行为赋予特别法律效果的理由在于，法益主体接受法益侵害，因此同意的对象可以说是"法益侵害行为"本身。亲告罪的不起诉或撤销起诉、反意愿不罚罪的不愿处罚意愿表达直接指向公诉权的不产生或消除，但间接地带有作为对一定的"法益侵害行为"的意愿表达或意见表明的性质。

其次看同意的"时机"，刑法学上的同意作为包括构成条件阻却性谅解和违法性阻却性承诺的概念，在其概念的内在含义上，要求为"事先的"同意。但是，亲告罪的不起诉或撤销起诉、反意愿不罚罪的不愿处罚意愿表达是对一定行为的"事后的"意愿表达。因此，这些情况缺乏同意的一般理论上要求的"事先性"，无法包含于刑法上的同意的概念。①

三、韩国刑法第 24 条的主要争议

为使韩国刑法第 24 条成立，需要：①存在有效的承诺；②是可处理者对可处理的法益的承诺；③存在基于承诺的法益损毁行为；④不存在特别的法律规定等条件。此外，法律条文上未表述但存在对是否需要在解释论上追加⑤基于承诺的行为的"社会常规适合性"条件的讨论。其中，关于①的基于存在瑕疵的意愿的同意、关于②的对社会法益的同意、关于③的基于非法的反伦理目的实施的同意的法律效果是问题所在。

（一）基于存在瑕疵的意愿的同意与法律效果

存在瑕疵的同意可分为该同意是在受到暴力、威胁或强迫等的情况下并非基于自由意愿而形成的情况，以及该同意是在出于一厢情愿或出于期望等错误状况下形成的情况。两者均无法说是基于同意主体的自由意愿的同意，从这点来看，其法律效果存疑。

首先，在因受到暴力、威胁等，自由意愿被压抑或缺失的状态下形成的同意在同意的一般论上无法成为有效的同意，这一点不存在疑问。刑法也考虑到这点，将基于诡计或威逼形成同意的情况等同于不存在同意的情况（第 253 条）。

问题在于基于期望或错误等存在瑕疵的意愿表示同意的情况。在这样的情况下，在同意的一般理论上也无法成为有效的违法性阻却性同意。但是，对于以何种方式实施对何事物的同意，需要具体的探讨。尤其是关于错误的对象为何以及因此同意的法律效果发生怎样的变化：①关注于期望与同意之间的因果关系，认为在若不存在基于期望的错误则同意也不存在的情况下，这种同意无效的"主观真意说"。②将受害者的错误区分为关于同意对象的含义内容的错误和单纯动机的错误，认为基于含义内容错误的同意无效，但基于单纯动机错误的同意有效的"动机错误说"。③区分为关于该构成条件保护的法益的错误和对此外的事项的错误，认为基于关于保护法益错误的同意无效，但基于与保护法益无关的

---

① 与一般情况不同，还出现过刑法上的"事先"同意对起诉条件造成影响的情况，即目前已经废止的通奸罪（第 241 条）的情况。关于通奸罪，制定了"但是，当配偶怂恿或宥恕通奸时，不可起诉"的但书规定（第 241 条第 2 款但书），此处的怂恿是指事先同意，宥恕是指事后同意，这种事先及事后同意的法律效果为因起诉权的限制而排除起诉条件，具有与一般亲告罪不同的法律效果。

错误的同意不丧失其有效性的"法益相关错误说"。这三种学说呈对立状态。

日本的判例①与通说②几乎一致地采取了"主观真意说"的立场，但在韩国，学说对立，判例也未呈现一致的状态。韩国大法院关于住宅侵入罪③以及伤害罪，④ 基本上根据"主观真意说"作出判决，但在韩国大法院的判决中，也存在当作为同意的基础的错误与该构成条件保护的法益相关时判定该同意无效，但判定基于与保护法益无关的错误的同意有效的采取"法益相关错误说"的立场的情况。⑤

"主观真意说"将与法益侵害危险性无关的行为者的心理状态也作为同意的对象，脱离了基于刑法法益的保护范围，"动机错误说"未能提出关于一定的错误是动机的错误还是内容的错误的明确标准，从这些点来看，无法视为妥当。关于基于存在瑕疵的意愿表达的同意，基本上应重视的是该同意是否基于法益主体真挚的自由意愿，这种同意的对象当然必须是与自己想要处理的法益相关。因此，笔者认为，限定为对有效的同意造成影响的错误，或关于原则上成为处理对象的法益的错误的"法益相关错误说"是妥当的见解。⑥

(二) 社会法益的处理可能性与界限

鉴于受害者的承诺制度的主旨，受害者同意可处理的法益原则上仅限于个人的法益。但是，关于在以社会及国家法益的保护为主要目的的构成条件，对于①该构成条件在一定的范围内同时保护社会及国家法益和个人法益的情况（重叠的保护法益的问题）或②虽为为保护社会法益的构成条件，但可具体推断出特定的受害者，存在这种受害者全体的同意的情况（所谓"社会性同意"的问题）等，社会法益的处理可能性存疑。

首先，刑法上的一般建筑物纵火罪（第166条）以及一般物品纵火罪（第167条）在构成条件上对他人所有物和自己所有物的纵火行为规定了不同的法定刑。通说及判例解释，纵火罪的这种规定形式是因为纵火罪基本上以公共安全为保护法益，其次也以个人的财产作为保护法益。因此，对于对他人所有物纵火的情况，原则上应适用第166条第1款以及第167条第1款，但当作为所有人的他人同意纵火时，对财产权侵害部分的非法可视作被阻却，因此在这样的情况下，将其视为对自己所有物的纵火，根据同条第2款进行处罚较为妥当。

并且，即使是涉及社会法益的罪，根据构成条件存在程度的差异，并不一定要求不特定的抽象的社会性同意，在特定的案件可推断出具体的特定的受害者的情况下，若存在他们的同意，则对社会法益的处理在一定范围内也是可行的。例如，关于纵火罪，主要的保

---

① 最判昭和33（1958）年11月21日、刑集12卷15号3519页；最决昭和33（1958）年3月19日、刑集12卷4号636页等。

② 大谷实：《刑法讲义总论（新版）》，成文堂2000年版，第274页；大冢仁：《刑法概说（总论）（第3版）》，有斐阁1997年版，第401页；松宫孝明：《刑法总论讲义（第3版）》，成文堂2004年版，第117页；井田良：《刑法总论的理论构造》，成文堂2005年版，第198页等。

③ 韩国大法院2003.5.30，宣告2003DO1256判决（"洗手间侵入"案例）；韩国大法院1952.5.20，宣告4285-80判决等。

④ 韩国大法院1993.7.27，宣告92DO2345判决（"子宫肌瘤"案例）。

⑤ 韩国大法院2001.12.24，宣告2001DO5074判决（"诱骗未成年人奸淫"案例）；韩国大法院2002.7.12，宣告2002DO2029判决。

⑥ 对此的详细讨论参见黄泰正：《基于错误的承诺和紧急状况错误中的有效性》，载《刑事法研究》2010年第22卷第1号。

护法益为公共安全这个抽象的法益,但在具体案例中,实际的受害者可以说是在纵火行为可导致的燃烧范围内居住及生活的居民等。因此,若存在这些居民全体的同意,作为纵火罪保护法益的公共安全以及个人的财产权的毁损则无须再谈,以此为依据的纵火罪的处罚依据本身丧失,也可阻却违法性以及构成条件符合性。韩国大法院关于以"对死者的社会上普遍的宗教情感"这个社会法益为保护法益的刑法上的坟墓挖掘罪(第160条)的成立与否,以在征得在法律上拥有对该坟墓的守护、奉祀、管理以及处理权限者的同意后进行挖掘的情况下阻却违法性的主旨作出判决。① 对于社会法益的情况,也可基于在可具体缩小及明确特定受害者范围,征得具体特定受害者同意的情况下,该行为的违法性可被阻却的主旨进行理解。

(三) 非法的反伦理的目的的同意与法律效果

违反司法上的善意风俗等社会秩序的行为因违反民法第103条而无效。但是,在刑法中与在司法中一样,不是讨论观念性的法律行为的有效或无效,而是必须以实际的法益侵害行为为中心,讨论对其的同意限制或社会伦理的限制。因此,属于法益侵害行为的行为动机在民法上是否有效,同意的动机以及同意行为指向的目的的非法性及反伦理性等原则上不属于考虑的对象,即不得违背社会常规的不是同意本身或同意的动机或目的,而是基于同意的"行为"本身。也就是说,刑法上其他违法性阻却事由要求的作为社会常规符合性条件的"适当理由"是对法益侵害行为,即防卫行为、避险行为、自救行为本身的要求,这一点从对类似案件的国外立法例来看也是十分明确的。②

两者最容易发生混淆的情况是存在基于非法的反伦理动机或目的的同意,据此实施"伤害行为"的情况。产生这种混淆的多数情况是非法的反伦理动机或目的本身违背社会常规,由此可见,这种混淆源于对这种动机或目的的同意也必须受到基于社会常规的限制的误解。但是,众所周知,一定行为的动机或目的一般只是行为者内心的意图,不会根据法律的规定特别编入构成条件的领域,③ 因此对犯罪的成立不造成影响,只是在量刑的阶段考量(第51条第3项)。并且,受害者的同意并不是直接的构成条件实现行为,而是容许侵害自己法益的构成条件性行为,法益主体牺牲自己法益追求的目的在表现为构成条件性行为之前,也只是处于不可罚的领域。从这点来看,没有理由对其要求社会常规符合性。由此看来,这种讨论可以说是基于同意的"法益侵害行为"本身违背社会常规的情况的问题,最终归结于基于同意而自由处理的对象法益的范围问题。

为了论证上述内容,以下列情况为例:①为得到生命保险金而同意杀害自己的情况;②为了免除兵役或为了在服役过程中依病转役而同意伤害自己的情况;③为从汽车保险公司获得保险金而同意损坏自己汽车的情况;④为了获取保险金、免除债务、自伤恐吓等而同意伤害自己的情况;⑤伪装绑架行为,以隐藏自己的不正当行为为目的同意监禁自己的

---

① 韩国大法院1995.2.10,宣告94DO1190判决。

② 关于此,德国刑法规定,"对于基于受害者的承诺施加伤害者,即使其行为是基于承诺而实施,当其违反善意风俗时,构成违法"(第228条)。澳大利亚刑法更进一步规定,"关于伤害或对身体安全的危殆化,当受害者或被危殆化者对此做出承诺,伤害或危殆化本身未违反善意风俗时,不构成违法"(第90条第1款)。

③ 例如,对于刑法上的各种目的犯(第225条、第288条、第309条、第335条)的情况,"目的"作为超主观的非法因素被构成条件因素化;对于刑法上的婴儿杀害罪(第251条)和婴儿遗弃罪(第272条)的情况,"动机"作为特殊的责任标志被构成条件因素化。在这样的情况下,行为的动机或目的作为构成条件因素发挥功能,这一点不存在疑问。

情况。

在①的情况中，目的为保险诈骗，但基于同意的法益侵害行为为"杀害"。征得同意杀人的行为在刑法上是不被允许的，这点是毫无疑问的（第252条）。

在②的情况中，目的为逃避兵役义务，但基于同意的行为为"伤害"。对于以逃避兵役义务为目的的同意伤害，在兵役法（第86条，逃跑及身体损伤罪）和军刑法（第41条第1款，以逃避劳务为目的的身体伤害罪）上存在明文的处罚规定。[①] 法律共同体为保护公共法益而在政策上限制个人的处理法益的自由的情况符合刑法第24条的"存在特别法律规定的"情况，因此不构成违法性阻却。如上所述，①和②是根据法律的特别规定简单明了地进行处理的情况。

在③的情况中，目的为非法保险诈骗，但基于同意的行为为"损坏"。根据通说，损坏罪的保护法益为"所有权的利用价值"，所有权的利用价值是法益主体可自由处理的法益。因此，在这样的情况下，目的非法但基于同意的行为本身是对被认定可处理自由的对象的侵害，因此最终不存在任何非法。

④的情况是作为基于社会常规的同意限制讨论核心的"伤害"的情况，即目的也是获得保险金或自伤恐吓这样的非法目的或免除债务这样的反伦理目的，基于同意的法益侵害行为也是"伤害"，根据任何学说及判例，这都是要求社会常规符合性的情况。对"伤害"的基于社会常规的限制实际上可以带来合理的、妥当的结论，这一点是被认可的。但是，在现行刑法上不存在限制其的法律依据，对此，如下文所述，需要立法论上的解决方案。[②]

在⑤的情况中，虽为基于非法的反伦理目的而实施的行为，但是基于同意的侵害行为为"监禁"。监禁罪作为以"人的行动的自由（场所转移的自由）"为保护法益的犯罪，属于所谓的若存在法益主义的同意，则阻却构成条件符合性的可"谅解"的犯罪。因此，基于同意的监禁不存在构成条件符合性。

四、韩国刑法第24条的解释论与立法论

（一）刑法解释的界限

韩国刑法在第24条中，将受害者的承诺规定为刑法总则上的一般违法性阻却事由（通说）。关于刑法总则，若无将其排除的特别规定，则原则上适用于刑法全体。关于作为总则上的违法性阻却事由的韩国刑法第24条，原则上若无"特别的法律规定"则适用于刑法细则上的所有犯罪。但是，如上所述，可处理的法益原则上仅限于个人法益，而在个人法益中，生命及身体等不可替代的本质法益也难以被视作自由处理的对象。刑法对于对生命侵害的同意，以法律上的特别规定制定了嘱托及承诺杀人罪（第252条），但对于对身体侵害的同意，未制定这种明文的限制规定。

[①] 两种罪的内容为对以逃避或减免兵役为目的的身体损伤和以逃避劳务为目的的身体伤害的处罚，构成条件的结构以损伤、伤害自己的身体为前提。因此，该构成条件原则上是处罚对自己身体的自损行为的规定，而不是处罚获得同意实施这种行为者的规定。但是，对于向实施以逃避或减免兵役为目的的身体损伤和以逃避劳务为目的的身体伤害而适用兵役或军刑法者提供帮助的情况，根据关于与共犯的身份关系的刑法第33条的规定，可构成同罪的共犯，在这样的情况下，即使存在受到身体侵害的当事人的同意，也因适用其他法律规定而不阻却违法性。

[②] 关于此的详细讨论参见黄泰正：《非法的发伦理的目的的承诺与伤害》，载《刑事判例研究》2011年第19卷。

通说和判例①为了在解释论上完善这种立法上的不完备，援用了在除刑法第 24 条以外的一般违法性阻却事由中明文规定的"社会常规"及"适当理由"。在韩国刑法上的违法性阻却事由的规定体系上，第 20 条至第 24 条可以说均为未违背社会常规行为的具体例子，因此，对于基于受害者承诺的行为，也解释为不得违背社会常规较为妥当。笔者认为，这是受到了在不存在关于受害者承诺的总则规定的情况下，关于伤害罪，规定"基于受害者的承诺而施加伤害的即使是基于承诺实施了该行为，当其侵害了善意风俗时，也构成违法"的德国刑法（第 228 条）的影响。

笔者认为，通说和判例的这种解释考虑了身体这个法益的不可替代性和重要性及特殊性，在具体的案件中可带来合理妥当的结果。但是，应将其视作在立法论上必须要考虑的内容，而不是在解释论上可引用的内容。对于刑法第 24 条，在无明文的法律依据的情况下要求社会常规符合性条件，实质上缩小了违法性阻却事由的成立范围，扩展了可罚性，可能会导致罪刑法定主义形同虚设。总之，韩国刑法不同于德国刑法，这种解释论是违反罪刑法定主义的不合理的理论，受到批判是不可避免的，需要在立法论上重新考量。②

（二）立法方式的妥当性探讨及提议

对刑法第 24 条的立法论可作如下考虑：①与其他违法性阻却事由一样，在现行刑法第 24 条中规定"适当理由"，将社会常规符合性明文化的方案，②与刑法上的嘱托及承诺杀人罪一样，制定适用于存在同意伤害情况时的法律特别规定（例如，"嘱托及承诺伤害罪"）的方案，③与德国刑法第 228 条一样，在刑法细则上的伤害罪的构成条件中导入善意风俗或社会常规概念的方案等。

首先，关于①，在总则上规定违法性阻却事由的限制事由，预计具有能够简单明了地处理所有法律关系的优点。但是存在以下问题：第一，鉴于社会常规概念本身内含的一般问题，即概念本身的不明确性及判断标准的模糊性，以及与该构成条件欲保护的法益无关的"反伦理性"，这些构成条件外的因素的考量，这与处罚善意风俗的违背本身无异；第二，在必须最大限度保障自由、名誉、财产等个人具有处理自由的法益领域中，若要求不违背社会常规，会造成所谓"社会性意愿"替代个人自由意愿的效果；第三，韩国刑法第 24 条规定的基于自行处理原理而成立的违法性阻却事由，与基于自我生存的原理被认定的其他违法性阻却事由相比，基于社会适当性的正当化的必要性明显弱化。

其次，关于②，与现行刑法第 252 条形成对称关系，具有可促成立法形式上的统一性的优点。但是，能否采取形式上类似的立法结构还未可知，且考虑到条文内容的解释方法的差异，预计②也不存在较大的实际利益。例如，关于同意杀人，"杀害"行为的存在与否构成二选一的关系，因此，在判断该罪的成立与否时，在存在杀害行为这个客观事实的情况下，只需判断同意的有无即可。但是，同意伤害的情况与之不同，在判断同意与否之前，首先要处理的是在各种形态和程度的伤害中，可将哪一种视为该罪约束的伤害的问

---

① 韩国大法院 1985.12.10，宣告 85DO1892 判决："关于根据刑法第 24 条的规定被阻却违法性的受害者的承诺，在损毁个人法益的情况下，不仅仅需要法律上可对此进行处理的人给出承诺，而且该承诺在伦理上、道德上不得违背社会常规。"

② 关于此的详细讨论参见黄泰正：《违背社会常规的承诺》，载韩国刑事判例研究会编《刑法判例 150 选》，博英社 2019 年版，第 64~65 页。相同主旨的内容参见姜久振：《刑法讲义（分论 I）》，博英社 1984 年版，第 62 页；李正源：《刑法分论（第 3 版）》，法志社 2003 年版，第 79 页。

题，即为了确定属于该罪的适用对象"伤害"的范围，必须先进入评价这种伤害行为在社会性层面是否违法的阶段，最后才归于伤害行为的"适当性"判断。这被判断为与以下将要探讨的③毫无差别。

最后，关于③，可避免在总则上对违法性阻却事由设定限制事由的负担，但这也提出了社会常规这个不明确的概念，也会产生上述对社会常规概念本身的"批判论"直接代入的问题。尽管如此，鉴于关于现行刑法上的第24条的解释论的最大的问题在于同意伤害的情况，难以否认与德国刑法相同的这种立法方式是最简单的解决方案。并且，如此规定的情况符合第24条规定的"存在特别的法律规定的情况"，可罚性的依据也准备就绪，因此，与现行刑法的解释论的协调也不存在大问题，这也是一个很大的优点。

但是，在采取这种立法方式的情况下，关于同意伤害，该以何种程度考虑身体这个法益的重要性和特殊性，还需要进行讨论。考虑到超出作为医生主要业务领域的本质性治疗行为范畴的附属医疗行为，或一定范围内的以美容为目的的身体损伤等，即使是在存在伤害行为的情况下，因其程度轻微，也存在法益主体对此的明确同意，无须刑法对此加以保护。因此，仅限于基于同意的身体侵害达到威胁法益主体的存立依据本身的程度的情况，即存在带来生命危险或不可逆地损毁身体的生理机能等程度的重大身体侵害的情况，规定即使存在法益主体的同意也认定该行为的可罚性较为妥当。对此，可参考韩国刑法上的重伤害罪（第258条）的规定。

被害人因受骗而同意的法律效果[①]

[中] 付立庆[*]

一、问题的提出

所谓被害人同意，"是指作为法益主体的被害人，许诺对自己法益的侵害、放弃对该法益的法律保护"。[②] 在侵害个人法益的场合，被害人是相应法益的主体，具有对法益的处分权。因此，存在被害人的有效同意，[③] 就意味着实现了被害人的自主处分权，从而可以否定行为的违法性，进而否定犯罪的成立。但问题是，在被害人因受骗而同意的情形下，被害人的同意是否依然有效。如下案例可谓是这一问题的适例。

案例1（姚定某故意杀人案）：被告人姚定某为达到不偿还他人债务之目的，利用被害人夫妇闹矛盾之机，劝被害人以假自缢方式吓唬妻子不再为琐事吵闹；并约定自己用手电筒显示信号，被害人即开始上吊，待其踢翻脚下凳子时，由姚及时施救。被害人表示同意。但之后当被害人如约自缢踢翻凳子时，姚却不予施救，终致被害人死亡。[④]

案例2（孙某骗人卖肾案）：林某（24岁）药剂师专业中专毕业后应聘到某公司，后得知该公司是做肾脏买卖的。公司经理孙某说，一个肾可卖6万元。在孙某的哄骗下，林某在一家卫生院切除了左肾，可最终只拿到3万元钱。林某觉得被骗，遂报警。[⑤]

案例3（孙红某强奸案）：被告人孙红某酒后闯入本厂女工宿舍，将尚在熟睡的女工赵某某惊醒。赵某某以为站在床边的孙是自己的男友，便说了一句"站在那干啥"。孙意识到赵某某认错了人，即走到床前，先亲吻、搂抱，后将赵某某奸淫。后赵某某发现真相，孙红某被保卫人员抓获。[⑥]

案例4（黄卫某抢劫案）：被告人黄卫某见被害人龚某在大街上向其招嫖，遂起意抢劫。黄卫某随龚某来到龚某的出租房内，在与其发生性关系后，持事先准备的弹簧刀威胁

---

① 本文系国家社科基金项目"刑法中的自己决定权理论与实务研究"（11CFX059）的阶段性成果。
* 中国人民大学法学院刑事法律科学研究中心教授。
② 山中敬一：《刑法总论》（第3版），成文堂2015年版，第205页。
③ 本文不严格区分"被害人同意"与"被害人承诺"（在同意有效的场合，作出同意的法益主体已难称"被害人"，这里只是在约定俗成的意义上使用这一用语），并且统一将其理解为违法性阻却事由。当然，本文的分析结论也适用于将被害人同意理解为构成要件阻却事由的理论分析框架。
④ 戚庚生、李心：《姚定荣诱逼他人自杀案》，载最高人民法院中国应用法学研究所编：《人民法院案例选》（1994年第4辑），人民法院出版社1995年版，第30页。
⑤ 《南京一黑公司忽悠"6万一个肾"，小伙被拉到徐州切肾后仅得3万》，载《现代快报》2011年9月16日，第F8版。
⑥ 杨善明：《孙红喜乘女工误认其为男友之机实施奸淫案》，载最高人民法院中国应用法学研究所编：《人民法院案例选》（刑事卷·上）（1992~1999年合订本），中国法制出版社2000年版，第525页。

龚某,劫得其价值 1091 元的黄金戒指 2 枚和现金 300 余元。①

案例 5(骗购经济适用房案):申购人以"夫妻两人已离婚,一方无房可住"为由申购经济适用房,在提供相应材料后获得一套房源。后房管部门发现该夫妻并未离婚,当初提供的离婚协议书等均系伪造,两人共有两套住房,不具备购买经济适用房的资格。②

以上案例中,被害人对上吊、割肾、和对方发生性关系、对方进入自己房间、卖房给对方都表示同意。而且,这些被害人同意还有一个共同特点,即都存在行为人的欺骗因素。对于上述案例,司法实务的总体态度是只要存在因欺骗而产生的认识错误,同意就无效。因此,在案例 4 中肯定了入户行为的非法性,在因受骗而自杀(案例 1)、因受骗而与对方发生性关系(案例 3)等场合,也肯定了故意杀人罪、强奸罪的成立。在欺骗成年人卖肾的场合(案例 2),司法机关并未认定为故意伤害罪,而是以非法经营罪起诉。司法实践中对骗人卖肾以故意伤害罪论处的,集中于被害人未满 18 周岁的场合。③ 在骗购经济适用房的场合(案例 5),也只是以收回房子了事,而未按照诈骗罪来处理。毫无疑问的是,实务的上述处理是否完全妥当,各个处理结论之间是否协调?

在被害人因受骗而同意的场合能否认可同意的效果,理论上大致存在以欺骗为出发点或者以错误为出发点这两种思考路径。前一思考路径是德国判例和传统学说的观点,即仅根据存在欺骗这一事实就将被害人的同意归于无效,这可称为"全面无效说"。④ 这一传统立场虽然后来受到了"法益关系错误说"的强烈挑战,但至今仍保持着很大的影响。在我国台湾地区,"全面无效说"也很有市场。⑤ 对于后一思考路径,有日本学者将其整理为三种主要学说:⑥(1)"主观真意说"("本质错误说""重大错误说""条件关系错误说")是日本判例的立场。其认为,若被害人的同意是不符合其真意的有重大瑕疵的意思表示,则同意无效。⑦ 这一立场在学说上获得了不少学者的支持。(2)"动机错误说"是介于"全面无效说"和"法益关系错误说"之间的一种折中观点。其认为,若出现因欺骗而引发的动机错误,且只要该动机是决定性的动机,就足以使得承诺无效化。⑧ (3)"法益关系错误说"认为,只有存在法益关系错误,即被害人对自己放弃了什么并不明确的场合,承诺才无效。在我国,尽管有学者表现出支持"重大错误说"的倾向,⑨ 甚至有学者明确支持"全面无效说",⑩ 但总体上对"法益关系错误说"持肯定态度的学者

---

① 王永兴:《黄卫松抢劫案》,载最高人民法院刑事审判第一、二、三、四、五庭主办:《刑事审判参考》(第 91 集),法律出版社 2014 年版,第 27 页。
② 《有两套房还用假证骗经适房》,载《扬子晚报》2010 年 4 月 28 日第 A9 版。
③ 《"少年卖肾案"一审宣判》,载《湖南日报》2012 年 11 月 30 日第 6 版;《骗人卖肾赚黑心钱》,载《甘肃法制报》2010 年 4 月 16 日第 A3 版。
④ 乌尔斯·金德霍伊泽尔:《刑法总论教科书》,蔡桂生译,北京大学出版社 2015 年版,第 122 页。国内学者的梳理和研究,参见车浩:《德国关于被害人同意之错误理论的新进展》,载《环球法律评论》2008 年第 6 期。
⑤ 柯耀程:《刑法总则》,台湾三民书局 2014 年版,第 184 页;林钰雄:《新刑法总则》,台湾元照出版有限公司 2014 年版,第 285 页;余振华:《刑法总论》,台湾三民书局 2011 年版,第 259 页。
⑥ 塩谷毅:《被害者の同意と错误理论》,载《刑法雑誌》2003 年第 43 卷第 1 号,第 129 页。
⑦ 最判昭和 33 年(1958 年)11 月 21 日判决,刑集 12 卷 15 号,第 3519 页。
⑧ 克劳斯·罗克辛:《刑法总论(第 1 卷)》,平野龙一监修,町野朔、吉田宣之监译,信山社 2003 年版,第 627 页。
⑨ 周光权:《教唆、帮助自杀行为的定性》,载《中外法学》2014 年第 5 期。
⑩ 王钢:《自杀的认定及其相关行为的刑法评价》,载《法学研究》2012 年第 4 期。

可能影响更大、人数更多。① 不过，细究起来，究竟什么样的错误属于"法益关系"错误，其根据和适用的边界何在，是否在没有法益关系错误时可一概肯定同意的效果等问题，在我国尚未得到全面和充分的研究。同时，如前文多个案例所示，司法实践中广泛存在被害人因受骗而同意的情形，该同意是否有效对于相关犯罪的认定具有重要意义。因此，本着理论和实践两方面的问题意识，本文对被害人因受骗而同意的法律效果问题进行探讨。

二、"法益关系错误说"的基本内容

"全面无效说"单纯着眼于欺骗本身，只要存在欺骗就否定同意的效果，这会导致处罚范围的扩大，其妥当性存疑。"行为人实施了欺骗这一事实，对于同意的有效性来说并不重要，不管欺骗者是谁，或者即便是在不存在欺骗者的场合，是否属于被害人基于有瑕疵意思的同意，对同意的效力来说才是本质问题。从而，就应该基于错误来讨论同意是有效还是无效。"② "主观真意说"以被害人的主观真实意思来判断客观上的同意是否有效，这实际上是将主观与客观两个范畴混为一谈，表面上试图从主观上限定犯罪成立范围，实际上只要存在能造成被害人事后反悔的事由，就很容易成立"只要没有欺骗就不会同意"的条件关系，从而认定被害人的同意违反本意。而这会使得几乎所有由受骗导致的同意都归于无效，从而失去该理论原本应具有的限定功能，故称之为"无限定说"也不为过。③ 而且，在支付对价错误等场合，"主观真意说"可能会导致对某一犯罪的法益侵害（如财产损害）动用另一不同类型构成要件（如伤害罪）来加以保护，从而混淆不同犯罪在类型上的本质差别。因此，从客观上限定因受骗而同意的无效范围，成为一种需要和必然。

（一）基本内容

创造性地提出法益关系错误概念，发展出从客观上对认识错误的同意效果予以限制的理论的是德国学者阿茨特。其指出，一种欺骗所导致的错误不是仅仅与一种期待的回报有关，而是直接关乎法益，即当同意人对所放弃法益的种类、范围或者危险性等发生错误时，才能使同意无效。比如，致使被害人违反事实地认为自己罹患癌症而同意摘除肾脏的场合，同意无效；在被骗说要是提供肾脏就能得到报酬从而同意的场合，则同意仍然有效。④ 阿茨特认为，和他人约好通过实施某种行为或处分一定法益而获得某种回报，在未能得到回报时就认为同意无效的话，就明显超出了相应犯罪的保护范围，而成了保护意思活动的自由了。这样，在刑法分则中对各个法益加以区别的做法，就变得没有意义了。⑤ 他进一步指出，刑法不能助长高度的人格利益成为交换的对象，否则，由于违反公序良俗而在民法上不予保护的高度的人格利益，就会因其买卖而产生的请求权，通过刑法得到了

---

① 张明楷：《刑法学》，法律出版社 2011 年版，第 218 页；黎宏：《被害人承诺问题研究》，载《法学研究》2007 年第 1 期。
② 山中敬一：《刑法总论》（第 3 版），成文堂 2015 年版，第 218 页。
③ 松原芳博：《刑法总论重要问题》，王昭武译，中国政法大学出版社 2015 年版，第 106 页。
④ 盐谷毅：《被害者の承諾と自己答責性》，法律文化社 2004 年版，第 33 页。
⑤ 森永真纲：《被害者の承諾における欺罔・錯誤（一）》，载《关西大学法学论集》2002 年第 52 卷第 3 号；盐谷毅：《被害者の承諾と自己答責性》，法律文化社 2004 年版，第 33 页。

保护。① 有评论认为,"法益关系错误说"的目的是,"通过将欺骗与错误的对象限定于相应刑罚法规的保护法益,从而试图避免依该刑罚法规的法益保护目的,无法说明处罚根据的情形"。② 可以看出,"法益关系错误说"主要在于强调构成要件的定型性及其罪刑法定机能。③ 这样,在将被害人同意的正当化根据理解为法益要保护性的丧失的基础上,"法益关系错误说"的主旨就是:在就相应构成要件所针对的法益侵害存在正确认识并予以自由同意的场合,相应法益失去了要保护性,从而不成立犯罪;相反,如果以存在其他错误为由而认定同意无效并对相应行为加以处罚,就会导致以此罪的构成要件保护与此无关的利益或是保护一般的意思自由,而这会损害构成要件的定型性,进而殃及罪刑法定原则。

对于何种情况下能认定法益关系错误,阿茨特作了基本界定,德国、日本的学者予以了补充完善。我国学者黎宏对此作了梳理与描述。④ 归纳而言,能肯定存在法益关系错误,从而否定同意效果的,包括两大类型:

纯粹的事实认识欠缺型。对于这一类型,原本就不能认为法益主体存在放弃法益的意思,因而原本就不存在同意。对所引起的法益侵害之内容本身欠缺正确认识的场合,主要包括如下情形:(1)关于侵害内容、范围的错误。比如,欺骗被害人说前面是平地,让其闭上眼睛向前走,致其跌下悬崖摔死的场合,被害人对于生命法益将受到侵害的事实全无认识,因此根本不存在被害人针对生命侵害的同意。再如,对目的行为属于奸淫行为这一点的认识错误,是对侵害内容缺乏认识。在假称治病而奸淫妇女的场合,由于被害人认为此时的行为是一种治疗行为,故可以认为被害人缺乏对奸淫行为的认识。(2)关于侵害强度的错误。比如,同意对方徒手扇耳光,对方却戴着铁扳指扇的,就属于此种错误。(3)关于行为人同一性的错误。例如,就针对性自由的犯罪来说,"和谁进行性行为的自由"属于该类犯罪的保护法益。前文案例3能够肯定行为人成立强奸罪的根据,正在于此。⑤

规范评价误认型。在这一类型中,尽管存在表面上的同意,但因法益主体对法益的要保护性等存在误认,故可以肯定法益侵害性的存在,该同意无效。对将要受到侵害的法益内容本身虽有明确认识,但对其要保护价值、要保护性等欠缺正确认识时,同样属于法益关系错误。⑥ 比如,在使物主误以为价值很高的茶壶是假货,从而致其同意毁掉该茶壶的场合,物主虽然对行为人将要毁坏"自己的这只壶"本身没有错误认识,但由于受骗而认为该壶不具有经济价值、不值得保护,此时欺骗者当然应构成故意毁坏财物罪。同样,在师父欺骗女弟子,使女弟子认为和师父发生性关系是自己修成正果的必备要件,自己为了得道只能如此的场合,被害人虽然对发生性关系这一点存在认识,但对自己性自主权的

---

① 森永真纲:《被害者の承諾における欺罔・錯誤(一)》,载《关西大学法学论集》2002年第52卷第3号;塩谷毅:《被害者の承諾と自己答责性》,法律文化社2004年版,第34页。
② 井田良:《刑法总论的理论构造》,成文堂2005年版,第199页。
③ 佐伯仁志:《被害者の錯誤について》,载《"神"法学年报》1985年第1号;佐伯仁志:《被害者の同意とその周辺(1)》,载《法学教室》2005年第295号。
④ 黎宏:《被害人承诺问题研究》,载《法学研究》2007年第1期。
⑤ 不过,在行为人的不同对法益主体而言并无特别意义的场合,行为人同一性的认识错误没有必要被说成是法益关系错误。
⑥ 森永真纲:《被害者の承諾における欺罔・錯誤(一)》,载《关西大学法学论集》2002年第52卷第3号。

保护价值产生了认识错误。对此，若能理解为法益关系错误，就能肯定强奸罪的成立。关于正当化状况的错误，也属于规范评价误认型错误。例如，在猛兽事例、伪装搜查事例、伪装被追杀事例等场合，[①] 若果真存在所欺骗的状况，则可以通过正当防卫、紧急避险或法令行为等事由使行为人的行为正当化，故而这种欺骗实际上使被害人以为自己失去了拒绝权、选择权，即以为相应法益失去了要保护性。对此，可以肯定法益关系错误的存在。

相对于"主观真意说"以及几乎与其殊途同归的"全面无效说"，"法益关系错误说"从错误的内容、类型等客观角度出发，确定判断错误同意效果的基准，既可以避免处罚范围过大，又可以避免"主观真意说"过于依赖被害人的主观标准所带来的随意性和不确定性，其方向是可行的。同时，只要是重视各个具体犯罪的定型性，认可对各个法益予以保护是各个构成要件的基本任务，就应该认为"法益关系错误说"的立足根据是值得认同的。因此，"法益关系错误说"总体上值得坚持。

(二) 批判意见

对"法益关系错误说"的质疑与批判，始终没有停止过。比如，德国学者阿梅隆(Ame-lung)指出，在支付对价错误的场合（如一开始就没有支付意愿或支付能力却谎称愿意给钱，骗得被害人同意自己受到伤害），"法益关系错误说"认为不能按照伤害罪处理；若行为人不具有图利目的，则又不能以诈骗罪处罚，这会造成处罚漏洞。[②] 日本学者井田良认为，如果对于那些通过使人产生错误动机从而获得被害人同意的行为，肯定被害人同意的效果，很容易造成激励、推广以此种方法侵害法益的后果。而且，按照"法益关系错误说"，欺骗被害人说"你得了重病，命不久矣"而致其自杀时，会认为同意无效而构成故意杀人罪；但在欺骗被害人说其最爱的人已死，使其认为失去了活下去的意义而自杀，或者向公司经理编造公司破产的谎言而致其自杀时，却只成立参与自杀罪。但井田良认为，看不出前一场合与后两个场合有什么本质差别，区别对待的结论并不均衡。[③] 我国有学者认为："法益关系错误说"要求严格区分外在对象物或客体与其交换价值，认为原则上只有前者受到保护，这实际上忽视了法益作为权利人人格发展之工具的性质，而只有"全面无效说"才能充分保障被害人的自主决定权。[④]

在"法益关系错误说"看来，上述批判难以成立，原因在于：①在对价支付错误的场合，由于被害人对自己身体法益将受到侵害的种类、范围、结果等有明确认识，所以，至少在轻伤的限度内相应法益失去了要保护性。同时，在能够认为这种交易违反公序良俗的场合，"既然就连被害人在民法上的请求权也会由于违反公序良俗而被否定，因此，即便既不成立伤害罪也不成立诈骗罪，也绝不能说这就是不能允许的处罚空隙"。[⑤] 在这个意义上，前文案例2未按照故意伤害罪或者诈骗罪处理，应该认为是正确的。②井田良的

---

① 猛兽事例：被害人被骗，以为自己饲养的猛兽逃跑并对公众产生了危险，于是被害人通过电话允许行为人将其射杀，但实际上该猛兽一直被关在笼子里。伪装搜查事例：装作是合法搜查而出示了伪造的令状，从而得到屋主同意进入其家中。伪装被追杀事例：装作遭到强盗追杀而闯入别人家中。

② 盐谷毅：《被害者の承諾と自己答責性》，法律文化社2004年版，第35页。

③ 井田良：《刑法总论的理论构造》，成文堂2005年版，第201页；井田良：《讲义刑法学·总论》，有斐阁2008年版，第325页。

④ 王钢：《自杀的认定及其相关行为的刑法评价》，载《法学研究》2012年第4期。

⑤ 盐谷毅：《被害者の承諾と自己答責性》，法律文化社2004年版，第35页。

批判虽在我国获得了学者的认同,① 但其观点值得商榷。"法益关系错误说"既有追求构成要件定型性的实质根据,又不像"主观真意说"那样蕴含着在保护被害人利益的名义下侵害被告人权利的风险,因此其总体上值得肯定。担心某种理论可能被滥用而转投其他理论,恐怕是因噎废食之举。同时,"就连告知公司倒闭或最爱的人已死而使之自杀时,也广泛认定承诺为无效,是有疑问的……在此等事例中,虽然不是不能体会法益处分者的心情,但不管是在怎么价值多样化的现代社会里,从刑法的观点来看其终究是难以承认的结论"。② ③对于"法益作为权利人人格发展之工具"的观点,需予以警惕。除了诈骗罪等少数犯罪,不应对对象物的交换价值全面予以保护,否则终究会损害不同构成要件的功能区分和定型性。

三、"法益关系错误说"的困境

（一）困境

对"法益关系错误说"真正有价值的批判,是认为其可能在类似于紧急状况之欺骗的场合导致不当结论。比如,在角膜事例（医生欺骗母亲说只有移植角膜给自己的孩子才能使其免于失明,但实际上医生只是想报复该母亲,角膜移植全无必要）的场合,由于母亲清楚自己在什么样的范围内放弃了身体法益,同时其对该角膜的保护价值的认识也不存在任何瑕疵,所以,按"法益关系错误说"会产生肯定同意的效果,从而否定伤害罪的成立。然而罗克辛认为,对这种以狡诈卑劣手段实施的侵害他人身体不可侵害性的行为,终归在刑法上有必要予以处罚。③ 进而有学者认为,在像这样的例子中,是否是法益关系错误在同意有效性的认定上,不具原理性的意义。④

事实上,以上场合的确有可能给"法益关系错误说"造成困境：如果僵硬地坚持传统的"法益关系错误说",可能会在特殊场合导致本应按犯罪处理的行为无法处理；如果对这一学说进行修正,扩大"法益关系"的范围,又面临法益概念本身崩坏的危险。能否对这一困境给出令人信服的回应,决定着"法益关系错误说"的命运。

（二）扩张适用法益关系错误的主张及其辨析

传统的"法益关系错误说"将法益处分自由理解为法益之外的独立要素,认为在欠缺法益关系错误的场合也认可同意无效的话,则不是相应法益而是意思决定的自由即法益处分的自由本身,被相应的构成要件所保护了。不过,有"法益关系错误说"的支持者对此提出了质疑。日本学者山口厚就认为,法益处分自由是法益构成要素,而非全然不同于法益的其他东西。比如,就财产而言,对支付对价的欺骗也成立诈骗罪,由此可以明确看出法益处分自由正是作为财产法益的内容本身而受到保护的。⑤ 我国学者王钢也认为,在被害人受到欺骗,误认了权益处分的目的或意义的场合,这类错误同样损害了被害人自

---

① 郑泽善：《被害者的承诺与违法性的本质》,载《宁夏大学学报（人文社会科学版）》2010年第4期。
② 森永真纲：《被害者の承諾における欺罔·錯誤（一）》,载《关西大学法学论集》2002年第52卷第3号。
③ 克劳斯·罗克辛：《刑法总论（第1卷）》,平野龙一监修,町野朔、吉田宣之监译,信山社2003年版,第628页。
④ 小林宪太郎：《いわゆる"法益関係の錯誤"の意義と限界》,载《立教法学》2005年第68号。
⑤ 山口厚：《刑法总论》,有斐阁2007年版,第159页。

主决定的权利，不能认为其与法益无关。① 如果认可针对身体法益的（至少一定范围内的）处分自由也是法益的组成部分，则在角膜事例的场合，母亲针对处分角膜这一自己身体一部分的目的产生了认识错误，据此就可以肯定法益关系错误的存在，进而肯定同意无效和伤害罪的成立。②

但是，将法益处分自由全部理解为法益的内容本身，或者认为对支配和处分自由的保护应该贯彻于包括生命在内的人身法益的场合，却未必妥当。第一，从结论上说，如在开始说给钱而欺骗伤害他人，过后又不给钱的交换对价错误场合，上述观点会认为成立伤害罪。但已如前述，这一结论并不合理。"就算欺骗者几乎都是不值得保护的人，也不必然直接导致以伤害罪处罚，在何种范围内、应该构成怎样的处罚，恐怕是另外的问题。"③ 此时，按照传统的"法益关系错误说"得出无罪结论的主张是恰当的，也无所谓处罚空隙，主张成立伤害罪的观点反倒是过了头。第二，从理论上说，以刑法的方式助长将一身专属的个人人身性法益商业化，既非立法者所期望，也是刑事政策上不值得追求的。④ 我国也有学者认为，人身法益的交换不应该受到刑法保护，否则会"为买卖人身法益的行为撑腰"。⑤ 尽管这一观点被批评为由于"并没有解释为什么法规范应当禁止或者至少是不鼓励人身法益交换"从而"不具有说服力"，⑥ 但这一批评值得商榷。各构成要件都专门着眼于一定的属性变更而记述了法益侵害，并且仅试图对此法益的处分自由加以保护；如果法益处分的自由不是各构成要件所固有的，而能够关涉其他不同属性变更之评价，则各构成要件的旨趣就被埋没了。"在法益处分的理由、动机之中，却包含着关系到对其他不同属性变更所受评价的内容，有关于此的错误不能直接就说是法益处分自由的错误，从而不能直接就说是法益关系的错误。"⑦ 同时，在不合法的交易中，被害人财产法益的交换价值是否值得刑法保护还可以继续讨论（本文初步持否定态度），但即便认为成立诈骗罪，也不意味着"既然如此，就没有理由认为在涉及更为重要的人身法益时，刑法反而不应当保护被害人的交换自由"，⑧ 而恰恰应该认为，在涉及人身权利这种个人专属法益的犯罪认定中，更应该尊重被害人的自由意志。韩国刑法在第234条故意伤害罪之后专门规定组织出卖人体器官罪，并规定未经已满18周岁的人同意摘取其器官，可以按照故意伤害罪乃至故意杀人罪处理。因此，得到已满18周岁的人的真实同意而摘取其器官的（在构成轻伤的限度内）不成立故意伤害罪，这表明立法者认可了被害人同意对侵犯人身权利犯罪认定的重要价值。在交换对价错误的场合，被害人终归放弃了对人身权利的保护，而只是感觉在对价（报酬）上受到了欺骗。对此若肯定成立故意伤害罪等侵犯人身权利的犯罪，不但确实会"为买卖人身法益的行为撑腰"，也会破坏侵犯人身法益犯罪的定型性。无论从明确不同构成要件各自保护法益的类型性出发，还是为了限制处罚范围、

---

① 王钢：《自杀的认定及其相关行为的刑法评价》，载《法学研究》2012年第4期。
② 山口厚：《"法益关系的错误"说の解释论的意义》，载《司法研究所论集》2003-Ⅱ（第111号）。
③ 须之内克彦：《刑法における被害者の同意》，成文堂2004年版，第119页。
④ 克劳斯·罗克辛：《刑法总论（第1卷）》，平野龙一监修，町野朔、吉田宣之监译，信山社2003年版，第626页。
⑤ 车浩：《自我决定权与刑法家长主义》，载《中国法学》2012年第1期。
⑥ 王钢：《自杀的认定及其相关行为的刑法评价》，载《法学研究》2012年第4期。
⑦ 小林宪太郎：《いわゆる"法益关系的错误"の意义と限界》，载《立教法学》2005年第68号。
⑧ 王钢：《自杀的认定及其相关行为的刑法评价》，载《法学研究》2012年第4期。

防止过度犯罪化,都应该对将法益处分自由作为法益的构成要素的观点更为谨慎一些。

在角膜事例等类似于紧急状态之错误的场合,依传统的"法益关系错误说"只能得出无罪的不当结论,而将法益处分自由理解为法益组成部分的见解也存在问题,其努力难说成功。这一困境充分说明了"法益关系错误说"在解释力上的边界。事实上,"法益关系错误说"之所以受到质疑,归根结底在于其过分抬高了法益关系错误的地位,认为凭借这一概念即可药到病除,因此为了寻求具体事案解决的妥当性,不得不扩大"法益关系"的范围。但是,刑法分则对不同构成要件分别予以规定,旨在框定各构成要件的效力范围,而为了固守"法益关系错误说"不惜破坏法益概念的边界,会导致法益关系泛化,危及法益概念的确定内涵,进而损害构成要件的定型,这样的动向值得警惕。因此,"对法益本身不存在错误的,是否总能认定存在有效的同意,仍有进一步探讨的余地"。[①]真正要从困境中解脱,不能指望"法益关系错误说"本身,而必须寻找另外的解释路径和理论资源。

四、"客观真意说"的理论诠释

(一) 同意的任意性

被害人同意阻却违法性的根据在于,由于法益主体的有效同意,使得相应法益失去了要保护性。而要称之为法益主体自愿放弃了法益,必须是在对作为放弃对象的法益存在正确认识的基础上,任意地放弃该法益。事实上,"法益关系错误说"仅是有关认识对象的理论,其并不排斥关于任意性的探讨。"法益关系错误说"指望以一个概念(法益关系)解决本应通过多个概念来解决的问题,因此,其要么完全放弃对同意任意性的讨论,要么简单地认为凡无关法益的同意一概可视为任意、自由的同意,从而完全忽视例外的存在,难免以偏概全。

"因为'法益关系错误说'并非关于同意有效性的统一理论,所以是否存在被害人的自由意思决定,必须要和是否属于法益关系错误分别加以检讨。"[②] 具体来说,"法益关系错误说"给因受骗而同意的有效性判断提供了一个大致框架,但其并未划定一个绝对标准,而仅仅提供了第一道筛选机制:存在法益关系错误时,同意无效。在被害人的错误认识与相应构成要件的保护法益无关时,虽然可以推定同意系任意作出从而推定其有效,但是,应该允许通过反证否定前述推定。而反证的实质依据就是,同意的作出无法被规范地评价为自由意思的表达,即同意欠缺任意性。

(二) "主观说"的否定

同意的任意性,是指在对是否放弃法益进行意思决定之际,存在选择可能性。"主观说"将任意性的问题归结为"基于行为人意思的选择可能性",认为关键是法益主体基于自己的价值观、心理状态,是否不得不放弃法益。例如,日本学者林干人认为,"同意之所以阻却违法性,是基于力图尊重被害人本人的个人意思这一思想,从而就应该以被害人本人的个人价值判断的内容作为基准";是否存在使被害人丧失了自由意思的错误,"应

---

① 松原芳博:《刑法总论重要问题》,王昭武译,中国政法大学出版社2015年版,第107页。
② 佐伯仁志:《被害者の同意とその周辺(2)》,载《法学教室》2005年第296号。

该按照被害人个人的意思主观地加以判断"。① 在将是否丧失了自由意思作为问题时,"就被害人自身的价值观而言,因为其所确信能够带来的利益的价值远远超出所处分的法益的价值,其认为是已经没有衡量余地而只能去处分成为问题的法益,若能够这样思考,对于被害人相应法益处分的意思决定来说,就是不自由的"。② 确实,如果将被害人同意阻却违法性的根据设定为作为法益主体的被害人自愿放弃了相应法益,那么,是否违背被害人本人的意愿、是否符合被害人自身的价值观就是重要的,就不得不认为"主观说"具有一定的针对性和合理性。但是,本文并不赞同"主观说"的立场。

第一,前文已经指出,被害人同意阻却违法性的根据在于,因有效同意而使得相应法益失去了要保护性。而相应法益是否值得保护,法益主体的个人意思固然重要,但其终究属于规范判断,是在构成要件该当性阶段或者违法性阶段探讨行为人的相应行为是否值得刑法介入的问题。因此,有别于有责性阶段的个别讨论,同意效果问题需要客观地、一般性地考察。第二,在不存在法益关系错误进而需要就同意的任意性进行判断时,若强调被害人的自主判断,以是否违反被害人的主观意思作为判断标准,在诉讼上会过度依赖被害人的陈述从而流于随意,使得不存在法益关系错误即推定同意有效的机能完全丧失,从而动摇犯罪的本质是法益侵害的立场。第三,坚持"主观说",通常会因基于欺骗而作出的同意有悖被害人本人的价值体系而认定其无效,最终常常得出"主观真意说"或者"全面无效说"的结论,这是本文所反对的。③

(三)"客观真意说"

1. 提出

既然同意的任意性是一个法律概念,则有必要通过法律评价来判断。④ 在这里,问题并不是被害人的主观意思,而在于能否评价为"被害人的自发处分之体现"这样的客观的法律判断。换言之,在于辨明究竟是妨碍法益主体自我决定权的错误,还是从法律的观点看可视为自由处分的错误。与法益相关的错误会妨碍被害人的自我决定权,但问题是,与法益无关的欺骗及错误何时会被认为妨碍了自我决定权。

对此,可与受胁迫而同意的场合结合起来进行考察。在受到胁迫的场合,被害人对所

---

① 林干人:《错误に基づく被害者の同意》,载《松尾浩也先生古稀祝贺论文集·上卷》,有斐阁1998年版,第244页。

② 林干人:《错误に基づく被害者の同意》,载《松尾浩也先生古稀祝贺论文集·上卷》,有斐阁1998年版,第249页。

③ 需要强调的是,这里的"主观说"和"主观真意说",虽然都强调同意是否违反被害人本人的自由意志(真实意愿)作为判断同意有效性的标准,但二者的具体判断过程以及结论并不完全相同。"主观真意说"直接根据基于欺骗产生的错误与同意是否具有条件关系(是否"没有欺骗所致的错误,就没有同意")来认定该错误是否是本质性错误、是否违反被害人的主观意愿,因此其与"法益关系错误说"完全对立。而"主观说"是在承认"法益关系错误说"基本合理的前提下,作为其救济而提出的判断自由意志的具体标准。因此,主张"主观说"的学者(比如林干人)也完全可能认为,即便是在欺骗所致错误与同意具有条件关系的场合,如果该错误在被害人的意思决定中并未占有很大比重,同意也仍然有效。"主观说"主张以被害人自身的价值体系进行衡量来判断同意是否出于任意,从而在假装追随自杀等场合,仍可能肯定同意的效果,得出与"主观真意说"不同的结论。参见林干人:《错误に基づく被害者の同意》,载《松尾浩也先生古稀祝贺论文集·上卷》,有斐阁1998年版,第253页;林干人:《刑法总论》,东京大学出版会2000年版,第177页。

④ 小林宪太郎:《いわゆる"救助·追迹事故"——强制·紧急状况における被害者の关与と结果の归责》,载《千叶大学法学论集》2001年15卷3号。

放弃的法益的内容和保护价值等都有明确认识,因此不存在法益关系错误,但被害人放弃法益并非基于自我决定,其同意不具有任意性。在欺骗的场合,同样存在欠缺法益关系错误却并非基于自由决定作出同意的情形。这是因为,从一般人的观点看,被害人陷入了和遭受胁迫同样的心理状态中,其同意已然不能说是出于自己的自由决定。也就是说,"通过欺骗造成了这样一种状况,即根据法益衡量的结果,若按照一般的价值标准就不得不同意这样的状况",此时就可认为意思决定不是自由作出的。进而"可以认为,紧急避险中的法益衡量提供了一个判断意思决定是否自由作出的标准。这是因为,要是所欺骗的内容为真,确实处在紧急避险状态之下,行为人的行为就会被正当化;相反,也就可以说是同意者的法益处在不得不牺牲的状况之下。对于和紧急避险类似的状态,也可以这样考虑"。①

同时,任意性并不是一个纯粹性质上"有"和"无"的问题,还存在程度上"大"和"小"的差别,即绝对不任意和相对不任意的区分。欺骗某人说发生了火灾,不赶快跳下去就会被烧死,于是被害人从二楼跳下受伤。在这种情况下,难以想象还存在被害人继续留在原地坐等烧死的选项,这可谓绝对不任意,此时显然不能认定同意有效。而在角膜事例中,尽管不移植角膜的选项并非完全不存在,但不管怎么说,在一般人看来,该场合的错误使得被害人在自己的身体健康(失去一枚角膜)与孩子的健康(失明)之间进行利益衡量时,其选择可能性受到了很大的压制和缩减,从而被害人仍是在不自由的状态下不得不同意。所以,不需要具体结合母亲本人的认识程度、承受能力等个体因素,就可以一般地、规范地认为其同意是相对不任意的,据此仍可认定同意无效。只是,相对不任意不能无限扩张,只有受到欺骗的场合能被合理地判断为"危险在某种程度上是紧迫的,很难冷静地等待危险的现实化"时,才能说相应错误在法律评价上是重要的。② 从而,像大火烧车事例(汽车着火并有爆炸及烧伤人的危险,驾驶员却向路过的行人求助说要救出被关在车里的妻子,导致救火的行人被烧伤,但实际上被关在车里的只是一条狗)、明星献血事例(欺骗电影明星说现在是生命救助周而使其无偿献血,实际上却是把血卖给了该影星的仰慕者)等场合,因为无法如此评价,就仍应认为被害人最终作出的救火或者献血决定,是在有选择可能性的情况下自由选择的结果,其同意有效。

2. 判断步骤与价值诉求

具体来说,判断基于欺骗的错误同意是否有效,需要遵循如下步骤:第一,辨识认识错误的性质,如认定该错误事关相应构成要件的保护法益,则同意无效,相应犯罪成立;如得出否定结论,即错误仅关乎回报(动机)而无关法益,则推定其同意有效。第二,在错误同意无关法益时,公诉方欲认定被害人同意无效从而行为人成立犯罪,需要证明该同意并非基于自由意志作出,即同意不具有任意性。而判断同意是否任意的标准如下:从一般人的视角看,能认为法益主体在存在选择可能的情况下,基于自身的利益衡量作出了同意,则同意是任意的、有效的;相反,如果规范地看,被害人同意是在全无选择可能性或者自由意志受到很大压制的情况下作出的,则同意欠缺任意性,同意无效。可以说,在

---

① 林美月子:《錯誤に基づく同意》,载《刑事法学の現代的状况・内藤谦先生古稀祝贺》,有斐阁1994年版,第34页。
② 森永真纲:《被害者の承諾における欺罔・錯誤(一)》,载《关西大学法学论集》2002年第52卷第3号。

受骗同意是否有效的判断标准上，本文采取的是以法益关系概念为基础、以客观考察同意是否具有任意性为实质的主张。如果着眼于是否与法益有关在最终结论中的重要（但并非决定性）意义，将之称为"修正的法益关系错误说"也未尝不可；如果立足于其最终以同意是否系法益主体基于自由意志作出作为判断标准，将之称为"自由意志说"或者"任意性说"也属名副其实。不过，本文希望突出判断标准的客观性，特别强调即便最终处分结果与法益主体内心的真实想法（主观真意）不符，也须尽可能尊重其自由意志支配下的客观表达。因此，在与"主观真意说"形成明显对照的意义上，本文将这种主张称为"客观真意说"。

"客观真意说"的价值诉求有三：其一，在判断受骗同意是否有效时，"主观真意说"或"动机错误说"更容易否定同意效果，肯定犯罪的成立，而这有妨害行为人权利保障的危险。"法益关系错误说"虽然总体合理，但存在因标准僵化而在个别场合无法认定犯罪的弊端，从而不利于被害人权利保护。"客观真意说"充分肯定"法益关系错误说"的合理之处，同时力图避免其标准僵化的弊端，从而可以实现行为人人权保障和被害人权利保护之间的协调与平衡。其二，弱化被害人同意的法律效果，要么仅肯定其在量刑上的有限意义，要么动辄否定同意的有效性，如此做法归根结底意在强调刑法介入的必要性与正当性，刑法家长主义的质疑挥之不去。与此相对，本文更强调市民刑法的理念，强调最大限度地尊重公民自由意志的客观表达，因此，以自由意志之实现作为判断同意有效与否的实质标准。① 其三，在具体操作上，当公诉机关认定虽有形式上的被害人同意但该同意因违反被害人本意而无效，行为人构成犯罪时，辩护方只要完成同意，无关法益因而有效的主张和证明，证明责任就转回给控方。这时，为了约束公权力对行为人的不当追究，辩方无须额外证明被害人的同意是任意、自愿的，反而需要由控方进一步证明被害人的同意尽管无关法益却是不自愿、非任意的。如果控方不能完成这一证明，则同意有效。此时，非法益关系错误所具有的推定同意有效的机能发挥了作用。可以说，"客观真意说"追求（被告人权利保障和被害人权利保护之间的）公平、尊重（被害人的意志）自由和控制（打击犯罪的国家）公权力的三种价值诉求环环相扣，体现了这一理论的丰富内涵，表明"客观真意说"是较为合理的理论主张。

3. 与相关主张的辨析

"客观真意说"与"主观真意说"是对立的。后者以是否违背被害人的主观意愿作为同意效果的衡量尺度，具有标准随意与过于宽泛地否定同意有效性的双重缺陷，而前者正是在对后者的反思与批判的基础上树立起来的。

"客观真意说"与"重大动机错误说"也明显有别。后者认为，"因欺骗而引发的决定性的动机错误，足以使得承诺无效"。② 尽管这一主张在我国获得了个别学者的认同，③ 但其合理性存在疑问。其一，从根源上讲，"人们应当通过法益来保护个体的自由发展，因此，当人们在处理自己的利益时，刑法应整体而不是片面地保护其个人的决定自由。因

---

① 这意味着，在被害人的自我决定权和刑法家长主义之间，本文强调了其排斥关系。与此相对，有学者认为，自我决定权与刑法家长主义的关系呈现出既有正面排斥又有逆向制约，既要积极保障又要拒绝溺爱性保护的复调结构。参见车浩：《自我决定权与刑法家长主义》，载《中国法学》2012年第1期。

② 井田良：《讲义刑法学·总论》，有斐阁2008年版，第323页。

③ 郑泽善：《被害者的承诺与违法性的本质》，载《宁夏大学学报（人文社会科学版）》2010年第4期。

此，区分决定性的动机错误和其他的动机错误在本质上并不合理"。① 其二，即便出于限制同意效果的初衷而肯定在出现"决定性的动机错误""重大的动机错误"时同意无效，但由于动机本身就是主观概念，欠缺明确性，何为"决定性的动机""重大的动机"的判断就更可能因人而异，从而在基于欺骗产生错误同意的场合，"重大动机错误说"并未就同意的有效性设定相对明确的独立检验标准。与此相对，"客观真意说"既立足于尊重被害人的自由意志这一实质理由，又给出了在不存在法益关系错误时同意任意性判断的客观标准，相对而言更为合理。

"客观真意说"与"法益关系错误说"密切相关，但又是在其基础上的进一步发展。传统的"法益关系错误说"在类似于紧急状态之错误的场合，因不存在法益关系错误而只得肯定同意有效，难免得出不当结论。而强调法益处分自由也是法益之内容的观点，不但在涉及生命法益的场合无法贯彻到底，而且有导致突破法益概念边界、损害构成要件定型性的危险。"客观真意说"并不强行将法益处分自由纳入法益概念，而是在肯定法益概念重要意义的前提下，在不存在法益关系错误的场合，也允许通过证明同意欠缺任意性而认定同意无效。因此，"客观真意说"不但在类似于紧急状态之错误的场合能得出妥当结论，而且其结论和受胁迫而被迫同意的场合也能保持协调和理论上的整合。

"客观真意说"与"规范自律性说"也有所不同。后者的核心主张是，从规范的基准看，只有在整件事能被认为是法益主体的自律性表现时，即能看做是自己行动自由的表现时，同意方为有效。② 这一主张与"客观真意说"有相通之处：按照客观的、一般人的标准，认为同意是法益衡量之后的理性选择从而具备任意性的，实质上正可以说是"规范地"看来，法益主体自律地、自愿地放弃了法益保护。在此意义上可以说，"客观真意说"继承了"规范自律性说"的基本理念，只是在判断标准和最终结论上，二者又有一定差别：第一，在不存在法益关系错误时，何时仍能否定同意的任意性是存在争议的，"规范地看是否为自律之体现"的标准未必明确，有在任意和自律之间循环论证之嫌。有学者将上述构想总结为"基本上赞同阿茨特说，但直观上觉得结论不妥当的场合就承认例外"。③ 确实，在何种场合可以肯定例外、其根据是什么，"规范自律性说"并未提出明确的、可供操作的标准，而只能依赖直观感觉，这是令人遗憾的。如前所述，"客观真意说"以客观的法益衡量为标准，试图将同意任意性的判断明确化、可操作化和客观化，这应该是在"规范自律性说"的基础上前进了一步。第二，由于标准不明确，"规范自律性说"存在扩大同意无效范围的风险。比如，在前文大火烧车事例中，假如被害人对爆炸、烧伤的危险有充分预测，根据传统的"法益关系错误说"，完全没有成立法益关系错误的可能性，因此会认为同意是有效的，行为人不构成犯罪。但罗克辛认为，此种情况下不能拒绝给予其与身体伤害相关犯罪的保护。④ 也就是说，利他动机场合的同意并非出自法益主体的自律性，事件整体系欺骗者所造成，同意是他律的、无效的。但在"客观真

---

① 乌尔斯·金德霍伊泽尔：《刑法总论教科书》，蔡桂生译，北京大学出版社2015年版，第123页。
② 克劳斯·罗克辛：《刑法总论（第1卷）》，平野龙一监修，町野朔、吉田宣之监译，信山社2003年版，第625页。
③ 森永真纲：《被害者的承诺における欺罔·错误（一）》，载《关西大学法学论集》2002年第52卷第3号。
④ 克劳斯·罗克辛：《刑法总论（第1卷）》，平野龙一监修，町野朔、吉田宣之监译，信山社2003年版，第628页。

意说"看来,大火烧车事例中是行为人告诉被害人"我(即行为人)妻子"困在着火的车里,需要你帮忙把车砸开,这与闯火救妻事例——行为人告诉被害人"你(即被害人)妻子"困在火中,使得被害人为救自己的妻子而闯进着火的屋子,结果屋子里只有一只狗——存在事实上的差别,而这一差别对同意效果的判断会产生重要影响。大火烧车事例中的被害人纯粹是"热心肠",属于典型的利他行为。在此等场合,被害人对自己将要处分的法益本身并无错误认识,而且从客观的、一般人的观点看,博爱、利他的动机不足以对法益主体的自由意志和自我决定产生实质影响。此时,法益主体在自己将要损失的利益(可能被烧伤、炸伤)和可能保护的利益之间并无认识错误,其是在经过衡量之后自愿"舍生取义"(冒着受伤乃至丧命的危险成全他人)。根据前述判断步骤,被害人对自身法益的处分是其自我决定权的实现,即便其果真被烧伤,也只能说是被害人自陷风险行为化为现实结果,在轻伤的限度内,应否定行为人成立犯罪。这是"客观真意说"得出的结论,与"规范自律性说"的结论不同。

五、"客观真意说"的实践展开

"客观真意说"不仅具有理论上的自洽性和说服力,在具体事案中也有助于问题的解决。以下以本文开头提到的案例为基础,探讨"客观真意说"的具体应用。

(一)欺骗他人自杀与故意杀人罪的认定

安乐死在我国尚未合法化,这说明在采用注射过量安眠药物或者电击等方式致重症病人死亡等场合,能够肯定实行行为的存在,行为人可成立故意杀人罪。但是,这并不代表在本人亲手结束自己的生命时,任何形式的参与者都构成故意杀人罪,也不意味着人没有结束自己生命的自由。由于欺骗本身不能被评价为故意杀人罪的实行行为,所以,欺骗他人使其自杀是否成立故意杀人罪,关键在于能否成立间接正犯。认为人无权处分自己的生命,否定自我决定权可以适用于关乎生命法益的场合,属于较为强硬的刑法家长主义立场。持这一立场会更容易肯定间接正犯的成立,但会使得实行行为概念被虚化,不为本文所采。上述场合认定间接正犯的关键,是行为人是否支配了自杀者的行为。

在死者对于死亡的含义或者自己将面临死亡这一点欠缺认识时,客观上虽是本人结束了自己的生命,本人却无自杀的意思,因此,被害人结束自己生命的行为并不能被规范地评价为自杀,而属于他杀。前文案例1即是如此,按照故意杀人罪处理应当没有争议。

有争议的是,在死者明知自己行为的性质及后果,同时对自己生命的有无及延续长度也不存在错误认识,而仅对自杀身亡的目的、意义有错误认识时,应如何处理。例如,甲因另有所爱而企图杀害极为依恋自己的女友乙,于是假装与乙相约一起自杀,在乙服下致死毒药后,甲却未兑现承诺。在类似案件中,日本的法院采取了"主观真意说",肯定了故意杀人罪的成立。我国学者周光权持同样立场,认为上述例子中甲应成立故意杀人罪的间接正犯。① 在不存在法益关系错误的场合,周光权并未直接肯定同意的效果,而是进一步判断被害人的自杀是否是自我决定权的实现,这与本文的主张一致。争议在于自我决定权的具体判断标准,以及据此得出的结论。他立足于条件公式来判断是否侵害了自我决定权,认为如果自杀者没有动机错误就不会决定放弃法益,不会选择自杀,故该动机错误损

---

① 周光权:《教唆、帮助自杀行为的定性》,载《中外法学》2014年第5期。

害了被害人的自主决定权,该死亡结果应由欺骗者负责。但本文认为,这样的判断标准过于形式化和主观化。"客观真意说"强调尽可能将同意是否具有任意性的判断标准予以客观化,应该在是否具有选择自由、是否具备选择条件的意义上,实质地判断是否存在对自我决定权的侵害。在前述案件中,尽管不能完全否认行为人的欺骗对死者的自由意志产生了影响,但终究应该认为这种影响并非决定性的,对于具有正常判断能力、明白自杀意义的人来说,追随他人而死对于自杀的决议并非本质要素,不能说行为人支配了死亡结果。① 死者在完全具备可以不死的选择自由和选择条件的情况下,经过衡量而选择了死亡,最终的死亡结果就并非行为人所造成。在立法上没有规定自杀参与罪的情况下,就只能对行为人按无罪处理。

再比如,对邪教组织制造、散布迷信邪说,欺骗其成员或者其他人自杀的处理。在邪教组织成员等人已明确认识到死亡含义以及自身生命的价值内容时,并不存在法益关系错误。但需要强调的是,与普通人之间欺骗自杀的场合不同,客观地看,由于邪教组织成员等人选择自杀所追求的"升天""圆满"是被洗脑的结果,是在其自由意志受压制、受控制状态下的决定,所以,难说自杀决定是任意选择的结果和自我决定权的实现。因此,将邪教组织针对其成员的诱骗自杀认定为故意杀人罪的间接正犯,② 不但具有刑事政策上的正当性,也可获得理论上的支持。③ 这一结论与学者基于"全面无效说"所得出的结论一致,④ 只是论证路径不同。这也说明,"客观真意说"并不必然导致对被害人权利保护不力。

(二) 同意入户与入户抢劫的认定

认定入户抢劫要求入户行为具有非法性。在非法性的问题上,司法解释没有直接说明居住权人同意行为人入户时是否阻却违法性,而是认为只有为实施抢劫等犯罪行为而入户的,才属于入户抢劫。无论是要求行为人在入户时具有抢劫目的、⑤ 侵犯财产的目的,⑥ 还是具有侵害人身、财产的犯罪目的,⑦ 都是站在行为人的立场上考虑问题,认为只要具有抢劫目的或犯罪目的而入户,就当然侵犯了居住权人的许可权,而未进一步具体判断此等犯罪目的是否妨害了居住权人的自由意志,这可谓是"主观真意说"("重大错误

---

① 曾根威彦:《刑法学基础》,黎宏译,法律出版社2005年版,第76页。
② 参见1999年《最高人民法院、最高人民检察院关于办理组织和利用邪教组织犯罪案件具体应用法律若干问题的解释》第4条,2001年《最高人民法院、最高人民检察院关于办理组织和利用邪教组织犯罪案件具体应用法律若干问题的解释(二)》第9条。
③ 钱叶六:《参与自杀的可罚性研究》,载《中国法学》2012年第4期。
④ 王钢:《自杀的认定及其相关行为的刑法评价》,载《法学研究》2012年第4期。
⑤ 2000年《最高人民法院关于审理抢劫案件具体应用法律若干问题的解释》第1条的表述是"为实施抢劫行为而进入",但也认为为了盗窃而入户并转化为抢劫的,也成立入户抢劫。因此,其并未严格将入户目的限定为抢劫。
⑥ 2005年《最高人民法院关于审理抢劫、抢夺刑事案件适用法律若干问题的意见》要求"进入他人住所须以实施抢劫等犯罪为目的"。而其中的"等"旨在"包括了为了实施盗窃、诈骗、抢夺而入户,为了窝藏赃物、抗拒抓捕或者毁灭罪证而当场使用暴力或者以暴力相威胁的情形"(参见顾保华:《〈关于审理抢劫、抢夺刑事案件适用法律若干问题的意见〉的理解与适用》,载《人民司法》2005年第10期,第19页)。进而,该意见还表明,抢劫行为虽然发生在户内,但是是在户内临时起意抢劫的,不是入户抢劫。这实际上是排除了出于杀人、强奸等其他犯罪目的的入户而临时起意抢劫的可以成立入户抢劫。
⑦ 2016年《最高人民法院关于审理抢劫刑事案件适用法律若干问题的指导意见》指出,"以侵害户内人员的人身、财产为目的,入户后实施抢劫,包括入户实施盗窃、诈骗等犯罪而转化为抢劫的,应当认定为'入户抢劫'"。

说"）的体现。但是，主要考虑行为人一方的因素来判断入户的非法性，不但在实务上会受制于行为人的口供而可能过于随意和主观化，而且，以非法目的产生于进门之前还是之后作为判断标准，结论未必合理和均衡。

入户抢劫中入户的非法性判断不应依赖行为人的主观目的，而需要客观考量。其判断标准应围绕入户抢劫的加重处罚根据展开。入户抢劫加重处罚的根据并不是对他人住宅安宁的破坏，即不是因为"行为人以抢劫犯意进入户内后实施抢劫行为会对户内居民的人身财产安全造成巨大威胁"，① 因为无论行为人入户前有无犯罪故意，只要在他人的户内实施抢劫，都会严重破坏被害人对于住宅的安全感，同时对被害人的人身和财产安全也会造成巨大威胁。较之普通抢劫，入户抢劫除了因为行为人的人身危险性较高，因而特殊预防的必要性较大之外，其加重处罚的根据主要在于入户抢劫侵犯了居住权人的入户许可权。因此，应该以"客观上是否违背居住权人的自由意志而进入他人住宅"作为入户行为是否违法的判断标准。采用暴力、胁迫等手段强行入户的，比如从户外追赶被害人进入户内后实施抢劫的，② 为了杀人、强奸而入户后临时起意抢劫的，都违背了居住权人的自由意志，从而可以肯定入户的非法性。这样理解不但能解决此前司法解释性文件造成的不均衡现象，③ 也为2016年《最高人民法院关于审理抢劫刑事案件适用法律若干问题的指导意见》所认可。

问题是，在采用欺骗手段取得主人同意而入户的场合，该如何判断入户行为的非法性。

以下对司法实践中较为常见的几种情形进行探讨。①像前文案例4的场合，采取"主观真意说"（"重大错误说"）无疑会得出行为人属于入户抢劫的结论。但"客观真意说"认为，不管实施抢劫的意图产生于何时，既然被害人允许行为人进入住处是基于其自身需要，则被害人未认识到行为人有抢劫意图就不过是动机错误。而在判断该同意的任意性时，以一般人的标准看，被害人实际上是在卖淫获利的追求和针对自己的客观上可能存在的人身、财产危险之间进行了衡量之后，认为这种危险不大，从而自愿将对方领入住处。这样看来，被害人的入户许可权并未被妨碍，故其同意是任意的，行为人的入户行为不具有违法性，对其不能认定为入户抢劫。②在以住宿为名，使用假身份证在个体家庭旅馆登记住宿，数小时后以退房为名骗开被害人兼作办公、值班用的房间抢劫的场合，可以认为对于24小时营业的家庭旅馆来说，旅客退房是正当要求，旅馆主人有义务配合。对此可以类比伪装搜查的场合，直接以对法益的保护价值有认识错误从而构成法益关系错误为由，否定被害人同意的效果。③司法实务上会认为，在利用债务关系、亲属关系、水电等物业管理维修人员身份作为掩护，有预谋地进行抢劫的场合，行为人入户时已具有抢劫犯意，虽然入户得到了主人的邀请或许可，且以平和方式入户，却是以合法形式掩盖非法目的，主人的邀请或许可是受蒙骗

---

① 徐丹：《入户抢劫中入户目的非法性的把握》，载《人民司法》2011年第22期，第64页。
② 徐振华、徐海宏、王星光：《刘长庚抢劫案》，载最高人民法院刑事审判第一、二、三、四、五庭主办：《刑事审判参考》第91集，法律出版社2014年版，第38页。
③ 根据2005年《最高人民法院关于审理抢劫、抢夺刑事案件适用法律若干问题的意见》，会出现明显的不协调：行为人为了盗窃而入户时，会因事后符合刑法第269条的规定而认定入户抢劫；而为了杀人、伤害、强奸等入户，之后在户内抢劫的，却不成立入户抢劫。

而作出的非真实的意思表示,故行为人的入户仍是非法的。① 这样的主张将主人的许可是否是真实意思表示作为判断同意是否有效的标准,可以看出其受了"主观真意说"的影响。在"客观真意说"看来,在真实的收水费者或者冒充收水费者进入他人户内抢劫的场合,入户系经主人许可,居住权人对于法益本身的内容、范围并无错误认识。同时,对于上门收水费而言,允许其入户并非法定的强制性义务,因此其不同于伪装搜查的场合,故被害人的错误不是关于法益保护价值的错误。尽管如此,在进一步判断同意的任意性时会发现,由于配合上门缴纳水电费等是行政上的义务,所以这可谓是类似于紧急状态之错误的错误,此时的同意仍是(相对)不任意的,故仍能肯定入户的非法性。②

(三) 骗购经济适用房与诈骗罪的认定

通过提供关于收入、年龄、婚姻状况、住房条件等方面的虚假资料而骗购经济适用房的现象,在我国屡有发生。实践中对此通常只是收回房子或者附带予以行政处罚了事,前文案例5的实务处理结果就体现了这一点。相应行为即便涉及刑事处罚,也至多是对其中提供虚假材料的手段行为按照伪造、变造居民身份证罪(现已修改为伪造、变造、买卖身份证件罪)、伪造公司、企业、事业单位、人民团体印章罪等进行处罚。

骗购经济适用房的行为是否构成诈骗罪,关键在于是否存在(因欺诈引发的)基于错误认识交付财物或财产性利益而造成的财产损害。鉴于本文的研究主题,这里仅讨论被害人将特定房屋售卖给行为人的同意是否有效。若该同意有效,则行为人不构成诈骗罪;若该同意无效,则需继续回答:骗购行为是否给被害人造成了财产损害。立足于"主观真意说",很容易否定交付意思的有效性。在坚持"客观真意说"时,按照前面的判断步骤,首先要考察有无法益关系错误。诈骗罪并非单纯保护商业信用或者交易秩序,其法益必然与财产相关。如果将法益处分自由理解为诈骗罪的保护法益,认为在诈骗罪中财产是作为"交换手段、达到目的的手段"而予以保护的,就会认为:在"财产的交换""目的的达成"这一点上有错误的,就能肯定存在有关法益的错误。③ 据此,在骗购经济适用房的场合,就会认为有关机关确实产生了以为行为人符合购买条件的认识错误,而且,由于经济适用房属于稀缺资源,将其分配给符合条件者是为了实现特殊的公共利益,所以该认识错误就与"交换手段""目的的达成"有关,即将经济适用房分配给不符合条件者,使国家的相关目的落空,从而这种错误就是有关法益的错误,而非仅仅是有关附随事项、动机的错误,被害人的同意应归于无效。④ 退一步讲,如果认为诈骗罪的保护法益仅是财产

---

① 王永兴:《黄卫松抢劫案》,载最高人民法院刑事审判第一、二、三、四、五庭主办:《刑事审判参考》第91集,法律出版社2014年版,第27页。
② 陈兴良、张军、胡云腾主编:《人民法院刑事指导案例裁判要旨通纂》(下卷),北京大学出版社2013年版,第559页。采不同理解的,可参见陈洪兵:《财产犯罪之间的界限与竞合研究》,中国政法大学出版社2014年版,第156页。
③ 山口厚:《刑法各论》,有斐阁2010年版;小林宪太郎:《いわゆる"法益关系的错误"の意义と限界》,载《立教法学》2005年第68号。
④ 与此相对,在虚报年龄购买限制向未成年人出售的物品(酒、书等),或者是伪造医生的处方而购买处方药等场合,由于无论是药品的规制还是购买相关物品等的年龄限制,都与财物的分配毫无关系,其目的仅仅在于防止因使用不当而造成的危害。所以,物品的交付就不过是与对价的支付存在交换关系而已,只要对这一点不存在错误,就不成立诈骗罪。参见西田典之:《刑法各论》(第6版),弘文堂2012年版,第205页;山口厚:《刑法各论》,有斐阁2010年版,第270页。

本身而不包括财产处分的自由，进而认为在骗购经济适用房的场合，将相应房屋出售给不具备资格者属于动机错误，就需要进一步判断这种错误是否侵犯了被骗者的自我决定权。根据前述"客观真意说"的判断标准，在行为人提出了（虚假的）符合条件的申请时，政府有义务按照事先的分配规则为其提供相应房源，其选择权已经受到侵害，所以，该同意不是自由意志的体现，从而是无效的。①

---

① 笔者曾认为骗购经济适用房的行为不构成诈骗罪（参见付立庆：《论刑法介入财产权保护时的考量要点》，载《中国法学》2011年第6期）。在结论上，笔者改变了以前的立场。

第六专题

安乐死的刑法评价与司法认定

现行刑法下安乐死的司法处理路径研究

[中] 周振杰*

安乐死已经成为不容中国忽视的社会与法律问题。一方面，对于每年 100 多万在极度痛苦中死去的患者而言，"安乐死"或许既是他们的解脱，也是我们对人性最后的尊重。另一方面，因为仍然面临着情、理、法等各方面的难题，所以中国能够合法"实施'安乐死'路还很长"。① 在这种情况下，研究如何立足于现行刑法对安乐死个案予以恰当司法处理无疑具有重大现实意义。本文将尝试在分析当前安乐死典型刑事案件立场的基础上，研究司法机关可以如何在现行刑法框架内选择，从比较法的视野探讨其理论基础，并就如何增加安乐死司法确认程序提出建议。

一、安乐死典型刑事案例的立场与问题

虽然安乐死（Euthanasia）早已经成为研究热点，② 但是学界尚未就其定义达成共识。从研究目的出发，本文认为安乐死是指对无法救治的病人停止治疗或使用药物让病人无痛苦地死去的行为，包括国外学者所说的：为了解除患者的疼痛而终结其生命的"积极的安乐死"、为了解除或缓解患者的痛苦而让患者的死亡提前来临的"间接安乐死"以及停止对已经没有康复希望且临近死亡的患者使用呼吸机等积极治疗行为让其迎接自然死亡的"消极安乐死"。③ 虽然安乐死的出发点是解除或者缓解患者的痛苦、保护患者的最佳利益等道德上的崇高目标，但因为其剥夺了患者的生命权，而且围绕第三人是否有权应他人要求结束患者的生命，以及如何判定患者的意思表示是否其真实意愿等问题，仍然存在理论与实践难题，实施安乐死往往会触发刑事责任问题。即使是在早就于 1993 年第一个通过安乐死立法并规定严格条件的荷兰，仅在 2010 年实施的 3200 件"安乐死"事件中，就约有 72%涉嫌"故意杀人"。④ 这也是许多国家仍然在安乐死立法问题上举棋不定甚至望而生畏的重要原因所在。

安乐死虽然尚未进入中国立法，但在刑事司法实践中，涉及安乐死的典型案件已经作出了有益的探索。

案例一：王某、蒲某故意杀人案。

---

* 北京师范大学刑事法律科学研究院教授、博士生导师。
① 早在 2003 年，有的地方立法机关就指出，"若立法实行'安乐死'，牵涉到法学、医学、伦理、道德等领域的相关问题，关键还在于违背了《宪法》的规定"。参见上官丕亮：《人大立法实行"安乐死"违宪的观点值得商榷》，载《人大研究》2003 年第 10 期。
② 截至 2017 年，以"安乐死"为检索词，可以在中国期刊网等数据库中查阅到的有效学术文献近 2900 篇。参见赵利梅等：《近 30 年我国安乐死民意调查的文献计量学分析》，载《医学与哲学》2019 年第 8 期。
③ 刘建利：《晚期患者自我决定权的刑法边界》，载《中国社会科学院研究生院学报》2018 年第 3 期。
④ 樊树林：《实施"安乐死"路还很长》，载《广西日报》2019 年 4 月 30 日第 010 版。

本案是中国安乐死第一案。1986年6月23日，夏某因肝硬化晚期腹胀伴严重腹水，被送进陕西汉中市某医院就医。因不忍看到母亲痛苦不堪的惨状，患者的儿子王某和妹妹一再要求医生对母亲实施安乐死。为此，同年6月28日，医生蒲某开了一张100毫升的复方冬眠灵的处方，并注明是"家属要求安乐死"，王某在上面签了字。当日，该院实习生蔡某和值班护士分两次给夏某注射冬眠灵。夏某于不久后死亡。由于给母亲做安乐死前未能及时与姐姐沟通，王某的姐姐在夏某死后提出控告。汉中市公安局对此立案侦查，随后将蒲某以及王某等收审。随后，汉中市人民检察院以故意杀人罪将蒲某和王某批捕，并提起公诉。

1990年3月，汉中市人民法院经公开审理后认为，蒲某所开具的冬眠灵并非夏某的直接死亡原因，只是促进了死亡。被告人蒲某和王某的行为虽然属于故意剥夺他人生命，因为情节轻微不构成犯罪，所以无罪释放。之后，因为检察机关提出抗诉，汉中市中级人民法院将案件报至最高人民法院，后者明确批复"不做犯罪处理"，据此，汉中市人民法院于1992年3月终审判决蒲某和王某无罪释放。①

案例二：梁某故意杀母案。

本案被称为上海市安乐死第一案。被告人梁某，单身，无子女，于1999年被单位辞退，在案发之际已经年逾67岁。2001年4月8日，梁某92岁的母亲突然摔倒在地不省人事，经医院确诊为脑出血深度昏迷瘫痪，且治愈无望。同年5月30日，梁某将大小便失禁、只能靠葡萄糖水维持生命的母亲接回家中。次日，为了让母亲"脱离苦海"，经过激烈的思想斗争，梁某用电击的方式为母亲实施了"安乐死"，并于当晚向公安机关投案自首。

经过上海市精神卫生中心的鉴定，梁某"无精神病，对其作案行为的性质和后果具有完整的辨认和控制能力，具有完全责任能力"。2001年10月8日，考虑到梁某不但具有自首情节，而且在梁母住院期间恪尽孝道，上海市闵行区人民法院以故意杀人罪判处梁某有期徒刑5年。②

案例三：孟某、于某帮助自杀案。

2004年9月，因为肺结核、胸膜炎、胸腔积水等病情严重恶化而下半身瘫痪，被告知已无法救治、时日无多，已经年过半百的江苏省阜宁县农民张某选择出院回家静养。因为难以忍受疼痛，不愿给家里造成负担，张某曾多次通过喝农药、吃大量安眠药自杀，但均以失败告终。2005年5月，张某因服用老鼠药自杀再次失败，便说服妻子孟某和年近古稀的邻居于某助其自杀。为了帮助张某解脱痛苦，孟某和于某准备好绳索，帮助张某套进脖子。随后，张某上吊自杀。2005年7月26日，阜宁县法院经过审理，以故意杀人罪判处孟某有期徒刑5年；于某有期徒刑3年，缓刑4年。③

案例四：张某等故意杀人案。

被害人冷某身患系统性红斑狼疮等多种疾病，由于大剂量激素治疗等原因，导致其体

---

① 张哲浩、贾学伟、姜英爽：《是谁引爆我国"安乐死"第一个案?》，载 http://www.people.com.cn/GB/keji/1059/2026724.html，2019年6月18日访问。

② 刘建：《为生存无望的老母实施"安乐死"上海一市民被判刑》，载《法制日报》2001年10月14日第A03版。

③ 朱荣成、单天霞：《一位老农民安乐死的经过》，载《乡镇论坛》2005年13期。

重暴增,骨质疏松,又由于意外摔断了腿只能卧床,生活长期不能自理,由大女儿张某和大女婿凡某照顾。在治疗及此后的卧床养病过程中,冷某多次要求另一女婿张某帮其购买老鼠药自杀。2017年8月27日,张某帮被害人买来了老鼠药,并在次日将被害人的丈夫樊某也接到被害人居住的地方。在被害人的要求下,樊某将老鼠药递给了被害人,被害人当着丈夫、女儿、女婿的面将老鼠药服下。

2018年6月1日,浙江省台州市路桥区人民法院判决认为,张某、樊某、凡某作为被害人冷某的亲属,对被害人冷某具有扶助的义务,但被告人张某、樊某在冷某提出自杀请求后却为其提供帮助,被害人冷某服毒后,被告人张某、樊某、凡某未尽救助义务,放任被害人死亡,其行为均已构成故意杀人罪。判处张某有期徒刑3年,缓刑5年;樊某有期徒刑3年,缓刑5年;凡某有期徒刑2年,缓刑3年。①

案例五:文某拔管杀妻案。

2009年2月9日,文某的妻子胡某在家中晕倒,在深圳市某医院ICU病房治疗期间一直昏迷不醒,有心跳、血压,靠呼吸机维持呼吸。同年2月16日下午3时许,文某到病房探望时将被害人胡某身上的呼吸管、血压监测管等医疗设备拔掉,阻止救治并放弃治疗,4时许被害人死亡。当日18时24分,民警通知文某到公安机关接受调查,文某19时许自行到案。经法医检验鉴定,死者在住院期间有自主心跳,而无自主呼吸,由呼吸机维持呼吸,死亡原因为拔去气管插管后致呼吸停止。2010年12月9日,深圳市中院于以故意杀人罪判处被告人文某有期徒刑3年,缓刑3年。

一审宣判后,检察机关提出抗诉,认为本案不属于"情节较轻",被告人并非出于爱为妻子拔管,虽然有自首、积极赔偿经济损失等情节,但适用缓刑社会效果不佳,遂提出抗诉。广东省高院二审认为,抗诉理由不能成立,不予采纳。原审判决认定的事实清楚,证据确实、充分,定罪准确,量刑适当,审判程序合法。②

(二)实践贡献与遗留问题

在上述5个典型案例中,显而易见,案例一、案例四属于积极安乐死,案例二与案例三属于间接安乐死,而案例五接近消极安乐死。③所以,虽然安乐死迄今尚未在中国立法中发现立足之地,但案例表明,司法实践已经就如何处理涉及安乐死的案件形成了初步立场。例如,案例一显示,即使在积极安乐死的案件中,也可以根据刑法总则第13条之规定,认为案中行为"情节显著轻微危害不大的,不认为是犯罪"。从案例三、案例四与案例五来看,即使认定实施安乐死的行为人有罪,也可以基于自首情节,对其予以减轻处罚。这在实质上既减轻了行为人的违法性,也减轻了其责任。此外,案例二、案例五显示,在法定情节之外,司法实践也尽量考虑了行为人是否以及在多大程度上履行了抚养义务、犯罪动机等酌定情节,将之作为从宽处罚的理由。在安乐死尚未得到法律认可的情况下,对于在合法框架内合情地处理个案而言,这些典型案例所体现出来的立场无疑是具有积极意义的。

---

① 王俊禄:《"毒死"至亲免病痛,情理法如何抉择》,载http://www.banyuetan.org/msht/detail/20190226/1000200033136251551143921923112282_1.html,2019年6月20日访问。

② 吴欣、白全安、谭晓鹏:《"拔管杀妻案"昨终审宣判被告文裕章仍"判三缓三"》,载《晶报》2012年9月15日第A02版。

③ 这里之所以说是接近,是因为在本案中并无"患者已经没有康复希望"的医学判断。

但是，上述典型案例在表明立场的同时，也留下了诸多悬而未决的实践与理论问题。首先，在现有可以获得的案例中，除了案例一中的被告人根据刑法总则第13条被宣告无罪，其余都被以故意杀人罪追究刑事责任，而且在案例一中，检察机关还提出了抗诉，审判机关也是在得到最高人民法院批复的支持下，才在二审维持了无罪判决。一方面，这清楚地表明司法机关对于如何处理安乐死案件并无共识；另一方面，从在其之后的其他相似案例中被告人仍然被认定有罪，而且有的并未被宣告缓刑可以看出，最高人民法院在案例一中的批复也并没有有效地发挥指导作用。其次，司法机关虽然表明了立场，但是并没有进行较为深入的理论说明。例如，在案例一中，虽然司法机关以蒲某所开具的冬眠灵不是导致死亡的直接死因为由，认定其行为情节显著轻微。但是，在理论层面，对于蒲某的行为是否构成未遂是存在探讨余地的，而在立法层面，中国刑法以处罚未遂为原则。如此，仅以因果关系为由认定被告人无罪显然是不充分的。再次，上述案例说理的重点都是放在被告人是否具有自首情节、是否履行抚养义务等方面，对于被害人的意愿、自身状况等并没有给予充分关注，而安乐死问题的核心要点之一就是尊重患者的意愿。刻意回避这一问题，显然是不利于正面回应安乐死问题的。又次，量刑层面存在不均衡现象。例如，就案例三、案例四与案例五而言，无论是从被害人的角度还是从行为的客观危害，案例五中被告人行为的违法性与责任都应该相对较强，但是其宣告刑反而相对较轻。最后，在上述五个案例中，除案例一中有医生的介入外，其余都是被害人的亲属为之。如此，不但不利于缓解患者的苦痛或者为其提供解脱之道，非常容易让患者家属因为感情冲动而迈过犯罪的门槛，而且会因为犯罪标签的效应带来更多的社会问题。

简而言之，在缺乏立法确认的情况下，司法机关已经就如何在现行刑法框架内合情合理地处理涉及安乐死的案件，进行了努力而有益的探索，这是应该肯定的。但与此同时，现有司法实践也表明，如何处理相似案件，我们仍然没有统一的立场、系统化的路径与明确的原则，而且相关理论仍然需要进一步厘清。

二、现行刑法下的司法路径与理论基础

结合现行刑事立法与上述典型案例，可以认为在司法实践中有两个路径可供司法机关选择。其一，是违法性阻却的路径，即对实施特定安乐死的行为人宣告无罪。这一路径可以通过两种方式实现：①综合判断的方式，即根据刑法总则第13条的但书规定，通过刑法解释论来寻求合法化依据，在全案事实的基础上，认定具体行为"情节显著轻微危害不大的，不认为是犯罪"，这一方式也被称为形式的"合法性说"。① 但是，这一方式在理论上受到多数派的反对，因为通说认为，在没有任何规定允许医疗工作者可以实施安乐死的情况下，安乐死的违法性不容否定。② ②否定构成要素的方式，即在现行立法的基础上通过分析具体犯罪的犯罪构成要素，并通过解释论否定相关要素，寻找实施安乐死的合法化根据。其二，是违法性和/或责任减弱的路径，即在不否认实施安乐死行为具有违法性的前提下，从主客观两个方面为减轻行为的违法性与行为人的责任寻找理论根据，以获得合情合理的处理结果。在程序层面可表现为：①检察机关根据刑事诉讼法第177条之规

---

① 莫妮：《安乐死合法化初探》，载《广西社会科学》2001年第4期。
② 张明楷：《刑法学（下）》，法律出版社2016年版，第848页。

定，认为根据刑法可以对被告人免予处罚，或者不需要处罚，作出相对不起诉的决定。②人民法院根据刑法总则第 37 条之规定认定行为"情节轻微不需要判处刑罚"，对被告人定罪免罚。③人民法院根据犯罪未遂、帮助犯等规定，认定行为人有罪，但是予以减轻处罚、宣告缓刑。

那么，可以以什么理论为基础，通过解释现行刑法规定为上述路径奠定基础呢？

（一）违法性阻却路径的理论基础

在现行刑法下，完全否定积极安乐死与间接安乐死的违法性是不可能的，因为无论行为人的动机如何，总是以剥夺他人生命的故意，实施了相应的行为；即使存在被害人的知情同意，从被害人不能就国家与社会法益以及生命权表示同意的通论出发，实施积极与间接安乐死的行为也是违法的。置而言之，违法性阻却的路径仅适用于消极安乐死，即中止医疗行为的场合。在刑法理论上，中止医疗行为"是一种'不作为'，其究竟是否构成杀人罪则主要取决于实行了该医疗中止的医生是否具有为患者继续实施延命医疗的作为义务"。① 所以，能够为违法性阻却路径奠定基础的理论，应该以否定实施安乐死行为者的作为义务，也即救治义务为核心内容。从比较法的视野来看，否定这一义务的方式有两种：直接否定与间接否定。

1. 直接否定作为义务

在中止医疗行为的场合，作为义务的内容主要是救治义务。那么，应该如何具体理解此处的救治义务？虽然原则上只要医患关系成立，医生就具有了救治患者的义务，但是这里的义务也是有限度的，就如有的观点所言，"在医生已经尽最大可能做好医疗，并且已经达到有效医疗的极限时，针对那些从医学观点看来有害或者是无意义的医疗措置，即使患者本人希望，对于医生而言，其已经不再背负继续医疗的义务，或者说是该义务已不再是法律上义务……也即，在医疗达到极限的情况下，不管患者及其家属是否同意，医疗中止已不再具有刑事违法性"。② 那么，应该如何判断救治义务已经达到极限，医生因此不再承担法律上的救治义务？从国外的判例来看，判断救治行为是否已经达到极限，应以救治行为因已经不具有救治的功能而属于无效医疗为标准。如果救治行为已经属于无效医疗，就可以根据患者最佳利益原则否定医生的救治义务，进而否定中止医疗行为的违法性。

维护患者最佳利益是医学伦理的基本原则之一。虽然这一原则的提出主要是为了最大限度地保护无行为能力人的利益，但同样适用于有行为能力的人，而且有时候医疗机构也可以基于患者最佳利益原则提出中止医疗。③ 例如，在 2004 年发生于新南威尔士州的梅西案中，④ 一名 75 岁的男性患者在进入医院重症监护室之际，已经因脑部缺氧陷入休克状态至少 25 分钟，只能够通过呼吸机、人工营养与水分基本维持生命。医疗小组的结论是停止维持生命治疗符合该患者的最佳利益。但是，患者家属强烈反对医疗小组的决定，

---

① 刘建利：《刑法视野下医疗中止行为的容许范围》，载《法学评论》2013 年第 6 期。
② 刘建利：《刑法视野下医疗中止行为的容许范围》，载《法学评论》2013 年第 6 期。
③ 例如，《国际医学伦理守则》明确宣告，"医生在提供医护时应从患者的最佳利益出发"。详细参见祝彬：《论患者最佳利益原则》，载《医学与哲学（人文社会医学版）》2009 年第 5 期；陈化、徐喜荣：《论临床代理决策中的患者最佳利益原则》，载《医学与哲学（B）》2013 年第 6 期。
④ Messiha v South East Health [2004] NSWSC 1061.

并请求法院强制医疗小组继续对该患者进行治疗。新南威尔士州最高法院在接受了3位医疗专家提出的证明继续医疗缺少医学根据的证据后,驳回了患者家属的请求。霍维法官在裁决中明确指出,继续治疗不符合患者的最佳利益,因此医生不负有继续提供治疗的义务。与此相似,在2013年的国家卫生署医院基金会诉M与K案中,M是一名22岁的病人,患有先天性脑萎缩,一生都在轮椅上度过。自2010年6月,他反复入院治疗。2013年4月,M因身体健康严重恶化陷入昏迷,并临近生命末期。因此,国家卫生署医院基金会以M因严重营养不良面临死亡危险为由,请求法院宣告实施心肺复苏手术、进行重症监护治疗并不符合M的最佳利益。艾琳诺·金法官在综合考虑了案中情节后认为,对M进行维持生命治疗并不能带来任何医疗利益,即使实施了心肺复苏手术,最终的结果也只能是M依赖呼吸机生存,因此按照国家卫生署医院基金会的请求作出了宣告。M的监护人K对这一宣告表示接受,但同时心存侥幸,希望M能够得到重症监护治疗。就此,艾琳诺·金法官认为:重症监护治疗并不能给患者带来任何治愈的希望,不能缓解他的病情,反而将使他面临不必要的折磨与侮辱。①

需要指出的是,虽然该原则在英美国家已经上升为医事法律的基本原则之一,但迄今尚无明确定义,立法通常是提供若干因素,以供相关主体在作出是否符合患者最佳利益的决定之际予以参考。例如,英国《2005年心智能力法案》以及随后颁布的操作规则虽然将患者最佳利益原则规定为基本原则,但并未对最佳利益下定义,而仅仅规定了在判断患者最佳利益之际必须遵循的基本原则与必须考虑的要素。就医生而言,根据该法第4(6)条规定,在依据患者最佳利益作出决定之一,应当考虑以下因素:①患者过去和现在的愿望与情感(包括任何书面声明);②可能影响患者决策的信仰和价值观;③患者可能考虑的其他因素(如利他动机)。②

总而言之,虽然医生对患者负有救治义务,但其没有提供无效治疗的义务。而且,就某一治疗是否无效作出之际,首先由医生本人基于患者最佳利益的原则单方确定。虽然这一决定可以被诉上法庭,但是医生没有义务敦促这一解决方式,这取决于反对终止治疗的患者家属或者其他相关当事人。

2. 间接否定作为义务

间接否定作为义务,是指在医生的救治义务与患者的自主决定之间产生冲突之际,因为尊重患者的决定权而否定前者。间接否定作为义务的方法,仅适用于患者本人能够自我作出明确选择的情形。在英美国家的普通法上,同意可以构成对杀人罪的抗辩理由。③ 因此,如果某一患者根据其对本人医疗事项的自我决定权,对中止医疗的行为作出知情同意,也可以否定该行为的违法性,因为患者的自我决定权与知情同意权的实质意义,就在于患者有权就自己的身体、生命等相关法益进行自主决定,有权在被告知有关自己的病情的诊断结论、医疗方案、医疗风险等足够信息的前提下,自由决定是否接受治疗、在何处

---

① A NHS Hospital Trust v M and K [2013] EWHC 2402 (COP).
② 该法全文参见英国立法文献官方网站:http://www.legislation.gov.uk/ukpga/2005/9/contents。
③ See, for example, Jacqueline Martin and Tony Strey (2007) Unlocking Criminal Law (2nd edn), London: Hodder Education, p. 272.

接受治疗、选择治疗方案、同意接受或者拒绝治疗。①

在英国的普通法上，承认具有完全行为能力的成年患者有权拒绝继续治疗，即使该治疗明显符合该人的最佳医疗利益或者为保持其生命所必需，有着悠久的历史。② 例如，在2002年的 Re B 案中，四肢瘫痪而不得不依赖呼吸机生存的患者 B 明确向医护人员表示拒绝接受治疗。B 在医护人员拒绝了她关闭呼吸机的要求后，向法院申请宣告她所受到的治疗是非法的。在解释医护人员对 B 的继续治疗构成非法行为之际，主审法官明确指出："具有行为能力的患者要求终止治疗的权利必须高于医护人员试图保持其生命的自然追求。"③ 在其他普通法国家，如美国、加拿大与新西兰，患者拒绝维持生命治疗的自主权利也已经得到了司法确认。④ 在2009年西澳大利亚布莱德沃特医护集团诉罗斯特案中，⑤主审法官也认为，具有行为能力的成年患者拥有拒绝治疗的权利，即使这意味着失去生命，"违反精神健全患者之意愿提供医疗之医护人员与服务提供商侵犯了患者的人身权利，是违反法律的"。⑥

在中国的刑事案例中，无论是直接否定的方式还是间接否定的方式，都还没有得到明确的体现。

（二）违法性/责任减轻路径的理论基础

从国外司法实践，尤其是英美法系的判例来看，违法性/责任减轻路径的理论基础主要有两个：知情同意与因果关系中断。

1. 知情同意

知情同意，是指具有行为能力与自我决定能力的患者，在充分被告知相关信息的基础上作出是否同意实施安乐死或者继续接受救治情况之决定。那么，就已经失去自我决定能力的患者而言是否还存在知情同意？从相关国家的立法与判例来看，如果符合法定条件，也可以认为存在知情同意。例如，在澳大利亚，在如下两种情形下，可以认定存在已经失去自我决定能力的患者的知情同意：第一，是存在生前健康指令（Advance Health Directive）。昆士兰州《1998年代理人权力法》规定，成年人有权作出生前健康指令，就其在失去自我决定能力之后不愿接受的特定治疗给出指示，包括拒绝维持生命治疗。如果生前健康指令具备如下两项或者三项条件（视情况而定），停止或者取消维持生命治疗的指示对于医护人员就具备法律约束力：①作出指令的患者的康复前景非常渺茫且属于该法第36条（2）（a）规定的四种情形之一；⑦②没有合理依据可以相信该患者能够重获就其

---

① 就患者的自我决定权与知情同意权，详细参见刘维新：《医事刑事法初论》，中国人民公安大学2009年版第69页以下；赵西巨：《医事法研究》，法律出版社2008年版，第59页以下。
② See, for example, Re B（Adult: Refusal of medical treatment）[2002] 2 All ER 449; Re C（adult: refusal of medical treatment）[1994] 1 All ER 81; Airedale NHS Trust v Bland [1993] A.C. 789.
③ Re B（Adult, refusal of medical treatment）[2002] 2 All ER 449, p.457.
④ See Ben White, Lindy Willmott and John Allen（2010）'Withholding and withdrawing life-sustaining treatment: criminal responsibility for established medical practice?' Journal of Law and Medicine, 17（5）: 849-65.
⑤ Brightwater Care Group（Inc）v Rossiter [2009] WASC 229.
⑥ Ibid.
⑦ 该条规定的四种情形是：①患者患有不治之症（或者处于不可恢复或者逆转的状态），可能在一年之内死亡；②患者处于长久的植物人状态；③患者永远失去了知觉；④患者患有严重疾病，或者身受严重伤害，对其摆脱对维持生命治疗的依赖没有合理预期。

健康问题作出决定的行为能力；③如果生前健康指令指明该患者不接受人工营养与水分，则该指令仅在开始或者继续治疗与良好医疗惯例不相符合之际才生效。如果满足上述两个条件，生前健康指令就构成了关于停止或者取消维持生命治疗的有效同意。在这种情况下，无须再考虑终止治疗是否符合患者的最佳利益，或者终止治疗是否是最不限制患者权利的选择。第二，是存在替代决定者（Substitute Decision-maker）。如果患者没有预先立下生前健康指令，根据有关监护权立法的规定，第三人或者政府机构可以为了该患者的利益以其名义作出决定。例如，根据澳大利亚昆士兰州《2000年监护权与管理法》第66条之规定，在缺少生前健康指令而患者又丧失自我决定能力之际，下述机构与个人可以为之作出停止或者取消维持生命治疗之决定：①民事与行政法庭任命的监护人或者法庭自身通过颁布命令作出决定；②患者在具备行为能力之际任命或者通过生前健康指令任命的代理人；③法定的卫生事务代理人。同时，该法就替代决定人应该如何就停止或者取消维持生命治疗作出决定规定了原则性指导，即列出了在作出此类决定之际必须予以考虑的要素，包括：①成年患者享有的基本人权；②成年患者作为个体存在获得的对其基本价值与尊严的尊重；③已知的成年患者的观点与希望；④成年患者的性格与需要；⑤决定对成年患者权利的限制程度；⑥成年患者的最佳利益。[①]

根据英美等国的判例，在消极安乐死的不作为杀人案中，患者或者其替代决定者的知情同意可以成为抗辩理由。例如，在1993年的埃尔戴尔国民保健基金诉布兰德这一标志性案件中，[②] 布朗尼-威克森爵士在权衡了患者的自我决定权与刑法规定之后，明确指出：精神健全的患者在任何时候都可以通过拒绝接受治疗而终止维持生命医疗。在以积极的作为实施的普通杀人案中，被害人同意不构成辩护理由。但如果指控的是以不作为实施的杀人，而且应该实施的积极行为只能在患者的同意下才能实施，那么患者拒绝同意实施这一行为，的确间接地构成对杀人指控的抗辩理由。在生命仅能够通过患者不会同意的治疗才能得以维持的场合，医生对患者不承担任何维持其生命的义务。[③]

根据日本、意大利等国的刑法，被害人的知情同意也能够成为减轻违法性或者责任的理由。例如，日本刑法第202条规定："帮助他人使之自杀，或者被杀人嘱托或得其承诺而杀之的，处6个月以上7年以下惩役或监禁。"巴西刑法典第122条规定："帮助他人自杀，处刑：如果自杀既遂，2年至6年监禁；如果自杀未遂，但身体遭受严重损害，则1年至3年监禁。"意大利刑法典第580条规定："使人决心自杀，或加强其自杀的意图，或以其他方法使其易于实行，以致发生自杀的，处5年以上其年以下徒刑；如未发生自杀而仅致重伤或非常严重伤害的结果，处1年以上5年以下徒刑。"上述案例三与案例四明显是在获得被害人的知情同意之后帮助其自杀的，若根据上述规定，应构成相对较轻的罪名。

与此同时，中国的司法实践并没有明确表明知情同意可以成为减轻责任的事由。在被要求的情况下，为他人提供针剂、药物或者其他自杀工具的帮助自杀行为是否构成故意杀人罪，在学理上存在两种意见：第一种观点认为，帮助自杀行为有罪。例如，有学者指

[①] See Ben White, Lindy Willmott and John Allen (2010) 'Withholding and withdrawing life-sustaining treatment: criminal responsibility for established medical practice?' Journal of Law and Medicine, 17(5):849-65.

[②] Airedale NHS Trust v Bland [1993] A.C. 789.

[③] Ibid.

出，"从属性并不是共犯行为是否可罚的根本依据，而仅仅是对刑法处罚范围进行限制得了理论创造物，共犯行为之所以受到处罚，从根本上在教唆、帮助行为引起正犯者实施对法益的侵害。因此我们可以解释，参与行为具有可罚性"。[1] 有学者认为，帮助自杀的行为与自杀死亡结果之间存在因果关系：因为如果没有帮助自杀的行为，就不会有他人自杀的结果，帮助自杀的行为导致了自杀结果的发生，帮助自杀者对于自杀者死亡结果以放任态度，属于非法剥夺他人生命的行为，应当对死亡结果负责，构成故意杀人罪。[2] 第二种观点认为，我国刑法对于故意杀人罪规定得比较简单，没有将帮助自杀的行为规定为独立的犯罪。在这种立法体制之下，是认为帮助自杀的行为根本不成立犯罪，还是认为帮助自杀的行为成立普通杀人罪是需要研究的问题，如果认为刑法分则条文规定的只是实行行为，那么只有当帮助自杀的行为具有间接正犯性质时，才能认定为故意杀人罪。[3] 例如，有学者指出："参与他人在法规范上完全自由地处置生命的行为，不是杀人行为。"[4] "被害人认识到他人行为具有给自己法益造成损害的危险，却要求、允许或者接受他人实施该危险行为，由此产生的损害结果，就应该由被害人承担。"[5] 有的观点更是直接指出："为他人自杀提供便利条件，例如提供针剂、药物或者其他自杀工具，而自杀行为是他本人实行的。在这种情况下，尽管帮助行为与自杀之间有因果关系，也不能按照故意杀人罪处理。"[6]

如果纯粹站在"共犯从属说"的立场，可以认为，因为自杀并非犯罪行为，所以帮助自杀的行为当然不构成犯罪。但是，从上述典型案例来看，这一结论显然是没有得到司法实践认同的。但是，即使退一步而言，认为帮助杀人的行为构成犯罪，也应根据刑法第27条之规定对帮助者从轻、减轻或者免除处罚。

2. 因果关系中断

因果关系也是国外安乐死案例中经常提及的概念。根据英美国家的判例，即使在间接安乐死与消极安乐死的场合，也不能以不存在因果关系为辩护理由。例如，在1993年奥克兰地区卫生委员会诉司法部长一案中，[7] 辩护方就提出，导致患者死亡的并非关闭人工呼吸机，而是已经存在于患者自身的格林-巴瑞综合征。虽然最终托马斯大法官基于医生不负有救治义务等理由认定医护方无须承担刑事责任，但是针对辩护方提出的中止医疗的行为与死亡结果之间不存在因果关系这一论据，托马斯大法官明确指出，这一事由并不具有普遍适用性，并以下述示例表明了自己的反对态度：在患者患有脊髓灰质炎且希望获得治疗的情况下，无论如何都不能认为停止或者取消维持生命治疗与患者的死亡结果不存在因果关系。[8] 相似的，在布兰德案中，[9] 马斯丁爵士对中止医疗行为与患者死亡结果之间

---

[1] 王志远：《论我国共犯制度存在的逻辑矛盾——以教唆、帮助自杀的实践处理方案为切入点》，载《法学评论》2011年第5期。
[2] 谢望原、郝兴旺主编：《刑法分论》，中国人民大学出版社2008年版，第207页。
[3] 张明楷：《刑法学》，法律出版社2007年版，第639页。
[4] 冯军：《刑法的规范化诠释》，载《法商研究》2005年第6期。
[5] 冯军：《刑法中的自我答责》，载《中国法学》2006年第3期。
[6] 陈兴良：《教唆或者帮助他人自杀行为之定性研究——邵建国案分析》，载《浙江社会科学》2004年第6期。
[7] Auckland Area Health Board v Attorney-General [1993] 1 NZLR 235.
[8] Ibid.
[9] Airedale NHS Trust v Bland [1993] A.C. 789.

不存在因果关系的论据也提出了批判，他认为这一论据并非是在合理地解释法律，而是在以一种全新的不合逻辑的方式去适用法律，并明确指出，这一结论不但会随着不作为的合法性与否而改变，而且不符合刑法的基本原则。①

但是，从理论与判例来看，以不存在因果关系为抗辩事由仍然存在可探讨的空间。英美法系因果关系学说中的通说是双层次原因论。该说将原因分为"事实原因"（cause in fact）与"法律原因"（cause in law）两个层次。"事实原因"这一观念建立在直观基础上，由"but for"公式来表达，即如果没有 A 就没有 B，则 B 就是发生 A 的事实原因。法律原因是为了弥补第一层次的缺陷，限定事实原因的范围，从事实原因中筛选出一部分作为刑事责任的客观基础，因此也可以将法律原因成为可罚的因果关系。② 从这一理论出发，即使如上所述，中止医疗的行为与患者死亡之间存在事实上的因果关系，也并非意味着决定中止治疗的医生必定会因此承担刑事责任。例如，在1957年的 R 诉亚当斯案中，③ 医生 D 给了一名老年女性患者加速其死亡的药物。主审法官认为，虽然医生 D 并没有特殊的辩护理由，但是他有权采取所有合适与必要的措施以缓解患者的痛苦，即使这些措施可能偶然加速死亡，所以认定被告医生无罪。相似的，在1981年的 R 诉马尔里克与斯蒂尔案中，被告人 D 用刀捅伤了他的妻子，后者被送到医院，依赖维持生命的机械生存。伤者后来经历了两次心脏衰竭，十天后大脑陷入了不可恢复的损伤状态。因此，医生停止了维持生命治疗。法官经审理认为，医生中止医疗的行为并没有破坏被告人 D 的伤害行为与死亡结果之间的因果关系，因此判决 D 的行为不成立谋杀罪，并否定了医生的杀人责任。④ 在这两个案例中，不可否认的是，医生中止医疗的行为（第一个在本质上构成间接安乐死）与死亡结果之间都存在事实上的因果关系，但在两个判例中，法官都没有追究医生杀人罪的刑事责任。可见，否定医生的中止医疗与患者的死亡结果之间的因果关系这一抗辩事由，在具体的案件中是有可能成立的。

从上述中国的典型案例出发，完全否定被告人的行为与被害人的死亡之间的因果关系几乎是不可能的。但在刑法理论上，通常认为，在结果犯的场合，即使行为人在故意的支配下实施了杀人行为，如果死亡结果并非其杀人行为所导致，其行为最多可能构成未遂，这也是案例一所示的立场。同时，在诸如案例三、案例四的情形下，虽然是被告人帮助被害人将脖子套进绳索、将药瓶放在被害人触手可及的地方，但是利用体重悬梁自尽和服用毒药的都是具有自由选择与控制能力的被害人本人。置而言之，在帮助自杀行为与死亡结果之间介入了被害人的故意行为，而这一行为切断了被告人的行为与死亡结果之间的因果关系。因此，在案例三与案例四中，即使认为被告人的行为构成犯罪，也应根据刑法总则第23条之规定认为其构成未遂，应该从轻或者减轻处罚。

三、安乐死司法确认程序的提倡与建议

上述典型案例表明，中国的刑事司法实践并没有完全禁止间接安乐死与消极安乐死。尤其需要指出的是，在民事司法实践中，其实已经存在基于替代决定者的知情同意而否定

---

① Ibid.
② See, for example, Michael Allen (2010) Criminal Law, Oxford: Oxford University Press, pp. 33–55.
③ R v Adams [1957] Crim LR 365.
④ R v Malcherek and Steel [1981] 2 ALL ER.

行为人违法性的案例。在武汉市江岸区人民法院2006年判处的父母同意中止医疗案中，某婴儿因为病情恶化，只能通过人工呼吸机来维持呼吸，多个器官已经衰竭，在医院先后三次向患者父母说明病情并下达病危通知，父母签字表示放弃治疗，患者在医院撤除了人工呼吸机后当即死亡。① 显而易见，该案是典型的消极安乐死情形。但是，在该案中，人民法院仅仅作为民事案件予以处理，而且并不认为医院的行为违法。

虽然司法机关已经在涉及安乐死的个案中进行了积极的探索，但刑法属于事后法，只能在行为实施之后才能够介入，对于规范安乐死实施，减少社会矛盾，推动社会治理法治化而言是不足的。因此，在现有刑事与民事司法实践的基础上，本文建议立法机关直面安乐死问题，在刑法中接受间接安乐死与消极安乐死，将之规定为正当化事由，并在刑事诉讼法第五编中增加一章作为第六章，规定一个安乐死司法确认程序，在患者与家属的自由意愿、医生与医院的专业判断以及司法机构的权威认定的基础上，规范实施间接安乐死与消极安乐死的条件与程序。

如图一所示，这一程序具体可以划分为以下三个阶段：

第一，启动阶段。在这一阶段，因身患不治之症而遭受痛苦折磨的患者如果能够在知情的情况下作出自由判断，可以自行通过医生向主治医院提出实施安乐死申请，如果其昏迷不醒而且没有康复的希望，其替代决定者可以代位提出申请。同时，在特殊情形下，主治医生也可以在征求患者家属的同意后，为了患者的最佳利益，代为向医院提出实施安乐死的申请。这里之所以主张通过主治医生向医院提出申请，是因为主治医生最了解患者的病情，而且能够作出相对客观、真实的判断。

第二，是审查阶段。在这一阶段，首先由医院在接到主治医生转交或者代为提出的申请后，组织医疗伦理委员会进行专业审查，判断患者是否身罹不治之症、是否已经没有康复希望、其所经受的痛苦是否已经无法解除、实施安乐死是否是真实意愿表达等。如果专业审查相关问题都给出了肯定答案，则将申请提交至人民法院，由后者进行法律审查。一方面，是确认患者的病情以及申请所示意愿的真实性；另一方面，是从法律层面判断是否属于可以允许的安乐死类型。在进行审查之际，人民法院采取诸如听取当事人意见、聘请第三方专家进行鉴定等措施。

第三，是实施阶段。如果司法机关经过审查，认为实施安乐死的申请在专业与法律层面不可以认同，应向医院发出不准实施安乐死的命令；如果认为可以，则发出准许实施的命令。在接到准许实施的命令后，医院应指定医生负责实施安乐死。

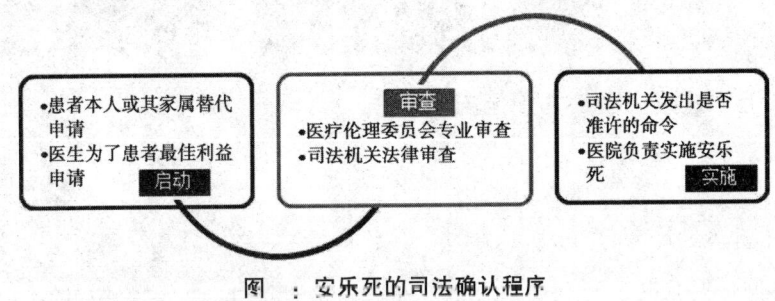

图：安乐死的司法确认程序

---

① 湖北省武汉市江岸区人民法院民事判决书［2006］岸民初字第313号。

四、结语

老龄化的趋势、医疗资源不足等宏观环境决定了无论是从人道主义的角度还是从社会治理的角度，中国都应该直接面对安乐死的问题。而且，相关案例表明，司法实践并没有完全禁止安乐死，而是留有余地。因此可以说，将安乐死纳入立法已经具有了社会基础与法律基础。考虑到"'看不起病'现象依然存在、部分医生职业道德水平有待提高、一些子女未能很好履行赡养义务……实施'安乐死'，我们面临的问题还有很多"，[①] 所以对于实施安乐死因该采取谨慎的态度。基于此，本文建议仅将间接安乐死与消极安乐死规定为刑法中的正当化事由，并在刑事诉讼法中增加司法确认程序，在专业与法律两个层面审查实施安乐死的必要性、正当性与合法性，消除滥用安乐死的风险。

---

① 樊树林：《实施"安乐死"路还很长》，载《广西日报》2019年4月30日第010版。

论"安乐死"的刑事法评价及课题

[韩] 金恩正*

一、序言

随着心肺复苏、注射抗癌剂、戴人工呼吸器等现代医学技术的飞跃性发展,能够利用各种治疗方法和机械装置在一定程度上维持或延长濒临死亡的无回生可能的患者的生命。随之而来的是,当这种人为的生命维持及延长超过某种界限时,是不是反而侵害了一个人有尊严地死去的权利,这作为所谓的"安乐死"允许问题在被持续讨论。

"安乐死"无论采用何种形态,都是终止可延长或维持的生命,造成死亡。从这个角度来看,负责执行"安乐死"的医护人员等是否该负杀人或自杀干预行为的刑事责任呢?

除"安乐死"这个术语外,出现了意指应认可患不治之症的患者或濒临死亡的患者体面且有尊严地迎接死亡的权利的"尊严死"这个术语,与"安乐死"这个术语一并使用。但是,"尊严死"这个术语被广泛地使用于中断维持生命治疗的,医生协助自杀(Physician-assisted Suicide,PAS)甚至是全面的"安乐死"中。通常,在学界或实务中,以"安乐死"这个术语为中心,关于其概念、类型以及允许与否等正在持续进行讨论。①

关于"安乐死",通常从宪法的角度来看,一直是以生命权、自主决定权等基本权为中心,对其概念、类型、允许与否等进行讨论。从刑事法的角度来看,一直是对允许与否及其依据等进行讨论。而在本文中,笔者将从刑事法的角度出发,审视"安乐死"的概念和类型,分析韩国判例对"安乐死"的立场\关于"安乐死"的立法现状及其背景等;然后从实务的角度出发,分析为解决今后产生的与"安乐死"相关的刑事法上的问题,是否存在需要追加立法上的改善部分。

尤其是关于"安乐死"的立法现状。2016年2月3日制定的《临终关怀、姑息治疗以及处于临终过程中的患者的维持生命医疗决定相关法》(以下称为《维持生命医疗决定法》)自2017年8月4日施行后至今进行了两次部分修订,又于2019年3月28日起施行了修订后的法律。因此本文将通过分析其修订背景和规定内容,从实务的立场出发探讨一下是否存在需追加解决的立法课题,以及关于"安乐死"韩国法律该走向怎样的方向。

---

* 韩国大检察厅检察未来企划团检察研究官。
① 参见金善泽:《医生协助自杀的合法化的世界性动向》,载《韩国医疗法学会志》2018年第6期。

二、"安乐死"的概念与分类

（一）安乐死的概念

"安乐死"是指对于遭受严重的肉体及精神上痛苦折磨的处于不治状态的患者，以减轻其痛苦为目的，将其死亡时间提前的医学措施。①

（二）安乐死的分类

关于安乐死，不同学者对其分类或概念定义上存在一些差异，但可分类如下：①以生命的缩短与否为标准，分为不伴随生命缩短的真正安乐死和伴随着生命缩短的非真正安乐死；②②以行为的投入方式为标准，分为通过注射致命药物等人为中断患者生命的积极安乐死和通过中止维持患者生命所需的治疗、用药等或撤除维持生命所需的装置中断患者生命的消极安乐死；③以对患者造成的影响的程度为标准，分为通过注射对患者生命造成直接影响的药物等人为中断患者生命的直接安乐死和为减轻患者的痛苦而注射镇痛剂或麻醉剂等药物，通过附带作用间接对患者的生命造成影响从而中断患者生命的间接安乐死；④基于患者的直接同意而执行的自发性安乐死和在未征得患者的直接同意的情况下根据他人的意愿决定的非自发性安乐死。③

（三）对安乐死的刑法上的评价

关于可在刑法上被评价为犯罪的安乐死，根据其类型来看，积极安乐死在大部分的国家都是不被允许的，在韩国，这种行为符合刑法第252条中的基于嘱托或承诺的杀人罪。④ 韩国学界的主流见解也对积极安乐死持否定立场。⑤

对于消极安乐死，在世界各国大部分是在一定条件下才认可。在韩国，学界的主流见解对消极安乐死的允许持肯定立场。⑥ 在韩国，以下述的博拉梅医院案件为契机正式开始了讨论安乐死的允许与否，经过很长一段时间的讨论，于2016年2月3日制定了《维持生命医疗决定法》，于2017年8月4日施行，在该法律中讨论的安乐死的类型为消极安乐死。

真正安乐死并未伴随着生命的缩短，因此不符合杀害行为的概念，完全不包摄于刑法的领域。⑦

间接安乐死是指以缓解甚至去除末期患者的痛苦为目的的医疗措施的副作用导致患者的生命缩短的情况，若具备治疗行为的条件（因此也被称为"治疗型安乐死"），则一般

---

① 成乐寅：《宪法学》（第18版），法文社2018年版，第1090页。
② 任雄：《刑法总论》（第10定版），法文社2018年版，第235页；郑成根、郑准燮：《刑法讲义总论》，博英社2016年版，第147页；元亨植：《判例中心刑法总论》，东方文化社2018年版，第157页。
③ 李准一：《人权法》（第7版），弘文社2017年版，第33~36页。
④ 韩国大法院1957.7.26，宣告4290-126判决；成乐寅：《宪法学》（第18版），法文社2018年版，第1090页。
⑤ 李宰尚、张永民、姜东范：《刑法总论》（第9版），博英社2017年版，第295页，郑成根、郑准燮：《刑法讲义总论》，博英社2016年版，第147页。
⑥ 任雄：《刑法总论》（第10定版），法文社2018年版，第235页；郑成根、郑准燮：《刑法讲义总论》，博英社2016年版，第148页。
⑦ 任雄：《刑法总论》（第10定版），法文社2018年版，第235页；郑成根、郑准燮：《刑法讲义总论》，博英社2016年版，第147页；李敬烈：《所谓"维持生命治疗决定"法的刑事政策上的疑问》，载《刑事政策》2016年第28卷第1号。

被理解为构成杀人罪的违法性阻却。①

但是，关于间接安乐死，从实务上来看，基于作为减轻患者的痛苦而注射的镇痛剂或麻醉剂等医学药物的附带效果间接地对患者的生命造成影响的角度，存在对缩短生命的刑事责任，不仅仅是违法性阻却的问题，在构成条件正当性分析过程中也被视为故意或难以认可。

因此，从实务的角度看，当这种案件实际发生且需要处理时，首先关于杀人罪（或嘱托杀人罪），不被认可为故意杀害的可能性很大；其次，关于过失导致死亡的结果，适用过失致死罪，若该医疗行为未脱离通常医疗行为的范围，则很有可能通过否定过失的方法以构成条件正当性的问题来处理案件。

三、法院对于"安乐死"的立场②

韩国盖洛普调查研究所于2013年8月和2015年5月2日分别进行的关于对本人或家属无回生可能时的维持生命医疗的意见的问卷调查的结果显示：①关于若本人处于无回生可能的状态，是否中断维持生命治疗——2013年有87%的人赞成，8%的人反对；2015年则有90%的人赞成，4%的人反对。当本人无回生可能时，中断维持生命治疗的赞成意见占压倒性位置。②关于若父母或配偶处于无回生可能的状态，是否中断维持生命治疗——2013年有61%的人赞成，26%的人反对；但在2015年则有63%的人赞成，24%的人反对。家属的问题与本人相比，赞成比率相对较低，但大部分还是赞成中断维持生命治疗。③

基于国民对中断维持生命治疗的认知以及患者家属实际面临的经济问题等，在实际医疗现状中，出现了关于中断维持生命治疗或由此带来的安乐死问题。以下将分领域审视韩国关于中断维持生命治疗或"安乐死"的代表性判例。

（一）刑事判例（博拉梅医院案件）

1. 事实关系

受害者于1997年12月4日醉酒进入洗手间后摔倒，头部受伤，被紧急送往博拉梅医院，接受脑部手术治疗后被转移至重症室。受害者的状态正在好转，但无法自主呼吸，因此需戴人工呼吸装置接受治疗。

受害者的妻子李某某以无治疗费用为由，多次向上述医院神经外科专职医生杨某某和曾为主治医生的金某某提出让受害者出院。

杨某某向受害者的妻子李某某说明，基于受害者的状态，若回到无人工呼吸装置的家中，受害人将无法自主呼吸，可能会导致受害者死亡，因此对出院加以劝阻。

尽管如此，受害者的妻子李某某继续提出出院要求。于是，杨某某向曾为主治医生的金某某下达了受害者的出院指示，金某某指示曾在上述医院实习一年的医生姜某某将受害者护送至家中。

于是，姜某某于1997年12月6日将受害者带至其家中，然后在征得受害者妻子李某

---

① 郑成根、朴光民：《刑法总论》（第2版），SKKUP 2015年版，第297页；李敬烈：《所谓"维持生命治疗决定"法的刑事政策上的疑问》，载《刑事政策》2016年第28卷第1号。
② 这是《维持生命医疗决定法》制定之前的谈论。
③ 参见 http://www.gallup.co.kr/gallupdb/reportContent.asp?seqNo=660。

某的同意后,撤除了受害者戴的人工呼吸装置等,此时受害者因停止呼吸而死亡。

在该案件中,受害者在接受手术治疗的 36 小时后出院,在曾为上述医院实习的医生姜某某撤除人工呼吸装置并离开后不到 5 分钟的时间内死亡。①

2. 法院的判断

检方以基于职位的杀人罪的共同正犯起诉了受害者的妻子李某某,干涉出院的神经外科专责医生杨某某,曾为主治医生的金某某,执行护送的第一年实习医生姜某某。法院一审认为,对于执行护送的第一年实习医生姜某某,判断其只不过是按照主治医生的指示发挥了辅助的作用,未干涉受害者的出院决定,难以判定其认知到了受害者的妻子李某某欲杀害存在回生可能性的受害者的意图,不构成作为杀人罪正犯的故意,也不构成作为从犯的故意,宣告其无罪。检方对此提出抗诉及上诉,但均被驳回。最终按一审判决,确定其无罪。对于受害者的妻子李某某,一审法院判定其为基于不作为的杀人罪的正犯。对此检方提出抗诉,但被驳回,确定其为基于不作为的杀人罪正犯。另外,对于神经外科专责医生杨某某、曾为主治医生的金某某,一审法院判定其为基于不作为的杀人罪的正犯,但二审法院废除一审判决,判定上述杨某某、金某某两位医生构成基于职位的协助杀人罪,韩国大法院也作出了与二审法院相同的判断。最终,上述两位医生杨某某、金某某被确定为协助杀人罪。②

3. 安乐死与违法性阻却

对于该案件中的受害者情况,从接受了手术正在好转这一点来看,这并非是以对通常无回生可能的患有不治之症的患者撤除维持生命医疗装置为前提的"消极安乐死"问题,而是关于杀人罪的刑事责任的问题。

尤其是在该案件中,受害者的妻子担忧治疗费以及希望 17 年来游手好闲并常常实施家庭暴力的丈夫死亡,不顾医护人员的劝阻强行出院,医护人员在预想到受害者死亡的情况下仍然给予协助,是否可视作杀人罪的共犯。关于造成受害者死亡的刑事责任这个问题在社会中引起了很大的反响。

尽管如此,该案件成为学界和实务界上正式开始对安乐死进行讨论的契机的理由在于,在该案件的判决中,关于医疗行为的中止及其带来的死亡结果问题,提及了患者表明意愿的情况和推断患者意愿的例外情况、治疗中断的违法性阻却等。

在该案件的一审审判中,关于受害者的出院,受害者的妻子和医护人员主张基于违法性阻却事由的正当行为、违法性阻却事由前提事实的错误、责任阻却事由等,但一审裁判部对这些主张均予以排除,在判决中表示"为使中止治疗成为不违背社会常规的正当行为,就要求通过听取主治医生关于患者的病症状态、对其的治疗内容、今后的治疗过程和患者的预后的充分说明,获得信息,从而掌握正确的认知",尽管中止治疗在一定的情况下会产生刑事责任,但可评价为违法性阻却事由之一的正当行为。

并且,该案件的一审法院关于医疗行为的中止,表示"基于患者本人的自主决定权的中止医疗行为的意愿表达原则上必须在中止当时明确表达,但在不存在这种明确的意图

---

① 参见韩国大法院 2004.6.24,宣告 2002DO995 杀人等,首尔高等法院 2002.2.7,宣告 98NO1310 杀人(对被告杨某某、金某某判定的罪名:协助杀人罪),首尔地方法院南部分院 1998.5.15,宣告 98GO 合 9 杀人判决文。

② 参见上述韩国大法院 2002DO995 杀人等,首尔高等法院 98NO1310 杀人,首尔地方法院南部分院 98GO 合 9 杀人判决文。

表达的情况下,根据推断的意图表达也是可行的,甚至通过家属的意图表达推断本人的意图在一定情况下也是允许的,但若要这种推断被允许,家属必须处于充分了解患者的性格、价值观、人生观等,能够准确地推断这种意图的立场",判决通过非患者本人的家属推断患者的中止医疗行为的意图是可行的。

这样的判决不仅对后来的"金奶奶案件"的判决产生了相当大的影响,还对之后制定的《维持生命医疗决定法》的内容带来了重大影响。对此,我们将在下文的讨论中进行详细分析。

(二)民事判例(金奶奶案件)

1. 事实关系

金奶奶于2008年2月5日进入圣弗西斯医院治疗。在2008年2月18日为了确诊是否患有肺癌而接受使用支气管内窥镜的组织检查的过程中,因失血过多引发心跳骤停,造成严重的脑损伤,最终陷入植物人状态。金奶奶在重症监护室中以戴人工呼吸装置的状态接受抗生剂的注射,人工营养的供给、输液等治疗。但是,人工呼吸装置只不过是维持当前状态的手段。对此,金奶奶的家属根据宪法第10条保障的自主决定权、人的尊严权、平等权、健康权、财产权以及与医院签订的诊疗合同的解除,提出了撤除无意义的维持生命治疗装置(人工呼吸器)的请求。[①]

2. 法院的判断

法院在一审中判决接受了金奶奶家属的要求,判决撤除人工呼吸器。对此,医院方面提出了抗诉和上诉,但未被受理。最终,根据韩国大法院的判决,撤除了金奶奶的维持生命治疗装置即人工呼吸器,但金奶奶在此之后继续存活了201日。[②]

关于该案件的判决,中断维持生命治疗的法律依据源于宪法第10条的作为人类的尊严和价值及追求幸福权,以及基于此受到保护的自主决定权。作为中止维持生命治疗的允许标准,要求:①患者进入"不可能回生的死亡阶段"(客观条件);②认可患者基于作为人类的尊严和价值及追求幸福权,行使自主决定权的情况(主观条件)。

关于中断维持生命治疗的客观条件"不可能回生的死亡阶段",该案件的判决表示,"在医学上,患者无恢复意识的可能性,无法恢复与生命相关的重要身体机能,鉴于患者的身体状态,显然短时间内可能会面临死亡的情况",这"不仅仅是主治医生的意见,还必须综合事实调查、诊疗记录鉴定等体现的其他专业医生的医学意见进行慎重判断"。

另外,关于中断维持生命治疗的主观条件"被判定为患者基于作为人类的尊严和价值及追求幸福权行使自主决定权的情况",该案件判决表示,不仅仅是患者实现向医护人员表示关于拒绝甚至中断自己的维持生命治疗的意图的情况(以下称为"事先医疗指示"),即使不存在这种"事先医疗指示",也可根据患者平时的价值观或信念等推断患者的意愿。

在该案件中,二审法院判决,"国家具有保障根据宪法认可的国民的基本权的义务,为此,需要通过具体的立法将基本权具体化,在上述无任何标准的情况下,将中断维持生

[①] 参见韩国大法院2009.5.21,宣告2009DA17417全体合议庭判决(无意义的维持生命治疗装置撤除等),首尔高等法院2009.2.10,宣告2008NA116869判决(无意义的维持生命治疗装置撤除等)。

[②] 参见全智妍、崔亚朗:《"对维持生命治疗的中断的刑事法上的探讨"——以韩国大法院2009.5.21,宣告2009DA17417全体合议庭判决为中心》,载《延世医疗、科学技术与法》2011年第2卷第2号。

命治疗等问题全权交托于相关医生或患者本人或家属的判断的状况若持续下去是不理想的。并且，将这些案件全部进行诉讼案件化，由法院一一判断是不现实的。因此，有必要实现广泛反映社会大众或医生等利害关系人的见解，规定关于中断维持生命治疗等的一定的标准和中断治疗的程序、方式、对滥用的处罚和对策等的立法"，具体提及了关于中断维持生命治疗的立法的必要性。

3. 整理：关于中断维持生命医疗的患者的意愿推断

该案件判决提及了此前存在争议的关于中断维持生命治疗的具体立法的必要性，具体判定了中断维持生命治疗的法律依据及其允许条件，从这点来看，在刑事法上的意义重大。

并且，在该案件判决中提及的中断维持生命治疗的允许标准成为之后构成《维持生命医疗决定法》主要内容的基础。对于其具体影响，将在下文中进行讨论。

但是，关于在该案件中提及的中断维持生命治疗的允许标准中的主观条件，该案件判决显示，即使是在不存在"事先医疗指示"的情况下，也可根据患者平时的价值观或信念等推断患者的意愿。实际上，金奶奶的情况也不存在"事先医疗指示"，但是综合金奶奶的家属向法庭提出的平时金奶奶整洁的生活态度及以往的言语等，推断出金奶奶若在目前的身体状态下接收到医学上的充分信息，将会选择中断维持生命治疗，因此决定中断维持生命治疗。

但是，仅凭任何人都能在健康状态下经常说出的言语和以往对非自身的他人所处状况所提及的言语推断患者的意愿，中止维持生命治疗，并判断这是基于患者的意愿，究竟是否适当仍存疑。因为要求中断无通常意识的、处于无生还可能阶段的患者的维持生命治疗的家属提出的患者以往的言语往往不存在客观的资料，而实际上，在很多情况下，由于治疗费问题或继承问题等，伴随有患者与家属的利害关系。

（三）宪法裁判所判例（立法不作为违宪确认）

包括金奶奶案件中的家属在内的许多人，直至最近都还在提出国会未对"安乐死"作出相关立法的不作为侵害了国民的追求幸福权。他们主张对立法不作为进行违宪确认。但是，宪法裁判所判断在宪法上或宪法解释上都不存在这种立法义务，这作为立法政策的问题是国会的裁决事项，持续给出驳回决定。[①]

宪法裁判所的这种决定引起了社会上对安乐死的充分讨论，国会这才认可其必要性，以在制定出具体法律之前需等待的立场作出了解释。[②]

（四）整理

以"博拉梅医院"判决为契机，正式开始了对是否允许安乐死的讨论。之后，法院正面认可了通过"金奶奶案件"引起争议的中断维持生命治疗，并提出了具体标准。法院的这种判断成为之后制定《维持生命医疗决定法》的背景。

最终，在韩国，截至制定《维持生命医疗决定法》之前，学界一直在讨论的安乐死的依据和允许标准等的现实性问题，通过法庭对个别案件的司法性判断得以解决。

---

① 宪法裁判所 2018.2.6，决定 2018 宪 MA61 立法不作为违宪确认；宪法裁判所 2017.12.26，决定 2017 宪 MA1351 等。

② 参见河民敬、姜民爱：《大法院判决与社会变化》，载司法政策研究院《研究丛书》2017 年 14 期。

很有趣的一点是，法院的判决解释，认可中断维持生命治疗的共同前提是缩短"濒临死亡之人"的死亡，而不是缩短"活着的人"的生命。法院将中断维持生命治疗视为缩短已经"濒临死亡之人"的死亡，多少是在回避生命权或关于死亡的自主决定权的问题的评价也是有一定可能的。①

四、《维持生命医疗决定法》的理解

（一）制定及修订背景以及意义

2013年7月31日，作为总统直属咨询机构的国家生命伦理审议委员会确定了"有关维持生命医疗决定的劝告案"，并向政府提出了制定特别法的建议。劝告案的主要内容为：没有回生可能性的患者可以根据自己或家人的决定结束生命。②

韩国盖洛普调查研究所于2013年8月和2015年5月2日分别进行的关于将当患者完全无回生可能时，即使本人未事先表明意向，若家属意见一致，可中断维持生命治疗的内容立法化的问卷调查结果显示：2013年有78%的人赞成，17%的人反对；而2015年则有77%的人赞成，15%的人反对。对维持生命医疗决定法制化的赞成意见占压倒性位置。③

2013年8月和2015年5月2日分别进行的关于对本人或家属无回生可能时的维持生命医疗的意见的问卷调查的结果显示：关于若本人处于无回生可能的状态，是否中断维持生命治疗，2013年87%的人赞成，8%的人反对；2015年则有90%的人赞成，4%的人反对。当本人无回生可能时中断维持生命治疗的赞成意见占压倒性位置。

似乎是为了反映国民的这种意识，许多国会议员提出了"为打造体面死亡文化以及促进临终关怀的决议案""在生命的最后阶段迎接自然死亡的权利相关法案""尊严死法案"等使国民可保持人类的体面，安详地结束生命的安乐死相关法。

第19届国会整合了当时提出的7件相关法案加以调整，于2016年1月8日将"临终关怀、姑息治疗以及处于临终过程中的患者的维持生命医疗决定相关法案"（以下称为"维持生命医疗决定法案"）作为保健福利委员会应对方案在全体会议中提出。同日，国会通过了《维持生命医疗决定法》。随后在2016年2月3日，作为法律第14013号，制定了上述《维持生命医疗决定法》，自2017年8月4日起施行。④而《维持生命医疗决定法》中与安乐死相关的关于中断维持生命医疗等决定的事项根据附则，自2018年2月4日起施行。但是，在中断维持生命医疗等决定相关规定施行后不久，上述法律经过了两次部分修订。

首次修订（2018年3月27日修订为法律第15542号，2018年3月27日及2019年3月28日施行）的主要内容为，扩展了属于维持生命医疗对象的医学手术的范围及维持生命医疗计划书制定的时间，放宽了临终关怀患者的维持生命医疗中断等决定程序，将对保留或中断对非对象的患者的维持生命医疗者的罚则从"3年以下徒刑或3000万韩元以下罚金"更改为"1年以下徒刑或1000万韩元以下罚金"。第二次修订（2018年12月11

---

① 参见李准一：《人权法》（第7版），弘文社2017年版，第44页。
② 参见http://www.gallup.co.kr/gallupdb/reportContent.asp?seqNo=660.
③ 参见http://www.gallup.co.kr/gallupdb/reportContent.asp?seqNo=660.
④ 参见国会议案信息系统网站（likms.assembly.go.kr/bill/main.do）内的议案编号1918461，提案日期：2016年1月8日，提案者：保健福利委员会委员长，提案会议：第19大（2012-2016）第338回议案原文。

日修订为法律第 15912 号，自 2019 年 3 月 28 日起施行）将在无法确认关于中断维持生命医疗的患者的意愿的情况下，需要就中断维持生命医疗达成一致意见的患者家属的范围调整为配偶以及一亲等以内的直系亲属等，帮助患者维持临终尊严，解决实际医疗中产生的困难。

根据《维持生命医疗决定法》的目的条款及其制定及修订理由可推出，上述制定及修订的目的在于：积极地保障患者的最佳利益，尊重自主决定，保护作为人类的尊严和价值，① 通过逐渐放宽中断维持生命治疗的条件，顺利解决在实际医疗中的维持生命医疗中段过程中产生的各种矛盾和消极安乐死的问题。

那么，通过《维持生命医疗决定法》的制定和修订，医疗现实和学界长期讨论的中断维持生命医疗和消极安乐死的问题在多大程度上得到了解决呢？随着《维持生命医疗决定法》的制定和施行，使中断维持生命医疗的法律依据和程序得以备齐，此前通过学界讨论以及在个别案件中依赖于司法判断的实际医疗状况的问题通过立法得到部分解决，这完全可以被评价为一件有意义的事。但是，从具体内容来看，除此前通过法院的判决解决的问题之外，关于解决在实际医疗中的产生的问题，《维持生命医疗决定法》还需要有更多的补充完善。

（二）主要内容理解与分析②

1. 关于中断维持生命医疗的主要规定

在《维持生命医疗决定法》中，关于中断维持生命医疗，需要特别留意的条文有第 1 条（目的）、第 2 条（定义）、第 10 条（维持生命医疗计划书的制定及登记等）、第 12 条（事先维持生命医疗意向书的制定及登记等）、第 15 条（中断维持生命医疗等决定的履行对象）、第 17 条（确认患者的意图）、第 18 条（无法确认患者意图时的中断维持生命医疗等决定）、第 19 条（中断维持生命医疗决定的履行等）、第 40 条（处罚）规定等。

2. 维持生命医疗中断决定的对象和条件

根据《维持生命医疗决定法》第 15 条，为履行中断维持生命医疗等决定，"处于临终过程中的患者"为履行对象，其条件必须是"根据第 17 条，通过维持生命医疗计划书，事先维持生命医疗意向书或患者家属的陈述，视作患者意图为希望中断维持生命医疗，且不违反处于临终过程中的患者的意图的情况"（第 15 条第 1 项）或者"根据第 18 条，即使无法确认患者的意图，也视作存在中断维持生命医疗等决定的情况"（第 15 条第 2 项）。

也就是说，如同上述将此前法院通过判决认可维持生命医疗中断的共同的前提解释为缩短"濒临死亡之人"的死亡一样，《维持生命医疗决定法》也将其履行对象规定为"处于临终过程中的患者"，与末期患者严格区分，将"临终过程"规定为：①无回生可能；②即使继续治疗也无法恢复；③症状急速恶化邻近死亡的状态（第 2 条第 1 项），即使无回生可能，被诊断为将在数月之内死亡的末期患者，若欲根据维持生命医疗决定法被判定为"处于临终过程中的患者"，也必须根据维持生命医疗决定法第 16 条，由主治医生以

---

① 本法第 1 条（目的）在于，通过对临终关怀、姑息治疗以及处于临终过程中的患者的维持生命医疗和维持生命医疗中断等决定及其履行所需的事项作出规定，保障患者的最佳利益，尊重自主决定权，保护作为人类的尊严和价值。

② 此处以维持生命医疗决定法与中断维持生命医疗相关的规定为中心进行探讨。

及一位相应领域的专家作出处于临终过程中的医学判断。

但是,《维持生命医疗决定法》仅限定对"处于临终过程中的患者"采取维持生命医疗中断,回避了在实际医疗中频繁发生的关于①无治疗或恢复可能的末期重症患者,②持续处于植物人状态(PVS,Persistent Vegetative State)的患者中断维持生命医疗的问题,就基于此前通过法院判决确认的维持生命医疗中断的条件完善立法问题而言,还需要追加性的讨论和改善。①

根据现行《维持生命医疗决定法》,在撤除人工呼吸器的情况下还足足存活了201日的金奶奶的案件中,法院也认同的人工呼吸器的撤除反而变得不可行,只可在比之前法院认可的维持生命医疗中断允许范围更小的范围内进行维持生命医疗中断。从这点来看,需要对追加性的立法改善进行研究。

根据现行的《维持生命医疗决定法》第19条第2款,即使中断了维持生命医疗,为缓解疼痛的医疗行为和营养供给、水供给、氧气的单纯供给仍在持续,考虑到这点,规定这种无治疗效果的只延长临终过程时间的维持生命医疗,可在末期的重症患者、持续处于植物人状态的患者或可被视作属于实际处于临终过程的患者的情况下,在严格的条件下中断,这是长期保障患者迎接有尊严的死亡的自主决定权的正确方式吗?

3. 关于是否存在患者意愿的问题

即使是"处于临终过程中的患者",若要履行中断维持生命医疗等决定,必须确认并遵从患者的意愿,或者在无法确认患者意愿的情况下,必须存在具备符合中断维持生命医疗法律规定的一定条件。

当在医疗机构中存在主治医生根据患者的要求制定的维持生命医疗计划书或患者直接制定的事先维持生命医疗意向书时,根据《维持生命医疗决定法》第17条,基本上将其视作患者的意愿,以此为依据作出中断维持生命医疗等决定(第1款第1项、第2项)。

若无法确认处于"临终过程中的患者"的意愿,患者处于无法实现意识表达的医学状态中,①在未成年患者的法定代理人(限定于亲权者)表达中断维持生命医疗等决定的意愿,经主治医生以及该领域的1名专家确认的情况下(第18条第1款第1项)或②在患者家属中法律规定的一定范围内的全员达成一致意见,表达中断维持生命医疗等决定的意愿,经主治医生以及该领域的1名专家确认的情况下(第18条第1款第2项),根据《维持生命医疗决定法》第18条,视作存在关于该患者的维持生命医疗中断决定(第1款第1项、第2项)。

但是,即使在医疗机构中不存在主治医生根据患者要求制定的维持生命医疗计划书或患者直接制定的事先维持生命医疗意向书,《维持生命医疗决定法》第17条第1款第3项规定,当19岁以上的患者处于无法表达意愿的状态中时,若2名以上患者家属(19岁以上者,配偶、直系血亲、直系尊亲;不存在符合前三种人员时,则为兄弟姐妹)对可

---

① ①赞成处于植物人状态的患者的维持生命医疗中断的见解有,李硕裴:《所谓〈维持生命医疗决定法〉的主要内容与实际运用中的争议和课题》,载《法学论丛》2017年第29卷第3号。②赞成对末期的重症患者的维持生命医疗中断,且以周密的标准为前提,赞成持续处于植物人状态的患者的维持生命医疗中断的见解有,宣钟洙:《〈维持生命医疗决定法〉的问题点与今后课题》,载《刑事法的新动向》2017年第55号。③赞成对末期的重症患者的维持生命医疗中断,否定持续处于植物人状态的患者的维持生命医疗中断的见解有,李宰硕:《对"临终关怀、姑息疗法以及处于临终过程中的患者的维持生命医疗决定相关法"的批判性考察》,载《法学研究》2016年第64号。

充分视为关于患者中断维持生命医疗决定的意愿、此前一贯表示的关于维持生命医疗中断等的意愿作出了一致陈述，则经主治医生以及1名该领域专家的确认，将上述意愿视作患者的意愿，若无其他亲属的对立性陈述，则根据患者的意愿履行中断维持生命医疗等决定。

上述内容是作为总统直属咨询机构的国家生命伦理审议委员会于2013年7月31日向政府提出的"制定关于维持生命医疗决定特别法"的建议书中关于患者意愿确认方法条文的直接反映。①

但是，即使是在不存在可确认患者关于中断维持生命医疗的意愿的资料的情况下，只要有2名以上患者家属的陈述，则可视作患者希望中断维持生命医疗，可对患者采取安乐死的规定，很可能会造成部分家属的意愿变成患者意愿而导致权利滥用的风险并产生争议。②

尤其是对于成为中断维持生命医疗决定的履行对象，《维持生命医疗决定法》第19条第1款规定"必须即时履行中断维持生命医疗等决定"，从实际医疗情况来看，仅凭处于临终过程中的患者无法表达意愿的状态以及部分家属的陈述（有时该陈述为伪造陈述的可能性也很大）便能轻易并立即履行中断维持生命医疗等决定，即使之后出现迟来的其他亲属与之相悖的陈述，也难以挽回已经对患者履行的中断维持生命医疗的结果。

尽管如此，让人不禁怀疑的是，这种程序的进行还是根据上述"维持生命医疗法"的规定被评价为基于患者意愿的维持生命医疗中断，究竟是否为适当的立法。

如上所述，最近国会为了缩小在无法确认患者意愿的情况下商议维持生命医疗中断等决定的家属范围，可更顺利地作出维持生命医疗中断等决定，修订了《维持生命医疗决定法》第18条第1款第2项。但是，若仍按原样保留《维持生命医疗决定法》第17条第1款第3项之规定，那么基于国会的这种修订努力，《维持生命医疗决定法》第18条第1款第2项的做法并没有特别意义，这不是没有任何意义的结构性问题吗？

在若未当场出现与之相悖的家属陈述或客观资料，仅凭2名以上家属的陈述则可视作患者的意愿，可实施基于患者意愿的维持生命医疗中断。在这一规定存在的情况下，不知是否会有患者家属感觉到根据法律规定范围内的全体家属的一致意见中断维持生命医疗的不便。③

在金奶奶案件中，金奶奶的家属向法院要求撤除人工呼吸器，提出了平时金奶奶整洁的生活态度以及数年前金奶奶在看电视时所说的言语等，法院以此为依据推断出金奶奶中断维持生命医疗的意愿，同意了撤除人工呼吸器的要求，由此完全可推测出，在无客观资料的情况下，仅凭部分家属的陈述完全有可能中断维持生命医疗。

---

① 参见国家生命伦理审议委员会：《第3期国家生命伦理审议委员会2013年度报告》，第82页。
② 指出通过家属推断患者的意愿的维持生命医疗决定法的问题的见解有，李硕培：《所谓〈维持生命医疗决定法〉的主要内容与实际运用中的争议和课题》，载《法学论丛》2017年第29卷第3号；李敬烈：《所谓"维持生命治疗决定"法的刑事政策上的疑问》，载《刑事政策》2016年第28卷第1号；宣钟洙：《〈维持生命医疗决定法〉的问题点与今后课题》，载《刑事法的新动向》2017年第55号；李宰硕：《对"临终关怀、姑息疗法以及处于临终过程中的患者的维持生命医疗决定相关法"的批判性考察》，载《法学研究》2016年第16卷第4号（通卷第64号）。
③ 另外，由于维持生命医疗中断等决定被要求的各种限制，在实际医疗现场，比起根据第17条确认患者的意愿，干脆根据第18条基于患者家属的全体同意实施维持生命医疗中断等决定的可能性不在少数的见解参见朴亨旭：《患者维持生命医疗决定法的制定与课题》，载《Justice》2017年通卷第158-3号韩国法律专家大会特辑号Ⅱ。

既然将维持生命医疗中断法制化，另行制定了允许在无法确认患者的意愿的情况下中断维持生命医疗的第18条规定，那么将《维持生命医疗决定法》第17条第1款第3项中的"基于患者家属的意愿推断规定"修订为"在能够通过客观资料确认患者本人在自己制定的文件、录音、录像或与之相当的记录物中表达关于中断维持生命医疗意愿的情况下"，在中断维持生命医疗的时刻推断患者的维持生命医疗中断意愿的形态，既能防止滥用，又能激活最近修订并施行的《维持生命医疗决定法》第18条第1款第2项的存在意义，这不是更为适当吗？①

4. 关于处罚规定的问题

《维持生命医疗决定法》第40条第1款第2项规定，对"违反第17条中的患者的意愿或第18条中的维持生命医疗中断等决定未对处于临终过程中的患者实施维持生命医疗或中断维持生命医疗者，判处1年以下徒刑或1000万韩元以下罚金"。如上所述，该处罚规定的法定刑罚从之前的"3年以下徒刑或3000万韩元以下罚金"变更为了"1年以下徒刑或1000万韩元以下罚金"。

对不属于维持生命医疗中断等决定所指向对象的患者，保留或中断维持生命医疗有可能会因此造成患者受伤或死亡的结果，关于针对该结果的刑法上的犯罪与《维持生命医疗决定法》第40条罚则规定的关系如何，到目前为止，还未出现可明确了解立法者意图的资料或解释上述规定的判例。

虽然在《维持生命医疗决定法》第4条中，关于该法与其他法律的关系，规定"关于临终关怀和维持生命医疗，维持生命医疗中断等决定及其履行，本法优先于其他法律"，但是，根据《器官等移植相关法》第44条的罚则规定，规定对于未经本人同意摘除器官或违反法律规定的条件从脑死亡者体内摘除器官等的情况，"判处无期徒刑或2年以上有期徒刑"，因此导致死亡时，与杀人罪等同，"判处死刑、无期徒刑或5年以上有期徒刑"。与之相比，对于导致不属于维持生命医疗中断决定的对象的患者的死亡等结果的责任，适用刑法，可以杀人罪、伤害罪、过失致死罪等进行处罚；而对于违反程序的责任，根据《维持生命医疗决定法》问责，这是更为适当的。"②另外，对于违反两种法律的行为，应当视作存在竞合犯的关系。

从长期来看，即使是为了防止《维持生命医疗决定法》的罚则规定在适用过程中发生这种混乱，也应该像《器官等移植相关法》一样，将违反程序的责任与由此产生的结果责任区分规定。③

---

① 为防止通过患者家属推断患者意愿的规定的误用或滥用，①以医疗机构伦理委员会的决议确保维持生命医疗中断等决定的合理性更为妥当的见解参见李宰硕：《对"临终关怀、姑息疗法以及处于临终过程中的患者的维持生命医疗决定相关法"的批判性考察》，载《法学研究》2016年第16卷第4号（通卷第64号）；②需要制定经国家生命伦理委员会，韩国医疗纠纷调解院等中立机构的确认及评价的程序的见解参见宣钟洙：《〈维持生命医疗决定法〉的问题点与今后课题》，载《刑事法的新动向》2017年第55号。

② 对此，维持生命医疗决定法的处罚规定是针对违反程序的行为，而不是针对由此带来的结果的见解参见李硕裴：《所谓〈维持生命医疗决定法〉的主要内容与实际运用中的争议和课题》，载《法学论丛》2017年第29卷第3号。

③ 对于维持生命医疗中断等决定的程序等的违反与由此带来的结果，必须明确地进行区分规定的见解参见宣钟洙：《〈维持生命医疗决定法〉的问题点与今后课题》，载《刑事法的新动向》2017年第55号。

(三) 整理：刑事法上的评价

如上所述，随着《维持生命医疗决定法》的制定和施行，关于维持生命医疗中断的法律依据和程序得以备齐，此前依赖于学界讨论以及在个别案件中依赖于司法判断的实际医疗状况的问题通过立法得到部分解决。

关于在刑法上如何评价因《维持生命医疗决定法》而变得可行的维持生命医疗中断，认为基于该规定的适用而实施的医生的维持生命医疗中断，符合刑法第252条中的基于嘱托或承诺的杀人罪的构成条件，但作为"基于法令的行为"符合刑法第20条的正当行为，构成违法性阻却的见解①与主张构成条件正当性阻却的见解②相对立。

在金奶奶案件中作为二审法院的首尔高等法院判决，对于进入不可逆的死亡过程的情况，基于自主决定权的维持生命医疗中断"只是不抑制人类的自然死亡，并不是人为地缩短生命，因此不符合刑事法上的杀人或自杀干预行为的构成条件"。③

韩国现行的《维持生命医疗决定法》仅限定于"处于临终过程中的患者"允许中断维持生命医疗，关于"维持生命医疗"，定义为无治疗效果的仅延长临终过程的时间的医疗，规定即使是在中断维持生命医疗的情况下，也要持续实施缓解疼痛的医疗行为和营养的供给、水的供给、氧气的单纯供给。从这点来看，现行的《维持生命医疗决定法》上的维持生命医疗中断行为正如首尔高等法院的判决中所说，难以视作人为缩短生命，从允许人类的自然死亡的角度认定其不符合刑事法上的杀人或自杀干预行为的构成条件，不是适当的吗？若这种案件作为实际的刑事案件而存疑，那么作为检方，在分析是否符合杀人或自杀干预行为的构成条件的过程中，则难以判定为故意。

五、结语：对维持生命医疗决定法改善方向的浅见

正在急速老龄化的社会中，随着现代医学技术的飞跃性发展，人们逐渐延长了到达死亡的过程。如上所述，关于实现这种效果的维持生命医疗是不是反而伤害了人类的尊严，若要中断需要满足怎样的条件。在很长一段时间内，社会各层都在进行热烈的讨论。

经过长时间的讨论，我们于2016年2月3日制定了《维持生命医疗决定法》，欲通过立法解决此前通过学界讨论以及在个别案件中通过法院的判断解决的中断维持生命治疗的问题，但是，现行的《维持生命医疗决定法》尽管已经进行了两次修订，但除此前通过法院的判决解决的问题外，关于实际医疗状况中发生的问题，还需要很大程度的补充与完善。

在欠缺对实际医疗现状的考虑以及系统的法律解释的状态下，未经充分讨论，根据社会性需求急促地完成立法化的过程中，制定出了不足以解决医疗现场发生的混乱的法律。

如《维持生命医疗决定法》阐述的目的一般，为了保障患者的最佳利益、尊重自主决定权、保护作为人类的尊严和价值，若①不将属于维持生命医疗中断对象的患者范围限定为"处于临终过程中的患者"，规定对于能够被视作实际上已经处于临终过程中的末期

---

① 任雄：《刑法总论》（第10版），法文社2018年版，第227页；李宰尚、张永民、姜东范：《刑法总论》（第9版），博英社2017年版，第291～292页。

② 孙美淑：《维持生命医疗中断的刑法理论依据》，载《刑事政策》2016年第4期；李宰尚、张永民、姜东范：《刑法总论》（第9版），博英社2017年版，第291页。

③ 首尔高等法院2009.2.10，宣告2008NA116869判决。

的重症患者或持续处于植物人状态的患者的情况,根据医学判断和法律规定的程序允许中断维持生命医疗,②规定在通过患者本人制定的文件、录音、录像或与之相当的记录物等客观确认患者事先表达了希望中断维持生命医疗的意愿的情况下,在中断维持生命医疗的时刻推断患者的维持生命医疗中断意愿,③关于罚则规定,按照更明确地解析刑法上的犯罪与《维持生命医疗决定法》第40条的关系的方向持续进行立法上的改善,那么,现行《维持生命医疗决定法》存在的问题是否多少能够解决一些呢?期待今后能够继续进行有深度的讨论以及持续的研究。

第七专题

违法阻却事由与事实错误

事实错误与罪责阻却司法困境的问题与出路
——以中国近年三个相关重大争议案件为例

[中] 石经海* 王 桢**

所谓"错误",按通常的理解,就是"与客观实际不符合",① 其实质是"主观认识与客观现实之间的不一致"。② 据此,所谓"事实错误"实际上只是事实上的认识错误,与并无主观认识问题的"行为偏差"不同。在刑法上,"事实错误"作为与"法律错误"相对应的认识错误情形之一,是指"行为人对自己行为的事实情况的不正确理解",③ 通常属于构成要件性错误,④ 其法律地位是用以阻却故意或罪责的成立,即"若认识与事实不一致时故意总是被阻却","故意的情况就几乎不存在"。⑤ 事实上,事实错误在不同犯罪论体系和法律体系中的地位和意义是不同的。在中国,按刑法理论上的通说,事实认识错误是否阻却罪责,即是否影响刑事责任,需区分是属于构成要件的事实认识错误还是属于构成要件以外的事实认识错误。⑥ 前者阻却故意犯罪的成立(有预见义务和预见能力情况下成立过失犯罪),甚至阻却犯罪的成立(属于意外事件的情形);后者不阻却犯罪或犯罪故意的成立,但阻却犯罪既遂的成立。⑦ 理论上和实践中忽视以上这些不同,混用其中决定它们不同的话语体系,甚至简单照搬或移植或适用有不同刑事管辖效力的法律规范予以立法或司法,必然带来事实错误与责任阻却的争议与困境。在中国,近几年不断出现的一些重大争议案件,如"河南兰草案""深圳鹦鹉案""天津气枪案",实际上就是因为忽视或错位了案件的事实错误属性而引发。本文试就此展开些许探究,以抛砖引玉。

一、若干典型争议案的事实错误属性考察

近年来,我国发生了几起关涉事实认识错误的刑事案件,如"2016年河南兰草案""2016年天津气枪案"和"2016年深圳鹦鹉案",引起了社会的广泛关注与激烈争论。

---

* 西南政法大学教授、博士生导师。
** 西南政法大学刑法专业博士研究生。
① 中国社会科学院语言研究所词典编辑室编:《现代汉语词典》,商务印书馆2016年版,第229页。
② 《刑法学词典》,顾肖荣、郑树周等译校,上海翻译出版公司1991年版,第257页。
③ 高铭暄、马克昌主编:《刑法学》,北京大学出版社、高等教育出版社2016年版,第124页。
④ 大冢仁:《刑法概说(总论)》,冯军译,中国人民大学出版社2003年版,第186页;李在祥:《韩国刑法总论》,韩相敦译,中国人民大学出版社2005年版,第150页。
⑤ 李在祥:《韩国刑法总论》,韩相敦译,中国人民大学出版社2005年版,第150页。
⑥ 通常包括客体的错误、对象的错误、行为实际性质的错误、工具的错误、因果关系的错误。参见高铭暄、马克昌主编:《刑法学》,北京大学出版社、高等教育出版社2016年版,第124~126页。
⑦ 高铭暄、马克昌主编:《刑法学》,北京大学出版社、高等教育出版社2016年版,第124~126页。

"河南兰草案"。2016年4月，河南省三门峡市卢氏县村民秦某，在村子旁的山上挖了3株好看的"野草"，在返回途中被森林公安查获。经鉴定，秦某采挖的是国家重点保护植物蕙兰，随后秦某因非法采伐国家重点保护植物罪被判处有期徒刑3年，缓刑3年，并处罚金3000元。此前，另有3名被告人秦某帅、黄某峰、肖某山也因类似的事实和同样的罪名被卢氏县人民法院判处刑罚。2018年的5月，秦某等4人向法院提出再审申诉。法院受理后基于原审判决适用法律错误作出再审决定，于同年11月再审改判秦某等4人无罪。法院改判秦某等无罪的理由，是国家林业部门公布实施的《国家重点保护的植物名录》中并不包括蕙兰这一物种，蕙兰不属于国家重点保护的植物。① 这里的疑问和该案原判的争议焦点在于，野生兰草在当地是一种很常见的野生植物，即使是《国家重点保护的植物名录》中的物种，如果没有特别的宣传或是标记，按常识基本上没人知道这是国家重点保护植物，那行为人的采挖行为还构不构成非法采伐国家重点保护植物罪？显然，在这个前提下，秦某认识到这是好看的"野草"，但不知道也没见宣传和标记这是国家重点保护植物，在刑法上属于事实认识错误。

"天津气枪案"。2016年8月，51岁的天津大妈赵某从一个老汉处接手用玩具枪、塑料子弹打气球的射击摊位。同年10月12日22点左右，赵某在天津市河北区街头摆摊时，被公安巡查人员抓获，当场查获涉案枪形物9支及相关枪支配件、塑料弹。经鉴定，涉案9支枪形物中的6支为能正常发射、以压缩气体为动力的枪支。同年12月，一审法院以非法持有枪支罪判其有期徒刑3年6个月。此后该案引起社会舆论和法律界广泛关注和巨大争议，二审法院以提取众多从宽处罚量刑情节方式于2017年1月改判为有期徒刑3年，缓刑3年。本案的争议焦点在于，赵某不知道也无人宣传或告知自己持有的玩具枪支属于国家管控的枪支。对于持有如此枪支，为依照2010年公安部印发的《公安机关涉案枪支弹药性能鉴定工作规定》的规定而成立非法持有枪支罪的"枪支"，② 显然属于刑法上的事实认识错误。

"深圳鹦鹉案"。江西九江籍王某于案发3年前在深圳工厂里捡到一只鹦鹉，带回家小心饲养，后又买回一只配对。3年来他细心钻研，花费大量时间与精力，自学养殖鹦鹉技术，孵化出40多只鹦鹉，并售出6只，包括2只小金太阳鹦鹉（属于国家保护动物）。2016年4月因贩鹦鹉的买者被抓而案发，并在其家里查获鹦鹉45只，包括35只小太阳鹦鹉、9只和尚鹦鹉、1只非洲灰鹦鹉，均属于被列入《濒危野生动植物种国际贸易公约》的受保护动物。最高人民法院2000年《关于审理破坏野生动物资源刑事案件具体应用法律若干问题的解释》第1条已明确将"驯养繁殖的物种"列入刑法保护范围。2017年3月，一审法院以非法出售珍贵、濒危野生动物罪判其有期徒刑5年，并处罚金3000元。王某不服，提起上诉。2018年3月，二审法院以多数涉案鹦鹉为人工驯养繁殖为由改判

---

① 我国在1980年12月25日加入《濒危野生动植物种国际贸易公约》（又称《华盛顿公约》），该公约自1981年4月8日在我国生效，蕙兰属于公约附录二中所列植物物种，并禁止附录所列物种标本进行交易。国务院于1996年9月30日发布的《野生植物保护条例》中有"中华人民共和国缔结或者参加的与保护野生植物有关的国际公约与本条例有不同规定的，适用国际条约的规定；但是，中华人民共和国声明保留的条款除外"的规定。但按我国刑法的直接渊源立法模式，国际公约中的规定需经立法程序转化为刑法典或单行刑法的规定，才具有法律效力。

② 按照本规定，对不能发射制式弹药的非制式枪支，当所发射弹丸的枪口比动能大于等于1.8焦耳/平方厘米时，一律认定为枪支。

王某有期徒刑2年，并处罚金3000元。本案的争议焦点在于，王某并不知道这些鹦鹉是国家二级保护动物，且若不是该案的广泛报道，绝大部分社会公众也不可能知道。对于如此人工驯养和出售行为，显然属于刑法上的事实错误。

二、事实错误类案件处理困境的问题考察

综观以上三起关涉事实错误的案件情况，它们之所以均陷入司法上的处理困境，在很大程度上是由于在实务处理或理论认识上，较为普遍地忽视了案件的事实错误属性，混淆了刑法上的法律错误与事实错误，错位了案件规范上的适用依据与理论上的智力支持，只适用了案件所涉的部分法律规定。这些方面问题的存在，不仅带来的是社会公众对案件处理结果的争议，而且失去阻却犯罪成立的意义甚至导致案件定性错误。

其一，忽视了案件"事实认识错误"属性。以上三个案件情况梳理表明，这三个案件都关涉事实错误，且事实错误都直接影响案件的定性。可三个案件在一审或原初结论甚至二审处理（改判）中，都没有涉及事实错误是否阻却本案犯罪的成立，是否影响本案的定罪或量刑。其中，就"河南兰草案"而言，在法院"就本案答记者问"中，基于二审以"原审判决适用法律错误"改判无罪，认为发生错判的主要原因，"在于对蕙兰是否属于国家重点保护植物存在认识上的错误"。但这里的"错误"不是指当事人对"蕙兰是否属于国家重点保护植物"的事实或法律上的错误，而是指法官和法院对蕙兰不属于《国家重点保护的植物名录》中列举的国家重点保护植物的错误。以上事实错误因素，不仅被三个案件的公诉人员和审判人员忽视，而且也被律师们所忽视。例如，"深圳鹦鹉案"二审两位辩护律师长达5万多字的辩护词，没有涉及王某的事实错误问题。[①] 对如此关键和症结问题的忽视，把辩护的重点和重心放在司法解释的不合理上，虽然也有一定道理，但是偏离了重心和关键甚至方向，其意见也难以被接受和发挥作用。

其二，混淆了刑法上的事实与法律认识错误。对于以上三个案件，无论是刑事实务界还是理论界，似乎大家共识性地认为这三个案件当事人都存在刑法上的法律认识错误。也就是，秦某不知道被采挖的蕙兰是国家重点保护植物、赵某不知道摆摊用的玩具枪为国家管控的枪支、王某不知道所驯养和售卖的鹦鹉为国家二级保护动物，只是他们不懂或不了解这是刑法上的犯罪，并不影响对他们行为的定罪。甚至，辩护律师还从法律认识错误去进行辩护，[②] 从而反而符合关于法律认识错误不影响案件定性处理的规则和正中司法机关对案件处理的理解需要。事实上，这种认识混淆了或没有正确界分刑法上的事实认识错误与法律认识错误，进而成为这些案件广受争议甚至错案的重要缘由。对此，在后文将进一步展开。

其三，错误地以域内外理论为案件处理的依据。案件处理的依据只能是规范性规则，这是常识。可现实中，大量争议案件的讨论和处理，都有意无意地以域内外理论为案件处理的依据。如此违背"常识"，是导致案件争议的重要源泉。例如，在2018年一次由众多知名刑法学者参加的会议中，大家在讨论"江苏反杀案"于某的行为是否构成正当防

---

① 斯伟江："深圳王鹏鹦鹉案二审辩护词"（2.6万字），发表于2017年11月6日；徐昕："因爱之名——王鹏涉嫌非法出售珍贵濒危野生动物罪二审辩护词"（2.8万字），发表于2018年2月10日。
② 徐昕："因爱之名——王鹏涉嫌非法出售珍贵濒危野生动物罪二审辩护词"，发表于2018年2月10日。

卫时，主流声音是于某行为在三阶层犯罪论体系中的地位为何和依据德国刑法及其正当防卫理论，是如何不成立正当防卫的。其中，德国刑法关于行为人处于紧张状态所实施的行为被认为可以成立正当防卫。这也是众多知名刑法学者认定于某行为成立正当防卫的重要依据。显然，这个"依据"是违背以上"常识"的。又如，在深圳鹦鹉案律师所做"无罪辩护"的辩护词中，很大一部分内容是学者王铁崖、张明楷的理论论述。①事实上，无论是三阶层犯罪论体系还是学者们的理论论述，都只是理论，至多起智慧支持或学理解释的作用，不可作定罪处刑的依据。同时，域外法律也因刑法的空间效力和法律体系方面的原因而不可作我国刑事案件处理的根据，这也是常识。

其四，孤立片面地理解和适用法律规定。任何事物都是以大小不同的系统方式存在和运转并发挥作用的。法律条文的规范调整与法律适用也是这样。否则，就会因法律适用不完整而使得案件的处理既不合理也不合法，并引起广泛争议。以上三个案件的争议，在很大程度上也来源于对法律的孤立片面理解和适用。"河南兰草案"，一审判决判处秦某成立非法采伐国家重点保护植物罪的理由是"在未办理野生植物采集证的情况下，擅自采挖兰草一丛三株，经河南林业司法鉴定中心鉴定，其非法采挖的兰草系兰属中的蕙兰"。据此，法院只适用了刑法第344条关于非法采伐国家重点保护植物罪的规定，并未适用刑法总则关于犯罪故意等的规定。"天津气枪案"，一、二审法院判处赵某非法持有枪支罪适用的法律都是刑法第128条关于"违反枪支管理规定，非法持有、私藏枪支、弹药的"的规定，即"违反国家对枪支的管理制度，非法持有枪支"。如此适用法律，也仅是适用了刑法关于非法持有枪支罪成立的部分法律规定，特别是没有适用刑法总则关于犯罪故意等的规定。"深圳鹦鹉案"，一、二审法院均以王某"未经有关部门批准，以牟利为目的出售国家重点保护的珍贵、濒危野生动物"，认定王某的行为构成非法出售珍贵、濒危野生动物罪，也是只适用了刑法第341条关于"非法收购、运输、出售国家重点保护的珍贵、濒危野生动物及其制品"的规定，并未适用刑法关于本罪成立的包括主观故意在内的所有相关法律规定。

三、事实错误类案件处理困境的理论反思

以上关涉事实错误案件处理困境与争议的情况与问题表明，此类案件的既合法又合理的解决，既需要基于哲学关于系统、全面、发展、辩证等方法论原理，正确理解和客观梳理案件的事实错误属性全面适用案件所涉所有法律规定，也需要基于"法律适用"是适用法律规范而不是法律理论的基本常识，正确认识和对待域内外刑法理论在案件处理中的地位和作用。

（一）正确认识和客观梳理案件的事实错误属性

前述事实错误类争议案件的情况梳理和问题考察表明，一方面，这些案件的事实错误属性是决定这个案件如何定性、能否阻却犯罪成立的关键所在；另一方面，无论是实务中还是理论上，大家都没有认识和发现这些案件的事实错误属性。洞察判决或得出案件结论的理由及其办案或分析案件的思路，这个方面的问题主要表现在没有正视或真正理解刑法关于犯罪故意的规定。刑法第14条第1款规定："明知自己的行为会发生危害社会的结

---

① 斯伟江："深圳王鹏鹦鹉案二审辩护词"，发表于2017年11月6日。

果，并且希望或者放任这种结果发生，因而构成犯罪的，是故意犯罪。"据此规定，故意犯罪的成立需具备"明知自己的行为会发生危害社会的结果"的认识因素，且这个认识因素虽然不要求"明知"（认识到）对这个行为的刑法评价，但至少需"明知"（认识到）自己的这个行为是在干什么或行为对象是什么，且对这个行为对象的认识是完整和真实的，否则就只是过失犯罪行为甚至意外事件。应当说，这是界分刑法上的事实与法律认识错误的关键根据和标准所在。具体就前述三个争议案件而言，在"河南兰草案"中，这里的故意"明知"的对象和内容不是"蕙兰"这个野草，而是"蕙兰是国家重点保护植物"。显然，案件证据材料表明，当地没有相应宣传和标记蕙兰是国家重点保护植物，也没有禁止采挖标识，①且野外到处可见，作为农民和不具有这个方面专业知识的秦某，没有以上"明知"（认识）的义务和能力认识到其行为对象即蕙兰为国家重点保护植物。据此，本案既不成立故意犯罪，也不是刑法上的法律认识错误，而只是对行为对象"蕙兰为国家重点保护植物"的事实认识错误。同理，在"天津气枪案"和"深圳鹦鹉案"中，其故意"明知"的对象和内容也不是"玩具气枪"和"鹦鹉"，而是"玩具气枪是国家管控枪支"和"国家重点保护动物"。在这里，需要特别指出的是，以上三种情形下的"蕙兰是国家重点保护植物""玩具气枪是国家管控枪支"和"国家重点保护动物"，都只是作为行为对象的"完整事实"，并不是刑法上的评价，因而不可将这个完整事实的行为对象误认为是刑法上的评价，也不可将以上行为对象的"部分事实"或不具有行为对象性质的"部分信息"作为故意"明知"予以认定，并据此定罪量刑。否则，就必然出现诸如以上三个案件的争议甚至错案。事实上，基于以上分析，以上三个案件都不是犯罪，它们不仅都不构成相应故意犯罪，而且也都因是没有预见义务和预见能力的事实认识错误而只能作意外事件处理。②

（二）全面系统适用案件所涉的所有相关法律规定

应当说，案件处理出现争议或引起广泛质疑，在很大程度上是因为案件的法律出现了问题。从哲学上看，合法与合理作为一对范畴是有机统一的。"法之理在法外"，案件的处理和法律适用，应遵循哲学上的系统、全面、发展、辩证等方法论原理，否则就不可能做到案件处理结果既合法又合理。③正如陈忠林教授所言："没有不讲理的法，只有不讲理的人"，认为"恶法亦法"的观点是法律的理解和适用没有"坚持以社会普遍认同的常识、常理、常情为基础，以宪法为核心，系统全面地理解每一个法律规范"。④从前述三个争议案件的事实错误属性梳理情况表明，这三个案件都只是适用了部分法律规定，包括这些罪名的刑法分则关于这些犯罪的部分特别构成要件（罪状）规定，并没有适用刑法关于本案所涉的全部刑法规范规定，特别是没有何为这些犯罪的"故意"及其"明知"的规定。适用部分刑法规定予以定性，必然会因适用法律不全面不完整而必然带来案件处

---

① 若有这些宣传或标识，那是明知故犯，其行为自然成立故意犯罪。在这样的背景下，本文所列三个案件的判决就将都没有问题。
② 若是因为行为人的行为造成国家重点保护动植物财产损失的，可以启动相应程序要求给予经济赔偿。
③ 石经海：《论量刑合法》，载《现代法学》2010年第2期。
④ 陈忠林：《"恶法"非法——对传统法学理论的反思》，载《社会科学家》2009年第2期。

理结果的既不合理也不合法。①

　　实践中和理论上不能或没有适用案件所涉全部刑法规定，主要是忽视了刑法规范在案件评价时的系统性存在，以及刑法分则的规范实质及刑法总则的内在关系。从立法上来看，刑法分则关于罪名条文的规定并不是一个完整的刑法规范。从其构成内容来看，刑法分则只是关于具体犯罪定性处罚的部分犯罪构成要件规定和部分刑罚处罚配置而已，并没有对具体犯罪成立的全部构成要件和需适用的全部处罚方法（事实错误）作出规定。一般而言，刑法分则关于罪名条文的规定包括罪状与法定刑两个部分内容。其中的罪状是关于该抽象个罪成立的部分要件规定，法定刑是针对该抽象个罪（含基本犯、加重犯、减轻犯等）所应承担的基本刑事责任所作的部分刑罚配置。这里的"部分定罪要件"和"部分刑罚配置"意味着刑法分则关于罪名条文的规定，并不是对该犯罪定性处罚、法律适用的完整刑法规范。对于决定抽象个罪成立与否的全部构成要件及其所应承担的全部刑事责任的刑罚配置，即能评价一个行为是什么和如何处罚的完整刑法规范，需要在刑法总则的指导下体系化地完成与实现。② 其中，在刑法分则规定而不符合总则规定时，需要刑法总则规定予以补充、限制甚至修正。否则，就会因法律适用不完整而导致该罪定性处罚既不合理也不合法。刑法分则罪名条文规定的规范实质及刑法分则与刑法总则的关系原理表明，罪刑法定的"法"并不是刑法的某个规定，而是基于个罪个案情况的所有相关刑法规定。由此决定了定罪量刑的合法与否并非孤立地取决于刑法分则关于罪状和法定刑的某个规定，而取决于刑法总分则关系下个案的完整法律适用，即应综合地取决于刑法总则和刑法分则的所有相关规定。具体为基于个案定罪量刑所需要和所具有的相关法律规定所形成的个案法律评价体系，包括个案犯罪成立法律评价体系和个案刑事责任大小裁量法律评价体系。那么，根据此原理来审视事实认识错误，便会发现：

　　首先，刑法分则条文规定并无事实错误的内容，需总则视情况予以补充。例如，在刑法分则的具体罪名的条文中，只规定了部分定罪要件和刑罚配置，并未规定出现事实错误时应当如何确定行为人的罪责。因而，需要借助刑法总则第14、15条有关故意、过失的规定予以及时补充。行为人行为所呈现出来的外在事实与法律规范要求的认知范围不一致乃是正常的事情，因为对于外在事实的评价乃是一种事后评价，行为人认识或未认识到规范所要求的内容，正是影响其行为是否构成犯罪的重要依据。根据我国刑法总则第14条中规定的行为人"明知自己的行为会发生危害社会的结果"，可以知道除行为对象、行为、结果等属于认识的内容外，危害社会的后果也属于认识的内容。因而，对具体个案而言对于以上认识要素的产生的事实认识错误均可能阻却故意的成立，在阻却故意成立的情况下，应当考虑行为人的预见可能性。如果应当预见而没有预见则属于过失行为，在分则有过失犯罪的情况下按照过失形态定罪处罚；如果没有预见可能性，则按照意外事件处理。

　　其次，刑法分则条文规定用以个案定罪量刑评价，需总则视情况予以限制。因为刑法

---

① 石经海：《故意伤害"轻伤与否"定性共识的刑法质疑——以刑法总分则关系下的完整法律适用为视角》，载《现代法学》2017年第3期。

② 石经海：《故意伤害'轻伤与否'定性共识的刑法质疑——以刑法总分则关系下的完整法律适用为视角》，载《现代法学》2017年第3期。

总则第 13 条规定"一切危害……的，都是犯罪，但是情节显著轻微危害不大的，不认为是犯罪"。刑法总则第 13 条关于犯罪成立的基本条件规定以及由此对应的刑法分则中所涉个案犯罪成立评价的所有刑法相关规定，如刑法分则关于抽象个罪的特别规定和刑法总则对刑法分则进行指导适用的原则性、补充性、限制性和修正性规定。其中，刑法第 13 条规定的只是关于犯罪成立的基本条件规定。据刑法第 13 条之规定，犯罪的基本成立条件有社会危害性、刑事违法性和应受刑罚处罚性三个有机联系的基本特征组成。基于系统论原理，这三个基本特征不是独立存在和发挥其评价功能的，而是通过形成相关联系、相互依存的有机整体才能发挥其定性上的评价功能。而本案中赵某对枪支的事实认识错误也必然应当结合刑法总则第 13 条的规定进行，其持有枪支的用途和结果应当综合考虑其社会危害性、刑事违法性和应受刑罚处罚性。在并无明显的社会危害性和应受惩罚性的情况下，因而属于情节显著轻微危害不大的，可以不认为是犯罪的案件，或者说其至少可以成为法院采用缓刑或者非刑罚处罚方法的依据。据此而论，对于事实认识错误的归责也应当结合刑法总则第 13 条的规定进行，这是总则对分则的修正。

综上，刑法分则关于罪名条文之规定，实质上并不是对该犯罪定性处罚法律适用的完整刑法规范，需要刑法总则规定予以指导，特别是行为人发生事实认识错误的情况下，出现的刑法分则规定不符合总则规定的情形，需要总则规定对分则规定予以补充、限制和修正。而刑法总则对分则的指导并不是抽象和形式上的，而是有具体内容的，即基于具体个案的完整法律适用需要，通过总则规定对分则规定予以补充、限制甚至修正。综观我国现行刑法立法，对于犯罪的排除性规定，除了刑法第 13 条规定的"情节显著轻微危害不大"这个但书外，还存在第 7 条关于属人管辖的规定、① 第 12 条关于刑法溯及力的规定②、第 87 条关于追诉时效的规定③等情形。所以，本文认为，对于事实错误归责的依据，除刑法第 13 条但书外，还有第 14 条关于故意犯罪的规定④、第 15 条关于过失犯罪的规定⑤、第 16 条关于意外事件的规定。⑥

(三) 正确认识与理性对待域内外刑法理论

从理论上考察，刑法教义学的最大价值和贡献应是基于系统论原理还原刑法立法学上

---

① 刑法第 7 条："中华人民共和国公民在中华人民共和国领域外犯本法规定之罪的，适用本法，但是按本法规定的最高刑为三年以下有期徒刑的，可以不予追究。中华人民共和国国家工作人员和军人在中华人民共和国领域外犯本法规定之罪的，适用本法。"

② 刑法第 12 条："中华人民共和国成立以后本法施行以前的行为，如果当时的法律不认为是犯罪的，适用当时的法律；如果当时的法律认为是犯罪的，依照本法总则第四章第八节的规定应当追诉的，按照当时的法律追究刑事责任，但是如果本法不认为是犯罪或者处刑较轻的，适用本法。本法施行以前，依照当时的法律已经作出的生效判决，继续有效。"

③ 刑法第 87 条："犯罪经过下列期限不再追诉：(一) 法定最高刑为不满五年有期徒刑的，经过五年；(二) 法定最高刑为五年以上不满十年有期徒刑的，经过十年；(三) 法定最高刑为十年以上有期徒刑的，经过十五年；(四) 法定最高刑为无期徒刑、死刑的，经过二十年。如果二十年以后认为必须追诉的，须报请最高人民检察院核准。"

④ 刑法第 14 条："明知自己的行为会发生危害社会的结果，并且希望或者放任这种结果发生，因而构成犯罪的，是故意犯罪。故意犯罪，应当负刑事责任。"

⑤ 刑法第 15 条："应当预见自己的行为可能发生危害社会的结果，因为疏忽大意而没有预见，或者已经预见而轻信能够避免，以致发生这种结果的，是过失犯罪。过失犯罪，法律有规定的才负刑事责任。"

⑥ 刑法第 16 条："行为在客观上虽然造成了损害结果，但是不是出于故意或者过失，而是由于不能抗拒或者不能预见的原因所引起的，不是犯罪。"

的刑法目的及其机能,从而让刑法规范得以合法与合理适用。然而,刑法学界对刑法教义学是否有国界之争的事实表明,大家并没有清晰地认识到,刑法教义学实际上有教义学方法与教义学知识之分,并因二者是否必须基于一国现行有效的法律而有无国界。其中,教义学方法是无须基于一国现行有效的法律而无国界,教义学知识必须基于一国现行有效的法律而有国界。[①] 据此,犯罪论体系作为根植于一国现行有效的刑法规定的犯罪构成理论体系,在方法层面上虽无国界但在知识层面上应是有国界的;在方法层面上虽可以相互借鉴学习和实践应用,但在知识层面上应是不可简单移植复制和借此理解应用的,否则就会出现"端口不对接的运转混乱"与"橘生淮北则为枳的水土不服",并带来刑法学理论体系的紊乱和案件处理的争议。例如,对于违法性认识,据陈忠林教授的考察,汉语中的"违法性"与大陆法系刑法理论中的"违法性"不同,将大陆法系刑法理论中的"违法性"中的"法"理解为抽象的、概括的法,取决于其刑法理论体系本身的逻辑。在大陆法系刑法理论的逻辑中,证明行为"违法性"的方式与"构成要件该当性"的证明方式是不同的。德日刑法理论中"违法性"所代表的"法益侵害性"和我国刑法中"社会危害性"的意思应该是一致的。[②] 这意味着,"违法性"话语体系与刑事违法性和法律认识错误的话语体系是很不相同和不可混用的。

就事实错误而言,这个话语体系的不同带来其在刑法中的地位及其意义差别很大。在三阶层的犯罪体系中,虽然在德国没有事实错误与法律错误的说法,但其关于构成要件错误与禁止错误的分类,在刑法理论上一般被认为这两种划分是"没有实质性差别"[③] 甚至"互相一致的"。[④] 在德国,作为阻却故意成立的与事实错误相当的构成要件错误,[⑤] 与我国四要件犯罪论体系中的"故意"在刑法中的地位是很不相同的。在我国,刑法采取不区分构成要件故意与罪责故意的单一实质故意概念的立场,第14条第1款明文规定了"故意"的概念内涵,并且将"社会危害性认识"作为成立"故意"的条件,这与不定义"故意"概念的德国刑法、日本刑法等形成了鲜明的对比,与德国、日本刑法学理上给"故意"所下的定义存在较大的差距,也不同于规定单一实质故意概念的俄罗斯刑法。[⑥] 忽视或混淆我国刑法立法在犯罪故意上的以上不同,简单地将我国刑法与三阶层体系话语体系对接,不仅违背了罪刑法定原则对正视和适用我国刑法规定的基本要求,而且也会带来"故意"及其"明知"相应分析因素的丢失或增加,无法作出既合理又合法的分析结论。

事实错误在不同犯罪论体系和法律体系中的地位与意义不同,意味着事实错误类案件的处理需回到基于本国法律体系的犯罪论体系上来。虽然以上不同不一定带来理论甚至法律上的评价结果不同,但这会因违背基本的法律适用原则和刑法的空间效力原则而偏离法律适用的法治轨道。例如,按三阶层犯罪构成体系的事实错误法律规定,对前述案件进行

---

① 丁胜明:《刑法教义学研究的中国主体性》,载《法学研究》2015年第2期。
② 陈忠林:《大陆法系刑法理论中的违法性概念》,载《中国地质大学学报(社会科学版)》2007年第5期。
③ 木村龟二:《刑法学词典》,顾肖荣、郑树周等译校,上海翻译出版公司1991年版,第257页。
④ 李在祥:《韩国刑法总论》,韩相敦译,中国人民大学出版社2005年版,第150~151页。
⑤ 许玉秀:《当代刑法思潮》,中国民主制出版社2005年版,第180页;木村龟二:《刑法学词典》,顾肖荣、郑树周等译校,上海翻译出版公司1991年版,第257页。
⑥ 陈忠林、李瑞杰:《犯罪故意:立法比较与学理阐释》,载《湖北警官学院学报》2017年第4期。

评价，也会得出与按我国法律规定的同样的不构成犯罪的结论，即"兰草案"中行为人误将受国家保护的兰草当做普通兰草而采摘，并不具备破坏野生动植物资源犯罪的构成要件的故意；"鹦鹉案"中误将受国家保护的鹦鹉当做普通鹦鹉予以贩卖，并不具备贩卖受国家保护的野生动物犯罪的构成要件的故意；"气枪案"中，行为人认为自己手中的枪支属于玩具枪，因而不具有非法持有枪支犯罪构成要件的故意。但这毕竟不是适用我国法律得出的结论，我国的案件在我国领域内不可能按其他国家的法律作出结论。

关于违法性阻却事由前提事实的错误

[韩] 河泰认*

一、绪论

不久之前遭抢劫的 A 在独自走夜路的过程中发现有人尾随，感受到危险的 A 推倒了尾随的 B，对其施加了伤害。但是 B 是 A 的邻居。

在该案例中，不存在符合正当防卫的客观正当化情况（当前的不正当侵害），但 A 误以为存在当前的不正当侵害。这种情况被称作假想防卫，该案属于关于违法性阻却事由的前提事实的错误①的代表性例子。

为构成违法性阻却，在客观上必须存在符合违法性阻却事由的情况，在主观上行为者本身必须认知到正在实施符合违法性阻却事由的行为（客观正当化情况与主观正当化因素）。因此，在未满足客观及主观的成立条件的情况下，不构成违法性阻却。对于尽管不存在违法性阻却事由的客观正当化情况，行为者却误以为存在而促使实现构成条件的情况，如何进行刑法上的评价是问题所在。

对于关于违法性阻却事由的前提事实的错误，学者们提出了各种复杂的观点，甚至出现了"前提错误论中最难以解决的问题就是违法性阻却事由的错误"以及"属于过度故弄玄虚"这样的说法。另外，关于违法性阻却事由的前提事实的错误的相关争议与犯罪体系论（刑法体系论）、故意的含义、刑事政策上的考量、非法的本质等，贯穿了整部刑法。

在刑法中，关于错误，制定了关于事实的错误（韩国刑法第 13 条、第 15 条第 1 款）和禁止的错误（第 16 条）的规定。但从上述案例中可知，关于违法性阻却事由的前提事实的错误符合事实的错误和禁止的错误这两种错误类型，因此具有独特的错误形态，随之出现了对立的观点。

以下将对围绕违法性阻却事由前提事实的错误的解决展开的学说、判例的主张论据以及对其的争议进行探讨，并导出关于违法性阻却事由前提事实的错误具有的问题。

二、学说以及判例的立场与对其的评价

学说分为以故意阻却进行解决，或在缺乏对作为责任因素的违法性的认知的情况下以责任阻却进行解决的观点。详细来分，有视为事实的错误的观点，视为禁止的错误的观

---

* 韩国庆南大学法政学院警察学系教授、法学博士。
① 术语的使用还未被统一，因此也被称作"关于违法性阻却事由的客观前提事实的错误""关于违法性阻却事由的客观成立条件的错误""违法性阻却事由的条件事实的错误""允许状况的错误""允许构成条件的错误"。这是各学说的术语选择。在下文中，与笔者的主张无关，将使用最普通的"关于违法性阻却事由前提事实的错误"。

点，视为第三者的独特错误形态的观点。但关于解决，可分为作为实施的错误进行解决的观点与作为禁止的错误进行解决的观点。判例以违法性阻却进行解决。详细内容如下：

（一）"故意说"

"故意说"作为以将故意视为责任因素的犯罪论体系为前提的学说，将违法性的认知视为故意的内容。因此，故意由犯罪事实的认知和违法性的认知构成。对于此时需要何种程度的违法性认知，"严格故意说"要求实际的违法性认知，而"限制故意说"认为仅需违法性的认知可能性即可。

根据"故意说"，陷入允许构成条件错误的行为者不具有实际的违法性的认知，因此构成故意阻却。但是，在行为者存在过失，并存在过失犯处罚规定的情况下，可将行为者作为过失犯进行处罚。根据该观点，关于违法性阻却事由前提事实的错误不构成违法性阻却，但在未能认知到违法事实的情况下，属于事实的错误，不构成故意。因此，在假想防卫中造成错误的行为者不属于故意犯，若存在过失犯处罚规定，且其存在误信的过失，则只属于过失犯。①

"故意说"分为"严格故意说"和"限制故意说"。"严格故意说"要求实际的违法性的认知，因此对于确信犯或惯犯，由于其违背法律的基本态度，无法期待违法性的认知，无法将其作为故意犯进行处罚。另外，"限制故意说"因将缺乏违法性认知的可避免性这一过失因素与意为实际存在违法性认知的故意等同看待，结合本质上相互矛盾的故意与过失的观点而受到批判。②

（二）消极的构成条件标志理论

该学说标榜以非法和责任构成的二阶层犯罪论体系。此处的构成条件是指总体的非法构成条件，违法性阻却事由属于消极的构成条件标志（因素）。故意不是构成条件故意，而是以构成条件事实和不存在违法性阻却事由为认知对象的非法故意。因此，陷入允许构成条件错误的行为者无法认知违法性阻却事由的不存在，因此直接运用构成条件错误规定，构成非法故意阻却。但是，当行为者存在过失，并存在过失犯处罚规定时，将行为者作为过失犯进行处罚，即关于故意成立的错误包括尽管存在消极的构成条件因素，仍认为不存在错误的情况，以及尽管不存在消极的构成条件因素，仍认为存在错误的情况，两者均构成故意阻却。③ 因此，违法性阻却事由的客观前提条件作为消极的构成条件因素，对其的错误构成故意阻却，并理所当然地导致事实的错误。

对此有人批判，依据法律秩序被允许的行为与因其本身不构成非法而被允许的行为不同，因此，对于在正当防卫的情况中杀害攻击者与杀死蚊子的行为必须加以区别。④

还有人批判，判断构成条件符合性与违法性时，未在非法的界限中加以区别，因此，尽管是以互不相同的原理进行评价的过程，却将原则和例外置于相同阶段的方式是不妥当

---

① 李宰祥、张永民、姜东范：《刑法总论》（第9版），博英社2017年版，第24页。
② 李宰祥、张永民、姜东范：《刑法总论》（第9版），博英社2017年版，第24页。
③ 沈宰宇：《消极的构成条件概念》，载《考试研究》1986年第4期；文採圭：《关于消极的构成条件标志理论的辩论》，载《刑事法研究》1999年第12号；安敬玉：《消极的构成条件因素理论》，载《刑法上的错误》，博英社1999年版，第315~339页；张永民译：《正当化事由中的构成条件的错误与禁止错误》，载《刑法上的错误》，博英社1999年版，第341~398页。
④ 任雄：《关于违法性阻却事由的错误》，载《月刊考试》1987年第6期。

的,① 即受到了忽略构成条件符合性判断与违法性阻却事由判断的本质差异的批判。

(三)"严格责任说"

"严格责任说"作为初期目的行为论者主张的理论,将故意视为主观构成条件因素,而不是责任因素,将违法性的认知理解为与故意分离的独立责任因素。因此,"严格责任说"将包含允许构成条件错误在内的所有对违法性阻却事由的错误作为禁止错误进行解决,即根据"严格责任说",对于陷入允许构成要件错误的行为人,其故意的违法行为是可以认定的,但由于前提事实的误认而不存在违法性的认知,因此符合违法性的错误,当该错误不可避免时责任排除,不予追究,限于可避免时责任减轻。据此,对于陷入允许构成条件错误的行为者,当该错误存在正当理由时不予以处罚,当不存在正当理由时,可减轻行为者的责任,但构成故意犯。

"严格责任说"表示,违法性阻却事由的错误是将被客观评价为违法的行为而在主观上评价为未违法,因此最终陷入评价的错误中。因此,符合法律错误的,适用韩国刑法第16条,当这种错误存在正当理由时,即在没有懈怠注意义务的情况下无法避免这种错误,不可责难行为者。但是,当在若尽到注意义务则可避免错误的情况下,如果疏忽注意义务而造成这种错误时,原则上可减轻责任。

"严格责任说"也与"法律效果限制责任说"一样,认可故意的双重地位(功能),但评价故意的双重地位并不与"法律效果限制责任说"存在必然的逻辑关联性。② 同时,对于存在构成条件故意和故意违法的违法行为,不认可故意阻却,只认可责任阻却或责任减轻。因此,无论是过失犯还是故意犯,可维持体系上一贯的理论,也可处罚加入错误者的共犯和错误者的未遂犯。对于防卫过当和假想防卫,也可酌情将其作为故意犯进行处罚。

"严格责任说"只聚焦于行为者缺乏违法性的认知,未考虑造成违法性的认知缺乏的缘由。因此有人批判,关于行为状况产生错误的允许构成条件错误与关于行为全体的社会伦理性评价产生错误的禁止错误在本质上存在区别。③

(四)"限制责任说"

关于"限制责任说",将有关违法性阻却事由前提事实的错误视为独特形态的错误的观点可理解为二元形态,即对于故意与违法性认知的关系,根据"责任说",将违法性阻却事由的错误视为独特形态的错误,虽不是事实错误,但基于与事实错误的结构类似性,应适用事实错误的规定。此处有"构成条件错误类推适用说"和"法律效果限制责任说"。

1. "构成条件错误类推适用说"

"构成条件错误类推适用说"的观点认为,在认可为违法性阻却事由的错误的情况下,无法直接适用对事实错误的规定,但以缺乏故意违法的结果,可类推适用事实错误的适用例,④ 即关于误信违法性阻却事由的情况而采取行为者,虽然在严格意义上存在构成

---

① 洪永基:《关于违法性阻却事由的前提事实的错误》,载《高丽法学》2006年第81号。
② 前引吴永根书,第189页。
③ 金一洙、徐宝学:《新著刑法总论》(第12版),博英社2014年版,第194页。
④ 金一洙、徐宝学:《新著刑法总论》(第12版),博英社2014年版,第290页;孙东权:《刑法总论》(第2修订版),栗谷出版社2006年版,第191页;赵准贤:《刑法总论》,法源社1998年版,第242页;杨化植:《关于违法性阻却事由的前提事实的错误》,载《成均馆法学》2007年第19卷第3号。

条件故意,但至少不存在比之更广泛的违法故意,因此不可承担与之相对应的故意责任。若必须要将这种错误者处理为故意违法行为者,那么故意与过失的区别原则将会被推翻,因此,排除违法故意只可能是非法过失或责任过失。出于这个意义,将其称为"排除故意非法的限制责任说"。因此,根据"类推适用说",得出陷入违法性阻却事由的错误的行为者不属于故意行为者的结论。

此处被阻却的故意不是指构成条件故意,而是指消极的构成条件因素理论中所说的非法故意。非法故意的认知对象不仅仅是对客观构成条件因素的认知,还包括对违法性阻却事由的不存在的认知,因此,在错误地相信正当化状况的存在的情况下,非法故意被阻却。该理论否认消极的构成条件标志理论提出将总体的非法构成条件作为体系构成条件,但肯定其作为旨在解决违法性阻却事由的错误问题的错误构成条件。关于"类推适用说",有人批判,陷入允许构成条件错误的行为者的共犯基本上无法成立。[1] 对此,有人反驳,关于共犯的成立,对于陷入错误的行为者的教唆及协助者,可以按间接正犯进行处罚。[2]

另外,"类推适用说"区分体系构成条件与错误构成条件,使互不相同的构成条件相结合,由此认可构成条件故意和非法故意这两种形态的故意,不得不说这是根据现实所需放弃了犯罪论体系的一贯性。因此,对于"类推适用说",有人批判,在不同的犯罪类型中故意的概念也变得不同了。[3]

2. "法律效果限制责任说"

"法律效果限制责任说"的观点认为,关于违法性阻却事由前提事实的错误虽然无法排除构成条件故意,但排除故意责任,在法律效果上应像过失犯一样被处理。出于这个意义,这也被称作"排除故意责任的限制责任说"。该观点是目前韩国的多数学说。[4]

在肯定故意具有构成条件故意和责任故意的双重立场上,构成条件故意对责任故意发挥标志功能,但当产生关于违法性阻却事由前提事实的错误时,该标志被清除。因此,构成条件故意被认可,但责任故意被否认,而过失责任成立与否存疑,即以关于违法性阻却事由前提事实的错误与事实的错误只是在法律效果上相同的观点,将关于违法性阻却事由前提事实的错误理解为独特形态的错误。

构成条件的认知对象是"与个别犯罪类型相关的事实(客观构成条件因素)",违法性阻却事由的前提事实不是与个别犯罪类型相关的事实,因此是责任故意的认知对象。这是基于对于误认客观正当化状况的行为者,在刑事政策上以故意犯的严重法定刑进行处罚

---

[1] 申东云:《刑法总论》(第7版),2013年版,第429页;李宰尚、张永民、姜东范:《刑法总论》(第9版),博英社2017年版,第25页。
[2] 金一洙、徐宝学:《新著刑法总论》(第12版),博英社2014年版,第290页。
[3] 前引郑成根、郑准燮书,第194页。
[4] 朴尚基:《刑法总论》,博英社2007年版,第228页;前引裴钟大书,第374页;申东云:《刑法总论》,法文社2008年版,第421页;李宰尚:《刑法总论》,博英社2008年版,第334页;李亨国:《刑法总论》,法文社2007年版,第126页;任雄:《刑法总论》,法文社2006年版,第315页;郑永日:《刑法总论》,博英社2007年版,第289页;前引朴阳彬文,第50页;前引张永民文,152页;任雄:《关于违法性阻却事由的错误》,载《月刊考试》1987年第6期。

实为不妥的想法。①

"法律效果限制责任说"认可构成条件故意,但在法律效果上限制责任故意,从法律效果的角度来看,不以故意犯的刑罚予以处罚。

"法律效果限制责任说"作为旨在克服共犯处罚不完备这个实务上的问题,具有理论优势,即构成条件故意的成立被认可,但仅限制在责任阶段中作为故意犯的可责难性。根据"法律效果限制责任说",在构成条件阶段,正犯的故意维持不变。因此,若对正犯认可构成条件故意,则确保了能够处罚教唆犯或协助犯的一个基本条件。因为教唆犯或协助犯是在至少符合正犯的相关构成条件,违法的故意行为被认可时成立的犯罪类型。②

(五)韩国大法院的立场③

作为所属连队哨兵服役的甲在哨所执勤的过程中,与应接下一班的士兵乙因交班时间延误而发生争吵,随后甲殴打了乙,乙用当时手中持有的卡宾枪瞄准甲的后背,装入实弹,作即将发射状施以威胁,甲惊慌失措,感觉若不先射杀乙则自己将处于危险之中,于是转身以持有的卡宾枪向乙的腹部射击,导致乙当场死亡。韩国大法院表示,在上述案件中,甲的行为是"为防卫当前的紧急的不正当侵害而采取的具有适当理由的行为",视为正当防卫,即使受害者不存在杀害被告的意图,"作为被告,误以为存在当前的紧急的不正当的侵害,符合存在正当事由的情况,尽管如此,原审仍以上述理由排除被告的正当防卫的主张,存在对假想防卫法理违法成分的误解"。这是基于在假想防卫中,当存在误认的正当理由时,可视为正当防卫的主旨作出的判断。

作为对上述判例的评注,出现了将韩国大法院的立场评价为"限制责任说"或"严格责任说"的观点,但从韩国大法院认为假想防卫可构成正当防卫这一点来看,正当防卫的成立条件以及对其的判断是基于违法性阻却与否而作出的。④

对此,存在两种批判。第一种是,对于假想防卫的对方,不允许正当防卫。⑤ 在将不属于当前的不正当侵害的甲的行为误认为不正当侵害的情况下,若乙的行为构成违法性阻却,则甲不可以正当防卫进行对抗。⑥ 第二种是,若假想防卫不是违法行为,则无法区分正当防卫与假想防卫的法律效果,即正当防卫的依据为自我生存的本能与法律秩序的维护,然而未产生对违法的攻击贯彻合法的利益的结果,无法认可法律秩序维护的效果。⑦

---

① 李勇植:《对关于违法性阻却事由的前提事实的错误的大法院判例的理解结构》,载《刑事判例研究》2016年第24卷。

② 申东云:《刑法总论》,法文社2008年版,第422页。

③ 韩国大法院1968.5.7,宣告68DO370判决。

④ 对此的详细内容参见李勇植:《对关于违法性阻却事由的前提事实的错误的大法院判例的理解结构》,载《刑事判例研究》2016年第24卷。

⑤ 金泰明:《对警察的武器使用的正当防卫的成立与否》,载《刑事判例研究》2007年第15卷;金浩基:《非面对面状况下的受虐者杀害行为与正当防卫的成立可能性》,载《警察法研究》2011年第9卷第2号。

⑥ 李勇植:《对关于违法性阻却事由的前提事实的错误的大法院判例的理解结构》,载《刑事判例研究》2016年第24卷。

⑦ 金浩基:《非面对面状况下的受虐者杀害行为与正当防卫的成立可能性》,载《警察法研究》2011年第9卷第2号;李勇植:《对关于违法性阻却事由的前提事实的错误的大法院判例的理解结构》,载《刑事判例研究》2016年第24卷。

三、对学说的评价及探讨

目前，几乎没有学者支持"故意说"，而是主张消极的构成条件标志理论、"严格责任说"、"构成条件错误类推适用说"、"法律效果限制责任说"。以下将探讨对此的批判与相应的反驳。

（一）"严格责任说"

关于将违法性阻却事由前提事实的错误视为与故意无关，与责任相关的法律错误的"严格责任说"，在其本身的逻辑性和体系一贯性的方面受到了很高的评价，并且可评价为在解决过失犯处罚规定的缺乏导致的处罚问题和共犯处罚的问题方面所具有的优势。

但是，有人批判，关于违法性阻却事由前提事实的错误是已经对违法性评价的前提状况犯下错误的情况，是行为者不只是作出与普通人不同的法律评价，而是无法认知到属于评价对象的状况的存在，因此，追究严格的责任，认可故意犯的成立是不正确的。还有人指出，关于违法性阻却事由前提事实的错误并不存在对法律秩序的敌对心理，反而是出于对法律秩序的维护，然而在这样的情况下仍认可故意犯，违反了普通人的法律情感乃至正义感。①

在主张"严格责任说"的立场，对这种批判提出了以下反驳。

第一，以构成条件故意实施行为者通过犯罪事实的认知及引用，促使唤起行为的违法与否，因此，故意的违法警告功能并不是在责任阶段发挥作用，而是在构成要件故意中发挥作用，无法说违法判断之后的违法警告功能瘫痪，违法警告功能是发挥作用的。关于违法性阻却事由前提事实的错误与完全不存在这种功能的过失，在违法与责任方面难免会存在差异，因此，不可将两者等同处理，认可过失犯的责任。

第二，故意非法无法与过失非法一致，因此，对于被认可故意非法的错误者，无法认可过失责任以及过失犯，基于仅在存在处罚规定的情况下例外地认可过失犯的主旨，对于存在故意非法的违法行为，不可仅以心理反价值被排除的理由为由将其作为过失犯处理。并且，"严格责任说"并不是将犯下关于违法性阻却事由前提事实的错误的行为者均作为故意犯予以处罚，而是规定在该错误不可避免的情况下不可罚，在可避免的情况下也会减轻处罚，因此，不可说是一定违反法律情感。从法律情感论来看，对于虽然存在合乎法律秩序的意图，但在客观上无法维护法律秩序的假想防卫，仅限于存在过失犯处罚规定的例外情况，将其作为过失犯予以处罚，对于主观上或客观上均维护法律秩序的防卫过当，以故意犯予以处罚，其本身就违反了公平性和法律情感。

第三，因关于违法性阻却事由前提事实的错误确实也是与事实相关的错误，或该事实为促成正当化的违法性阻却事由的条件的事实，而将其与作为构成条件标志的事实同等看待，这属于概念的混淆。②

但是，关于"严格责任说"，从由非法与责任构成的体系论的立场来看，存在以下疑问。如上所述，根据"严格责任说"，对于认知到正当化状况者，认可非法的前提来讨论责任与否。但是，故意非法责任以必须存在行为反价值和结果反价值为前提，而根据

---

① 参见孙东权：《假想（过当）防卫的效果》，载《刑事法研究》1999年第12卷。
② 对于这种反驳参见郑成根、朴光民：上述书籍，第347～348页。

"严格责任说",未对此作出评价,而是讨论责任与否。因此,从犯罪体系论的立场来看,可以说这是不妥当的。

(二)"构成条件错误类推适用说"

"构成条件错误类推适用说"认为,由于适用刑法第13条,因此无须探讨刑法第16条要求的"正当理由"的有无。因此,作为法律的错误,可排除"正当理由"这个严格条件,可以说这是有利于被告的解释。

"构成条件类推适用说"在违法故意中认为,行为反价值仅由主观的意图反价值构成为前提。但是,在行为反价值中,除主观因素外,还必须包含客观因素。① 即根据"构成条件类推适用说",陷入错误者最多成为存在过失非法的过失犯,存在处罚上的缺陷。对于这样的指摘,不存在以过失犯处罚错误采取行为者的刑事政策上的必要性,因此,这种处罚上的缺陷是理所当然的。

但是,将从一开始就存在构成条件过失的过失犯的情况与存在构成条件故意但只存在过失程度的非法的情况比较来看,存在构成条件故意的唤起功能的后一种情况与不存在这种功能的过失犯的情况相比,反规范性更大,因此比起前者,处罚的必要性增加,这一点还存有疑问。②

另外,还有人批判,若阻却构成条件的故意,则会产生无法认定错误者的未遂行为以及参与其中的恶意第三者的共犯成立的限制,③ 即"类推适用说"对于关于违法性阻却事由前提事实的错误,类推适用韩国刑法第13条,否定构成条件的故意。但是,即使行为者处于错误状态下,也认知到自己的行为实现了构成条件。因此,在违法性阻却事由的错误中,对于行为者仍认可构成条件的故意。由此,产生了共犯处罚的空白。若否定正犯的故意,则不存在教唆犯或协助犯的可能性,因此,"类推适用说"关于共犯的处罚,存在决定性的缺陷。④

(三)"法律效果限制责任说"

"法律效果限制责任说"将构成条件故意采纳为故意概念,同时将故意的双重含义作为论据,对于关于违法性阻却事由前提事实的错误,仅排除故意责任,即从故意的双重含义的认可和共犯处罚的确保的角度来看,"法律效果限制责任说"具有理论上的优势。然而,关于故意的双重地位的相关内容,受到了批判。

构成条件故意和责任故意能否成为同一实体,这存在疑问。若在内容上为同一实体,则不是双重地位,而是地位重复。因此,即使认可故意的双重地位,也不可说责任故意与构成条件故意相同。因此,对于构成条件故意的双重地位,从其含义提出论据是不妥当的。⑤

作为法律敌对意图的责任故意的概念不明确,无法成为认可对实施故意行为者追究过失责任的重大例外的充分依据。就像是在一般的法律的错误中,因行为者不存在法律敌对意图而排除责任故意,因此应只认可过失犯的效果一样,比起自己不知道实施了构成条

---

① 金成敦:《刑法总论》,SKKUP2013年版,第381页。
② 尹尚民:《关于违法性阻却事由的客观成立条件的错误》,载《圆光法学》2008年第24卷第4号。
③ 金成敦:《刑法总论》,SKKUP2013年版,第381页。
④ 申东云:《刑法总论》,法文社2008年版,第421页。
⑤ 对此的详细内容参见文探圭:《关于消极的构成条件标志理论的辩论》,载《刑事法研究》1999年第12号。

符合行为的事实的过失犯，在关于违法性阻却事由前提事实的错误中，行为者知道自己的行为是符合构成条件的事实行为，因此，对于成为这种行为的原因的事实关系，只不过是动机的错误，在法律关系中，动机的错误不具有作为错误的效力。①

另外，故意犯与过失犯在构成条件阶段已经有所区别，因此，对于故意犯的构成条件符合性、故意非法以及违法性被认定者，到责任阶段认定过失犯，这不仅仅是体系上的矛盾，还是将非过失犯认定为过失犯，故意犯以故意行为为前提，过失犯以过失行为为前提，因此，对实施故意非法行为者处以过失刑罚无法与罪刑法定主义协调，而且即使可处以过失刑罚，也无法说明认定过失犯的理由。另外，有人批判，对于主观上存在维护法律秩序的意图，客观上也是作为维护法律秩序行为而实施的防卫过当，作为故意犯进行处罚，而对于仅在主观上存在维护法律秩序的意图，客观上无法成为维护法律秩序行为的假想防卫，例外地认定过失犯，两者的处理显然有失公平，违背法律情感。②

总之，认定故意的双重地位是因为在非法与责任的领域中对故意产生的作用和功能互不相同，在关于违法性阻却事由前提事实的错误的案例中，并不是因为导出过失责任的必要性而被认定，因此该理论受到了过于虚假、非必要地脱离责任原则的批判。③

（四）消极的构成条件因素理论

根据该理论，事实的错误是对构成条件的积极层面的错误，关于违法性阻却事由前提事实的错误是对构成条件的消极层面的错误。因此，无论是事实的错误还是关于违法性阻却事由前提事实的错误，在均为事实的错误这一点上是相同的，因此构成故意阻却。因此，消极的构成条件因素理论具有提出将关于违法性阻却事由前提事实的错误作为过失犯予以处罚的依据的优势。

如上所述，对于消极的构成条件标志理论，存在无法区分杀害攻击者的行为和杀死蚊子的行为的批判，并且，消极的构成条件因素理论采纳了将犯罪体系论两分为非法与责任的"二分说"。但是，对于非法与责任的"二分说"，存在忽视构成条件与违法性阻却事由的本质差异的批判，即构成条件是违法行为的固定模式。对此，违法性阻却事由以具体情况为前提，发挥着例外地对符合构成条件的行为阻却违法性的功能。将犯罪体系分为构成条件符合性、违法性、责任的传统的"三分说"准确地反映了这种一般论与例外的关系。而将犯罪体系两分为非法与责任的"二分说"无法掌握构成条件符合性与违法性的功能差异。因此，传统的"三分说"仍然存在理论上的说服力，而基于非法与责任"二分说"的消极的构成条件的理论不可能被认同。④

对此的反驳如下：

首先，对于先杀蚊子的行为与正当防卫状况中杀死蚊子的行为，从一开始将不符合构成条件的行为和在积极的角度符合构成条件但在消极的角度被排除的行为等同看待，不能称之为合理的批判，并且，根据社会行为论，基于行为是其结果对他人的生活领域造成影响，在规范的观点上作为社会性含义统一体出现的有意的形态或社会重要性等价值判断方

---

① 前引吴永根书，第459页。
② 前引郑成根、朴光民书，第345页。
③ 金一洙、徐宝学：《新著刑法总论》（第12版），博英社2014年版，第289页。
④ 参见申东云：《刑法总论》，法文社2008年版，第418~419页。

法，从规范的行为概念的立场①来看，也不能称之为合理的批判。

其次，无法脱离二阶层的犯罪体系忽视了构成条件与违法性的功能差异，反而在采纳三阶层犯罪结构的情况下，非法构成条件无价值且与违法性无关的贝林（Beling）的观点。

二阶层体系论仅否定在犯罪体系论的构成中的狭义的非法构成条件的体系独立性，不否定其存在本身，其仍然作为非法构成条件因素的一部分存在，具有其本来的性质、内容以及含义。并且，对于构成条件与违法性的法律含义的不同，也表示只是概念的差异，并不是内容存在差异。

就像对犯罪成立的分析也是继构成条件符合性之后进行违法性分析一样，构成继积极的构成条件之后进行消极的构成条件的分析的顺序。因此，在三阶层体系中，未违法的构成条件符合性是可能的，但在二阶层中是不可能，除故意的认知内容及其含义不同外，采取二阶层并不意味着改变犯罪因素的实质含义。②

四、结论——今后的课题

以上对于关于违法性阻却事由前提事实的错误，探讨了学说的论据和对其的批判及反驳。

关于违法性阻却事由前提事实的错误在其内容上与刑法理论、刑法体系、刑事政策等相关并非易事，鉴于笔者能力以及时间的不足，难以推论出结论。因此，只想在准备发表的过程中，就几个疑点和今后要成为课题的内容达成共识。

第一，对于关于违法性阻却事由前提事实，根据"严格责任说"和"法律效果限制责任说"，分别视为违法性认知和责任故意的问题。在这种主张背后，以故意非法的成立为前提，即虽然存在主观的正当化因素，但缺乏客观的正当化状况。因此，不构成违法性阻却，因而作为责任的问题进行处理。但是，非法由结果反价值和行为反价值构成，在关于违法性阻却事由前提事实错误的情况中，存在结果反价值，但不存在行为反价值，即在不存在故意的行为反价值的情况下，如何能认定非法，能否以责任的问题进行处理，这仍存疑。最终，根据上述学说，若不构成非法阻却，则客观的正当化状况和主观的正当化因素可能分别不构成结果反价值和行为反价值的阻却。这是与非法的本质也存在关联的问题。

第二，责任故意的功能是什么。因为如上所述，关于责任故意，除与关于违法性阻却事由前提事实的错误相关以外，无法找出其功能。

---

① 李宰尚：《刑法总论》，博英社2008年版，第88页。
② 文採圭：《关于消极的构成条件标志理论的辩论》，载《刑事法研究》1999年第12号。

第八专题

自救行为的刑法评价

自助行为的刑法评价

[中] 陈劲阳* 刘人铭**

自助行为，亦称自救行为、自力救济，属于刑民交叉问题，目前在我国刑法的正当化事由体系中，仍属超法规的违法阻却事由。起草中的《民法典》侵权法编拟对其作出明确的法律规定。自助行为在民法上的实定化，势必对刑法领域如何理解和适用自助行为产生重要影响。本文撷取自助行为的若干问题作一探讨，以求教于方家。

一、自助行为的立法存在形态

在不同的法域中，自助行为具有不同的立法存在形态。大致说来，自助行为在立法中的存在形态有以下四种情形：

（一）直接在刑法典中规定"自助行为"

鲜有国家在刑法总则中直接规定自助行为，典型的立法例如韩国，其刑法典第23条规定："A. 在依法定程序不能保全请求权的情况下，为避免其请求权的实行不能或显著的实行困难而实施的行为，有相当理由时，不罚。B. 前项之行为过当的，依其情况可减轻或免除刑罚。"

（二）在民法中规定"自助行为"，同时在刑法中规定"依法令行为"

我国台湾地区"民法"第151条规定："为保护自己权利，对于他人之自由或财产施以拘束、押收或毁损者，不负损害赔偿之责。但以不及受法院或其他有关机关援助，并非于其时为之，则请求权不得实行或其实行显有困难者为限。"同时，我国台湾地区"刑法"第21条规定了依法令之行为这一违法阻却事由："依法令之行为，不罚。"所谓"依法令之行为"，系指任何人依据法律或命令之行为，均得阻却违法，法律系指"立法院"审议三读通过，公布施行生效者，不问公法或私法均属之。① 这样一来，经由"依法令行为"之规定，民法上的自助行为，间接成为刑法上具有实定法意义的违法阻却事由。

（三）在民法中规定"自助行为"，但在刑法中没有规定"依法令行为"

德国民法典第229条规定："针对以自力救济之目的逮捕有夺取、破坏或毁损财物或者逃脱危险之义务者，或者为排除义务者对于其应忍受之行为的抵抗而实施的行为，当无法即时获得国家机关的救助且如果不采取措施请求权之实现就不可能或显著困难时，不违法。"② 而在德国刑法典中既没有规定自助行为，也没有规定依法令行为。这样，自助行为如何成为德国刑法上的违法阻却事由，就需要一番解释说明。德国学者罗克辛认为：

---

* 吉林大学法学院副教授。
** 吉林大学法学院硕士研究生。
① 林培仁：《台湾刑法总则实务》，中国检察出版社2016年版，第86页。
② 当然，德国民法对于自助行为的规定也包括第230条。

"当在任何一个法律领域中得到许可的一种举止行为,仍然要受到刑事惩罚时,那将会是一种令人难以忍受的价值矛盾,并且也将违背刑罚作为社会政策的最后手段的这种辅助性。"① 在罗克辛看来,法律制度具有统一性,而这种"法律制度的统一,包含了在联邦领域中所有现行的规范,不管这种规范的制定者是谁"。② 金德霍伊泽尔则将民法上的自助行为直接视为刑法上的正当化事由,他在其《刑法总论教科书》中将民法上的自力救济纳入刑法的其他正当化事由之中。③

(四)超法规的违法阻却事由

在我国,目前无论刑法还是民法尚没有对自助行为作出明确规定,其作为超法规的违法阻却事由,尽管在司法实践中屡被提及,但对其构成特征缺乏立法上的权威解释说明,使得司法实践中常常对之无所适从。在日本,尽管刑法中规定了"依法令行为",但在民法中没有规定"自助行为",这使得日本学界也称之为超法规的违法阻却事由。

二、自助行为的制度价值

作为一种人在维护自身权益时的本能选择,自救行为与人类社会伴生存在。正如霍布斯所指出的,"每个人都有自我保存的权利,因此也有为此目的采取各种必要手段的权利"。④ 虽然自救行为体现着人类的本能反应和原始行为追求,但其带有浓烈情感的复仇行为,极易造成二度伤害和对社会秩序的危险挑战,因此在国家出现后,通过和国家达成的协议,公民让渡出一部分自救权利交由国家行使,以公权力的强制性来遏制自救本身负价值的蔓延。⑤ 但在现代社会,尤其是在刑事领域,很多国家针对自救行为都采取了极其审慎的态度,甚至视其为洪水猛兽。但自救行为存在的历史本身已经证明了它的正当性和必要性,想要在现代社会禁止自救行为,完全凭借公权力实现公民权利的救济是不现实的。正如苏力教授所言:"仅仅出现一个作为符号的公权力并不足以自动完全消除那种产生报复冲动的生物性本能,人们放弃个人报复或者复仇仅仅因为诉诸公权力有可能更为安全、更为便利、更为有效地满足自己的报复本能。"⑥ 更为重要的是,公权力在从事私人权益救济中不可避免地存在一定程度的空缺和延迟,在紧急情况中否定自救行为的合法性,还可能导致法偏向于不法而忽略对正当权利的保护的结果,违反正义与公平的理念。⑦ 因此,无论是为了满足公民在维护其自身权益时的本能选择,还是为了体现法律的公平正义价值,我们必须承认自救行为在现代社会的重要作用。

概言之,将自助行为在立法上加以规制,起码具有以下两方面的制度价值:

1. 弥补公权力的缺位

自助行为被罗克辛归类于"代替公共机关所为的行为"。在这里,一个私人可以在这种原则上由官方负责的,但在当时不可能及时到达或者不具有干涉能力的官方位置上进行

---

① 罗克辛:《德国刑法学总论(第1卷)》,王世洲译,法律出版社2005年,第397页。
② 罗克辛:《德国刑法学总论(第1卷)》,王世洲译,法律出版社2005年,第397页。
③ 金德霍伊泽尔:《刑法总论教科书》,蔡桂生译,北京大学出版社2015年,第203页。
④ 霍布斯:《论公民》,应星等译,贵州人民出版社2003年版,第12页。
⑤ 冷翠玲:《自救行为研究》,吉林大学2014年博士论文,第27页。
⑥ 苏力:《复仇与法律——以〈赵氏孤儿〉为例》,载《法学研究》2005年第1期。
⑦ 金日秀:《刑法上的自救行为》,郑军男译,载《辽宁大学学报(哲学社会科学版)》2015年第1期。

活动。① 韩国学者金日秀认为,自救行为是指一旦请求权受到侵害的人在其之后处于不可能受到国家权力的保护或极其困难的紧急状况时,为恢复或保全其权利直接行使私力的情况。② 可见,当法益受到侵害的人,按照法律上正式的程序等待国家救助机关的救助时,就不可能恢复或者显著难以恢复时,可以动用自己的力量求得恢复。因为,国家在这一紧急状况下其实是缺位的,自助行为法定化是明确了紧急状态下公权力和私权利的权限划分,弥补公权力的缺位。但是出于对公权力和社会秩序的尊重和维护,公民的自救行为只能是国家力量的辅助和补充手段,自救行为的成立要件必须受到严格的限制与规范。

2. 保障、恢复、救济民事权利

自助行为不是为了向债权人偿还债务,而是为了保障债权人的地位。德国学者金德霍伊泽尔指出:"为了保障某一请求权,《民法典》第229条、第230条规定了可以采用(私人)暴力的方式。"我国台湾地区学者林钰雄也认为,自助行为指"民法"容许私人以自力(非公权力)保全或满足自己权利之行为,但已不得强制执行之请求权,也不得主张自助行为。③ 日本学者松原芳博也认为,自助行为是权利遭受违法侵犯者,试图通过私力恢复、救济权利的情形。私力救济,是在法益侵害的紧迫状况之下由公民个人行使私力。它属于紧急行为,针对已经发生的侵害,试图进行事后的恢复、救济。④

三、自助行为的成立要件——以民法典侵权编草案954条之二表述为参考⑤

在对待自助行为的态度上,民法学者显得比刑法学者更为开放。在本世纪初的民法典草案和侵权法草案建议稿中,多位民法专家都主张将民事自助行为纳入我国的民事立法之中。例如,梁慧星教授主持的《中国民法典侵权行为编》(草案建议稿)第18条规定,"为维护自救的合法权益而对加害人实施自助行为的,行为人不承担民事责任,自助行为超过必要限度的,行为人应当承担相应的责任"。王利明教授主持的《中国民法典学者建议稿及立法理由》第289条规定,"如果不能及时获得国家权力的保护,而且如不及时处理则请求权无法实现或行使会有困难时,为了自助而扣押、毁损他人之物,或限制有逃亡嫌疑的债务人的人身自由,或者制止债务人对有义务容忍的行为进行抵抗的,行为人不承担民事责任"。⑥ 但遗憾的是,2010年施行的《侵权责任法》并没有采纳学者将自助行为

---

① 罗克辛:《德国刑法学总论(第1卷)》,王世洲译,法律出版社2005年,第516页。
② 金日秀、徐辅鹤:《韩国刑法总论》(第11版),郑军男译,武汉大学出版社2008年版,第306页。
③ 林钰雄:《新刑法总则》,中国人民大学出版社2009年版,第209~210页。
④ 松原芳博:《刑法总论重要问题》,王昭武译,中国政法大学出版社2014年版,第158页。
⑤ 本文写作于2019年6月,故以2018年12月23日提交全国人大常委会审议的《民法典侵权责任编(草案二审稿)》中的第954条之二表述为参考。须指出的是,2019年8月22日,《民法典侵权责任编(草案三次审议稿)》将第954条之二做了进一步修订,修订后的表述为:"合法权益受到侵害,情况紧迫且不能及时获得国家机关保护,不立即采取措施将使其权益受到难以弥补的损害,受害人可以在必要范围内采取扣留侵权人的财物等合理措施,但是应当立即请求有关国家机关处理。受害人采取的措施不当造成他人损害的,应当承担侵权责任。"最终,十三届全国人大三次会议5月28日表决通过的民法典第1177条将自助行为的规定正式表述为:"合法权益受到侵害,情况紧迫且不能及时获得国家机关保护,不立即采取措施将使其合法权益受到难以弥补的损害的,受害人可以在保护自己合法权益的必要范围内采取扣留侵权人的财物等合理措施;但是,应当立即请求有关国家机关处理。受害人采取的措施不当造成他人损害的,应当承担侵权责任。"该条表述较三审稿又有所修订。
⑥ 梁慧星:《中国民法典草案建议稿附理由(侵权行为编)》,法律出版社2004年版,第76页;王利明:《中国民法典学者建议稿及立法理由(总则编)》,法律出版社2005年版,第512页。

纳入现行立法的建议，自助行为仍然只能作为一种超法规的违法阻却事由出现在民事法律实践活动之中。

但是在2018年12月23日提交全国人大常委会审议的民法典侵权责任编草案二审稿中，出现了自助行为制度的身影。该草案954条之二规定："合法权益受到侵害，情况紧迫且不能及时获得国家机关保护的，受害人可以在必要范围内采取扣留侵权人的财物等合理措施。受害人实施前款行为后，应当立即请求有关国家机关处理。受害人采取的措施不当造成他人损害的，应当承担侵权责任。"即使仍然处于草案征求意见阶段，但根据全国人大常委会的表决情况和对委员的采访，自助行为制度出现在民法典侵权编中几乎是板上钉钉，未来的正式条文仅可能在细节上予以修改和完善。这样一来，自助行为制度立法不仅对民法学界影响深远，而且对于刑法学界的研究也同样意义重大。从统一法秩序的角度看，对民法典草案中自助行为条文表述的分析，可以作为刑法上判断自助行为成立的重要参考。根据现有草案条文的表述，自助行为的成立要件可以归纳为如下几个方面：

（一）合法权益受到侵害

首先，这里的合法权益的范围应当有所限制，并不是所有的合法权益受到侵害，都可以通过自救予以救济。学界通说一般认为，自救行为保护的合法权益所针对的是实体上的请求权，包括财产上和人身上可以强制执行的请求权，包括物权请求权、债权请求权以及人格权请求权等。[①] 但是由于国家允许私人救济的重要原因之一是为了避免出现公权力来不及实施保护而使得私人权利遭受不可回复之侵害情形的出现，故只有可能通过自救恢复原状、具有保全可能的请求权方可视为自救行为之保护对象。因此诸如生命、身体健康、人身自由、名誉权等一经侵害无法回复至侵害前状态的权利，不可成为自救行为的保护对象。

其次，对于"受到侵害"应当如何理解。受到侵害是否可以认为是前文所述的请求权受到了不法侵害。这里的不法侵害与正当防卫中的不法侵害具有类似之处，即属于"不正对正"的关系。自助行为中的不法侵害既包括因犯罪行为产生的侵害，也包含涉及民事侵权带有违法性的加害行为，同时因相对人不当行为造成的债权受损，同样属于权益受到侵害的情形。

此外，合法权益受到侵害隐含着几个应有之义：其一，必须存在不法侵害。误以为存在不法侵害从而实施自救的"假想自助"行为不能阻却违法性，需承担民事和刑事责任。其二，不法状态仍然存在。故只有在不法状态结束之前，才有可能实施自救行为。[②] 近年来，有关正当防卫扩张的问题愈加受到学者的关注与讨论。首先需要明确的是，防卫与自助虽然都属于人类最为原始的本能反应，同属于自力救济，但二者确属两种不同的法律制度。根据现有通说，在现场追击盗窃等财产型犯罪人并夺还财物的情形下，即使犯罪已经既遂但受害法益仍有恢复之可能的，可视为现实的不当侵害，可进行正当防卫。如果严格按照两种制度的构成要件予以分析，此种情形无疑评价为自救行为更为确切。但由于正当防卫是我国法定的违法阻却事由，以及相比之下更为宽松的限度评价标准，出于对受害人

[①] 时延安：《论作为正当化事由的自助行为——兼论刑法中正当化事由与民法中正当化事由的关系》，载张智辉主编：《刑法问题与争鸣》（第七期），中国方正出版社2003年版，第29页。

[②] 熊选国：《论刑法上的自救行为》，载《政治与法律》1990年第4期。

权益的保护和对犯罪行为的打击，现阶段将此种情形认定为正当防卫可能更为合适。

（二）情况紧迫且不能及时获得国家机关保护

自助行为作为一种私力救济手段，只能是公力救济的有益补充。在现代法治社会，民事纠纷宜通过当事人之间的平等协商解决，协商不成者则应努力寻求国家公权的裁判和救济，原则上不鼓励私人之间以强权的方式加以解决。① 自救行为作为一种紧急行为，仅限于"紧急时无法律"的条件下，行为人在当时缺乏实施其他合法行为期待可能性的情况下，实施"万般无奈、别无选择"的自救行为。② 关于情况紧迫的理解，通说观点是情况处在不及时受国家机关的援助，且非于其时为止，则权利不得实行，或实行显有困难时。③ 通俗来讲，必须在行为人来不及等待公权力救济，不实施自救行为自身受损权益无法实现或可能明显难以保全的情况下，方可实施自救。实践中，绝大部分涉及辩护人试图证明被告人行为构成自救的刑事案件，都因为欠缺该因素而被法院予以驳回。

（三）自助必须体现明确的保全性质

首先，必须再次明确的问题是自救行为保护的合法权益究竟是什么。尽管学界通说认为，自助行为所保护的合法权益针对的是实体上的请求权，但仍有学者认为，不法侵害行为侵害的是被害人所享有的实体性权益，如财产所有权，自救行为人实施自救行为的目的是恢复受损的合法权益。如果认为自救行为保护的是请求权，则会导致侵害对象与保护对象不统一，故自救行为所保护的权益应当是实体权。④ 然而，自救人实施自救行为的目的仍有待进一步考察。恢复受损的合法权益的确是受害人实施若干行为的最终目的，但自救行为本身的意义却不在于此。应当认为，保全请求权才是自救人实施自救行为的直接目的。在民法典侵权责任编草案的表述中，"可在必要范围内采取扣留侵权人的财物等合理措施""受害人实施前款行为后，应当立即请求有关国家机关处理"也体现了较强的保全目的。出于对公权力的尊重和对社会秩序的维护，自救行为应当始终作为公力救济的辅助和补充手段，其作用应当仅限于对请求权的保全。如果认为自救行为制度保护的是实体权，那么自救人就很可能会突破保全请求权的限度而直接采取较为激进的手段，绕过公权力机关从而实现其债权以及其他权利，实质上是放纵当事人任意实施私力救济，这是法秩序所不能容忍的。此外，这也会导致自救行为手段以及限度难以确立客观的判定标准。

故基于上述论述，我们可知自助行为应当始终受限于为保全请求权而实施。一旦自助人实施的自助行为突破了为保全请求权所必要的限度而直接意在实现债权，则一般不成立自助行为。例如，甲对乙享有到期的金钱债权，乙为逃避债务不知去向，甲在深夜潜入乙的公司将公司内的物品搬走变卖以抵偿自己的债权。甲在完全可以通过寻求国家机关救济的情况下，非法进入公司搬运财物，明显突破了保全请求权的意思，应当评价为盗窃罪。又如，被害人为某酒吧的常客，欠该酒吧老板（被告人）约20欧元的酒钱。某日，被告人在街上偶遇被害人，便与同行的朋友抓住被害人的手臂夺取了其衣兜内的15欧元。德国联邦法院认为，即使在有充足自救行为要件的情况下，其行为也应该局限在债权保全

---

① 张新宝：《侵权责任法》，中国人民大学出版社2016年版，第70页。
② 冷翠玲：《自救行为研究》，吉林大学2014年博士论文，第107页。
③ 熊选国：《论刑法上的自救行为》，载《政治与法律》1990年第4期。
④ 冷翠玲：《自救行为研究》，吉林大学2014年博士论文，第104页。

上，而不应该扩张至任意行使处分权而获得执行的满足上。① 但值得注意的是，并非所有情况都应严格地受到保全请求权的限制。例如，甲的自行车被乙盗走，数日后甲在大街看见乙骑着自己的自行车，此时甲可采取合理自救措施直接扣留、夺回自己的被盗车辆，而不应评价为盗窃罪、抢夺罪。甲的财产被乙侵夺，其财产所有权并不因乙占有而发生变化，甲对乙仍可行使返还原物请求权或占有返还请求权，乙没有充足的理由对抗甲行使权利，因此必须要容忍甲的自救行为。此时尽管甲超越了保全请求权的意思，意在直接实现其权利，但因甲的自救行为对象直接指向被侵夺的特定财产，权利恢复的理由充足，且被自救人及第三人无其他合理对抗事由，整个权利恢复过程清晰明确，无须公权力机关介入便可使权利恢复至侵夺之前的状态，故此种情况下可适当突破保全请求权的目的限制。此外，如果加害人针对自救人实施自救的财产再次进行抢夺、抢劫，则应认定为是两个行为，且每个行为都值得刑法处罚，而应当评价为数罪。② 但如果对被侵夺物的权利不明确或有争议，抑或是权利恢复过程比较复杂，则不能突破保全请求权的限制，仍需公权力机关的介入以恢复权利。

值得注意的是，并不是所有带有保全意思的行为都能成立自救行为。单纯地为了保全、固定证据则一般不成立自救行为。现实生活中较为常见的"捉奸"行为，可能涉及的侵入他人住宅和拍照取证问题，是否构成自救行为值得商榷。夫妻双方之间存在忠实义务，婚姻关系存续期间一方与他人同居，确实可能认为是侵害另一方的同居请求权和忠实请求权并可能产生损害赔偿请求权。但该请求权依据《婚姻法》第46条，只能向违背忠实义务一方主张，与第三人无关。单纯为了保全该请求权实施相关行为，因侵害第三人合法权益，不能认定为自救行为。如果强迫给夫妻一方及第三人拍照、写悔过书，也不能认定为是自救行为，如果构成其他犯罪和民事侵权，应当承担刑事及民事责任。③

此外，是否有必要给自救行为设置终止时限限制，即超过某个时限后，不再允许行为人实施自救行为。作为公力救济的补充方式，自救行为应与公力救济保持同样的时效。有学者认为，自救行为的限制时效就是刑法规定的追诉时效。④ 这一观点显然是不正确的。首先，自救行为所保护的是请求权，而追诉时效是指刑事法律规定的对犯罪分子追究刑事责任的有效期限，行为人实施自救行为的最终期待目的是恢复自己的合法权益而不是追究犯罪分子的刑事责任。况且在引发自救行为的权利侵害行为中，刑事犯罪只占了其中一部分，用追诉时效作为自救行为的终止时限显然是有问题的。所以如果非要给自救行为设置一个终止时限，通过民事诉讼时效来分析应当是一个更为清晰的思路。自救行为必须体现明确的请求权保全特征，最终权利的恢复仍然有待公权力机关进行处理。诉讼时效设置的目的是监督权利人行使权利，以维护社会交易秩序的稳定，进而保护社会公共利益、维护

---

① 转引自金日秀：《刑法上的自救行为》，郑军男译，载《辽宁大学学报（哲学社会科学版）》2015年第1期。
② "江苏省睢宁县人民检察院诉陆先强盗窃、抢夺、抢劫案"第21段，参见江苏省睢宁县人民法院［2012］睢刑初字第403号。
③ "长沙市雨花区人民检察院诉刘某某非法侵入住宅案"，参见长沙市雨花区人民法院［2011］雨刑初字第229号；被告人刘某某完全可以依法追究被害人邱某与康某的相关责任。但被告人刘某某等人在夜深人静之时未经房屋所有权人或使用权人同意强行破门而入，又将该房内的物品砸坏，还对邱某等人进行殴打、威胁、恐吓，造成邱某轻微伤，严重影响了他人正常生活，远远超过了自救行为应有的限度，其行为符合非法侵入住宅罪的构成要件。
④ 冷翠玲：《自救行为研究》，吉林大学2014年博士论文，第106页。

社会交易秩序。从立法目的来看，诉讼时效制度与自救行为限制权利人滥用权利的思想不谋而合。此外，一般来说诉讼时效相比于追诉时效期限更短，更能在一定程度上起到督促权利人行使权利的作用。一旦权利人超过诉讼时效主张权利，其胜诉权随之消灭而不能通过公力救济恢复自己的权利，也证明其怠于行使自己的权利。此时禁止其实施自救行为，既限制其滥用权利、破坏交易秩序，也在一定程度上维护了不同法律制度的统一性。但并非所有的请求权都适用诉讼时效，根据《民法总则》第 196 条之规定，不动产物权和登记的动产物权的权利人请求返还财产、追索抚养费、赡养费或者抚育费，以及依法不适用诉讼时效的其他请求权不适用诉讼时效。① 这些不适用诉讼时效的请求权，法律如无其他行使权利时限的要求（如除斥期间），不宜再另外设置限制其进行自救的时限要求。

（四）需采取特定手段且不得超过必要限度

针对自救行为的手段，民法典侵权责任编草案采取了如下表述方式："受害人可以在必要范围内采取扣留侵权人的财物等合理措施。"但根据学理及其他国家的现行立法，物品夺还、破坏、解除抵抗等行为一般也可以作为自救的手段。② 我国民法典侵权责任编草案的立法表述略显保守，虽然可能在未来的正式条文中有所修改，或待时机成熟后通过司法解释予以明确，但确实体现了立法者对自救这一私力救济手段可能被滥用的担忧。在审判实践中，绝大多数被告人的自救行为属于采取不当自救措施，超越了为保全请求权所必要的措施。因此，在本次草案中对于自救行为手段的列举采取了极为谨慎的态度符合当前的审判实践。

自救行为实施限度的判定标准，应当严格坚守为保全请求权所必要的限度这一红线。根据自救人所采取的保全手段的不同，其具体的判定方法也有所不同：针对财产的自救措施，一般只允许保全与其权利受损价值相当的财产，不得明显超出受损权利的价值。对于直接取回、夺还财产的自救措施，仅限于对属于被同一主体侵夺的特定物品实施。如果不满足上述标准实施自救的，不能阻却违法性。例如，张某诈骗王某 7000 元，王某趁夜深人静潜入张某家中，将张某装有 124000 元的挎包拿走，随后逃离现场。法院认为："被告人王某获得的利益远远大于其被侵犯的利益，被害人张某与被告人王某之间的经济纠纷并不能成为王某盗窃行为的正当理由，任何人都不能以非法的手段来达到自己的目的。对于辩护人提出 7000 元属王某自救行为，不应纳入盗窃罪数额的意见，不予支持。"③

如果自救行为针对的是人的行为，合理限度的判断方法则更为复杂。首先要解决的问题是，因为只要是对人的行为采取保全措施，势必会不同程度地侵犯他人的人身自由，自救行为与非法拘禁罪的界限把握因此十分关键。从具体措施来看，在控制他人人身自由后立即通知公权力机关介入，实施短时间的人身自由控制行为。从目的来看，将限制他人人

---

① 根据《最高人民法院关于审理民事案件适用诉讼时效制度若干问题的规定》第 1 条之规定，支付存款本金及利息、兑付向不特定对象发行的企业债券、基于投资关系产生的缴付出资等债权请求权不适用诉讼时效。此外，根据学理，占有返还请求权、纯粹的身份权请求权（如夫妻同居请求权）不适用诉讼时效，物权请求权一般也不适用诉讼时效。

② 德国民法第 299 条规定："针对以自力救济之目的的逮捕有夺取、破坏或毁损财物或者逃脱危险之义务者，或者为排除义务者对于其应忍受之行为的抵抗而实施的行为，当无法即时获得国家机关的救助且如果不采取措施请求权之实现就不可能或显著困难时，不违法。"

③ "成都市青羊区人民检察院诉王某盗窃案"，参见成都市青羊区人民法院〔2018〕川 0105 刑初字第 772 号第 11 段。

身自由作为一种等待公权力机关介入的临时性保全手段,而不是与被控制人谈判索取债务或向其施压的筹码。只有同时符合上述条件,限制他人人身自由才有可能被认为是自救行为从而阻却违法性。值得注意的是,在采取限制他人人身自由措施的整个过程中,不得造成对相对人人身安全不合理的直接或潜在风险,也不得对公共安全造成危害,否则即使满足自救行为的其他构成要件也不得阻却违法性。例如,2005年黄中某驾驶出租车被两人持刀抢劫,黄中某在二人逃跑离开现场后为夺回财物,驾驶车辆在街上寻找抢劫者。后来,黄中某发现二人意图乘坐营运摩托车逃走,趁摩托车尚未发动,其驾车撞向摩托车前轮。二人急忙跳车,黄中某驾车追赶,后将一人逼困在一台阶前,僵持了10秒左右后,在该名男子试图往楼梯上逃跑之时,黄中某驾车向前紧随其后,并将该名男子撞倒在第三级台阶,该男子因多脏器破裂失血性休克死亡。本案中实施抢劫的犯罪分子已经离开犯罪现场,即使按照"正当防卫扩张说",黄中某后来的追赶、撞人行为也不符合正当防卫的时间要件。黄中某驾驶车辆以较高速度撞击他人,致人多脏器破裂失血性休克死亡,其高速撞击手段明显会对相对人造成极高的风险,并因此造成了一人死亡的严重后果。黄中某实施的自救行为明显超出了为保全请求权所必要的限度,不能阻却违法性。长沙市芙蓉区人民法院认为:"普通公民可以采取抓捕、扭送犯罪嫌疑人的自救行为,但所采取的方法必须与自救行为的性质、程度相适应。其采取以交通工具高速撞人的严重暴力伤害行为,显然超出了自救行为的范畴,具有社会危害性,应承担刑事责任。对于辩护人所称其是合法正当的自救行为的辩护意见,本院不予采纳。"最终长沙市芙蓉区人民法院判决黄中某犯故意伤害罪,判处有期徒刑3年6个月,并向附带民事诉讼原告人赔偿经济损失36998.78元。①

四、刑法上自助行为与民法上自助行为的关系

无论是刑法学者还是民法学者,都认为自助行为是一种违法阻却事由,这一点已经毫无疑问。但是二者之间存在怎样的关系、刑法上的自助行为与民法上的自助行为是否具备同一性却一直鲜有人研究。而这个问题可能涉及违法一元论和违法多元论的争议。② 但是在我国,立法带来的刑民冲突并不存在,刑法学者和民法学者对诸如正当防卫、紧急避险等刑事法律和民事法律都有所规定的制度并无解释上的分歧。事实上,民法学者基本按照刑法学者的解释来分析民法中的紧急行为。例如,张新宝教授认为:"虽然刑法和民法通则有关正当防卫的规定是分别以解决行为人的刑事责任和民事责任问题的,但在一个国家的法律体系中对同一行为及其后果的规定是分别用以解决行为人的刑事责任和民事责任问题的,在一个国家的法律体系中对同一行为及其后果的规定,应当具备某些质的同一性,因此我们在讨论民法通则第128条之规定时也就有可能借鉴刑法第17条(即现行刑法第

---

① "长沙市芙蓉区人民检察院诉黄某某故意伤害案",参见长沙市芙蓉区人民法院[2005]芙刑初字第108号第15段。

② 违法一元论主张某一行为在一个法领域被禁止,则不能在其他法领域被允许;违法多元论认为,应该允许不同法领域违法的个别差别。绝对的违法一元论已经很少有人主张,多数违法一元论都认为违法的判断在整体上应当统一,但在某种程度上也承认违法的多元性,即缓和的违法一元论。参见童伟华:《紧急行为中的刑、民关系》,载《太平洋学报》2008年第10期。

20条——引者注）的规定以及刑法学者的解释。"① 而在自助行为制度的讨论上，刑法学者与民法学者也无观点上的根本分歧。学者们对自助制度的讨论，基本上是将刑事自救与民事自助视为同一概念。当然，也有学者主张刑事自救与民事自助应当存在清晰的界限，认为二者属于不同的制度，它们在概念、构成要件、制度设计目的上均有显著别。② 然而，自助行为作为一种违法阻却事由，解决的是能否阻却违法性的问题。法作为一种行为规范具有指引作用，为人们提供某种行为模式。一旦不同部门法对同一行为作出了自相矛盾的评价，会对法秩序的统一性造成极大的挑战。日本学者井田良教授认为，在违法性阻却事由中，刑法和民法之间可能存在如下四种关系：（1）刑法上阻却违法性，民法上也否定损害赔偿的责任；（2）刑法上虽然阻却违法性，民法上仍然肯定损害赔偿责任；（3）刑法上虽然没有阻却违法性，民法上仍然否定损害赔偿责任；（4）刑法上没有阻却违法性，民法上也肯定损害赔偿责任。③ 其中，（1）和（4）没有任何问题，但是（2）和（3）是否会对法秩序的统一性带来挑战值得商榷。刑事自助和民事自助不是两种不同的制度，而是在面对同一性质的行为时，刑法和民法按照其不同的理念和宗旨如何评价的问题。因此，一般来讲，刑法和民法应当在对违法性阻却事由的态度上保持一致，至少要在概念及大体的构成要件上没有分歧。做到在适法和违法之间树立一个清晰的行动基准，建立起一个没有冲突的一般违法性的观念。但是，并不是说刑法上的违法阻却事由与民法上的违法阻却事由在各个方面均保持一致没有区别。以正当防卫为例，我国《刑法》第20条规定："正当防卫明显超过必要限度造成重大损害的，应当负刑事责任，但是应当减轻或者免除处罚。" 而《民法总则》第181条规定："正当防卫超过必要的限度，造成不应有的损害的，正当防卫人应当承担适当的民事责任。" 从二者不同的立法表述来看，刑法中关于正当防卫成立的限度条件要求相较于民法更为宽松，因为考虑到刑法最为严厉的强制性、最后手段性和谦抑性，对于一些稍显不当的防卫行为，即使造成了不应有的民事侵权结果，但只要其危害性没有超出刑法所能容忍的限度，不宜否定其刑法意义上的防卫正当性，对其造成的损失通过民事侵权法律予以补偿即可。自助制度也是如此，刑法上的自助行为与民法上的自助行为可能在限度标准上略有不同，因此一些自助行为可能出现在民事上应承担适当的侵权责任，但无须承担刑事责任的情况。

---

① 张新宝：《中国侵权行为法》，中国社会科学出版社1995年版，第388页。
② 武宁：《刑事自救违法阻却性若干问题的研究》，载《福建法学》2017年第2期。
③ 山口厚、井田良、佐伯仁志：《理论刑法学的最前沿Ⅱ》，岩波书店2006年版，第52页。

自救行为的刑法评价
——韩国刑法第 23 条对自救行为的解释论与立法论

[韩] 许 璜*

一、绪论

> 韩国刑法第 23 条（自救行为）
> ①当在无法根据法定程序保全请求权的情况下，为避免该请求权的无法执行或明显的执行困难的行为存在正当理由时，不予以处罚。
> ②当前一项中的行为超出一定程度时，可酌情减轻或免除刑罚。
>
> 韩国民法第 209 条（自力救济）
> ①占有者对于不正当掠夺或妨碍其占有的行为，可进行自力防卫。
> ②在占有物被掠夺的情况下，当占有物为不动产时，占有者可在被掠夺后立即驱除加害者，将其夺回，当占有物为动产时，占有者可在现场或加以追踪，从加害者处将其夺回。

（一）含义

自救行为是指权利者遭受权利侵害时，不依靠公权力的动用，而是凭借自己的力量救济或实现该权利的行为。若民法上的自力救济是指私人为保护或实现自己的权利，未借助国家之力，而是依靠自己的力量强制执行的制度，[①] 那么自救行为与自力救济是相同的含义。[②]

与刑法明文规定自救行为的态度不同，包括德国刑法和日本刑法在内的大部分立法例均未在刑法中制定关于自救行为的规定。[③] 在德国，大部分刑法教科书中，说明了民法第 299 条和第 230 条关于一般的自救行为的规定的内容；[④] 在日本，只在 1927 年的刑法修订预备草案（第 20 条、第 21 条）和 1940 年的修订刑法临时案（第 20 条）中有自救行为的规定，在现行的刑法典中未对此作出规定。而且，日本与德国不同，也未在民法典中规定自力救济。[⑤] 因此，在韩国大审院判例中，还曾一度否认刑法上的自救行为，但后来最

---

* 韩国刑事政策研究院副研究委员、法学博士。
[①] 韩国《法律术语词典》，玄岩社 2015 年版。
[②] 李宰尚、张永民、姜东范：《刑法总论》（第 9 版），博英社 2018 年版，264 页。
[③] 李宰尚、张永民、姜东范：《刑法总论》（第 9 版），博英社 2018 年版，265 页。
[④] Baumann/Weber/Mitsch/Eisele Strafrecht Allgemeiner Teil Lehrbuch, 12. Aufl. Rn. 179 ff; Kühl, Strafrecht Allgemeiner Teil, 8. Aufl. § 9 Rn. 3 ff; Rengier, Strafrecht Allgemeiner Teil, 2. Aufl. § 21 Rn. 1 ff; Murmann, Grundkurs Strafrecht, 4. Aufl. § 25 Rn. 108 ff.
[⑤] 宋胜恩：《关于德国刑法上的自救行为的浅见》，载《圆光法学》2010 年第 26 辑第 1 号。

高裁判所表示，根据具体的案件，也存在自救行为构成违法性阻却的情况，最终，在下级法院的审理中，以自救行为为由认可了违法性阻却事由。学说也几乎一致地将自救行为认可为（超法规的）违法性阻却事由。① 由此可见，关于自救行为，韩国刑法是非常罕见的立法例。② 但是，尽管如此，韩国大法院从未认可过自救行为。③ 当然，在下级法院的判例中是认可自救行为的。但是（这将在下文中探讨），下级法院的判例并未说明自救行为是如何被认可的，只是笼统地表示可与正当行为选择性地适用，难以视作认真考虑了自救行为制度的运用可能性。自救行为与其他在刑法上被明文认可的正当化事由相比，在学界也未受到很大关注。④ 在这样的背景下，自救行为无用论与积极运用论在韩国相互对立展开。

以下，为了从刑法角度探讨自救行为，首先以判例和国内外文献为中心分析自救行为可能存疑的案例。然后，介绍关于自救行为的韩国解释论，最后探讨关于自救行为的立法论。

（二）自救行为存疑的情况

1. 肯定自救行为的案件

（1）各案件。

①所有者从窃取自己所有物者处重新夺回自己所有物的情况。⑤

②发现债务人在未清偿债务的情况下欲乘坐飞机逃往国外的债权人逮捕债务人的情况。⑥

③抓住未支付住宿费而欲逃走的顾客追讨费用的案件。

④以作为宗门代表的被告甲与作为名义上的所有者的乙所有权纠纷案件中，乙欲移出种植于林地中的松树，甲以阻止此事为目的，利用油漆在乙所有的 31 棵松树上写上"为宗门财产"的文句。本案涉及种植松树的林地的所有权纠纷以及甲宗门持有的坟墓基地权的范围等问题，松树的所有权本身可能存在争议，甲方宗门向乙下达了禁止移出松树等的临时处分决定，若违反临时处分，松树被移出，那么由于受让人的善意取得，松树枯死后可能难以恢复原状。综合上述几点，被告的行为符合韩国刑法第 20 条的正当行为，或者符合韩国刑法第 23 条的自救行为，因此宣告无罪。⑦

⑤甲使用相机拍摄了集会场面，作为集会参与者的被告要求删除影像，在以被告抓住甲背着的包上的绳子实施拉扯等暴力行为为内容被起诉的案件中，甲在未获得在被告等集会参与者同意的情况下，在仅仅离被告 1~2 米的距离外拍摄到了被告脸部，当时被告正在与 50 余名伪宗教受害者进行以宣传伪宗教团体的危险性为主旨的集会，担心含有集会参与者身体信息的影像若被传送至伪宗教团体，参与者将成为这些团体的报复对象，因此要求甲删除拍摄到脸部的影像，但未得到应允。在周围警察的帮助下，被告再次要求甲删

---

① 全智妍：《自救行为解释上的几个问题点》，载《岭南法学》2009 年第 28 号。
② 宋胜恩：《关于德国刑法上的自救行为的浅见》，载《圆光法学》2010 年第 26 辑第 1 号。
③ 宋振敬：《对韩国与中国的违法性阻却事由的比较法上的浅见》，载《国际法务》2004 年第 6 辑第 1 号。
④ 尹钟行：《自救行为相关判例的动向与立法论》，载《法学研究》2008 年第 19 卷第 1 号。
⑤ 李勇植：《所有人从盗窃犯处夺回自己的所有物与自救行为》，载《法学论丛》2010 年第 30 辑第 1 号；Rengier, aaO. § 21 Rn. 1.
⑥ RG 69, 308.
⑦ 昌原地方法院 2016.9.29，宣告 2015NO2836 判决。

除拍摄的影像,但被甲坚决拒绝。鉴于以上几点,被告的行为符合刑法第20条的正当行为或韩国刑法第23条的自救行为,不存在违法性,因此宣告被告无罪。①

(2)探讨。

①到③的案件在韩国刑法教科书中被介绍为关于自救行为的代表性案例。它们最具特征地说明了自救行为是怎样的行为。④和⑤的案例涉及了实际的下级法院的判例。对于④的情况,基于所有权(严格来说,关于所有权还存在争议,因此是临时处分)的物权保护请求权存疑。对于⑤的情况,暴力行为人的肖像权存疑。根据判例,均认可了自救行为,但遗漏了关于各案例如何满足自救行为条件的具体说明。判定各被告的行为符合第20条的正当行为或符合刑法第23条的自救行为,但正当行为与自救行为的关系模糊不清。

2. 否定自救行为的案件

(1)各案件。

①在该案件中,作为被告的债务人受害者破产后躲了起来,其他债权人为确保债权,取走了受害者的物品,不可视作符合被告无法根据法定程序保全自己对受害者的请求权的情况。并且,在受害者所有的家具店中有管理员工在场的情况下,被告使用钢锯切断了家具店的加锁装置,进入后擅自取走家具的行为无法被视为被告为避免无法或难以执行对受害者的请求权而采取的具有正当理由的行为。②

②对于被作为附近商家的通道而使用的土地,其实际支配权人在上述土地上设置了铁桩和铁网,铲除了铺装的沥青,阻止他人将其作为通道使用的情况,法院判定这构成了一般交通妨碍罪,不符合自救行为的案例。③

③判定有道路所有权的居民使用农业机械等在通往周边的农耕地或林地上挖出了深1米左右的坑的行为符合一般交通妨碍罪,不符合自救行为或正当行为的案例。④ 法院仅以该案件中的道路是在被告所有的土地上擅自扩展开辟而来,若放任不管,存在非特定的多数人可能会在此通行时造成的风险为由,对被告的行为不视作无法根据法定程序保全自己请求权的情况。并且,在已经有非特定的多数人通行的路上通道挖坑的行为无法被视为被告为避免无法或显然难以执行请求权而采取的具有正当理由的行为,因此无法接受对此的上告理由中的主张。

④法院判定土地所有权人仅以拥有该土地的转让等权利为由,封闭进入受害者运营的公司通道的行为不符合正当行为或自力救济的案例。⑤

(2)探讨。

上述案例由韩国大法院受理,均否定了其自救行为。即将探讨的是①案件中债务的不履行造成的损失赔偿请求权,②的情况中基于占有权的保护请求权,③和④案例中基于所有权的保护请求权。否定的理由大部分在于,在该案例中,未满足无法通过法定程序保全请求权的条件。但是,在这种判决事项中,与上述下级法院的判例相同,还留有缺乏对得

---

① 釜山地方法院 2015.9.11, 宣告 2015NO1466 判决。
② 韩国大法院 2006.3.24, 宣告 2005DO8081 判决。
③ 韩国大法院 2007.12.28, 宣告 2007DO7717 判决。
④ 韩国大法院 2007.3.15, 宣告 2006DO9418 判决。
⑤ 韩国大法院 2007.5.11, 宣告 2006DO4328 判决。

出这种的结论的理由说明的遗憾。

二、解释论

（一）含义以及法律性质

1. 法治国家原则与自力救济的原则上的禁止

自救行为（自力救济）是指通过自己的力量贯彻或保全权利的行为，即指私自强制执行。① 在近代法治国家中，原则上禁止凭借私力执行民事上的请求权。换句话说，在法治国家的理念下，即使是权利人，原则上也不允许凭借自己的力量实现权利。② 否则，无限制地允许私自恣意实施武力，将会导致力量法则支配社会（人治国家），而非法治。因此，在司法领域中，法治国家原则起步于禁止自力救济原则。

刑法或民法未明确禁止这种内容的自力救济，而是例外性地（补充性地）在特定条件下允许自力救济（自救行为），是以在一般情况下禁止自力救济的事实为前提。当然，由于自力救济禁止作为宪法上的原则，是法治国家的原理内容之一，因此，不能说完全没有法律根据。

2. 自力救济的例外性允许

但是，即使具备法律上的救济手段，在现实中，有时国家机构的救济不够迅速及有效。③ 若在无法及时请求基于法律程序的救济或有所迟滞时，或者无法或难以依靠公权力实现请求权的情况下，也不认可私人自力救济的话，则会导致法律偏向于非法的结果，违反了正义与公平的观念。

在这种例外的情况下允许原则上禁止的自力救济并未违反法治国家的原理。④ 因为这是无法有效运用法治国家原理的领域。并且，若是法治国家原则无法运转，即使以力量法则来支配，权利者自行实现权利也符合正义的观念。近代意义上的自救行为首先在民法上制度化，比如1896年制定的德国民法第229条以下的自力救济相关规定以及瑞士债务法第53条第3款等规定。⑤ 而在韩国，刑法第23条认可以司法上的权利保障为目的的自救行为。当然，民法也在第209条中允许自力救济，但它对占有者的自力救济作出了规定，可视作与刑法第23条存在特别关系。占有者以外的权利人，即所有权人与债权人等依据刑法规定受到保护，而非民法。

3. 法律性质

自力救济的问题在于，在民法、刑法甚至公法中都有可能发生。⑥ 在韩国，刑法第23条中对自救行为作出了规定，为违法性阻却（正当化）事由之一。若某种行为符合犯罪构成条件，暂时表现出违法性，当不符合某种违法性阻却事由时，该行为被明确判断为违反全体法律制度，即违法。

---

① Duchstein, Die Selbsthilfe, JuS 2015, S. 105.
② 李勇植：《所有人从盗窃犯处夺回自己的所有物与自救行为》，载《法学论丛》2010年第30辑第1号。
③ 对此的实证性研究参见宋振敬：《刑法第23条自救行为等违法性阻却事由的存在理由》，载《刑事法研究》2010年第22卷第2号。
④ 宋振敬：《刑法第23条自救行为等违法性阻却事由的存在理由》，载《刑事法研究》2010年第22卷第2号。
⑤ 尹钟行：《自救行为相关判例的动向与立法论》，载《法学研究》2008年第19卷第1号。
⑥ Duchstein, aaO, S. 105.

作为违法性阻却事由，自救行为是个人自行保全自己权利的行为，但是，在无法得到国家权力帮助的例外紧急状态下，是一种国家权力的代理行为，基于这种性质而被正当化。因为将自力救济（自救行为）视为国家权力代理行为，所以对于自力救济者，不可超出国家机关在相同状况下为保全权利而能够采取的措施。例如，作为自救行为形态，不允许杀害他人，因为在法定程序中，法院不会为了保全权利而执行死刑。①

（二）与其他违法性阻却事由的区别及关系

1. 正当防卫

根据学说上的大多数观点，正当防卫与自救行为的共同点在于，两者均以对法益或请求权的非法或不正当侵害为前提。这也被称为"不正对正"的关系。但是，正当防卫作为对正在进行的不正当侵害进行防卫而采取的行为，为事先紧急行为，而自救行为不是为避免正在进行的侵害而采取的行为，而是为挽救已经被侵害的请求权而采取的事后紧急行为。② 根据这些说明，某位所有人想要追回被夺走的自己的物件，在现场追击，并通过施加暴力及威胁夺回物品的行为构成正当防卫。因为在追击盗窃犯的过程中，正当防卫成立所需的侵害的当前性仍然被认可。而所有人在经过一段时间后，而非案件现场，偶然在街上遇到盗窃犯，夺回被盗窃物品的行为构成自救行为。但也有观点认为，不仅仅是后者的情况，现场追击并通过施加暴力及威胁夺回物品的行为也属于自救行为，而非正当防卫。③ 这主要是在刑法上的自救行为的积极运用论中被提出，而韩国刑法已经在刑法总则中设定了与存疑案件相对应的作为独立的违法性阻却事由的自救行为，因此，虽然也适用正当防卫，但自救行为是问题所在，即该案件的主要问题在于，所有人采取了旨在实现自己的司法上的权利的行为。

2. 紧急避险

根据学说上的多数观点，自救行为属于"不正对正"的关系，与正当防卫类似，而与属于"正对正"关系的紧急避险有所区别。将紧急避险的状况描述为正对正的关系原因在于，韩国刑法第21条要求正当防卫的成立需要"正在进行的'不正当'侵害"的条件，而对于紧急避险只要求了"当前的危险"。因此，对于紧急避险与自救行为，关于两者所需的正当的理由判断，紧急避险是运用优越法益的原则严格判断，而自救行为并不是。但也有人指出，对于紧急避险的情况，并不只是"正对正"的关系，也可以设定为"不正对正"的关系（例如自招危险的情况），因此，若是后者的情况，紧急避险也可如自救行为一般扩展范围。④

3. 现行犯的逮捕

在自救行为存疑的状况下，常常出现逮捕侵害请求权者的情况，那么，韩国刑事诉讼法第212条（现行犯的逮捕）与刑法第23条自救行为的界限设定也是个问题。根据该刑

---

① Duchstein, aaO, S. 105.
② 李宰尚、张永民、姜东范：《刑法总论》（第9版），博英社2018年版，第266页。
③ 南兴宇：《刑法总论》（修订版），博英社1975年版，第170页；郑永硕：《刑法总论》，三中堂1961年版，第126页；宋振敬：《关于刑法第23条自救行为的研究》，首尔大学学位论文2019年，第96页以下。
④ 李勇植：《所有人从盗窃犯处夺回自己的所有物与自救行为》，载《法学论丛》2010年第30辑第1号。根据这种观点，也存在属于"不正对正"的紧急避险的防御性紧急避险，紧急避险的成立所需的当前的危险也包括持续性危险，因此在存疑案件中构成紧急避险，而不是自救行为，自救行为无立足之地。

事诉讼法条文,"'任何人'都可在无拘捕令的情况下逮捕现行犯"。这里不仅仅是侦查机关的逮捕,私人的逮捕也是问题所在,对于后者的情况,若满足刑事诉讼法上的现行犯的逮捕条件,虽然该逮捕满足刑法第276条逮捕罪的构成条件,但也构成违法性阻却。

根据韩国刑事诉讼法第212条,若要构成正当的逮捕,犯人必须是现行犯。根据同法第211条第1款,"正在实施犯罪者或实施犯罪后被即时发觉者称为现行犯"。但是,在自救行为的情况中不存在这种条件,因此,对于非现行犯者也可采取自救行为。自救行为与现行犯的逮捕的区别与自救行为与正当防卫的区别类似,以时间为标准。

(三) 自救行为的成立条件

关于作为允许构成条件的自救行为(虽然也存在意见对立),与其他正当化事由相同,可分为客观的正当化因素与主观的正当化因素。对于前者的情况,可分为自救行为状况与自救行为。若要构成自救行为,作为自救行为状况,必须"无法依据法定程序保全请求权",还必须存在"无法或显然难以执行请求权的危险"。并且,若要被认可为阻却违法性的自救行为,存疑行为必须具有"正当理由"。最后,行为者必须在具有"自救意图"的情况下实施行为。以下具体探讨这种自救行为的成立条件。

但在此之前,在论述犯罪体系论上某一行为的违法性时,其前提是该行为符合特定的构成要件,因此,我们首先探讨可作为自救行为被正当化的行为有哪些。在许多文献中,关于自救行为的讨论,难以找到关于行为者的行为符合何种构成条件的详细言论。[1]

1. 事先探讨:作为自救行为被正当化的犯罪

德国关于自救行为的规定中,具体指出了怎样的行为可构成自救行为,虽然这也在民法中作出了规定。德国民法第229条规定,"对于出于自力救济的目的取走、破坏或损毁物件者,或出于自力救济的目的逮捕有逃跑嫌疑的义务人或制止债务人对有义务容忍的行为进行抵抗的人,在未及时出现政府的救济或即时的介入,请求权的实现就会受挫或存在本质上难以实现的危险的情况下,其行为不构成违法",明确列举自救行为的手段有物件的取走、破坏、损毁以及对人的逮捕和解除其抵抗。这里的主要问题在于取走和逮捕。但是,韩国刑法第23条未规定这样的自救行为手段。因此,明确性原则的违背与否仍然存疑。[2]

在韩国文献中,关于自救行为与德国法相同,也提及了物件的夺回、破坏、损毁,债务人的逮捕或抵抗的解除等,[3] 关于在逮捕现场的强制追讨或旨在保全请求权的报复性行为,提及了临时性监禁、强迫行为以及住宅侵入等。[4] 因此,这种行为很有可能构成韩国刑法上第329条盗窃罪、第366条财物损坏罪、第276条逮捕罪及监禁罪、第260条暴力罪以及第257条伤害罪、第283条恐吓罪和第323条权利行使妨碍罪以及第324条强迫罪、第319条住宅侵入罪以及第321条住宅及身体搜查罪等。此外,从上述自救行为的相关判例案件来看,第185条的一般交通妨碍罪也是问题所在。

2. 自救行为状况

(1) 无法依据法定程序保全请求权。

---

[1] 李勇植:《所有人从盗窃犯处夺回自己的所有物与自救行为》,载《法学论丛》2010年第30辑第1号。
[2] 对此将在后文阐述。
[3] 李宰尚、张永民、姜东范:《刑法总论》(第9版),博英社2018年版,第271页。
[4] 尹钟行:《自救行为相关判例的动向与立法论》,载《法学研究》2008年第19卷第1号。

①请求权的存在。

若正当防卫与紧急避险是为预防刑法上"法益"的侵害而被认可的紧急权，那么自救行为是为保全"请求权"而被认可的。因此，为构成自救行为，行为者必须拥有对于受害者的请求权。请求权是要求他人实施一定行为（作为或不作为）的司法上的权利，①若要使请求权成立，必须确定"谁可向谁以何种依据要求何事"。②若要掌握这种请求权，当然要必备民法知识。③请求权不问其权利人是债权还是物权。④因此，有观点认为，基于所有权的归还请求权、保护请求权，基于占有权的保护请求权，关于债务不履行的损失赔偿请求权等可能会存在问题，必须将请求权限制为财产上的请求权。⑤但多数观点认为，对于请求权，应解释为不限定于实体法上的典型权利，在无形财产权、亲属权、继承权等绝对权中也有可能发生。⑥

②可保全的请求权。

但是，根据通说的观点，通过自救行为被保护的请求权需为可保全的权利，因此无法恢复原状的权利不包含于此处的请求权中。所以，一旦被侵害则难以恢复原状的生命、身体、自由、贞洁、名誉等的权利不可包含于此处的请求权中。⑦当然，值得注意的是，对于基于侵害生命、身体、自由、贞洁、名誉的非法行为的损失赔偿请求权的情况，可发生足以实施自救行为的状况，这与其他请求权的情况并无不同。但这并不是关于对生命等本身的侵害，而是关于因这种侵害衍生出来的请求权。⑧关于此，认为并不是因为这种权利为无法恢复原状的权利而无法构成自救行为，而是因为这些权利本身不属于在韩国刑法上的自救行为中受保护的对象而无法构成自救行为的观点⑨也是鉴于这种差异，即过去被侵害的权利与因此产生的请求权是不同的。⑩

③自己的请求权。

通说的观点要求请求权为自己的请求权。从"自救"行为这个标题本身来看，这是不言而喻的。⑪据此，为他人的请求权的救济行为是不被允许的。并且，韩国刑法第23条第1款并未像刑法第21条第1款和第22条第1款一样使用"自己或他人的"这种修饰语，在自救行为中，限为了自己的请求权。⑫但是，即使是根据这种观点，对于受到请求权人的关于实施自救行为请托的委任者，应视作可实施自救行为。例如，酒店主人命人抓住在未交住宿费的情况下逃走的住客收取费用即符合上述情况。⑬对此，在韩国刑法中

---

① 吴永根：《刑法总论》（第2版），博英社2010年版，第367页；全智妍：《自救行为解释上的几个问题点》，载《岭南法学》2009年第28号。
② Pechstein, BGB Allgemeiner Teil, 6. Aufl., 2016, Alpmann Schmidt, S. 5.
③ 全智妍：《自救行为解释上的几个问题点》，载《岭南法学》2009年第28号。
④ 李宰尚、张永民、姜东范：《刑法总论》（第9版），博英社2018年版，第267页。
⑤ 任雄：《刑法总论》（第3版），法文社2006年版，第250页。
⑥ 李宰尚、张永民、姜东范：《刑法总论》（第9版），博英社2018年版，第267页。
⑦ 李宰尚、张永民、姜东范：《刑法总论》（第9版），博英社2018年版，第267页。
⑧ 宋振敬：《刑法第23条自救行为等违法性阻却事由的存在理由》，载《刑事法研究》2010年第22卷第2号。
⑨ 全智妍：《自救行为解释上的几个问题点》，载《岭南法学》2009年第28号。
⑩ 任雄：《刑法总论》（第3版），法文社2006年版，第251页。
⑪ 吴永根：《刑法总论》（第2版），博英社2010年版，第368页。
⑫ 任雄：《刑法总论》（第3版），法文社2006年版，第251页。
⑬ 李宰尚、张永民、姜东范：《刑法总论》（第9版），博英社2018年版，第267页以下。

虽有标题制，但内容超越了标题在明文的解释（例如，同时存在附带示范特例与受害者承诺），因此无须局限于标题的用语对此进行解释。① 就如通说也认可的一般，受到请求权人关于实施自救行为请托的委任者也可实施自救行为，而从他们的立场来看，不是自己的请求权，而是他人的请求权。② 并且，立法者的意图并不是以自己的请求权对请求权人加以限制，而是为了保留包含他人请求权的可能性，而放弃了自救行为中的明文表达。③

想来，如果个人司法上的权利实现原则上是所谓的"官力救济"，那么它的"反面"不应是自力救济，而应是"私力救济"。那么，也就不存在视为只包含自己的请求权的理由了。但是，自救行为并不是官力救济的反面，而是"例外"，即自救行为作为原则上依靠公权力救济的例外，必须在非常有限的条件下被认可。④ 因为自救行为被赋予了为保护司法上的请求权，可侵害他人在刑法上受保护的重要法益（根据情况，包括身体的完整性）的权限，无限制地允许与请求权归属主体无关的第三者实施可能会导致自力救济禁止原则形同虚设。例如，在饭店中，不存在如店主与员工的关系一样的特殊关系的第三者（比如顾客）可为了店主以紧急状况为由实施自救行为，这从法治国家原则的观点来看，是存在问题的。更何况，若认可为保护他人请求权的自救行为，那么在物品遭到盗窃的主人在几天之后发现盗窃犯重新夺回被盗物品的案件中，对于主人向路过的第三者求助，而第三者给予了帮助的情况，在不知情的第三者的立场，关于权利者是否拥有请求权，除权利者的主张外是无法得知的。尽管如此，仍可实施自救行为，这与正当防卫和紧急避险中的第三者为保护他人的法益而介入的情况不同。正当防卫和紧急避险基本上要求法益侵害或法益危险的当前性，因此，即使是经过现场的第三者也可客观地正确认知正当防卫或紧急避险状况，而关于债权人与债务人之间存在的请求权，基本上若非当事人，往往对于其存在与否是不可知的。

④请求权的侵害。

根据通说的观点，为实施自救行为，作为"不成文的"⑤ 条件，必须存在来自债务人的⑥请求权侵害。⑦ 因为请求权的保全以请求权的侵害为前提，侵害被解释为非法的侵害，依据法律程序的权利救济以非法侵害为前提。⑧ 例如，即使是根据金钱消费借贷合同等正当成立的请求权，只有之后债务人不履行债务才是侵害了请求权。在债务人下落不明，且为避免强制执行等而隐匿了财产的情况下，无法依据临时扣押等执行保全程序接受救济。与此相反，也有观点认为，请求权的保全以存在对一定的"权利"的"违法的"侵害为前提，此处被侵害的权利不局限于请求权。⑨ 还有观点认为，为了使自救行为成立，只要存在无法保全请求权的状况即可，无须法益或权利被侵害，该请求权是否已经被侵害也与

---

① 全智妍：《自救行为解释上的几个问题点》，载《岭南法学》2009 年第 28 号。
② 全智妍：《自救行为解释上的几个问题点》，载《岭南法学》2009 年第 28 号。
③ 全智妍：《自救行为解释上的几个问题点》，载《岭南法学》2009 年第 28 号。
④ 申东云：《刑法总论》（第 6 版），法文社 2011 年版，第 312 页。
⑤ 任雄：《刑法总论》（第 3 版），法文社 2006 年版，第 252 页。
⑥ 申东云：《刑法总论》（第 6 版），法文社 2011 年版，第 312 页。
⑦ 裴钟大：《刑法总论》（第 10 版），弘文社 2011 年版，第 396 页。
⑧ 李宰尚、张永民、姜东范：《刑法总论》（第 9 版），博英社 2018 年版，第 268 页。
⑨ 任雄：《刑法总论》（第 3 版），法文社 2006 年版，第 251 页。

自救行为的成立无直接关联。① 可想而知，这些观点对于债务人欲逃往国外而该债务的偿还日期还未到的案件，会出现解决方法上的差异。② 根据通说，还未到期限，则基于合同的请求权还未产生，那么也不存在请求权的侵害，自救行为无法成立；但根据为了保全请求权，只要存在权利侵害即可或只要存在无法保全请求权的状况即可的观点，在该情况下，自救行为也将成立。但是，即使是根据通说，也应该视作自救行为可成立，因为在偿还日期未到的状态下，若债务人欲逃跑，则应视为已经侵害了将来的请求权。③

⑤无法依据法定程序保全请求权。

保全请求权的法定程序通常是指民事诉讼法上的临时扣押、临时处分等保全程序。但是，并不一定要局限于依据这种审判程序的救济。根据情况，依靠警察等其他机关的救济程序也可包含与此（官方的救济）。④ 无法依据法定程序保全请求权的情况是指由于场所或时间关系，无法寻求公共救济，如债务人逃跑的情况，即使在日后依靠公共手段，也无法获得实际效果的紧急情况。⑤ 因此，房屋腾出请求、土地归还请求或为恢复占有使用权的自救行为是不被允许的。即使是在债务人欲逃跑的情况下，请求权的保全也是不可行的，仅在存在时间紧迫的事由时才允许自救行为。因此，如抓捕出国的债务人的行为可成为自救行为，但仅以为逃跑而处理不动产的情况为由，无法视作符合无法依据法定程序保全请求权的情况。⑥

（2）无法或显然难以执行请求权的危险。

请求权的保全与执行不同。自救行为是保全请求权的行为，仅此而已，而不是满足即最终实现的行为。因此，只允许通过自救行为造成暂时性的状态。请求权的最终实现必须通过司法程序来完成，这即便是在可将自救行为视为国家权力的代理行为的情况下也是一样的。

因此，若使自救行为的例外成立，那么仅凭无法依据法定程序保全被侵害的请求权的事实是不够的，还必须存在若不作为则无法或难以实现请求权的缘由。从这个含义来说，自救行为要求"双重的"紧急性和补充性。⑦ 因此，即使无法依据法定程序保全对债务人的请求权，当确保了对该请求权的充分的实物担保或个人担保时，则可实现请求权，不允许自救行为。⑧ 单纯为避免无法或难以举证的行为也不构成自救行为。⑨ 但是，在吃了食物就逃跑或未交住宿费就逃跑的情况中，无法得知债务人的身份信息，可视为无法执行请

---

① 吴永根：《刑法总论》（第2版），博英社2010年版，第369页；全智妍：《自救行为解释上的几个问题点》，载《岭南法学》2009年第28号。该观点关于自救行为的成立，未要求法益、权利甚至是请求权的侵害，因此对于将自救行为视为事后紧急行为产生了疑惧。

② 全智妍：《自救行为解释上的几个问题点》，载《岭南法学》2009年第28号；宋胜恩：《关于德国刑法上的自救行为的浅见》，载《圆光法学》2010年第26辑第1号。

③ Duchstein, aaO, S. 106.

④ 李宰尚、张永民、姜东范：《刑法总论》（第9版），博英社2018年版，第269页。

⑤ 李宰尚、张永民、姜东范：《刑法总论》（第9版），博英社2018年版，第269页。

⑥ 李宰尚、张永民、姜东范：《刑法总论》（第9版），博英社2018年版，第270页。

⑦ 任雄：《刑法总论》（第3版），法文社2006年版，第253页。

⑧ 李宰尚、张永民、姜东范：《刑法总论》（第9版），博英社2018年版，第270页；任雄：《刑法总论》（第3版），法文社2006年版，第253页。

⑨ Rengier, aaO, § 21 Rn. 12; Duchstein, aaO, S. 107.

求权。①

3. 自救行为

（1）正当理由。

根据韩国刑法第 23 条，当自救行为存在正当理由时，不予以处罚。正当理由有无的判断方法与正当行为、正当防卫、紧急避险相同，必须综合以下几点进行考虑：①该行为的动机及目的的适当性；②行为的手段及方法的适合性；③保护法益与侵害法益的权衡性（法益均衡性）；④紧急性；⑤除该行为外无其他手段或方法的补充性等。② 但是，自救行为中的正当理由与正当防卫和紧急避险的适当性含义不尽相同。

首先，自救行为是在一定的条件下为保护司法上的请求权而允许刑法上的保护法益侵害（例如财产权对人身自由），因此比起正当防卫，要求进行更为严格的利益衡量。③ 其次，由于以债务人的非法或不正当请求权侵害为前提，因此原则上不适用紧急避险的优越法益原则。④ 当然，对于对危险造成者的防御性紧急避险的情况，即便是紧急避险，优越法益原则也将被弱化。⑤

（2）自救意图。

行为者必须是为了避免无法或显然难以执行请求权，即出于自救的意图而采取行动。从这个意义上说，自救意图是自救行为的主观正当化因素。

三、立法论

关于自救行为，在韩国刑法且是在刑法总则中作出了明确规定，从比较法的观点来看，这是非常罕见的。因此，对于韩国这种关于自救行为的立法形态，一直以来都有各种观点提出问题。被提出的问题：明文认可自救行为究竟是否妥当；若立法化妥当，是否一定要在刑法，而且还是刑法总则中规定；目前对自救行为方法保持沉默的立法形式是否存在问题。

（一）对自救行为的立法化本身疑惧的反驳

韩国大法院从未在刑事法领域中认可过自救行为的事实，导致了对作为违法性阻却事由的自救行为实效性的疑惧。

根据一种说法，自救行为实际上不被运用是由自救行为的本质决定的。⑥ 自救行为的基本结构本身只不过是为了保护作为请求权的财产利益，而限制甚至侵害与人身或自由相关的利益的行为，一般从利益衡量来看，很难评价财产性利益是比身体性利益更优越的价值。由于这种仅仅为了保全请求权而侵害他人法益的结构，自救行为本身就已经是难以成立的法律形象了。⑦

对此，首先可以指出的是，自救行为（自力救济）理论上的正当性一直以来都是被

---

① Rengier, aaO, § 21 Rn. 12; Duchstein, aaO, S. 106.
② 韩国大法院 1997. 6. 27, 宣告 95DO1964 判决。
③ 吴永根：《刑法总论》（第 2 版），博英社 2010 年版，第 371 页。
④ 任雄：《刑法总论》（第 3 版），法文社 2006 年版，第 254 页；Duchstein, aaO, S. 108。
⑤ 李勇植：《所有人从盗窃犯处夺回自己的所有物与自救行为》，载《法学论丛》2010 年第 30 辑第 1 号。
⑥ 李勇植：《所有人从盗窃犯处夺回自己的所有物与自救行为》，载《法学论丛》2010 年第 30 辑第 1 号。
⑦ 李勇植：《所有人从盗窃犯处夺回自己的所有物与自救行为》，载《法学论丛》2010 年第 30 辑第 1 号。

认可的,并且自救行为的结构确实是允许为了保护司法上的财产权而侵害刑法上的重要法益,但是,由此判定这种结构难以在法律上被认可,很难令人信服。当然,为保护财产权而严重侵害生命或身体的完整性,这在任何法律秩序中都是不被认可的。但是,允许为了保护经济价值非常大的财产权而在非过度的范围内侵害人身自由、身体的完整性、人格权等,这是不存在大问题的。

还有立场称,自救行为存疑的案件实际上大部分是通过刑法上最重要的正当化事由之一紧急避险而得以解决的,因此,在理论上,自救行为无立足之地。① 基于该立场,自救行为可被紧急避险替代的理由有两个:第一,对自招危险者的紧急避险与自救行为相同,可构成所谓不正对正的关系,那么此处的紧急避险的正当性条件可放宽为自救行为的程度;第二,紧急避险成立所需的危险的当前性条件已经通过持续性危险得到了放宽。因此,"在相同状况下,若紧急避险行为不被允许,那么自救行为成立的可能性也非常小","若最终自救行为成立,那么大部分也将同时符合紧急避险"。② 对此,紧急避险的典型,顾名思义是行为者的"避险"行为,这与反而要追赶针对行为者想要避险的债务人的自救行为状况相去甚远,若为了替代自救行为而强调对自招危险者的紧急避险,那么是不是反而会导致紧急避险被正当防卫替代的结果呢?因为对过失行为的正当防卫也是充分可行的。

(二) 必须在刑法中有所规定吗?

笔者认为并不是,反而应该像德国一样,在民法中作出规定。依靠个人的自力救济行为本质上与民事法上的权利救济有所关联,因此,从法律体系来看,在民法上作出规定较为理想。③ 关于自救行为的规定无论是刑法中还是民法中,其效果是相同的。④ 因为违法性判断是对符合构成条件的行为是否违反整体法律秩序的判断(法律秩序统一性的原则)。例如,韩国刑法第267条逮捕罪正当化的事由可以是刑法第23条的自救行为,也可以是刑事诉讼法第212条现行犯的逮捕。并不会因为在刑法之外而不去探讨,也不会减少对其重视。并且,为了将自救行为转移至民法中,各国的现行刑法中明文对作为违法性阻却事由的自救行为作出明文规定的立法例,除韩国刑法外,完全不存在的事实也可以被提出来讨论,⑤ 正当防卫与紧急避险以对所有法益的保护为对象。而关于韩国刑法第23条,在刑法典上单独规定了仅仅为保护请求权的属于违法性阻却事由的自救行为,这实在难以理解。⑥

对此,有观点认为,从受害者的角度来看,对加害者以民事法上的规定为依据作出无罪判决,而不按照刑法上的规定,从一般人的法律情感的角度来看,是否更为理想还是个疑问。⑦ 但是,以民法上的违法性阻却事由将加害者的行为正当化,比起通过刑法上的违法性阻却事由的情况,受害者会感到更为委屈,这种逻辑的说服力很弱。若受害者为刑事

---

① 李勇植:《所有人从盗窃犯处夺回自己的所有物与自救行为》,载《法学论丛》2010年第30辑第1号。
② 李勇植:《所有人从盗窃犯处夺回自己的所有物与自救行为》,载《法学论丛》2010年第30辑第1号。
③ 相同的观点参见李正源:《刑法总论》(公开第1版),第199页。
④ 宋胜恩:《关于德国刑法上的自救行为的浅见》,载《圆光法学》2010年第26辑第1号。
⑤ 李勇植:《所有人从盗窃犯处夺回自己的所有物与自救行为》,载《法学论丛》2010年第30辑第1号。
⑥ 李勇植:《所有人从盗窃犯处夺回自己的所有物与自救行为》,载《法学论丛》2010年第30辑第1号。
⑦ 宋胜恩:《关于德国刑法上的自救行为的浅见》,载《圆光法学》2010年第26辑。

法专家则不好说，但从普通受害者的立场来看，无论是刑法上的理由还是民法上的理由，对于加害者不受处罚的事实，委屈程度难道不是相同的吗？另一个值得批判的点在于，通过在刑法上制定对自救行为的明文规定能够获得的实际利益，从形式的角度来看，在刑法上不存在对自救行为的明文规定的情况下，理论只能是构成或不得不引用其他法律领域中的规定，但若以违法性阻却事由对自救行为作出明文规定，则可以该规定为依据简单明了地进行解决。对此，不禁让人好奇的是，不在民法中作出规定，而在刑法中作出规定，这能够更简单明了地解决问题案件的实际依据究竟是什么。由于不存在刑法上的明文规定而不得不引用其他法律规定的表达，似乎是忘记了违法性判断是对该符合构成条件的行为是否违反"整体"法律秩序的判断。最后，对自救行为民事化的反对论据还有，从实质的角度来看，韩国民法第209条自力救济的时间、空间的解决范围有限，① 但这并不能成为反对论据。尽管韩国刑法第23条的自救行为与民法第209条的自力救济是相同含义的标题，但其成立条件和范围是不同的，因此，韩国民法第209条无法替代刑法第23条。将韩国刑法第23条规定的自救行为转移至民法中的主张是欲在民法中设置与之相应的新的规定。

（三）自救行为手段的列举

最后，在韩国刑法第23条中，只阐明了自救行为是"在无法依据法定程序保全请求权的情况下，为避免无法或显然难以执行该请求权而采取的行为"，并未像德国民法第229条那样说明何种行为可成为自救行为。当然，如上所述，在文献的解释上列举了德国法中所说的具体的自救行为。

关于此，有观点提出了像德国一样对特定自救行为方法加以限制是否妥当的疑问。② 其理由在于，作为请求权保全手段，自救行为可呈现各种形态，尤其是如上所述，在实施义务人的逮捕或抵抗的解除的情况下，允许对其暴力进行解释，这在德国也是一样。因此，存疑行为若未违反"正当性条件"，除德国民法第229条列举的自救行为以外，强迫、监禁、住宅侵入、暴力、伤害等也被认可为自救行为。③

对此，首先，对于强迫、监禁、住宅侵入、暴力、伤害等若不过度，可被认可为自救行为这一点并不否认。但是，不得不指出的是，上文多次提及，自救行为是为了保全司法上的权利而侵害刑法上的重要法益的行为，因此必须相当有限地运用。并且，作为罪刑法定主义内容之一的明确性原则应不仅仅适用于禁止构成条件，还应适用于允许构成条件。仅以允许构成条件的扩展有利于被告为由，打开无限的解释的扩展可能性（在韩国，具代表性的为韩国刑法第20条正当行为的"社会常规"），一方面不知是否有利于行为者，另一方面也不利于受害者。尤其是自救行为法的本质是介入个人之间，即加害者与受害者（此处的受害者为特定的个人，不包括侵害国家、社会法益的犯罪中的作为受害者的国家或社会）之间的关系，因此，受害者的利益保护与加害者的利益保护同样重要。正因如此，在德国，民法规定了相当于韩国刑法中自救行为的一般自救行为，与其他违法性阻却事由即正当防卫和紧急避险不同，对于自救行为的情况，明确地规定了具体的自救行为。

---

① 宋振敬：《刑法第23条自救行为等违法性阻却事由的存在理由》，载《刑事法研究》2010年第22卷第2号。
② 宋胜恩：《关于德国刑法上的自救行为的浅见》，载《圆光法学》2010年第26辑第1号。
③ 宋胜恩：《关于德国刑法上的自救行为的浅见》，载《圆光法学》2010年第26辑第1号。

四、结论

概括以上内容如下，在近代法治国家中，司法上的权利救济原则上依靠公权力。因此，禁止自力救济。但在紧急的情况下，即在无法等待公权力的救济的情况下，若仍主张自力救济禁止原则，则会产生违反正义的结果。因此，在非常例外的情况下可允许自力救济。但是，韩国刑法上的自救行为是难以在其他国家的立法例中寻找到的法律制度。尽管存在这种独创性，在韩国大法院判例中，从未认可过自救行为，与其他违法性阻却事由相比，理论性的研究成果也并不太多。其理由正是自救行为是为保全司法上的权利的行为，而其他违法性阻却事由的目的在于保护刑法上的重要法益，两者形成鲜明对比。因此，在韩国，也不应在刑法上规定自救行为，而应该在民法上作出规定。即使在民法中对自救行为作出新的规定，对在刑法领域中发展的自救行为的解释论仍是有用的。将自救行为重新编入民法中时需要考虑的是，像德国民法规定上的自救行为一样，在法律中明确规定自救行为方法。这既是基于作为罪刑法定主义的内容之一的明确性原则的要求，也是因为在约束个人间个别法律关系的司法领域中，自救行为权的成立条件与范围可对受害者利益造成影响。当然，此时需实现法定化的自救行为类型无须像德国一样，这是韩国立法者应当决定的问题。

论自救行为的刑法评价

——韩国刑法第 23 条自救行为的解释与立法论

[韩] 金钟九*

一、前言

作为违法性阻却事由之一，韩国刑法第 23 条明确规定有"自救行为"。所谓自救行为，就是指依法律程序不可能保全请求权时，为避免其请求权的实行不能或显著的实行困难而实施的行为。公民权利救济一般以国家救济为（基本）原则，但是，法律在一定的要件之下例外地容许权利人的私力救济亦称自力救济。韩国刑法第 23 条承认为保护请求权而进行的自力救济行为，作为国家救济原则的适用例外。这表明，为了保护请求权，公民个人（作为请求权人的私人）在紧急状况下可以代替国家行使权力，是一种国家权力的代行行为。

立法时，刑法意义上的自救行为只在理论上得到了国外的认可，但受日本刑法修正案的影响，才实现了自救行为的立法化。而韩国刑法立法例对自救行为没有明文规定。从这一点来看，刑法上的自救行为是属于一种特殊的条款。但是，韩国大法院还没有认定韩国刑法上的自救行为为违法阻却性事由的判决。因此在法律实务中，自救行为规定大都被废除了。这些判决（案例）可以通过正当行为条款的适用加以解决。在这一点上，刑法理论界在自救行为条款之正当性存在与否的问题上存在"否定说"与"肯定说"的争论。还有些论者认为，韩国刑法与日本和德国一样，对于自救行为一般无明文规定，应该理解为超法规违法阻却事由。

关于自救行为的法律性质和刑法规定的解释，还有很多不同意见。多数学者认为，刑法上的自救行为是以对请求权的不当侵害为前提的，一般都认为是对于正当防卫与紧急避险的事后紧急行为。但是，这里也有一些疑问。另外，在法律解释上，作为保全对象的请求权一般被认为是财产上的请求权，或者是可以恢复原状的请求权，还是自己的请求权，这当然也引起一些争议。

下面将针对刑法中自救行为规定的历史沿革和有关自救行为规定的解释问题进行讨论。同时，本文尝试对自救行为规定存废立法论上的必要性进行分析。

二、自救行为的沿革与立法例

（一）沿革

到了近代，自力救济在司法领域得到了认可。德国、瑞士、韩国三国民法中有自力救

---

* 韩国朝鲜大学法学（本科）院教授。

济条款。在德国，从19世纪末开始，受民法的影响，刑法领域也出现了自救行为理论。德国刑法典中根本就没有自救行为条款，但其现行刑法上的自救行为获得学说和判例的认可。在日本刑法典中，也没有关于自救行为的条款。但是，日本刑法学说认为自救行为是一种正当行为，还有学说承认其是一种超法规的违法阻却事由。从理论上讲，刑法中的自救行为属于正当行为，还可以作为一种超法规的违法阻却事由。

在立法时，韩国刑法草案根据日本刑法修正临时方案规定了第23条为保全请求权的自救行为；但是，并不是无批判地接受内容。韩国刑法第23条自救行为条款的立法理由是，"现行刑法没有对此作出规定，因此，试图对正当防卫制度进行广泛的解释，并避免该立法上的缺陷。但结果是不可能的。所以新设了本条款"。1953年，韩国刑法的法案制定者要通过立法来解决这些虽然实务上需要有相关的规定，但刑法上没有明文的规定，所以要通过立法解决学说上引起的争论点。自救行为条款就是其中之一。

自救行为是保全公民个人请求权的紧急行为，国会议员严详燮和法案制定者将其理解为违法阻却性事由，在刑法草案的起草过程中，发挥了不可替代的重要作用。

（二）立法例

现代刑法上，只有韩国有对自救行为的明文规定。大多数国家没有将自救行为列入刑法。由此可见，韩国刑法属于例外的立法惯例。德国刑法典中根本就没有自救行为条款，但通则和判例以民法权利的自力救济为依据，将自救行为认定为超法规的违法阻却事由。

在日本刑法典中，也没有明示自救行为的条款，但通则将自救行为认定为违法阻却事由。同时，判例有限地承认自救行为的合法性。

美国模范刑法典将自救行为或自力救济的相关内容与"为了保护财产，可以正当化的有限度行使"的标题一起规定为正当化理由之一。美国的自救行为以立即性或继续追踪为必要条件，类似于民法第209条第2款，但与作为事后救济手段的韩国刑法上自救行为不同。

中国刑法将第20条规定的正当防卫、第21条规定的紧急避险规定为违法阻却事由，但是没有对自救行为作出明确规定的法律法规。

三、自救行为的性质

多数说法认为，被盗物品夺回行为是指对自身已经严重受到侵害的法益的恢复，将其视为事后的自救行为。但刑法上的自救行为与是否侵犯法益无关，只要存在不能根据法定程序保全请求权的情况即可。因此，自救行为不是以侵犯法益为前提的事后补救手段。在抓到不偿还债务试图出境的债务人的案例中，也存在受到侵害的法益，很难看成作为对侵害的事后救济措施而采取的自救行为。在无法保全请求权的情况下，相关请求权是否已被侵害的问题与自救行为的构成没有直接关系。对于这种情况，与债权人请求权是否被侵害无关，（应视为）可以采取自救行为。在这种情况下，侵权请求权不是事后的，而是事前的。这可以说是事前的自救行为。因此，称自救行为为事后的紧急行为是不恰当的。

关于夺回被盗物品的行为，多数说法用恢复已经受到侵害的自身法律利益的意义作为事后的判断依据，但是，刑法上自救行为与是否侵犯法律利益无关，只要存在根据法定程序无法保全请求权的情况即可。因此，刑法上自救行为不一定是以法益侵害为前提的事后救济手段。在抓到不偿还债务试图出境的债务人的案例中，也存在受到侵害的法益，很难看成作为对侵害的事后救济措施而采取的自救行为。自救行为是在请求权无法保全的情况下成立的，而该请求权是否已经受到侵害与自救行为的成立没有直接关系。债权人与请求权是否受到侵害无关，可以采取自救行动。在这种情况下，请求权相关的侵害却不是事后的，而是事前的，是事前的自救行为。因此，将自救行为称为事后紧急行为是不恰当的。

在现代社会中，权利救济原则上只允许国家救济。可是实际上，也有例外地允许自力救济。从这一点来看，自救行为只有在请求权遭受侵害之后，才有可能发生。因此，自救行为应该理解为事后的救济手段。但是，如果认定事前的自救行为，一方面，自救行为的认定范围就可能过分扩大，另一方面这可能违反一个原则，即例外地允许自力救济。所以，韩国刑法上的自救行为应理解为事后的紧急行为，这与正当防卫和紧急避难有着明显的区别。如果继续追踪盗窃犯，夺回被盗物品，在侵害的现在性的前提下，这属于正当防卫。但是，如果在物品被盗数日后，偶然碰到盗窃犯并夺回被盗物品，这属于自救行为。

四、自救行为的要件

（一）依据法定程序无法保全请求权

1. 请求权

请求权作为自救行为的保全对象，是要求对方为一定行为的司法权。自救行为的认定仅限于请求权范围，并非适用于所有权利。正当防卫和紧急避险与为保护请求权以外的权利而采取的防卫行为和避难行为有所区别。

（1）财产上的请求权。

自救行为多数是财产请求权问题，而涉及认知请求权时，对有意毁灭重要证据者，其紧急权必须得到认定，因此没有必要限定在财产请求权范围。但是，就像家庭法上的同居请求权一样，在性质上不可强制履行的请求权不属于自救行为的对象。

因此，在司法权中，即使不是财产权利，如认知请求权，可以提出诉求而得以强制执行的权利成为自救行为对象，否则不能成为自救行为对象。可见，认为只有财产上的请求权是自救行为的对象或继承权和家族法权利也全部为自救行为对象的说法是不恰当的。

（2）无法恢复原状的权利。

多数说法对于无法恢复原状的权利（如生命、身体、自由、情操和名誉等，一旦受到侵害就无法恢复原状），不认定为自救行为的对象。而多数说法对于人格权的侵害，只认定为正当防卫或紧急避难。

有观点认为，自救行为的构成要件并非"能恢复原状"的权利是否受到侵害，而是行为人有无请求权、身体自主决定权、名誉权、性自主决定权等权利不属于自救行为保护对象的请求权，因此自救行为被否定。但是，如果因不能恢复原状而不属于请求权，那么不能恢复原状的权利不属于自救行为对象的解释是合理的。

（3）自己的请求权。

自救行为只限于自己的请求权，这是刑法的通说。但是，根据请求权人的授权，可以采取第三方的自救行动。除了本人的请求权，还涵盖他人的请求权，考虑到这种留有解释余地的立法者的意图，不必限定在本人请求权的范围；若无明文规定，即使在无法保全他人请求权的情况下，亦可实行自救行为。自救行为作为紧急救助行为，与为他人的正当防卫和紧急避险一样，应该允许违法阻却事由。

基于例外的代位行使国家权力的特点，自救行为是对自身权利的自力救济，若无明文规定，不认可为第三者实行的自力救济。不过，受本人委托的第三方可以为了本人进行自救行为。

2. 侵害

多数说法认为，为构成自救行为，必须在请求权上存在违法侵害行为。另一方面，又有观点认为，侵害请求权不是自救行为的构成要件。刑法中的自救行为与法益侵害与否无关，只要存在无法按法定程序保全请求权的情况即可。自救行为作为事后紧急行为，必须以不法侵害为前提。

对于不作为造成的侵害，同样可以实行自救行为，但类似对迁出不应者采取强制迁出措施的紧急行为是针对当前法益的侵害，应视为可以采取正当防卫。

3. 法定程序

所谓法定程序，就是指民事诉讼法中包含假扣押、假处分等保全程序的概念。由于涵盖依公共权力执行的所有程序，所以警察的救济程序也被纳入法定程序。自救行为，在有法定程序的情况下，及无法保全请求权时，应补充地受到认定。

（二）请求权的实行不能或显著实行困难而实施的行为

自救行为是旨在保全请求权的行为，是一种为避免请求权的实行不能或显著实行困难而实施的行为。请求权保全的方法取决于请求权的内容、自救行为的情况。

自救行为的典型例子是被盗物品夺回。盗窃事件发生数日后，物主发现持有被盗物品的盗窃犯并自力夺回被盗物品的行为即自救行为。被盗物品夺回过程中伴随的行为亦属自救行为，而被阻却违法。

自救行为是为保全请求权的必要行为，因此，实现请求权的行为原则上不属于自救行为。自救行为是保全手段，而不是履行手段。

（三）适当的理由

自救行为必须具备适当的理由，因此考虑发生行为时的各种情况，并根据社会常规是否允许来加以判断。为了保全请求权，在必要的范围内行使权利，并考虑具体情况行使权利，选择损失最小的方法。因此，不允许出现因保全利益的损害而造成的严重失衡。这应该是在社会伦理上可能容忍的手段。自救行为为保全请求权，在认定行为合适时，也允许施暴、威胁、逮捕和监禁等行为。

五、立法论

（一）刑法上自救行为的存留问题

日本现行刑法中，与日本修改刑法临时方案不同，没有自救行为的规定。其理由在于，对自救行为范畴的界定存在困难，而且担心自救行为违背法治国家原则而被滥用。韩国刑法规定了自救行为。但是，有人批评说，这个规定在立法论上还需要重新考虑。还有人认为，由于韩国刑法第23条不加批判地继受日本修改刑法临时方案第20条，将自救行为的构成要件仅限于请求权的保全而过于限制了适用范围。还有人主张，像德国和日本一样，通过委托学说而不立法，自救行为作为超法规的紧急行为，通过扩展正当防卫和紧急避难的观念来予以认定是合理的。

请求权以自救行为来保全。有人提出疑问：刑法能否为了保全请求权，而应当规定违法性阻却事由？司法上的请求权也可以根据正当防卫和紧急避难而得到保全。而且，该请求权是"不违背社会常规之行为"的正当行为，可以排除违法性的行为。

因此，立法上存在一个难点，即很难对自救行为的范围作出明文规定，立法的必要性也不大。韩国刑法对自救行为已经作出明文规定，以此为基础展开了理论研究。但是，韩国刑法立法例对自救行为却没有明文规定。从这一点来看，刑法上的自救行为属于一种特殊的条款。虽然自救行为的构成被否定，但也有自救行为构成与否存在争议的判例。从这点来看，应该补充自救行为规定，而不是将其废除。从这个角度出发，提出了补充先行规定的"立法论"，以补充对受到请求权人委托的受委托人的行为规定及判断适当理由的尺度，韩国刑法第 21 条第 3 项亦准用于过激的自救行为。

自救行为是事后的救济手段，与以侵害和危险的现在性为必要条件的正当防卫和紧急避险有区别。在自救行为案例中，固然有作为不违反社会常规的行为而被视为正当行为的情形，但不得将其作为一般的违法性阻却事由而扩大正当行为的适用范围。理论上，认定自救行为为违法性阻却事由的情况比较普遍，因此在刑法中也有必要阐述具体内容。在刑法中，对"具体的违法阻却事由"的自救行为作出规定是有意义的。韩国大法院的判例中尚无认定自救行为构成的案例，不过正在进行理论探讨，因此自救行为规定具有存在意义。但是有必要以立法形式对两点加以补充和规定：其一，它是以不法侵害为前提的事后救济手段；其二，保护第三者的自救行为也被允许。因此，比起废除自救行为规定，最好是与其他违法性阻却加以区分，同时将其适用范围进一步具体化。

（二）刑法上的自救行为和民法上的自救行为，及法律秩序的统一

韩国刑法第 23 条自救行为和民法第 209 条自力救济从整个法律秩序规定了得到不违法评价的行为，有着共同点。虽然民法第 209 条自力救济的条款是刑法以外的规定，但作为违法阻却事由，其功能没有问题。于是有人提出，既然如此，为何在刑法和民法中重复立法。还有人指出，刑法中规定自救行为是对司法请求权的紧急救济手段，如果说自救行为本质上以司法权救济的主要目的，从法律体系角度来讲，在民法上加以规定更为妥当。

不符合民法第 209 条自力救济规定的，韩国大法院的判例将作出有罪的判决；如果属于自力救济，则被阻却违法而否定犯罪的成立，因此构成违法阻却性事由。但是问题在于，民法第 209 条第 2 款规定的自力救济要求现场性和持续追踪而不能作为对过去侵害的救济手段，所以关于自救行为的所有存疑案例无法适用民法上的自力救济条款。

例如，在夺回被盗物品的案例中，如果受害人继续追踪盗窃犯，夺回被盗物品，那么，根据民法中第 209 条第 2 款，可以排除违法性的行为。

如果继续追踪盗窃犯，夺回被盗物品，在侵害的现在性的前提下，这属于正当防卫。但是，如果在物品被盗数日后，偶然碰到盗窃犯并夺回被盗物品，这属于自救行为。

但是，如果在物品被盗数日后，偶然碰到盗窃犯并夺回被盗物品，就不能适用民法第 209 条第 2 款。在这种情况下，应该适用刑法第 23 条自救行为条款解决案例。

因为民法第 209 条第 2 款规定为，"占有的动产被侵占时，占有人有权在现场夺回或者追击加害人夺回其占有物"，即民法不认可作为对过去侵害的救济手段的自力救济。刑法上的自救行为似乎是为解决民法上自力救济条款的适用范围之外的事例而制定的条款。鉴于这种法律体系上存在的问题，不妨考虑通过废除自救行为规定，并补充自力救济条款，使自力救济作为事后救济手段得到民法认定。但是，自力救济仅限于占有权的保护，

以"直视性"和"现在性"等为条件,其适用范围受限,从这点来看,作为事后救济手段,将自救行为内容一并纳入民法中的立法操作并非易事。而且,这种议论与德国的理论一脉相承;德国没有自救行为规定,要以法律秩序统一理论为基础解决问题。但是,讨论民法上的正当化理由在刑法的可适用性时可能指出,为何不按刑法规定解决刑法问题,而动员刑法以外的规范来试图解决问题。这种讨论以理论形式出现,在没有自救行为相关刑法立法的德国,为解决自救行为相关的案件提出了该理论,因此很难与刑法中有明文规定的韩国法律体系相协调。

六、结语

从比较法角度来看,韩国刑法中的自救行为条款是独特的立法例之一。受到民法中自力救济条款的影响,开始提出自救行为,将其作为刑法上的违法阻却性事由之一。但是,日本对自救行为没能实现立法。鉴于此,刑法上自救行为条款的立法可行性受到质疑。一方面,对于自救行为成问题的案例,认为可以适用正当防卫、正当行为等其他违法阻却性事由来解决,或认定自救行为为超法规违法阻却事由,这种见解也有一定的道理。实际上,韩国大法院的判例中也没有适用自救行为来排除违法性的案例。出于这个原因,有人提出了废除自救行为条款的意见。

难点在于,由于紧急避险要求侵害或危难具有现在性,所以无法涵盖所有自救行为案例。有观点认为,可以适用正当行为中的"不违反社会常规的行为",但是不应试图通过一般条款来解决所有自救行为成问题的案例。因此,自救行为作为具体的违法阻却性事由,在刑法中加以规定是有意义的。韩国尚无适用刑法第23条来认定自救行为构成的判例。但是实际上,在判例中,从法理角度对自救行为的构成进行研究,所以应当保留自救行为规定。

自救行为是对现在性、直视性不足的过去侵害行为的事后补救手段。有鉴于此,作为违法阻却前提的紧急情况的要件被削弱,因此在自救行为条款的解释和运用上一定要慎重。在德国,展开刑法上的自救行为理论的过程中受到了民法自力救济条款的影响。由此,在解释刑法上的自救行为条款的过程中,有必要参考民法中的自力救济条款。民法中的自力救济以侵害的现场性和追踪性为要件。从这一点看,刑法中把事后救济手段认定为违法阻却性事由的自救行为条款,例外地扩大了排除违法性的紧急行为的范围,从这一点也可以看出,有必要慎重解释自救行为的认定范围。

在立法论上,自救行为条款有应保留的必要性。但是,同一观点的违法阻却性事由在民法和刑法上作了重复规定,这样的批评应该引起注意。民法不认定作为对过去侵害行为的救济手段的自力救济。这样看来,刑法上的自救行为似乎是为解决民法上的自力救济条款适用范围以外的案例而存在的条款。考虑到这种法律体系中存在的问题,不妨考虑如下立法案,即通过废除立法论意义上的刑法自救行为规定,并补充民法中的自力救济条款,使自力救济作为事后救济手段得到民法认定。但是,作为其讨论基础的法律秩序统一理论源于德国,在没有自救行为相关刑法立法的德国,为解决自救行为相关的案件提出了该理论,因此很难与刑法中有明文规定的韩国法律体系相协调。

第九专题

新时期正当化事由的理论辨析

正当化事由（违法性阻却事由）的其他问题
——关于学界的几种误解

[韩] 文採圭*

一、序言

正当化事由可以说是一个包含无数复杂难题的主题。所以，在不同的视角下，有很多法理来解决正当化事由各个方面的法律状况，从这些法理的构成来看，有时会发现对被当做考察对象的现有理论或概念存在误解的情况。本文将言及目前在韩国学界发现的几种误解。

二、总体性非法构成要件论的故意概念

（一）误解的内容

有人批判，根据总体性非法构成要件论，只有在积极认知到不存在违法性阻却事由这一点时，才能认定故意，因此，故意的认定范围过于狭窄。这是源于对总体性非法构成要件的误解。

（二）总体性非法构成要件概念

与所谓三阶层犯罪体系论将构成要件理解为事实的自然主义的概念、将构成要件定义为典型的犯罪类型不同，二阶层犯罪体系论的总体性非法构成要件论将构成要件理解为规范性概念，定义为"禁止的实质"。

根据总体性非法构成要件论，符合刑法上的禁止规范的行为是非法行为，这种非法行为的清单是构成要件，因此，不是非法的行为无法符合构成要件。若存在不是非法的构成要件，即是合法的构成要件，这与"合法的犯罪"一样，是一种形式的矛盾。构成要件是立法者对反社会的犯罪行为的反价值判断的表现，以刑事非法作为其本质内容。[①] 因此，构成要件必须包含进行"违法"的判断时考虑的全部因素。总体性非法构成要件论的代表性主张者考夫曼（Arth. Kaufmann）表示，只有在将构成要件理解为包含规定当罚性的内容的所有因素的实质性概念，而不仅仅是构成犯罪的当罚性的"典型"因素时，构成要件才可能是与作为形式上的相关概念的违法性对应的概念。[②] 如此，将构成要件理

---

* 韩国釜山大学法学专门大学院教授。

[①] 文採圭：《关于违法性阻却事由的客观前提条件的错误》，载《安东大学论文集》1987 年第 9 辑；Roxin, Offene Tatbestände und Rechtspflichtmerkmale, 1970, S. 106f.

[②] Arth. Kaufmann, Tatbestand, Rechtfertigungsgründe und Irrtum, in: Schuld und Strafe, 1966, S. 132.

解为包含规定非法的所有因素的总体性非法构成要件,从而将构成要件定义为"禁止实质"。①

从将构成要件视为违法性的存在依据的总体性构成要件论的立场来看,违法性阻却事由在体系上只能属于构成要件。因为如同罗克辛(Roxin)阐述的一般,②刑法细则的个别构成要件与违法性阻却事由在"规定"非法的功能方面是具有相同性质的。因此,若要肯定构成要件符合性,则必须确定积极的构成要件的"存在"以及违法性阻却事由的"不存在"。因为只有这样,禁止实质才能被肯定。反过来说,若积极的构成要件"不存在"或消极的构成要件"存在",则否定构成要件符合性,因为此时禁止实质不存在。

因此,在以正当防卫杀害他人的情况下,实现了杀人罪的典型构成要件,因此"原则上"违法,但因符合正当防卫这个违法性阻却事由而"例外地"被允许的三阶层体系论的命题在"逻辑上"是矛盾的。在评价对象为同一行为的情况下,不能同时作出(原则上)违法的评价和(例外地)合法的相反评价。因为对同一种行为同时作出违法的评价和合法的评价在逻辑上是不可能的。有人指责,"原则与例外的逻辑"将同一种作为评价对象的一种行为分离为两种行为,分解为两个评价对象。但是,尽管违法性评价的对象为"以正当防卫杀害他人"这一个行为,却将其分解为"杀害他人"的行为和"实施正当防卫"这两种行为,视作两个评价对象,以原则和例外的关系进行说明,这只不过是掩盖对同一对象的相反评价的逻辑矛盾的逻辑操作。

(三) 总体性非法构成要件论的故意概念

1. 故意的实体

总体性非法构成要件将积极地"构成"非法的因素和消极地"排除"非法的因素统合,视为"规定"非法的构成要件因素,因此,存在构成要件符合性的行为属于实现实质性非法的行为。因此,若说故意是构成要件实现的认知,那么在内容上意味着对实质性非法的实现的认知,即非法意识。与作为单纯的形式上的相关概念的违法性不同,如同非法是具有量与质的实体概念一般,非法意识也属于具有量与质的实体概念,以非法意识为内容的故意也成为具有实体的概念。并且,这种非法意识作为"责任因素",属于故意责任的"依据",③即故意犯与过失犯之间责任的差别化就不用说了,不同的故意犯之间责任的差别化正是基于非法意识的差异。例如,杀人罪与过失致死罪之间的责任的差别化以非法意识的存在与否为依据,杀人罪与伤害罪之间责任的差别化以非法意识的内容差异为依据。因此,以非法意识为内容的故意在其性质上只能是犯罪体系论上的责任因素。相反的,作为单纯的形式上的相关概念的违法性认知,无法对犯罪之间的责任的差别化进行说明,即其并非构成责任的内容以及责任的实体因素。因为,无论是故意犯还是过失犯,无论是杀人罪还是伤害罪,在违法性认知以及认知可能性这一点上不存在任何差别。违法性认知只是在行为者认知到或可能认知到自己的行为属于违法行为的情况下对其加以"非难"的依据。

---

① 此处使用的"禁止实质"参见 H. Welzel, Aktuelle Strafrechtssystem im Rahmen der finalen Handlungslehre, 1953, S. 13, 这与作为"禁止规范的单纯技术"以及"违法性评价的单纯对象"的含义使用的"禁止实质"不是同一个内容。此处使用的"禁止实质"超越了违法性评价的单纯对象,是指"促成违法的评价的依据"。

② C. Roxin, Offene Tatbestände und Rechtspflichtmerkmale, 1970, S. 174.

③ Arth. Kaufmann, Tatbestand, Rechtfertigungsgründe und Irrtum, in: Schuld und Strafe, 1966, S. 145.

非法意识的不存在就是以故意的不存在为构成要件错误，构成要件错误不仅仅是排除故意犯的构成要件符合性，还排除故意责任。相反的，不存在违法性认知的禁止错误不是排除故意责任"本身"，只是在该错误存在正当理由时排除责任"非难"。①

2. 故意的认知因素

总体性非法构成要件由为非法奠定依据的积极因素和为排除非法的消极因素构成。因此，为了满足构成要件，必须存在积极因素，不存在消极因素，即必须存在杀害他人的积极因素。为此，客观上必须"存在"杀害他人的事态，主观上必须"存在"对该事态的认知。同时，必须不存在违法性阻却事由这个消极因素。为此，客观上必须"不存在"正当化事由，主观上必须"不存在"对正当化事由存在的认知。此处必须对"正当化事由存在的认知的不存在"和"正当化事由不存在的认知"加以区分，即前者是比后者更宽泛的概念。前者不仅仅是"认知到正当化事由不存在的情况"，还包括"不存在关于正当化事由的存在与否的任何表象的情况"。②因为不存在关于正当化事由的存在与否的任何表象的情况，也显然属于"不存在"对正当化事由存在的认知的情况。总之，根据总体性非法构成要件的概念，故意被认定的情况是存在积极的构成要件因素，同时不存在关于正当化事由的任何表象或认知到正当化事由不存在的情况。相反的，故意被否定的情况是不存在对积极的构成要件的认知，或虽然存在对积极的构成要件的认知但认知到客观的正当化事由存在的情况。在尽管不存在客观的正当化事由，却"认知到存在"所谓的"关于违法性阻却事由的客观前提事实的错误"的情况下，以总体性构成要件论为基础的消极的构成要件标志理论将其作为故意归属于被否定的构成要件错误进行解决，这是自然而然的结果。

因此，若根据总体性非法构成要件论，为认定故意，则需要积极认知到违法性阻却事由不存在这一点，由此不当地缩小了故意的认定范围的批判，③应该是源于对总体性非法构成要件的误解。消极的构成要件发挥消极的功能，④因此仅在认知到正当化事由存在的情况下排除故意，在认知到正当化事由存在或不存在关于正当化事由的任何表象的情况下，不排除故意。

三、关于主观的正当化因素缺乏的情况"不能未遂犯说"

（一）误解的内容

对主观的正当化因素缺乏的情况下的"不能未遂犯说"提出的各种批判，源于忽视了"不能未遂犯说"并不是主张不能未遂犯的"成立"，而是只在其法律效果上按照不能未遂犯进行处理这一见解的误解。

---

① W. Maihofer, Gesamte Strafrechtswissenschaft, in: H. Henkel-Festschrift, 1974, S. 80. 但是，迈霍弗（Maihofer）表示，对于不可避免的禁止错误的情况，因"非法意识"的缺乏而排除责任非难，但此时的"非法意识"与本论文中的"违法性意识"是相同的含义。

② Arth. Kaufmann, Tatbestand, Rechtfertigungsgründe und Irrtum, in: Schuld und Strafe, 1966, S. 136 below.

③ 李宰尚：《刑法总论》（第7版），博英社2011年版，§25/10。这种批判在很久之前已经被施密特（Eb. Schmidt）提出，若根据消极的构成要件标志理论，为认定故意，则必须认知到正当化事由不存在，这在心理上对一般人作出了过分的要求（Eb. Schmidt, ZStW 67, 438）。

④ Arth. Kaufmann, Tatbestand, Rechtfertigungsgründe und Irrtum, in: Schuld und Strafe, 1966, S. 137.

(二)"不能未遂犯说"的内容

对于违法性阻却事由,即正当化事由由客观的正当化事由和主观的正当化因素构成这一点,目前几乎不存在异议。但是,对于尽管客观的正当化事由不存在却误认为存在的情况,或反过来,尽管客观的正当化事由存在却未能认知到的情况的法律效果,存在很多争议。前者被视作关于违法性阻却事由的客观前提事实的错误问题,后者被视作主观的正当化因素缺乏的情况的法律效果问题。

关于主观的正当化因素缺乏的情况的法律效果,"无罪说"("违法性阻却说")、"不能未遂犯说"、"既遂犯说"相互对立。

"无罪说"以结果非法一元论为基础。根据结果非法一元论,违法性阻却事由的成立无须主观的正当化因素,因此,仅凭客观的正当化事由的存在即能构成违法性阻却。

"既遂犯说"认为,若要阻却违法性,必须具备违法性阻却事由的客观条件和主观条件,仅凭主观的正当化因素的缺乏无法阻却违法性,因此既遂犯成立。

"不能未遂犯说"以行为非法与结果非法二元论或总体性非法构成要件论为基础。首先,从行为非法与结果非法二元论的立场来看,由于客观的正当化事由的存在,结果非法被排除,但是,因为不存在对客观的正当化事由的认知行为,因此存在行为非法。从非法结构的角度来看,与不能未遂犯的非法结构相应,可"类推适用不能未遂犯的规定"。从总体性非法构成要件论的立场来看,非法故意成立,满足主观的构成要件,但是,由于客观的正当化事由,未满足客观的构成要件。并且,由于客观的正当化事由,客观构成要件的实现从一开始就是不可能的,因此被视作"符合不能未遂犯"。

(三) 对"不能未遂犯说"的批判及探讨

对"不能未遂犯说"的批判大致是以行为非法与结果非法二元论为基础的"不能未遂犯说"为对象,其内容如下。

第一,指出在行为结构上,与未遂存在差异。[①] 未遂是实际上未产生构成要件结果的情况,而在主观的正当化因素缺乏的情况下,实际上产生了构成要件的结果。但是,"不能未遂犯说"并没有在主观的正当化因素缺乏的情况下,实际上未产生构成要件的结果,即并不是说"成立"不能未遂犯。但是,实际上产生结果的客观"非法性"被排除,因此,与实际上未产生结果而否定结果非法的情况在评价的层面上不存在差异,只是在法律效果上与不能未遂犯作相同处理,即"不能未遂犯说"并未忽视行为的结构差异,而是充分认知到了这一点。因此,除非在评价的层面两者之间存在结果非法的差别,或提出即使不存在结果非法的差异但法律效果必须不同的理由再来批判"不能未遂犯说",否则,忽视在行为结构上与未遂犯的差异的批判是不妥当的。

第二,批判侵害行为为过失行为时,得出认定成立过失犯的未遂是不当的。[②] 这种批判也是源于误解。"不能未遂犯说"并不是说未遂犯成立,因此也未认定过失犯的未遂。并且,从一开始未遂规定就不适用于过失犯,因此也未类推适用不能未遂犯的规定,只是归结为不可罚。

[①] 裴钟大:《刑法总论》(第13版),弘文社2017年版,第15页;李宰尚:《刑法总论》(第7版),博英社2011年版,§ 16/28;洪永基:《非法评价中主观正当化因素的意义》,载《刑事法研究》2015年第27卷第4号。

[②] 李宰尚:《刑法总论》(第7版),博英社2011年版,§ 16/28。

第三，导致在侵害行为未遂时，无法通过对未遂犯认定未遂解决问题。① 该批判也是忽视了"不能未遂犯说"并不是主张不能未遂犯的成立。根据"不能未遂犯说"，就像是即使实际上产生了结果，但该结果并不是非法，因此否定结果反价值一样，对于未产生结果，只被认定法益侵害的危险性的未遂的情况，该危险也并不是非法，因此否定结果反价值，只是按照不能未遂犯进行处罚。如同"不能未遂犯说"并没有在产生结果的情况下说"既遂的未遂"一样，在未产生结果的情况下，也未说"未遂的未遂"。无论是实际上产生了结果还是未产生结果，在存在客观正当化事由的情况下，都同样因结果非法的缺乏，只要按照不能未遂犯进行处罚即可。

第四，还有人批判，行为者未能认知到的偶然情况，即属于幸运的情况在非法评价中被考量，违反了刑法必须具有的严格性。② 这是对偶然情况有利于行为者的批判。但是，结果反价值的评价是对客观存在情况的评价，因此，行为者认知到或未认知到并不属于考量的对象。属于幸运的偶然情况在认定行为非法时，反而对行为者不利。因为由于行为者未认知到正当化事由，被认定非法故意。例如，在反转的构成要件错误的情况下，从某种角度来看，构成要件状况的不存在可以说是偶然情况，然而根据一般见解，结果非法被否定，必须按照不能未遂犯进行处理。

四、韩国刑法第 310 条的真实性条件的性质

（一）误解的内容

作为特别的违法性阻却事由的韩国刑法第 310 条规定，"当第 307 条第 1 款的行为作为真实的事实只与公共利益相关时，不予以处罚"。此处要求的事实的真实性符合违法性阻却事由的客观前提事实的观点，源于对违法性阻却事由的客观前提事实的性质的误解。

（二）违法性阻却事由的客观前提事实的性质

1. 命令规范与允许规范的关系

若刑法细则的个别构成要件为命令规范的体现，那么违法性阻却事由就是允许规范的体现。虽然存在将允许规范理解为命令规范的"元规范"的观点，但传统的立场将两者视为对称关系。

"元规范说"③ 将允许规范视为当发生命令规范确定的法益之间的冲突状况以及命令规范之间的冲突状况时，决定哪种法益及命令规范优先的标准。允许规范不包含任何行为指示，不赋予任何行为义务，因此其本身并不是行为规范，与命令规范性质不同且无法与作为行为规范的命令规范形成对称关系。例如，甲欲强奸乙，乙踹了甲的裆部之后逃跑，摆脱了危机。在这样的情况下，将性自由作为保护法益的命令规范与以身体的完整性为保护法益的命令规范发生冲突，称为正当防卫的允许规范作为元规范发挥解决这种冲突的标准的作用。"元规范说"认为甲的强奸行为以及乙的暴力行为均为违反命令规范的行为，甲的强奸行为违反了不得侵害他人的性自由的法律目的，同样，乙的暴力行为也违反了不

---

① 李宰尚：《刑法总论》（第 7 版），博英社 2011 年版，§ 16/28。
② 裴钟大：《刑法总论》（第 13 版），弘文社 2017 年版，第 15 页。
③ 详细内容参见 K. H. Gössel, Überlegungen zum Verhältnis von Norm, Tatbestand und dem Irrtum über das Vorliegen eines rechtfertigenden Sachverhalts, in: Otto Triffterer-FS, 第 96 页以下。

得攻击他人的身体的法律目的。这是无论依据允许规范允许的侵害，或是根据允许规范不允许的侵害，都要遵循的"侵害就是侵害"逻辑。

对于"元规范说"作为前提的命题，即"根据命令规范被确定的法益以及尊重该法益的规范的要求不变"的命题，从忽视了法益概念的相对性以及命令规范的相对性的角度来看，是难以赞同的。法益的保护和命令规范的尊重要求根据具体状况是灵活的、相对的，对于在具体状况下允许侵害的法益与维持基于命令规范的尊重要求是矛盾的。在法益的侵害被允许的状况下，尊重该法益使之不被侵害的要求在规范上具有怎样的含义呢？在具体的状况下法益的侵害被允许意味着清除对该法益的法律保护伞，因为这意味着对保护该法益的法律的尊重要求的解除。①

另外，"元规范说"将允许规范视为解决刑法上的法益冲突以及命令规范的冲突的标准，这一点也是存在问题的。适用允许规范的法益冲突以及命令规范的冲突并不一定限定于刑法上的法益以及命令规范。例如，在正当防卫的状况中，受到不正当攻击的法益不限定于刑法上的法益，因此，不允许侵害该法益的命令规范也无须一定是刑法上的命令规范。只要防卫行为者攻击的法益为刑法上的法益即可。正当防卫这个允许规范的判断对象只是防卫行为，该防卫行为必须是违反以保护刑法上的法益为目的的刑法上的命令规范的行为。因此，允许规范为刑法规范。而根据"元规范说"，当不正当攻击违反了属于刑法以外的其他法律领域的命令规范时，成为判定刑法外的命令规范与刑法上的命令规范之间的优先顺序的标准，因此，无法再说这种允许规范是完整的刑法规定了。

"对称关系说"将允许规范理解为在例外的特殊法益冲突状况下，直接限制乃至解除命令规范的规范，认为命令规范与允许规范存在对应关系。但是，根据二阶层犯罪体系论，在构成要件阶段形成对应关系（积极的构成要件与消极的构成要件对应），根据三阶层体系论，改变了位置（构成要件与违法性对应）形成对应关系。根据这种思考，命令规范受到允许规范的限制，命令规范的保护法益根据允许规范被解除法律保护。因此，具体的现实情况中的刑法秩序必须在命令规范与允许规范的总体性统合下才能被确定。以向违法的攻击者施加暴力的行为被认定为正当防卫的情况为例，不得侵害他人身体的完整性的命令规范的效力受到限制，这正意味着对该法益的法律保护被解除。

体现为违法性阻却事由的允许规范无疑是与命令规范一同形成刑法秩序的刑法规范。因此，认为允许规范与命令规范形成对称关系，形成刑法上的行为规范的双轴"对称关系说"是妥当的，即允许规范为刑法规范，是命令规范的"对应规范"（Gegennorm）。②

2. 允许规范的性质

根据"对称关系说"，允许规范是规定了解除命令规范的一般命令的特殊例外状况。行为者对受害者施加暴力的行为一般为违反命令规范的行为，但若该行为是在正当防卫这个特殊的例外状况下实施的，则不属于违反命令规范。因此，作为允许规范体现的允许构成要件及其因素，也只能是构成特殊的例外允许状况的要件和因素，因此不可能与作为命令规范体现的非法构成要件及其因素重叠，即同一因素不可能既是非法构成要件的成立因素，同时又是允许构成要件的成立因素。从内容上来说，非法构成要件由形成结果反价值

---

① 详细内容参见文採圭：《对刑法第310条的规范理论上的分析》，载《安岩法学》2000年第11号。

② W. Maihofer, Der Unrechtsvorwurf-Gedanken zu einer personalen Unrechtslehre-, in: Rittler-FS, S. 150.

和行为反价值的因素构成,而允许构成要件由形成结果价值和行为价值的因素构成,这样就更加明确了。

3. 违法性阻却事由的客观前提事实的性质

若允许规范作为限制命令规范的对应规范发挥作用,那么允许构成要件必须包含抵消构成要件的行为反价值和结果反价值的行为价值和结果价值。因此,允许构成要件必须由形成结果价值的因素和形成行为价值的因素构成,即允许构成要件由法益保护(结果价值)和追求法益保护的行为(行为价值)构成。代入上述强奸受害者的正当防卫案例中,则关于乙的行为,其性自由的保护(结果价值)以及为该保护的行为(行为价值)与对甲的身体的侵害(结果反价值)以及攻击行为(行为反价值)分别形成对应关系。

此处,乙对甲的暴力行为同时也可以是保护乙自己法益的行为,是因为以甲首先违法地攻击了乙的客观状况为前提。若未以这种状况为前提,那么乙的行为无法成为防卫行为,也无法产生对自己的法益保护这个结果价值,即甲率先实施的违法攻击是促使乙的行为成为允许构成要件性行为即防卫行为的客观前提状况和前提要件。说甲违法的率先攻击是客观前提要件的理由在于,这种状况是由作为受害者的甲造成的,与乙的意图无关。这种状况被称为客观的正当化事由或违法性阻却事由的客观前提事实。这并不是防卫行为的构成因素。防卫行为是自己的"法益保护"(结果价值的构成因素)和"为保护法益的行为"(行为价值的构成因素)。正当防卫状况只是促使乙的反击作为防卫行为被认可结果价值和行为价值的客观前提状况,即是允许构成要件的构成要件性行为状况。可以说正当防卫这个允许构成要件作为防卫行为的前提要件,包含了构成要件性行为状况的客观构成要件。这正与命令规范中要求作为构成要件性行为特别状况的非法构成要件的结构相对应。

允许构成要件的客观前提事实有:对自己或他人的法益的当前的不正当攻击(正当防卫)、对自己或他人的法益的当前的危险(紧急避险)、可处理法益者的承诺(受害者的承诺)、基于法定程序的请求权保存的不可能(自救行为)、现行犯(基于法令的现行犯逮捕)、社会常规的存在(社会常规)、辩护人的法定辩论(基于业务的行为)、曝光事实的公益性(韩国刑法第30条)等。

(三)韩国刑法第310条的真实性要件的性质

韩国刑法第310条规定,"当第307条第1款的行为作为真实的事实只与公共利益相关时,不予以处罚"。韩国刑法特别例外地允许了通过第307条第1款一般禁止的名誉损害行为。第310条是只适用于第307条第1款的允许规范,因此称为特别的违法性阻却事由。[①] 此处的"特别"只意味着适用该允许规范的命令规范,即与该允许规范存在对应关系的命令规范被限定于第307条第1款,并不是指允许规范本身的性质或结构特别。符合第310条时,抵消名誉损害行为的结果反价值和行为反价值的结果价值以及行为价值为表达自由(结果价值)和该自由的行使(行为价值)。并且,促成这种结果价值及行为价值的客观前提条件为曝光事实的公益性。也就是说,在曝光事实具有公益性的情况下,名誉损害这个结果反价值例外地被表达自由这个结果价值抵消,并且禁止损害名誉的命令规

---

① 对于韩国刑法第310条在诉讼法层面是否为举证责任的转换规定,学界见解针锋相对,但对于在实体法上将其理解为违法性阻却事由,见解达成一致。

范受到保障表达自由的宪法规范的限制。因此，在将客观上不存在公益性事实误认为存在公益性事实的情况下，构成对违法性阻却事由的客观前提事实的错误。

但是，大部分学者将"曝光事实的真实性"理解为违法性阻却事由的客观前提事实，因此将在虚假事实误认为真实事实的情况下，为了公共利益而将其提出的情况视作对违法性阻却事由的客观前提事实的错误。但是，根据上述探讨，曝光事实的真实性无法成为违法性阻却事由的客观前提事实。因为违法性阻却事由的客观前提事实必须是与违反命令规范所导致的结果反价值相对应，构成促成结果价值形成的例外的特殊状况的事实，而曝光事实的真实性已经是形成结果反价值的因素。韩国刑法第307条规定，只要是足以损害名誉的事实，即使该事实是真实的，也形成了名誉损害这个结果反价值，因此包含于禁止命令规范的对象。因此，曝光事实为真实的状况无法成为可限制命令规范的事由。若表示了即使曝光事实是真实的也不得曝光，又再说明若曝光事实为真实的则允许曝光，则形成了自我矛盾。① 因为即使曝光事实为真实的，也属于第307条第1款的一般禁止领域，因此曝光事实的真实性不可能成为认定限制一般禁止的特别的例外性因素。那么，该如何理解第310条的真实性条件的法律性质呢？应将其视为特别规定与第310条的允许规范相对应的命令规范的因素。第307条第1款禁止通过曝光真实的事实造成名誉损害和通过曝光虚假事实造成的名誉损害，即真实性条件所具有的意义在于，阐明第310条的允许规范之于第307条第1款的命令规范仅适用于通过曝光真实的事实而损害他人名誉的情况。因此，第310条并不是与第307条第1款全体对应的允许规范，而是只适用于其一部分的允许规范。第310条作为允许规范，规定了即使通过曝光真实的事实损害他人名誉而满足命令规范的条件，而在满足公益性条件的特殊状况下，也可例外地限制该命令规范的适用。总之，第310条的"第307条的第1款的行为作为真实的事实"是限定适用第310条的命令规范的标志。

五、不存在对防卫过当的超出适当性的认知的情况

（一）误解的内容

作为防卫过当条件的超出适当性是根据客观判断被决定的，而不是基于行为者的主观意识，因此，防卫行为若被客观地判断为超出了适当性，与行为者的认知无关。构成防卫过当，但在不存在对超出部分的认知的情况下，构成过失犯的一般观点②属于误解。

（二）对超出适当性本身的认知与对被判断为超出适当性的行为事实的认知的区别

关于无法满足正当防卫的适当性条件而被评价为防卫过当的情况，存在行为者意识到该过适当性的情况，也存在未意识到的情况。一般将前者称为故意性防卫过当，将后者称为过失性防卫过当，将两者均视为防卫过当。因为防卫行为是否超出适当性而成为防卫过当取决于客观判断，而不是行为者的主观意识。防卫行为者实施行为时可能认知到自己的防卫行为属于适当的程度，也有可能认知到超出了适当的程度，有时也有可能出现不存在关于适当性与否的任何表象的情况。防卫过当的适当性超出与否取决于客观的评价性判

---

① 文埰圭：《对刑法第310条的规范理论上的分析》，载《安岩法学》2000年第11号。
② 金一洙、徐宝学：《刑法总论》（第9版），博英社2002年版，第334页；朴尚基：《刑法总论》（第8版），博英社2009年版，第266页；裵钟大：《刑法总论》（第13版），弘文社2017年版，第66页；李宰尚：《刑法总论》（第7版），博英社2011年版，§17/32；郑成根、朴光民：《刑法总论》（全订版），三持院2012年版，第249页。

断，因此行为者对此如何认知不影响防卫过当的成立。① 从这个角度来看，上述一般观点不存在任何问题，即行为者如何判断防卫行为是否超出了适当性对防卫过当的成立不造成任何影响。因为适当性并不是认知的对象，而只是客观判断的问题。

但是，也存在防卫行为者未能认知到过当性并不是因为错误地作出了关于适当性与否的判断，而是因为未能认知到超出适当性的行为事实的情况。对于后者的情况，从结果上来看，在未能认知到过当性这一点上不存在差异，那么是否应因此同等处理两者，这是个疑问。这似乎可以与违法性认知的不存在源于对构成要件性事实的认知不存在的情况相比较。如同在这样的情况下，不将其视为违法性的错误，而是一般视为构成要件错误的问题，未能认知到被判断为超出适当性的行为事实的情况，与虽然认知到这种行为事实但认知到未超出适当性的情况可被差别化。

但是，我们对于未能认知到过当性的过失性防卫过当的情况，不考虑这种差别性，均成立过失犯的观点存疑。当然，若是防卫行为者在意识到对攻击者造成伤害的程度的情况下进行了反击，然而因击中要害而导致攻击者死亡，由此被判断为防卫过当的情况，则认定属于过失犯的过失致死罪是不存在问题的。因为由于防卫行为者未能认知到死亡的结果，因此从一开始就不能够认定故意。像这样，防卫行为者认知到的防卫行为与过度实现的防卫行为在构成要件上存在不同价值时，构成过失犯。但是，如上文提及的案例，将在以棍棒足以防御的情况下（被认定适当性的防卫行为），却以斧头进行反击而造成致命伤的情况（超出适当性的防卫行为）判断为防卫过当时，若是防卫行为者原本想以棍棒造成较轻的伤害进行防御，但由于恐惧和惊慌等，将斧柄误认为棍棒并拿起进行反击而造成被防卫者致命伤，情况就不同了。虽然以斧头造成被防卫者致命伤并不是防卫行为者的意图，但若其带有以棍棒造成较轻伤害的意图，则无法否定伤害的故意。并且，致命伤的结果也可归属于伤害的故意。因为即使行为者意识到的伤害结果与实际发生的伤害结果在一定程度上存在差异，发生的伤害结果归属于伤害的故意也是不存在问题的，即若防卫行为者意识到的行为事实与客观实现的行为事实就构成要件上存在相同价值，则必须认定故意归属，无法构成过失犯。

（三）意识到的防卫行为与被判断为超出适当性的行为事实符合同一构成要件的情况的解决

如上所述，在这样的情况下，若以因过度实现的行为事实归属于狭义的构成要件性故意而认定过失犯的一般观点视为出发点的三阶层体系论为前提，则至少无法构成过失犯。② 但是，若认可也被一般见解视作前提的故意双重含义，则会产生能否认定责任故意的问题。因为虽然防卫行为者确实存在对超出适当性的行为事实的构成要件性故意，但其认知到了属于适当性范围内的行为事实，因此并不是在法律敌对的心理状态下实施了行为。那么，关于该情况，从责任故意的观点来看，可得知其与基于所谓的对违法性阻却事由的客观前提事实的错误实施行为者处于相同的心理状态。当然，在该情况下，超出的行

---

① 但是，若防卫行为者在实施过当防卫时错误地判断未超出适当性而认知到自己的行为未违法，则可成为禁止错误的问题。

② 当然，在采纳总体性非法构成要件概念的二阶层犯罪体系论中，在该情况下，否定非法故意，故意犯不成立，构成过失犯。

为事实是由行为者造成的，因此并不是正当防卫成立的客观前提事实。但是，行为者的心理状态与基于关于违法性阻却事由的客观前提事实的错误实施行为者的心理状态是相同的。那么在该情况下，采取与所谓"违前错"相同的法律上的处理方式，是符合实际情况的法律解决方案。要么根据所谓的"严格责任说"将其视为禁止错误的问题，要么根据构成要件错误规定"类推适用说"将其视为构成要件错误的问题，要么根据法律效果"限制责任说"按照过失犯进行处理。把这些观点撇开不说，将不存在对过当性的认知的情况全部归为过失性防卫过当，构成过失犯的一般观点是不妥当的。

六、结语

若根据总体性非法构成要件论，为认定故意，要求积极认知到不存在违法性阻却事由这一点，故意的认定范围过于狭窄的批判可以说是源于对总体性非法构成要件论的误解。消极的构成要件发挥消极的功能，因此仅在认知到存在正当化事由的情况下排除故意，在认知到不存在正当化事由的情况下或不存在对正当化事由的任何表象的情况下，不排除故意。

对缺乏主观的正当化因素的情况下，对"不能未遂犯说"的批判的内容，大部分是源于未能充分认知到"不能未遂犯说"并不是认定不能未遂犯的成立，而是赋予与不能未遂犯相同的法律效果。

韩国刑法第310条的真实性条件并不是违法性阻却事由的客观前提事实，而是将特别适用第310条的命令规范限定为第307条第1款的一部分。

防卫过当中，在因未能认知到超出适当性的行为事实而未能认知到过当性的过失性防卫过当的情况下，若行为者意识到的行为事实与被评价为过当的行为事实在构成要件上存在不同价值，则构成过失犯。但若存在相同价值，则认定狭义的构成要件性故意。因此过失犯不成立，应按照关于违法性阻却事由的客观前提事实的错误进行解决。

附录一

第十七届中韩刑法学术研讨会议程

主办单位：中国刑法学研究会　韩国比较刑事法学会
承办单位：北京师范大学刑事法律科学研究院
　　　　　吉林大学法学院
会议时间：2019年8月20日至21日
会议地点：吉林大学南校区匡亚明楼第一会议室

8月20日上午

8：30~9：00 开幕式
主持人：
徐岱（吉林大学法学院教授、博士生导师、副院长，中国刑法学研究会常务理事）
致辞人：
蔡立东（吉林大学法学院院长、教授、博士生导师）
赵秉志（北京师范大学刑事法律科学研究院教授、中国刑法学研究会会长）
卞钟弼［韩国东国大学法学（本科）院教授、韩国比较刑法研究会会长］

9：00~9：20 合影

9：20~10：20 第一单元　正当防卫的司法适用
主持人：
邢志人（辽宁大学法学院教授）
文採圭（韩国釜山大学法学专门大学院教授）
发言人（每人20分钟，含翻译时间）：
赵秉志（北京师范大学刑事法律科学研究院教授）：《中国正当防卫制度司法适用问题要论》
李基秀（韩国全南大学海洋警察学科教授）：《韩国司法实务上打斗中的正当防卫》
自由讨论（总计20分钟，含翻译时间）

10：20～11：20 第二单元　正当化事由与正当化根据
主持人：
彭文华（上海政法学院刑事司法学院院长、教授）
李东熹（韩国国立警察大学法学院教授）
发言人（每人20分钟，含翻译时间）：
欧阳本祺（东南大学法学院教授、博士生导师）：《论法确证原则的合理性及其功能》
卞钟弼［韩国东国大学法学（本科）院教授］：《社会伦理与正当化事由——关于正当化事由的系统性理解及其运用》
自由讨论（总计20分钟，含翻译时间）

11：20～11：30 茶歇

11：30～12：30 第三单元　违法阻却事由的宪法基础
主持人：
路军（辽宁大学法学院教授）
金钟九［韩国朝鲜大学法学（本科）院教授］
发言人（每人20分钟，含翻译时间）：
魏昌东（上海社会科学院法学研究所教授、博士生导师）：《违法阻却事由的宪法意涵与应然发展面向》
赵起莹：（韩国全北大学法学专门大学院教授）：《宪法权利与违法性阻却》
自由讨论（总计20分钟，含翻译时间）

8月20日下午

13：30～14：50 第四单元　正当防卫与紧急避险基本问题
主持人：
李海滢（吉林大学法学院教授、博士生导师）
金恩正（韩国大检察厅检察未来企划团检察研究官）
发言人（每人20分钟，含翻译时间）：
徐岱（吉林大学法学院教授、博士生导师）：《正当防卫类型化研究——兼论正当性根据及限度判定》
李东熹（韩国国立警察大学法学院教授）：《正当防卫的理论基础》
李镇国（韩国亚洲大学法学专门大学院教授）：《紧急避难与刑事责任》
自由讨论（总计20分钟，含翻译时间）

14：50～15：10 茶歇

15：10~16：30 第五单元　被害人承诺的刑法评价
主持人：
李綦通（吉林大学法学院副教授）
河泰讱（韩国庆南大学法政学院警察学系教授）
发言人（每人20分钟，含翻译时间）：
钱叶六（华东师范大学法学院教授）：《医疗行为的正当化根据与紧急治疗、专断治疗的刑法评价》
黄泰正（韩国京畿大学知识情报学院警察行政学系教授）：《关于刑法上的受害者的承诺的争议》
付立庆（中国人民大学法学院教授、博士生导师）：《被害人因受骗而同意的法律效果》
自由讨论（总计20分钟，含翻译时间）

16：30~17：30 第六单元　安乐死的刑法评价与司法认定
主持人：
王勇（吉林大学法学院副教授）
李基秀（韩国全南大学海洋警察学院教授）
发言人（每人20分钟，含翻译时间）：
周振杰（北京师范大学刑事法律科学研究院教授、博士生导师）：《现行刑法下安乐死的司法处理路径研究》
金恩正（韩国大检察厅检察未来企划团检察研究官）：《论"安乐死"的刑事法评价及课题》
自由讨论（总计20分钟，含翻译时间）

8月21日上午

8：30~9：30 第七单元　违法阻却事由与事实错误
主持人：
赵秉志（中国刑法学研究会会长）
卞钟弼［韩国东国大学法学（本科）院教授、韩国比较刑法研究会会长］
发言人（每人20分钟，含翻译时间）：
石经海（西南政法大学教授、博士生导师）：《事实错误与罪责阻却司法困境的问题与出路——以中国近年三个相关重大争议案件为例》
河泰讱（韩国庆南大学法政学院警察学系教授）：《关于违法性阻却事由前提事实的错误》
自由讨论（总计20分钟，含翻译时间）

9：30~10：30 第八单元　自救行为的刑法评价

主持人：

付玉明（西北政法大学教授）

黄泰正（韩国京畿大学知识情报学院警察行政学系教授）

发言人（每人20分钟，含翻译时间）：

陈劲阳（吉林大学法学院副教授）：《自助行为的刑法评价》

金钟九［韩国朝鲜大学法学（本科）院教授］：《论自救行为的刑法评价——韩国刑法第23条自救行为的解释与立法论》

自由讨论（总计20分钟，含翻译时间）

10：30~11：30 第九单元　新时期正当化事由的理论辨析

主持人：

王军明（吉林大学法学院副教授）

李镇局（韩国亚洲大学法学专门大学院教授）

发言人（每人20分钟，含翻译时间）：

周详（中南财经政法大学刑事司法学院教授）：《反恐背景下"营救酷刑"合法论之否定——从"定时炸弹"情景到"定时诈弹"骗局的思考》

文採圭（韩国釜山大学法学专门大学院教授）：《正当化事由（违法性阻却事由）的其他问题——关于学界的几种误解》

自由讨论（总计20分钟，含翻译时间）

11：30~12：00 闭幕式

主持人：

徐岱（吉林大学法学院教授、博士生导师、副院长，中国刑法学研究会常务理事）

致辞人：

赵秉志（北京师范大学刑事法律科学研究院教授、中国刑法学研究会会长）

卞钟弼［韩国东国大学法学（本科）院教授、韩国比较刑法研究会会长］

附录二

第十七届中韩刑法学术研讨会综述

韩卓瑞*

2019年8月20日至8月21日,"第十七届中韩刑法学术研讨会"于吉林大学中心校区匡亚明楼第一会议室召开。本届研讨会的主题为"中韩正当化事由比较研究",中韩双方学者围绕"正当防卫的司法适用""正当化事由与正当化根据""违法阻却事由的宪法基础""正当防卫与紧急避险基本问题""被害人承诺的刑法评价""安乐死的刑法评价与司法认定""违法阻却事由与事实错误""自救行为的刑法评价""新时期正当化事由的理论辨析"九个单元进行了发言与讨论。

第一单元 正当防卫的司法适用

第一单元由辽宁大学法学院邢志人教授和釜山大学法学专门大学院文採圭教授共同担任主持人,由中国刑法学研究会会长、北京师范大学刑事法律科学研究院赵秉志教授和全南大学海洋警察学科李基秀教授分别进行主题发言。

赵秉志教授在题为《中国正当防卫制度司法适用问题要论》的主题报告中,就中国现行正当防卫制度作概括性介绍,并指出司法适用面临的困境。赵秉志教授指出,中国现行正当防卫制度源自1979年刑法,但在1997年刑法作重要修正。现行正当防卫制度的规定宗旨是尽量强化并鼓励正当防卫权行使,但由于立法和司法之间存在差距,导致现实案件处理存在较大争议,如作为正当防卫指导性案例的于某案。相关问题也成为当前实践关注热点,具体包括是否具有防卫性质,防卫意图、目的、对象和时间等关键要素的认定。关于防卫意图认定,防卫认识既可以是内容明确、具体的认识,也可以是概括性认识。防卫对象认定仅限于不法侵害者,其中对共同不法侵害者可以实施正当防卫,对无责任或限制责任能力人,也可在迫不得已的情况下实施正当防卫。关于防卫时间认定,如何确定不法侵害已经开始和已经结束是一个重点问题。实践中存在争议的问题还包括防卫过当的认定,即如何把握防卫的必要限度,中国刑法理论通说认为要从两个方面判断防卫限度:第一,是否为制止不法侵害所需要。第二,其强度是否与不法侵害手段相当。而对"明显超过必要限度并造成重大损害"的理解也同样重要,赵秉志教授认为两个条件系并列关系而非择一关系。现行正当防卫立法制度中具有中国特色的规定即为特殊防卫,对严重危及人身安全的暴力侵害实施正当防卫不受限度条件限制,致死致伤在所不问。而成立特殊防卫的前提,就在于判断不法侵害的性质和强度,即严重侵害人身生命和健康安全。赵秉

---

* 吉林大学法学院刑法学专业博士研究生。

志教授最后指出,因为正当防卫现实案件状况极为复杂,仅有指导案例却缺乏专门司法解释,导致司法适用面临困境。以近年来系列争议案件为基础,最高人民法院正在研究起草并计划通过正当防卫相关司法解释,旨在为争议案件的解决提供指导。

李基秀教授在题为《韩国司法实务上打斗中的正当防卫》的主题报告中指出,正当防卫是在国家无法保护个人法益的紧急状况下,个人自我保护权益的重要手段,因此对各个要件认定之于个人法益保护皆具有重要意义。韩国关于正当防卫制度的典型案例包括2010年于美国发生的韩国籍学生打斗事件和2014年屋主使用暴力致小偷死亡案。就上述案件而言,一般人会认为成立正当防卫,但韩国司法机关采取非常严格的标准否定正当防卫成立。从韩国判例现状看,判例固定模式是通过案件细节认定打架成立,依其逻辑则直接排除成立正当防卫的可能。对于判例立场,理论界持批判态度。追溯正当化依据,判例立场更加倾向于坚持法秩序维持原则,直接影响侦查阶段警察的办案态度,将参与打斗的全体成员认定为嫌疑人。因此,有必要设置更详细的基准,以指导警察审慎判定是否可能成立正当防卫。从侦查至诉讼阶段,最终通过判例变更制度,结合具体案件细节认定正当防卫,唯有此才能忠实于正当防卫制度保护个人权益的设立初衷。

在自由讨论阶段,为回应全北大学法学专门大学院赵起莹教授的提问,赵秉志教授向韩方与会代表详细介绍了于某案基本案情及裁判结果。因本案几乎涉及所有正当防卫争议问题以及能否认定防卫性质、能否成立特殊防卫,因此具有典型性。付立庆教授针对李基秀教授在文章中提及韩国刑法正当防卫成立条件,其中之一即"为防卫自己和他人法益采取的行为",因法律规定中并未提及主观意图,是否可以认为只要防卫行为在客观上实现防卫效果即可,而不需要对主观防卫意图加以认定进行提问。李基秀教授提出当前刑法理论通说应采"防卫意识必要说"立场,从立法解释角度看,"主观意识必要说"内部也存在"认识说"和"意志说"之争。"认识说"认为,只要行为人认识到客观上存在不法侵害,需要采取防卫行为即可。而作为韩国刑法学理论通说的"意志说"则要求防卫意思的存在。钱叶六教授就防卫意思和加害意思混合存在的案例与韩方代表展开探讨,也即如果客观上存在正当防卫成立的前提条件,防卫人得知对方要攻击自己且对方同时也是防卫人意图加害的对象,韩国司法实践中是否能够对这类案件进行判断,是否可以认定其行为成立正当防卫。韩方教授的基本观点是,如果行为人主观存在加害意思,就可以基本否定其主观存在防卫意图,故认定成立正当防卫不具有合理性。

第二单元 正当化事由与正当化根据

第二单元由上海政法学院刑事司法学院院长彭文华教授和韩国国立警察大学法学院李东熹教授共同担任主持人。东南大学法学院欧阳本祺教授作题为《论法确证原则的合理性及其功能》的主题发言,韩国比较刑事法学会会长、东国大学法学(本科)院卞钟弼教授作题为《社会伦理与正当化事由——关于正当化事由的系统性理解及其运用》的主题发言。

欧阳本祺教授在报告中就正当化事由的正当化根据展开论述,其所坚持的立场为"二元论",即个人利益保护与法确证原则,也是德国刑法学理论通说。但由于近年来学界对法确证原则的猛烈批评,故有必要对其基本内涵加以澄清。特别是张明楷教授认为,法确证原则在多个层面存在弊病，无法自圆其说且不具备实质意义。欧阳本祺教授认为这一批评是有失偏颇的，一旦脱离法确证原则，其他原则就无法为正当化根据提供支持。欧阳本祺教授采取"先破后立"的思路，分析其他正当化根据学说。如完全排斥法确证原则的"优越利益说"，即比较不法侵害人和防卫人利益，此为我国张明楷教授和日本学者山口厚教授所主张的理论，其弊端在于陷入封闭循环论证，实际混淆事实判断和规范判断界限；再如日本刑法学理论中的"法确证利益说"也是不合适的，这种观点的实质是将法秩序确证同个人利益保护做加法，以保障理论的合理性，但这种数学意义上的比较是无法进行的。欧阳本祺教授认为，法确证原则之所以受到批判，是因为在学说内部尚未厘清法确证原则与个人保护原则的关系，没有明确法确证原则的功能。实际上，个人保护原则是基本，其目的在于扩张防卫权；而法确证原则是限制防卫权行使的补充，也即社会伦理的限制。因此，正当防卫成立条件的根据在于个人保护原则，故防卫起因、对象和时间条件与法确证原则无关。而存在争议的防卫必要限度判定，则是必要性与相当性的结合，与个人保护原则相关。面对具体问题和现实案例，如无责任能力人实施的不法侵害是否可以进行正当防卫，以及涞源反杀案与朱凤某案。基于不同立场，自然得到结论不同的答案。

卞钟弼教授在主题发言中重点介绍了社会伦理（社会常规）这一韩国正当化事由立法体系中的基本概念，如何理解与适用社会伦理概念是一个值得关注的难题。梳理韩国刑法第 20 条至第 24 条关于正当化事由的规定，包括正当行为、正当防卫、紧急避险、自救行为以及被害人承诺。其中韩国刑法第 20 条规定与日本刑法规定相似，即依法令和业务行为，不处罚未违反社会规范的行为，但关于"其他未违背社会常规的行为"是韩国刑法特有规定，因此这一规定与其他违法阻却事由的关系成为韩国刑法学界研究的重点。核心问题就在于，什么是社会常规，其正当化根据何在。理论批判之一在于这一规定有违罪刑法定明确性原则，也影响对是否违背社会常规的判定。支持者认为这一规定在总则中作为违法性阻却事由与其他违法性阻却事由并列，且正当化根据各有不同，如维持整体法秩序是其他违法阻却事由的正当化根据，而韩国大法院的立场则是将依据法秩序理念和社会通常观念作为不违背社会常规行为的正当化根据，即二元论立场，将符合法秩序背后社会伦理精神的行为解释为社会常规行为。而卞钟弼教授的基本观点是各违法阻却事由背后的正当化依据应当是相同的，持一元论立场。唯有此才能统一违法阻却事由背后的理论解释，因此卞钟弼教授对整体法秩序背后的社会伦理能否承担正当化根据的判定进行了批判性探讨。历来韩国多数学说和判例立场认为第 20 条是概括性规定，但这种理解可能会导致实践适用混乱，具体表现之一就是社会通念和社会伦理被频繁用来解读其他正当化事由，继而导致多数学者将其作为认定其他正当化事由成立的要素。此外，卞钟弼教授认为对于韩国刑法第 20 条不违背社会常规行为的解释应当彻底放弃对社会伦理这一概念的使用，但对这一规定具有的补充性应当予以重视。

在自由讨论阶段，河泰认教授与欧阳本祺教授就特殊关系人正当防卫问题展开讨论。欧阳教授认为，防卫前提条件相似的涞源反杀案和朱凤某案最终裁判结果不同，是因为防卫人和不法侵害人二者之间关系不同。若二人之间系特殊关系，如熟人或亲属，防卫人面对不法侵害应当采取更为缓和的防卫行为，不宜采取直接致其死亡的、超过限度的防卫行为。周详教授向欧阳本祺教授提出的问题是女性在采取防卫行为时，如果不采用极端行为就不足以保护权益，那么如何认定防卫是否超过必要限度？欧阳本祺教授认为，若不法侵害人和防卫人属于熟人关系，应当采取容忍、避让的态度或等待警方到达现场，但在极度危险的情况下则为实现个人利益保护而采取超过必要限度的防卫行为。彭文华教授与卞钟弼教授就报告中的案例展开探讨，卞钟弼教授认为，社会通念不应当作为判定正当防卫成立的标准，对丈夫用剪刀伤害并胁迫与其正在办理离婚协议的妻子进行变态性行为的情况这一案例，以相当性条件进行判断也可认定正当防卫成立，无须以在社会通念上无法容忍作为认定成为正当防卫成立的理由。

第三单元　违法阻却事由的宪法基础

第三单元由辽宁大学法学院路军教授和韩国朝鲜大学法学（本科）院金钟九教授共同担任主持人，上海社会科学院法学研究所魏昌东教授和全北大学法学专门大学院赵起莹教授分别发表题为《违法阻却事由的宪法意涵与应然发展面向》与《宪法权利与违法性阻却》的主题报告。

魏昌东教授的报告首先介绍了我国违法阻却事由宪法根据研究的现状，呈现出两种基本倾向：其一为违法阻却事由技术化倾向。通过德国刑法阶层犯罪论体系内部理论，技术性解释违法阻却事由的根据及范围，而未关注在统一法秩序原则基础上对违法阻却事由根据的理解。突出表现是立法上仅对正当防卫和紧急避险作明确规定，但对超法规违法阻却事由缺乏实践适用。其二为学者对违法阻却事由范围与成立标准等基本问题，从宪法基础角度出发的回答缺乏关注度。这导致对违法阻却事由基本问题的回答无法顺应社会现实需求，突出表现为：第一，受到具有防卫性质要求的行为条件的影响，正当防卫对象评价的范围不明。第二，我国 1997 年刑法提升了正当防卫限度标准，但在司法实践中对这种立法导向并未予以应有关注。若依据统一法秩序原理，基于宪法保障公民个人权益的要求必然导致法律保护公民个人权益范围适度扩大，必然包括违法阻却事由范围和程度两大问题的解决。魏昌东教授认为在我国刑法中，对法定违法阻却事由——正当防卫和紧急避险正当化事由根据应当审慎判定；对违法阻却事由成立条件认定采取相对缓和的态度以扩大适用可能，在正当防卫限度条件上以保障个人权益为原则。在限定正当防卫成立的同时，尽可能促进超法规违法阻却事由的法定化。

赵起莹教授在其报告中指出，关于宪法基本权和违法阻却事由的问题在韩国并非热点问题，其核心探讨的问题在于宪法中基本权是否能够直接成为违法阻却事由，韩国判例多次强调对犯罪成立条件和阻却事由成立应当以宪法中的基础权为标准，韩国判例在违法阻却事由判定上常以基本权为依据。对于没有刑法明确规定的违法阻却事由，是否能够依据宪法基本权进行认定，韩国刑法学界存在以下观点：由于犯罪是对他人基本权的侵害，应当首先依据基本权原理在构成要件层面加以推定。问题在于韩国刑法第 20 条作为一般性规定，是否有必要再引用基本权解释。通过以抵抗权、良心自由和通讯自由作为阻却违法事由进行抗辩的韩国判例，可知依据第 20 条认定正当行为，并非如德国刑法中直接引用宪法基本权认定违法阻却。依据韩国刑法第 20 条规定认定属于不违反社会常规的行为而排除违法性，优于直接引用宪法基本权。值得关注的是，在认定某一行为是否属于不违背社会常规行为时，常采取宪法上的比例原则。而韩国刑法第 20 条也是关于宪法基本权的规定。另一方面，2019 年韩国宪法判例认定堕胎罪违宪，这意味着要尊重怀孕 22 周妇女的自我决定权，因此若被按堕胎罪起诉，则可依照自我决定权进行抗辩，也可从堕胎是否属于不违背社会常规行为的角度加以探讨。正如在德国以社会相当性理论为基础创建的构成要件理论、客观归责理论，在韩国依据社会常规行为构建违法阻却事由理论体系也是可能的。

大连海事大学杨猛博士针对赵起莹教授的发言提出问题，即韩国宪法基本权和韩国刑法第20条的关系为何。赵教授认为，是否侵害宪法基本权的行为构成犯罪也是在违法性层面的判断，实际上是引用韩国刑法第20条进行判断，宪法基本权不会成为判决的直接依据。杨猛博士与魏昌东教授就如何理解违法阻却事由和犯罪构成之间迥异的两种构造展开探讨。魏昌东教授认为，无论是构成要件还是违法阻却事由，作为阶段性判断具有不同的方向选择，在违法阻却事由判定上要更多考虑宪法基本权对其影响，因此在正与不正的判定上产生不同的形态。卞钟弼教授针对魏昌东教授的主题发言，向中方与会代表提出问题，即中国是否有意将这些超法规违法阻却事由立法化，实践中是否有具体的案例运用超法规违法阻却事由。魏昌东教授认为，因为对规范立场的坚持，导致在司法实践中难以适用超法规违法阻却事由解决具体案件。赵秉志教授指出，就现行刑法违法阻却事由而言，尚未有进一步立法考量，仅停留在理论探讨阶段。主要受到两个因素影响：第一，1997年刑法颁布以来都是采取局部修改刑法的形式，修正案旨在解决分则具体问题，不包括需要完善的总则问题；第二，局部修法机关是全国人大常委会，须遵循刑法基本原则行使权限不能修改基本制度，而违法阻却事由被认为是基本制度，相比较修正案的形式，有待更为慎重的刑法修改。但学界没有明显突出的反对态度，可以期待今后对这一问题的修改，明显例证在于近年来高等学校教科书中除正当防卫和紧急避险之外都涵射其他违法阻却事由。

第四单元　正当防卫与紧急避险基本问题

第四单元由吉林大学法学院李海滢教授和韩国大检察厅检察未来企划团金恩正检察研究官共同担任主持人，由吉林大学法学院徐岱教授、韩国国立警察大学法学院李东熹教授、韩国亚洲大学法学专门大学院李镇国教授围绕"正当防卫与紧急避险基本问题"分别作主题发言。

徐岱教授在题为《正当防卫类型化研究——兼论正当性根据及限度判定》的主题发言中通过对正当防卫相关典型案件的类型化研究，探寻司法实践对正当防卫消极限缩适用背后的原因，追问刑法中正当化事由的根据所在。围绕正当防卫正当性依据，特别是限度判定问题，针对不同类型正当防卫行为设定不同的限度判定标准。在整体研究过程中，徐岱教授以中国刑法规定为标准，考察域外关于正当防卫的立法规定。依据我国刑法规定，正当防卫成立范围较为宽泛。既包括对自身利益的防卫，也包括对他人利益和国家利益的防卫。而在德日刑法中，正当防卫成立的前提在于（强调保护自我与他人利益）个人保护原则，且防卫限度标准规定相对宽松，如在夜间，防卫人处于极度紧张或恐惧的特定精神状态下实施的防卫行为，不受限度条件限制，与我国刑法特殊防卫规定类似。我国刑法第20条关于正当防卫的三款规定，按照防卫目的内容划分，包括保护自身利益、保护公共利益和利他型防卫。按照防卫限度划分，分为一般防卫和特殊防卫。按照防卫行为具体指向划分，分为单向防卫和互殴防卫，后者在实践中成立空间较小，则与我国立法规定的范围相冲突。徐岱教授进一步探究司法实践中成立范围与立法规定存在偏差的原因，其中之一就在于正当化根据内容不明。徐岱教授对正当化根据问题的基本立场在于坚持法确证原则和法益保护"二元论说"，认为对我国刑法第20条第2款的理解不按照"唯结果论"思维判断。关于利他型防卫的防卫限度判定标准，应当坚持相对低于保护自我利益防卫的限度标准，方能鼓励公民积极行使防卫权。此外，必须通过强调不法侵害实行行为存在以规范特殊防卫权行使，同时须坚持刑法教义学立场，防止对防卫权行使的不当限缩。

李东熹教授作题为《正当防卫的理论基础》的主题报告，结合李基秀教授对实践中正当防卫认定的报告，旨在形成理论与实践层面的全局性理解。报告主要涉及正当防卫一般理论、正当化根据问题、主观防卫意图、假想防卫以及近年来正当防卫立法议案等问题，其核心在于违法阻却事由一般理论。同时特别介绍韩国判例，针对不法逮捕，行为人对警察实施暴力行为是否成立正当防卫；关于现实侵害部分，对尚未发生且即将发生（未来）侵害是否成立正当防卫，持否定态度；关于主观的正当化要素，判例认为如仅有对客观存在不法侵害认知是不够的，还需要具有防卫意图。韩国刑法关于正当防卫立法的突出特点在于"相当性"系韩国刑法正当防卫成立条件的明确规定。关于对正当防卫社会伦理限制，由于有明确规定的相当性条件，与日本、德国和中国刑法学界所关注的问题有所不同，在韩国关于社会伦理是否作为相当性条件的限制或内容指导有待探讨。韩国刑法第21条第2款明确规定了防卫过当的情形，以及成立防卫过当但不构成犯罪的特殊情况。在1953年韩国刑法制定之初，明确规定了减轻或免除处罚事由，对不构成犯罪的情形是否要作特殊规定存在争议。为坚持罪刑法定明确性原则，有必要单独规定此种情状。李东熹教授在文章中对韩国、德国、日本刑法正当防卫规定作比较研究。在刑法中明确规定"相当理由"条件是韩国刑法关于正当防卫规定的突出特点，而中国刑法中特殊防卫规定是韩国刑法所欠缺的，韩国刑法的规定更倾向于限制正当防卫的规定。在韩国关于暴力犯罪的特别刑法中删除了"相当理由"这一限制，采取相较于刑法更为宽缓的态度。最后，李东熹教授结合相关判例介绍近年来正当防卫立法动态，深夜不法侵入住宅也可能成立正当防卫的议案因国会解散未能通过。尽管民众持续性家庭暴力问题认定成立正当防卫持积极态度，但这一议案最终也未能通过。

李镇局教授所作题为《紧急避险与刑事责任》的报告主要涉及紧急避险解释论和立法修正论问题，重点在于紧急避险立法解释论问题，同时涉及立法修正问题。李镇局教授介绍了韩国刑法第22条关于紧急避险的规定和司法适用现状，而学界对紧急避险本质内容的分析存在见解对立，即正当化紧急避险或排除责任的紧急避险。针对第22条的规定，学界认为既包括违法阻却，也包括责任阻却的紧急避险。韩国大法院立场为"单一说"，基本排除阻却责任的紧急避险。关于紧急避险作为违法阻却事由的正当化依据，一般认为当两种利益发生冲突时，牺牲较小利益符合整体利益保护与法秩序保护原则。从法益优越性排列顺序，依次为生命、身体、自由和财产，保全生命而排除生命利益的行为不被认为是紧急避险的利益衡量。"二元论说"则分为违法阻却和责任阻却的紧急避险，后者旨在保护优越利益——基于自我保护的本能而牺牲他人利益，尽管违法但是阻却责任。德国和瑞士刑法中都存在二元紧急避险的法律规定，为化解对紧急避险本质和相当性条件的解释分歧，李镇局教授认为有必要在立法层面对紧急避险做统一理解。关于相当性解读，韩国判例提出四种认定标准,如补充性原则、最小损害原则、回避原则、避险适合性原则等,通常紧急避险是与侵害无关第三者有关系的,以攻击性紧急避险为主,也承认对制造危险方实施的防卫性紧急避险。

在自由讨论阶段,徐岱教授针对李基秀教授的提问,对报告中涉及的案例研究状况和中国司法实践互殴与正当防卫做简要介绍。无论是对裁判文书的分析还是与司法实务部门人员的交流过程中,可知对正当防卫成立的态度是非常保守的。以"互殴"和"正当防卫"为全文检索关键词,分析刑事裁判文书。总体而言,认定不构成正当防卫的案件比例占据绝对优势。其中仅有7份刑事裁判文书认定不构成犯罪的理由在于,行为人因具有防卫意识而依法成立正当防卫。实践对正当防卫认定态度逐渐发生的变化是,进行更为细致的类型化分析,如考察打斗起因,如果前置打斗行为已经停止,针对继续发生的打斗行为,存在成立正当防卫的空间。周振杰教授与李东熹教授就韩国暴力行为处罚法和刑法第21条正当防卫之间的关系与具体适用展开探讨。李东熹教授认为暴力行为处罚法第8条明确限定犯下本法规定的,成立正当防卫的明确犯罪范围,如果不在本法范围内就不适用本法规定。暴力行为处罚法旨在预防暴力犯罪行为,相比刑法规定要更加宽泛。在该法中对超过防卫限度的行为,仅规定减轻处罚,不具有免除处罚规定和刑法第21条规定的"相当理由"条件,相对而言更加严格。

第五单元 被害人承诺的刑法评价

第五单元由吉林大学法学院李綦通副教授和庆南大学法政学院警察学系河泰认教授共同担任主持人,由华东师范大学法学院钱叶六教授、京畿大学知识情报学院警察行政学系黄泰正教授、中国人民大学法学院付立庆教授分别作主题报告。

钱叶六教授在题为《医疗行为的正当化根据与紧急治疗、专断治疗的刑法评价》的主题报告中,从以下三个方面简要探讨医疗行为阻却违法的根据、存在危险的医疗行为和失败的医疗行为如何适用违法阻却理论等问题。第一,医疗行为阻却违法根据的传统观点即为国家许可的医疗业务行为,实施符合医疗目的并保护患者利益的行为即具有正当性,但这种观点忽视了患者个人利益及自我决定权,合理性阙如。对于患者而言,最佳利益的判断并不依赖于利益衡量,尊重患者知情和同意权是医疗行为正当化的基础,违背患者意志的专断治疗有成立伤害罪的可能。第二,患者同意的范围。对治疗的知情权与拒绝权是患者同意的应有之义,承认这一点是最大限度尊重患者同意权的体现。根据末期患者的拒绝,医生撤离维系生命的仪器致其死亡的,具有正当性。患者同意效力导致身体生命的重伤害,如开颅或截肢手术,不同于被害人同意不及于生命、健康法益,区别在于患者同意重伤害是为了追求更高更优法益的实现。虽然患者同意造成重伤害手术接受,但是不同意手术造成其他超出预期的重伤害。钱教授认为在承认阻却违法的前提下,为追求更优法益保护后果的患者对风险具有准同意,在相应范围内阻却违法。第三,医院在紧急状态下,推定存在患者同意。征求近亲属意见虽为法律规定,但如果近亲属意见不能体现患者意思或有违最优法益保护原则,就不应被采纳。

黄泰正教授以题为《关于刑法上的受害者的承诺的争议》的主题报告,向与会代表介绍韩国刑法第24条关于被害人承诺解释论上的问题及相关争议。韩国刑法第24条明确规定被害人放弃个人法益保护的情况，日本刑法和中国刑法虽没有相关规定，但在解释论层面对这一问题理解相差不大。论文主要包括三个部分：第一部分探讨在三阶层犯罪论体系内，被害人承诺与构成要件该当性、违法性、有责性各阶层的关系；第二部分则与被害人承诺争议问题相关；而第三部分则分析韩国刑法第24条是否具有立法论层面的正当性与合理性。回归到论文所探讨的第一个问题，被害人承诺在哪一阶层进行判断，又可细化为四种情况：第一种情况是如存在被害人承诺，则直接排除构成要件该当性；第二种情况是符合构成要件该当性，排除违法性；第三种情况是适用补充性规定，减轻处罚；第四种是尽管存在被害人同意，但依旧构成犯罪。第一种情况，在德国和韩国刑法学界被概括为"被害人谅解"。由于这一解读建立在解释论层面上，自然存在赞成和反对两种截然不同的态度。在韩国和德国，也存在其他理解，如"未经权利者同意"的表述或韩国刑法规定汽车不当使用罪。第二种则是依据韩国刑法第24条规定排除违法性的情况。第三种就是对被害人承诺适用补充性构成要件，减轻处罚，也即被害人同意具体范畴，主要涉及基于被害人同意的杀人罪和堕胎罪。例如，未经被害人同意的杀人罪构成杀人罪，经被害人同意的行为构成同意杀人罪。而基于刑法家长主义，针对被害人同意也存在特殊规定，即与未满14周岁的人发生性行为，即便征得对方同意也构成性犯罪。黄泰正教授提出围绕韩国刑法第24条规定存在的三点争议：首先是当被害人承诺存在瑕疵时，其法律效果如何，主要包括基于暴行、胁迫和欺骗而形成的被害人同意，基本观点为由于欠缺被害人真实意思表示而不具有法律效力。其次是社会法益处分可能性问题，尽管存在理论争议，但在有限范围内处分社会法益是可能的。典型罪名是放火罪，如果放火者就是所有权人的话，可通过承认社会法益处分限制性对其减轻处罚。最后则是基于不法目的、反伦理的被害人同意法律效果问题，如被害人为实现保险诈骗目的而同意伤害自己的情况。尽管韩国刑法没有相关规定，基于保险诈骗目的，对（被害人）人身安全实施的伤害行为也不具有合理性。但问题是，在无明文的法律依据的情况下要求社会常规符合性条件，有违反罪刑法定之嫌，故需要立法层面的特别规定。正是因为韩国刑法第24条未对特别情形进行规定，所以在同意杀人或同意堕胎之外，无法处罚其他具有违法性的被害人同意，其中最典型的就是同意伤害。但如果不处罚此类行为，在某些时刻是不合理的。黄泰正教授认为导致此种状况的原因不仅在于刑法总则规定的增补具有一定难度，更为重要的是现实中存在不同程度的伤害，那么处罚界限究竟应当如何划分？参考德国刑法分则伤害罪中关于同意伤害的特别规定，即处罚违反社会常规的被害人同意伤害。黄泰正教授认为将被害人同意的情形归属于分则罪名的具体规定，是相对合理的途径。作为立法特别规定，仅限于严重的、难以恢复的或危及生命的同意伤害，才具有处罚合理性。

付立庆教授在题为《被害人因受骗而同意的法律效果》的报告中，介绍了关于被害人因受到欺骗而同意的法律效力问题。在侵害个人法益场合，有效同意是个人处分权行使的体现且在处分权行使范围内。但是受到欺骗的被害人同意是否有效，是否阻却违法、是否认可这一场合中被害人同意的法律效果存在争议。学界主要观点可依照两种不同的思考路径划分，即以欺骗为出发点、以错误为出发点。以欺骗为出发点，是德国理论与判例的通常观点，可称为"全面无效说"。尽管这一传统立场受到后来"法益关系错误说"的挑战，但依然具有一定学术影响力，特别是在我国台湾地区。而基于以错误为出发点的思考路径，又可划分为三种学说：第一种学说即为"主观真意说"，又称"本质错误说"和

"重大条件关系错误说"。因同意的作出不符合被害人主观意思,具有重大瑕疵而排除其效力。第二种学说则为"动机错误说",是介于"全面无效说"和"法益关系错误说"之间的一种折中观点,即如果决定性动机出现错误可以使被害人同意归于无效。第三种学说即"法益关系错误说"则认为当被害人不明确放弃何种法益时丧失效力,此为多数说法。付立庆教授认为全面无效单纯着眼于欺骗的存在,可能会导致处罚范围的扩张,其妥当性存在疑问。而"主观真意说"则以主观真实意思判断客观行为效力,表面上是判断主观要素,但实际混淆主客观要素界限,可能基于事后存在的客观事由直接判定被害人同意无效,导致限制功能无法发挥效用,进而使绝大多数因受骗而同意的情况都归于无效。相比较而言,与"全面无效说"殊途同归的"法益关系错误说",既能够避免不当扩张处罚范围,也能够降低"主观真意说"具有的判断随意性。当然,"法益关系错误说"也面临质疑和批判,而其中真正值得研究的问题就是在紧急状况下基于欺骗而产生的被害人同意。例如,医生欺骗母亲给孩子移植角膜方能使其免于失明,但其实际目的仅仅是为了报复母亲。若按照"法益关系错误说"的思路,则会得出不合理的结论。因为母亲清楚其在何种范围内放弃自身法益,故对法益关系不存在认识错误进而否定医生行为具有违法性。因此,如果僵化地坚持传统法益关系错误理论,就会导致无法处理本应认定为违法的行为。同时,对法益概念的理解也面临着风险。

能否正确回答这一问题,就决定了"法益关系错误说"的命运。付立庆教授认为,被害人同意阻却违法性的根据在于,由于法益主体的有效同意,使得相应法益失去了要保护性。而要称之为法益主体自愿放弃了法益,必须是在对作为放弃对象的法益存在正确认识的基础上,任意地放弃该法益。事实上,"法益关系错误说"仅是有关认识对象的理论,其并不排斥关于任意性的探讨。"法益关系错误说"指望以一个概念(法益关系)解决本应通过多个概念来解决的问题,因此,其要么完全放弃对同意任意性的讨论,要么简单地认为,凡无关法益的同意一概可视为任意、自由的同意,从而完全忽视例外的存在,难免以偏概全。付立庆教授在修正"法益关系错误说"的基础上主张"客观真意说"具有合理性,并提出具体的判断步骤如下:首先,辨识错误性质。若错误无关法益,则推定同意有效。公诉方若欲认定该同意无效,则须证明同意不具有任意性,即被害人不具有自由意志。具体而言,从一般人的视角看,能认为法益主体在存在选择可能的情况下,基于自身的利益衡量作出了同意,则同意是任意的、有效的;如果规范地看,被害人同意是在全无选择可能性或者自由意志受到很大压制的情况下作出的,则同意欠缺任意性,同意无效。可以说,在受骗同意是否有效的判断标准上,付立庆教授采取的是以法益关系概念为基础、以客观考察同意是否具有任意性为实质的主张。在肯定法益关系错误合理之处的同时,规避不当之处,实现个人权益保障、权利公平保障和自由意志实现等各层面利益协调。"客观真意说"与"主观真意说"对立,有别于"动机错误说",与"法益关系错误说"密切相关但理论内涵更加丰富,在此理论基础上,可结合欺骗他人自杀、同意人室抢劫、骗购经济适用房等具体问题加以展开。

在自由讨论阶段,黄泰正教授就"客观真意说"界定具体标准问题与付立庆教授展开探讨。付立庆教授认为在无关法益但确实没有选择权的场合,被害人同意是否有效这一问题上,强调"客观真意说"能够在此基础上弥补不足。付立庆教授简要概括文中提及的具体标准和要素,即为依照特定步骤,应先判断被害人认识是否与法益相关,在无关法益场合转换举证责任,继而判断被害人是否具有选择可能,被害人自我决定权是否得到实现,依照一般人标准被害人是否具有选择余地。欧阳本祺教授就付立庆教授发言,提出以下两个问题:第一,"客观真意说"是否与推定的被害人同意相关?第二,假冒灾民或乞丐骗取捐款,是否成立诈骗罪,其论证思路是按照客观真意还是按照法益关系错误理解?付立庆教授认为"客观真意说"关于同意是否有效的学说,推动同意是没有同意的情况下是否认定同意存在,客观真意是在同意或推定同意前提上进一步判断同意有效性的学说。关于乞讨诈骗认定的问题,结论是构成诈骗罪,"法益关系错误说"无法单纯回答这一问题,对财产处分存在明确认识,对行为对象认识与法益无关,导致同意无效的原因是背离处分目的,与财产法益本质无关,仍在客观真意的射程范围内。付玉明教授结合以下案例向钱叶六教授提出问题,医生甲开发出先进治疗方案 A,损害程度和后遗症可能都较小,但国内通行方案 B 有一定治疗风险。在一次紧急治疗中,医生选择对患者采取通行方案 B 最终造成损害后果,该行为性质应当如何认定。钱教授认为尽管医生履行医疗业务行为,但也要首先要尊重患者的意思。对患者来说有两种方案,有更优方案,从维护患者利益角度看肯定选择 A 方案,如果患者知情的情况下,肯定也会选择更优方案。在这种情况下,一种方案存在风险,一种方案不存在风险。B 方案尽管存在风险但肯定符合医学常规,主观上不存在违法性,但对此类案例性质的判定,仍需结合现实案例具体考察。

第六单元 安乐死的刑法评价与司法认定

第六单元由吉林大学法学院王勇副教授、全南大学海洋警察学院李基秀教授共同担任主持人,北京师范大学刑事法律科学研究院周振杰教授作题为《现行刑法下安乐死的司法处理路径研究》的主题报告,韩国大检察厅检察未来企划团金恩正检察研究官发表题为《论"安乐死"的刑事法评价及课题》的主题报告。

周振杰教授就安乐死这一社会与法律问题,结合现行刑事立法和典型案例,立足现行刑法结合安乐死个案探究解决路径。第一种路径即否定违法性。对特定的实施安乐死行为人,不认定构成犯罪,具体包括以下两条路径:其一为适用我国刑法第 13 条"但书"规定,综合认定"情节显著轻微,危害不大",其行为不构成犯罪;其二为在解释论层面,否定该行为具备相关个罪构成要件要素。第二种路径即减轻违法性或(和)责任,周振杰教授认为需要从主、客观两方面为这一路径寻找合理依据。而更进一步地在程序法层面也存在三种方案:第一,依据刑事诉讼法第 177 之规定,检察机关作出相对不起诉决定;第二,依据刑法第 37 条定罪免罚;第三,认定其行为成立帮助犯,或系犯罪未遂,减轻处罚并宣告适用缓刑。而这一路径,也仅适用于消极安乐死的情形,具体表现为中止医疗行为即撤离延续生命设备。考察探究否定违法性路径的不同理论基础,包括否定成立不作为犯的前提——作为义务。为具体划分不同类型的作为义务,周振杰教授认为医生不存在提供无效治疗的义务,可从其医疗业务角度单方确定治疗无效,此为直接义务;在医生救治义务和患者自主决定产生冲突时,应当尊重患者的自主决定权,否定医生的救治义务,故在这一场合否定医生的行为具有违法性,此为间接义务。考察英美法判例中知情同意和因果关系中断,是否可以作为减轻违法性或有责性的立论基础。判例对知情同意在实践中适用的态度尚不明确,如为他人提供针剂药物帮助自杀,是否构成故意杀人罪或帮助自杀罪，仍须结合具体案件加以判断。但问题是依据刑法规定，构成犯罪的行为应为实行行为，故只有在帮助（自杀）行为具有间接正犯性质时，方能成立犯罪。而因果关系也是国外安乐死案件常常提及的概念，周振杰教授以英美法判例为依据，认为医生有权采取必要手段缓解患者痛苦，即便可能导致患者死亡，也不能据此事实因果关系认定医生构成犯罪。若以因果关系为理由排除或减轻违法性，在实践层面相对比较困难。但在理论层面上，在结果犯场合基于故意支配实施行为，若法益侵害结果并非其行为所导致的，则至多成立犯罪未遂。值得注意的是，对武汉市江岸区人民法院2006年判处的父母同意中止医疗案，人民法院仅将其作为民事案件处理，而且并不认为医院的行为违法。周振杰教授认为刑法作为事后法，只能在行为实施之后才能够介入，建议刑法接纳消极安乐死并在诉讼程序中设置具体的确认制度，有助于规范安乐死的实施。

金恩正检察研究官在其报告中指出，刑法允许的生命中断行为成立需要满足何种条件引发理论界和实务界长期争议。韩国于2016年2月3日颁布《维持生命医疗决定法》，该法颁布目的系韩国试图在立法层面解决曾经存在的与安乐死问题相关的个案。该法至今经历过两次修订，但依旧存在诸多需要修正和补充的部分，金恩正检察研究官的报告主要涉及以下内容，包括安乐死概念和类型，韩国法院判例基本立场以及对《维持生命医疗决定法》的解读。金恩正检察研究官指出，世界范围内绝大部分国家不认可积极安乐死具有正当性。在韩国司法机关对积极安乐死案件，也会适用嘱托杀人和辅助自杀罪相关法律认定构成犯罪，刑法学界也普遍采取否定态度。而就主要表现为中断维持生命行为的消极安乐死，只有在满足一定前提条件的情形时方能得到认可，韩国乃至全世界对此皆持充分肯定的态度，而韩国适用范围也仅限于消极安乐死。尽管存在诸多理论争议，但在韩国司法实践中几乎不存在安乐死判例，金恩正检察研究官通过韩国大检察厅内部系统进行检索，也未发现相关案例。但韩国司法实践中存在与安乐死问题相关的刑事与民事判例，刑事判例1997年博拉梅医院案和民事判例"金奶奶案"所探讨的问题，成为2016年《维持生命医疗决定法》立法主要内容，2019年3月28日该法最新修订主要在于完善维持生命治疗中断行为成立要件以及强化对患者尊严的维护。此外如何在刑法层面对安乐死问题加以评价，金恩正检察研究官认为仍存在疑问，具体而言，主要存在是属于构成要件该当性排除事由，或是属于违法阻却事由的理论争议，金恩正检察研究官更倾向于认为中断维持生命医疗行为属于构成要件该当性排除事由。最后，金恩正检察研究官在报告中明确维持生命治疗中断行为具有合法性，需要满足患者可维持生命时间较短且缺乏治疗价值等条件。同时，中断维持生命治疗也须保障营养和水的供给，因此中断维持生命医疗行为并非单纯缩短生命，而是使患者回归自然死亡状态。

在自由讨论阶段，金钟九教授就医生医疗行为和患者自我决定权之间的冲突，结合"拒绝输血案"针对周振杰教授的发言提出问题，即在中国刑法学视域内应当基于何种理论架构解决此类案件？周振杰教授认为，如果医生尽职履行全部告知和说明义务，则不承担责任；如果医生违反相关规定损害患者知情权，则可能按照医疗事故处理。南京大学法学院张淼副教授就金恩正检察研究官的发言提出以下问题：第一，对医疗行为中断后造成死亡结果的主观故意如何认定？第二，若要求恢复至自然死亡状态，如果婴儿出生后必须定期服用药物，父母因负担过重自行停药的行为性质如何判定？金恩正检察研究官认为，基于韩国法律具体规定，对维持生命中断行为有具体明确的适用基准，即使摘除生命辅助设备也还需维持基本生命延续。故可直接否定构成要件故意的成立，若先认定故意再排除违法性欠缺合理性。

第七单元　违法阻却事由与事实错误

第七单元由中国刑法学研究会会长、北京师范大学刑事法律科学研究院赵秉志教授和韩国比较刑事法学会会长、东国大学法学（本科）院卞钟弼教授共同担任主持人，由西南政法大学石经海教授和庆南大学法政学院警察学系河泰认教授分别作主题报告。

石经海教授在题为《事实错误与罪责阻却司法困境的问题与出路——以中国近年三个相关重大争议案件为例》的报告中，重点关注如何避免因事实错误导致的相关案件处理困难。文中提及的三个争议案例在很大程度上其实是事实错误问题，须分析其事实错误属性以及案件处理争议产生原因。石经海教授以"河南兰草案"为例，认为行为人如果明知兰草是国家重点保护植物，但不知道采摘兰草构成犯罪，属于法律认识错误不影响犯罪构成。如果行为人不知道是法律保护植物，则存在事实认识错误。显然本案被告人系存在事实认识错误，而这一点被司法机关忽视，同样在于某案和昆山案中都存在对防卫前提存在事实和假想事实的认识错误。因此，司法机关在此类案件处理上应当回避三个问题：把事实错误当成法律错误、以刑法学理论作为案件处理依据、仅以部分法律作为依据。司法机关需要客观考察，正确认定事实错误属性，以全部法律作为认定依据，不能以域内外刑法学理论作为案件处理依据。这是因为，不同国家的法律与法学理论并不完全对接，可能导致与本国法律适用脱节。

河泰认教授在题为《关于违法性阻却事由前提事实的错误》的报告中，以与假想防卫问题相关的夜路抢劫案这一涉及前提事实错误的典型案例引出通说观点，即违法阻却事由成立需要同时具备主客观违法阻却要素，但前提事实错误欠缺客观正当化要素。因为韩国刑法典仅规定事实错误和法律错误，所以违法性阻却事由前提事实错误如何归属存在疑问。尽管如此，刑法中的错误一般被视为独立类型加以探讨，虽同犯罪论体系、故意内容、刑事政策以及不法本质等核心问题密切相关，但不同立场的学者就这一问题得出的结论却大体一致。河泰认教授简要介绍问题研究状况，包括阻却故意和阻却责任的消极构成要件理论，后者是法律错误理论，大部分学者将其作为违法性阻却问题加以探讨。河泰认教授重点介绍了韩国判例立场，以射杀哨兵案为例，韩国大法院认为在假想防卫中，当存在误认的正当理由时，可视为正当防卫。这种立场也被称为"严格责任说"，即在具备某些条件时，假想防卫可以转化为正当防卫。对这一立场存在两种意见：第一种意见，对假想防卫的对方，不可进行正当防卫，河泰认教授对此持保留意见；第二种意见，若假想防卫不是违法行为，则无法区分正当防卫与假想防卫的法律效果，即正当防卫的依据为自我生存的本能与法律秩序的维护，然而未产生对违法的攻击贯彻合法的利益的结果，无法认可法律秩序的维护的效果。

在自由讨论阶段，欧阳本祺教授和石经海教授就如何区分事实错误和法律错误、违法性认识错误界限以及事实错误与阶层犯罪论体系关系等问题展开讨论。欧阳本祺教授认为，兰草是国家保护植物是一个需要独立判断的问题，结合其他法律法规加以判断是否属于法律认识的范畴，兰草案中法律认识错误应当如何理解，需要进一步明确。石经海教授认为，完整的事实认识既包括认识到"兰草是兰草"，也包括兰草是国家法律保护的珍稀植物，普遍认为"法盲犯罪"不影响认定犯罪成立，但对行为本质是缺乏认识的。石经海教授还认为，事实认识也是与法律对接的评价，不能说事实认识就与法律无关。路军教授认为，石经海教授的观点为司法实践提供一种更优路径，优先考虑事实认识是否存在错误，在事实认识不存在错误的基础上考虑是否存在假想他罪或无罪的法律认识错误。金钟九教授认为，故意理论同各国法律之间缺乏衔接，构成要件错误和禁止错误概念来源于德国刑法学理论，但是德国和韩国立法规定存在差异，对域外理论能否直接适用持保留态度。韩国刑法通说坚持古典犯罪论体系，故意在责任层面判断，而德国刑法通说认为故意在构成要件中判断。而更为重要的是，韩国刑法典明确规定了事实错误和法律错误，那么域外理论的解释功能如何发挥值得商榷。

第八单元　自救行为的刑法评价

第八单元由西北政法大学付玉明教授和京畿大学知识情报学院警察行政学系黄泰正教授共同担任主持人，由吉林大学法学院陈劲阳副教授和朝鲜大学法学（本科）院金钟九教授分别作主题报告。

吉林大学法学院陈劲阳副教授作题为《自助行为的刑法评价》的报告，在我国作为超法规违法阻却事由的自救行为（又称"自助行为"），体现民主公权力缺位和保障恢复救济权利等制度机制，又因涉及刑民交叉问题常引发争议。陈劲阳副教授考察域外刑法典规定和刑法学理论，归纳自救行为的四种存在形态：第一，以韩国刑法典为代表，自救行为直接规定在刑法典中。第二，以我国台湾地区"刑法"为代表，民法规定自救行为的同时，在刑法中规定"依法令行为"，将民法自助行为间接引入为刑法意义违法阻却事由。第三，以德国刑法学理论为代表，通过解释将民法中相关条款转化为违法阻却事由。在德国学者罗克辛教授看来，法律制度具有统一性，包括民法和刑法。而金德霍伊泽尔教授则直接将私力救济行为纳入刑法正当化事由范畴。第四，将自救行为作为超法规违法阻却事由。陈劲阳副教授参考我国民法典侵权责任编草案中关于自救行为的规定，探讨自行为构成要件，大体包括以下条件；其一，合法权益受到侵害，特指民事实体请求权，包括人身损害赔偿请求权，不包括支配权等受到侵犯后无法恢复的权利。根据现有通说，在现场追击小偷并夺还财物的情形，视为现实的不当侵害可进行正当防卫。如果严格按照构成要件予以分析，此种情形无疑评价为自救行为更为确切。但陈劲阳教授所主张的观点也发生变化，夺回被抢走的财物是对物支配权的对抗，不属于请求权问题。其二，情况紧迫且不能及时获得国家机关保护。其三，自助必须体现明确的保全性质。值得注意的是，刑法上的自助行为与民法上的自助行为具有同一性，考虑到刑法最为严厉的强制性、最后手段性和谦抑性，刑法中关于正当防卫成立的限度条件要求相较于阻却违法的民法更为宽松。

金钟九教授在题为《论自救行为的刑法评价——韩国刑法第23条自救行为的解释与立法论》的报告中，重点关注立法论问题。韩国立法者将自救行为同正当防卫和紧急避险等一同规定在刑法典中，作为法定违法阻却事由之一。韩国正当防卫刑事立法特色之一在于将正当行为独立规定，也即本次研讨会曾讨论的问题即不违背社会常规这一具有概括性的正当化事由规定。另一立法特色就在于对自救行为的单独规定，系韩国立法所独有。

解读背后立法理由：其一在于，在单独规定自救行为之前，法院通常将此类案件按照正当防卫处理，但部分案件不属于正当防卫成立条件，故须单独规定以解决实际问题。其二在于，国家制度成立后禁止私力救济，自救行为本质是民法路径。作为民法中的正当行为排除刑法违法性，故在制定韩国刑法典时，受到韩国民法规定的私力救济影响，意图通过刑法路径解决这一问题而将其单独规定在刑法典中。德国刑法典没有规定自救行为，那么民法私力救济能否成为刑法违法阻却事由就存在争议。而中国民法典和刑法典都没有关于自救行为的规定，故无法在立法层面排除其违法性，这也是未来中国立法的价值选择问题，在韩国关于刑法典中自救行为的规定也引发存废之争，有学者认为该条规定实际适用率较低，可以直接适用韩国刑法第 20 条正当行为规定阻却违法；而保留论者则认为具有特殊成立条件的自救行为和正当防卫之间存在本质差别，也不完全等同于社会常规行为，韩国大法院也认同自救行为判例具有特殊性，其单独立法具有必要性。如果废除刑法自救行为，单独以民法私力救济解决问题适用，就无法解决真正的自救行为案件，这涉及法秩序统一问题。

在自由讨论阶段，邢志人教授对保全人身损害赔偿请求权，是否可以采取自救行为的问题与陈劲阳副教授展开探讨。陈劲阳副教授为回答这一问题，进一步区分侵害支配权和请求权，明确人身损害和赔偿请求权差异，即在前一种情形下可以进行正当防卫，在后一种情形下可以实施自救行为。河泰认教授与金钟九教授就自救行为指向对象为何展开讨论，金钟九教授结合美国模范刑法典，即持续的过程中可以成立自救行为，以及韩国民法"不法侵害正在实施或持续追击过程中"的规定，说明事后救济不是对权利直接救济而是限定为权利请求权保全。付立庆教授从用语规范的角度，就自助行为和自救行为两种概念如何选择适用问题与发言人展开讨论，陈劲阳副教授认为自救行为体现救济性质和紧急状态属性，刑法多使用"自救行为"概念，而在民法中则多使用"自助行为"这一概念。但司法实践中常在正当防卫案件裁判文书中使用"自救行为"，而"自助行为"往往对应正当防卫之外的自救行为案例。金钟九教授则认为依照韩国民法关于自力救济的规定，认为刑法上使用"自救行为"概念更加妥帖。但若按照德语和英语习惯，则倾向于翻译为"自助行为"。尽管如此，自救行为可能更适合用于强调是国家救济之外的私力救济，明显与正当防卫案件相区别。

第九单元　新时期正当化事由的理论辨析

第九单元由吉林大学法学院王军明副教授和亚洲大学法学专门大学院李镇局教授共同担任主持人，中南财经政法大学刑事司法学院周详教授和釜山大学文採圭教授分别作题为《反恐背景下"营救酷刑"合法论之否定——从"定时炸弹"情景到"定时诈弹"骗局的思考》[①] 与《正当化事由（违法性阻却事由）的其他问题——关于学界的几种误解》的主题报告。

文採圭教授在报告中主要介绍了正当化事由中的其他问题，理论界关于正当化事由存在诸多理论争议，在理论形成、解读与批判过程中却对批判内容产生某种程度的误解。首

---

① 因本篇文章涉及不宜公开出版发行的内容，故未收录本文集。

先，总体性不法构成要件论中对故意的误解。总体性不法构成要件正是二阶层犯罪论体系中的概念，积极狭义构成要件和违法阶段问题综合判断都是构成要件层面解决的整体要件。以杀人罪为例，客观上符合杀人罪构成要件，还要满足不是基于正当防卫实施杀人行为这一要件。从主观故意成立看，不仅要在主观上具有积极杀人认识和故意，并非基于正当行为在实施杀人行为这一认识也要存在。与故意成立相关，正当化事由认识存在以下两种情况：其一是实施杀人行为不符合正当防卫认识，其二是对实施杀人时是否符合正当防卫成立条件没有认识，或者说不存在正当防卫或不确定成立正当防卫。三阶层犯罪论体系支持者批判二阶层犯罪论体系支持者的观点，认为故意成立还需要行为人主观认识到不成立正当防卫，导致故意成立范围过于狭窄，文教授认为这是学者对二阶层犯罪论体系中故意问题的误解。其次，对欠缺主观正当化要素问题的误解。如果行为人在客观上基于正当防卫实施攻击行为，但其主观上并未认识到存在防卫前提，此种场合的性质应当如何判定。关于这一问题，存在"既遂说""无罪说"和"不能未遂说"三种观点。韩国学者基本反对"无罪说"，大多数学者支持"不能未遂说"，少部分学者赞成"既遂说"。文教授认为"既遂说"学者对"不能未遂说"的批判，是对"不能未遂说"的误读。因为，"不能未遂说"并非主张构成不能未遂犯，而是从法律效果来看，可按不能未遂犯处理。既然客观上发生需要重视的损害后果，但因其处于正当防卫状况中，对这一结果不能作否定评价。此外在防卫人没有认识的时候，对基于防卫过当产生的侵害结果成立故意犯还是过失犯，也即防卫人认识到会造成 A 程度损害结果，但实际造成可能评价为防卫过当的 B 程度损害结果。大部分支持三阶层犯罪论体系的学者主张成立过失致死或致伤罪，但依照其理论也无法否定故意成立。以打掉一颗牙的伤害故意实施行为，实际却打掉两颗牙，也不可因伤害程度不同而否定伤害故意的成立。若学者认为成立防卫过当情形的过失犯罪，则其学术立场欠缺逻辑一贯性。

在自由讨论阶段，欧阳本祺教授结合第七单元发言人石经海教授报告中所举案例，就阶层论犯罪体系中，不同立场对故意认识对象理解差异问题与文採圭教授展开探讨。文教授认为，故意内容首先要认识到充足不法的事实认识，在三阶层犯罪论体系内，故意被划分为构成要件故意和责任故意，责任故意即为心情或情绪要素，而二阶层犯罪论体系不划分故意内容，选择将故意转化为不法判断层面的内容，作为构成要件要素的同时，也作为责任判断的根据。赵起莹教授结合周详教授文中关于反对营救酷刑合法化的两点理由向其提出问题，反对理由之一是人的尊严与良心，之二是国家有可能滥用情报信息，在情报信息正确率不明的情况下，是否会单独运用第一个理由反对酷刑营救合法化？那么，这种思考方式是否体现行为功利主义？对此，周详教授提及功利主义包括行为功利主义和规则功利主义，可以追求长远利益还是现实利益作为区分标准，行为功利主义主张保护紧急状况下的现实利益，但追求长远利益的规则功利主义则认为，即便最终可以拯救一万人，也不可以对一名恐怖分子施加酷刑，因此维护人类尊严是基于规则功利主义立场得出的结论。

图书在版编目（CIP）数据

中韩刑法正当化事由比较研究/赵秉志主编.—北京：群众出版社，2020.7
ISBN 978-7-5014-6113-4

Ⅰ．①中… Ⅱ．①赵… Ⅲ．①刑法—对比研究—中国、韩国 Ⅳ．①D924.04 ②D931.264

中国版本图书馆 CIP 数据核字（2020）第 084509 号

中韩刑法正当化事由比较研究
主编　赵秉志

出版发行：	群众出版社
地　　址：	北京市丰台区方庄芳星园三区 15 号楼
邮政编码：	100078
经　　销：	新华书店
印　　刷：	北京市科星印刷有限责任公司
版　　次：	2020 年 7 月第 1 版
印　　次：	2020 年 7 月第 1 次
印　　张：	17
开　　本：	787 毫米×1092 毫米　1/16
字　　数：	414 千字
书　　号：	ISBN 978-7-5014-6113-4
定　　价：	58.00 元
网　　址：	www.qzcbs.com
电子邮箱：	qzcbs@sohu.com

营销中心电话：010-83903991
读者服务部电话（门市）：010-83903257
警官读者俱乐部电话（网购、邮购）：010-83901775
法律分社电话：010-83905745

本社图书出现印装质量问题，由本社负责退换
版权所有　侵权必究